21世纪经济管理精品教材·旅游管理系列

旅游创意策划
原理·方法·案例

李庆雷　王双全 ◎ 编著

清华大学出版社
北京

内 容 简 介

本书从旅游活动的精神文化属性、旅游产业的可拓性特征和旅游经济高质量发展的时代背景出发,介绍了旅游策划的基础知识、操作程序、基本原理、方法体系、创意生成,阐述了旅游战略定位、资源开发、服务要素、产品组织、市场营销、项目运行、新型业态的策划方法与技术要领,选介了国内外旅游开发、服务、经营与管理相关领域的经典案例。

本书可供旅游管理、文化产业管理、商务策划管理、城乡规划、风景园林及相关专业本科生、硕士研究生作为教材使用,也可供旅游产业研究机构、旅游创意策划公司、旅游规划设计公司、旅游企业策划部门、旅游行政管理部门工作人员作为参考书使用。

本书封面贴有清华大学出版社防伪标签,无标签者不得销售。

版权所有,侵权必究。举报:010-62782989,beiqinquan@tup.tsinghua.edu.cn。

图书在版编目(CIP)数据

旅游创意策划:原理·方法·案例/李庆雷,王双全编著.—北京:清华大学出版社,2021.1
(2023.8重印)

21世纪经济管理精品教材. 旅游管理系列

ISBN 978-7-302-56976-3

Ⅰ.①旅… Ⅱ.①李… ②王… Ⅲ.①旅游业-策划 Ⅳ.①F590.1

中国版本图书馆 CIP 数据核字(2020)第 231833 号

责任编辑:陆浥晨
封面设计:李召霞
责任校对:宋玉莲
责任印制:沈 露

出版发行:清华大学出版社
网　　址:http://www.tup.com.cn, http://www.wqbook.com
地　　址:北京清华大学学研大厦A座　　邮　编:100084
社 总 机:010-83470000　　邮　购:010-62786544
投稿与读者服务:010-62776969, c-service@tup.tsinghua.edu.cn
质 量 反 馈:010-62772015, zhiliang@tup.tsinghua.edu.cn
课 件 下 载:http://www.tup.com.cn, 010-83470332

印 装 者:北京嘉实印刷有限公司
经　　销:全国新华书店
开　　本:185mm×260mm　　印　张:22.25　　字　数:498千字
版　　次:2021年1月第1版　　印　次:2023年8月第4次印刷
定　　价:59.00元

产品编号:090041-01

前言

探索和冒险是人类的基因，迁移、旅行是人类生存的需要，现代旅游是根植于人的终极需求的一种特殊活动。这一特性使旅游业表现出截然不同于种植、采掘、制造等产业的特征，使人们无法完全依靠科学分析和逻辑思辨去规划旅游项目、设计旅游产品。在旅游这一特殊产业的发展中，很多项目、产品、营销构思并不是通过科学研究和逻辑推理产生的，更多地体现出文化创意的力量，闪耀出灵性策划的光辉！旅游业的持续、快速、健康发展除了需要科学研究、理性规划之外，还特别需要创意策划！"资本和技术主宰一切的时代已经过去，创意经济的时代已经来临"，这句流行语对于理解旅游策划的意义具有重要启示。

经过40余年的发展，我国旅游产业的地位、规模与影响都有了质的飞跃。目前，我国已迈入旅游强国和优质旅游时代，面向人们美好生活需要的高质量发展成为新时期旅游业的核心任务。随着产业定位的不断调适、需求层次的不断升级、市场竞争的日益加剧，旅游资源开发与产品设计、旅游市场开拓与营销、旅游企业经营与管理越来越倚重于旅游策划。精神经济、内容产业、平台经济、共享经济、体验经济、创意经济、注意力经济、符号经济、蓝海战略、长尾理论、文旅IP、"互联网+"、场景经济、UGC、大数据、区块链、供给侧改革、美好生活、幸福产业、特色小镇、乡村振兴等新现象、新事物、新理念的出现，对旅游策划的发展起到了推波助澜的作用。作为塑造旅游地特色的思想来源和迎接市场竞争的有力武器，旅游策划的作用逐渐显现出来，"旅游发展，规划先行""先策划，后规划""妙手点金，创意无限"等理念被越来越多的旅游企业、行政管理部门、社区所认识和接受。这又助推了旅游策划实践活动更加迅速地发展起来。在这种背景下，国内出现了一批专业化、市场化的旅游策划机构，多数具有旅游规划资质的机构也开始涉足各种旅游策划业务，为地方旅游发展出谋划策，对促进旅游经济持续、快速、健康发展做出了重要贡献。

鉴于旅游策划的特殊价值，教育部高等学校教学指导委员会制定的《旅游管理类教学质量国家标准》明确了旅游管理学科具有"综合性""实践性""创新性"三大特点，提出了"掌握现代旅游管理基础理论、专门知识和专业技能，具有国际视野、管理能力、服务意识、创新精神，能够从事与旅游业相关的经营、管理、策划、规划、咨询、培训、教育等工作"的培养目标，并在课程设置中将"旅游创意策划""旅游项目策划"列为选修课程。为了适应教学需要，我们在原来《旅游策划论》《旅游策划理论与实践》的基础上，结合新时期各方面的要求，重新编写了这本书。与国内外已经出版的旅游策划类教材相比，本书具有六个鲜明的特点。第一，坚持国际视野。引介了日本、韩国、新加坡、泰国、澳大利亚、英国、瑞士、捷克、美国、加拿大等20余个国家的优秀案例。第二，凸显创意环节。专设章节介绍旅游策划创意的内涵、类型、特征、原理、程序与技法，在其他章节通过专栏、案例、名言、故事等补充了创意人物、创意思维、灵感来源的相关知识。第三，倡导故事教学。通过各类经典的创造性思维故事启发读者思考，深化读者对相关知识点的理解，引导读者捕捉旅游创意策划中的隐性知识，提高教材的可读性，激发读者的学习兴趣。第四，强化方法传授。阐释了旅游策划的八种思维方法、60种常用方法和三类基本技巧，让读者知其然，知其所以然，更知其何以然，将知识内化为能力。第五，注重养成教育。每章后面设置"拓展阅读""灵感触媒""案例分析""综合实训""探究学习"等内容，引导读者在平时学习中培养策划思维与职业习惯，为将来职业生涯奠定基础。第六，反映行业动态。提及了月光经济、美好生活、数字文创、场景旅游、研学旅行、创客社区、共享农场、可食地景、无人酒店等新形势、新业态、新产品、新做法。

本书是云南师范大学旅游管理特色专业与精品课程成果、中国策划学院旅游策划师培训教材，由云南师范大学旅游与规划学院李庆雷副院长、中国策划学院王双全副院长负责策划并主笔编写，研究生杨洪飞、王豪、焦玟、张思循等帮助进行了部分资料收集和校对工作。中国智慧工程研究会优秀和杰出人才发展委员会、中国旅游研究院昆明分院、云南省情和资政研究院、云南省旅游规划设计协会、云南师范大学旅游产业研究院、丽江文化旅游研究中心等机构的同人对本书观点的形成贡献了智慧，中国策划学院孙久杰秘书长、云南省旅游专业教学指导委员会主任委员王嘉学教授、中国旅游研究院昆明分院院长蒙睿研究员、云南师范大学地理学部（原旅游与地理科学学院）各位领导等对本书的撰写给予了支持，陆泹晨编辑为本书的出版付出了辛勤劳动。为了尽量全面地反映国内外旅游策划的研究与实践现状，还广泛吸收了不少专家学者的观点，参考了部分策划机构的成果，得到了沈阳大学马晖、井冈山大学殷耀宁、广西师范学院张志宏、黔南民族师范学院张文磊、九江学院聂伟新、重庆文理学院王琼、山东旅游职业学院徐富民、宜宾学院解巍、湖南第一师范学院谭业、重庆工商大学杨树隆、南京理工大学王珍程、云南财经大学唐跃军、云南民族大学郭喜梅、云南开放大学王永志、云南师范大学裴会平、云南旅游职业学院苑文华、保山学院董培海等一线教学工作者的鼓励与支持，在此一并表示感谢！

尽管作者认真思考、努力著书，但由于学识、时间、精力有限，不足之处在所难免，欢迎广大读者对本书提出意见和建议，以备再版时改进！

李庆雷
2020年春于滇池畔

第一章	旅游策划的基础知识	1
第一节	旅游策划的内涵与外延	2
第二节	旅游策划的本质与特征	8
第三节	旅游策划的地位与作用	11
第四节	旅游策划的系统与构成	16

第二章	旅游策划的操作程序	27
第一节	旅游策划的逻辑过程	28
第二节	旅游策划的操作程序	34
第三节	旅游策划的文案撰写	46

第三章	旅游策划的基本原理	54
第一节	旅游策划的基本理念	55
第二节	旅游策划的基本原理	68
第三节	旅游策划的基本原则	82

第四章	旅游策划的方法体系	93
第一节	旅游策划的思维方法	94
第二节	旅游策划的常用方法（上）	100
第三节	旅游策划的常用方法（下）	111
第四节	旅游策划的基本技巧	120

第五章	旅游策划的创意生成	133
第一节	旅游策划创意的内涵	134
第二节	旅游策划创意的机理	140
第三节	旅游策划创意的过程	150

第六章	旅游战略定位策划	160
第一节	旅游战略策划	161

第二节　旅游定位策划 ··· 170

　　第三节　旅游主题策划 ··· 176

第七章　旅游资源开发策划 ·· 185

　　第一节　旅游资源开发概说 ·· 186

　　第二节　旅游资源开发策划的核心任务 ··· 195

　　第三节　不同类型旅游资源开发策划要点 ······································ 201

　　第四节　旅游景区（点）建设策划 ·· 214

第八章　旅游服务要素策划 ·· 221

　　第一节　旅游交通策划 ··· 222

　　第二节　旅游住宿策划 ··· 228

　　第三节　旅游餐饮策划 ··· 233

　　第四节　观光游览策划 ··· 239

　　第五节　旅游购物策划 ··· 244

　　第六节　旅游娱乐策划 ··· 249

　　第七节　新兴要素策划 ··· 253

第九章　旅游产品组织策划 ·· 261

　　第一节　旅游产品策划概述 ·· 262

　　第二节　各类旅游产品策划要领 ··· 266

　　第三节　旅游线路创新策划 ·· 277

　　第四节　旅游活动策划 ··· 281

第十章　旅游市场营销策划 ·· 287

　　第一节　旅游形象策划 ··· 288

　　第二节　旅游营销策划 ··· 295

　　第三节　旅游品牌策划 ··· 301

第十一章　旅游项目运营策划 ·· 308

　　第一节　旅游项目运营体系策划 ··· 309

　　第二节　旅游项目资本运作策划 ··· 314

　　第三节　旅游项目盈利方式策划 ··· 320

第十二章 旅游新型业态策划 …… 326

第一节 旅游地产策划 …… 327

第二节 旅游小镇策划 …… 331

第三节 旅游产业园区策划 …… 335

第四节 旅游文创综合体策划 …… 340

主要参考文献 …… 346

第一章 旅游策划的基础知识

【学习导引】

要想系统学习旅游策划的原理与方法，首先必须掌握旅游策划的基础知识，包括：什么是旅游策划，旅游策划有哪些基本特征，旅游策划如何进行分类、在旅游发展中占有什么地位、能够发挥什么作用、涉及哪些构成要素。这些知识表面看来似乎十分简单，实则起着提纲挈领的作用，蕴含着丰富的内涵，与后面的章节有着千丝万缕的联系。因此，初学者应认真学习，深刻领会，夯实基础。同时，还应结合本章对旅游策划主体条件的分析，自觉加强相关知识的积累、心理素质的提升、智力条件与各类技能的训练，为成为一名优秀的旅游策划人才奠定基础。

【教学目标】

1. 掌握旅游策划的内涵与特征；
2. 了解旅游策划的外延与分类；
3. 理解旅游策划的价值与地位；
4. 熟悉旅游策划的构成要素与相关要求；
5. 掌握视角泛化、PEST、SWOT等分析方法。

【学习重点】

1. 旅游策划的内涵与外延；
2. 旅游策划的本质与特征；
3. 旅游策划的系统与构成。

旅游是游客为追求独特、丰富、深刻的体验而在异地进行的短暂生活经历。为了向游客提供这种体验，需要以资源为素材、以市场为导向、以创意为核心，由特定的个人或机构进行一系列的运筹和谋划，这一过程就是旅游策划。随着创意经济在世界范围内的崛起、旅游消费需求的变化以及国内对旅游规划的反思，旅游策划逐渐得到旅游行政管理部门、企业和社区的认可与重视，获得了相对独立的地位，孕育出专业化的旅游智力与创意服务机构，成为旅游专业毕业生就业的方向之一。

本章主要从旅游策划的内涵与外延入手，依次剖析了旅游策划的本质、特征、地位、功能、系统与结构，以期读者能够对旅游策划的基本知识有一个较为全面和清晰的把握，为后面旅游策划原理与方法的学习奠定坚实的基础。

第一节　旅游策划的内涵与外延

一、旅游策划的概念

虽然"旅游策划"一词已被广泛使用，但是人们对这一概念的理解却并未形成共识，不同的学者从不同的角度出发，提出了自己对这一术语的见解（如表1-1所示）。由于旅游策划的综合性较强，不同类型的旅游策划之间的差异较大，加之旅游策划本身的多重属性与人们认识事物的角度有所不同，各位专家、学者对旅游策划这一概念的认识并未取得完全一致。但是，他们基本认同旅游策划是创造性的构思、谋划和设计，是一个实现旅游发展目标的过程；同时，多数学者还提到了"旅游资源""市场""产品"等关键词，试图反映策划内容。

表1-1　"旅游策划"的部分代表性定义

序号	提出者	定　义
1	杨振之	通过创意去整合、连接各种资源和相关因素，再通过对各细分目标市场需求的调查研究，为市场推出所需要的产品组合，并对其付诸实施的可行性进行系统论证的过程
2	王衍用	依托创造性思维，整合旅游资源，实现资源、环境、交通与市场的优化组合，实现旅游业发展目标的创造过程
3	沈祖祥、张帆	旅游策划者为实现旅游组织的目标，通过对旅游市场和旅游环境等的调查、分析和论证，创造性地设计和策划旅游方案，谋划对策，然后付诸实施以求获得最优经济效益和社会效益的运筹过程。简言之，就是对某一旅游组织或旅游产品进行谋划和构想的运筹过程
4	贾云峰	通过创造性思维，找出资源与市场间的核心关系，建构可采取的最优途径，形成可实施的明确方案，并对近期行动进行系统安排
5	原群	通过创造性思维，将各种资源根据市场的需求进行整合，实现旅游者的完美体验
6	贺同新	实际上是一种战略决策前的深思熟虑，是一种为未来的发展设定种种目标，并为目标的实现所采取的种种举措；它是智慧的凝聚，是个人综合能力的体现，是事业成功的关键
7	陈放	以旅游资源为基础，通过创造性思维，运用策划科学的原理、方法、技术对旅游产业、产品、项目、内容、品牌进行系统智慧的包装与科学设计，促进旅游资源与市场拟合的同时实现旅游业发展目标的过程
8	欧阳斌	为了满足旅游业发展自身需要和游客需要而设定的一种目标，并为实现这种目标所进行的思考和采取的行动
9	杨力民	创意思维的系统工程，以追求旅游产业效益最大化为目的，在对旅游资源进行综合调查、分析和论证的基础上，针对特定的旅游市场，通过策划者的创造性思维，设计出满足旅游市场发展需求、有利于当地旅游业可持续发展的新型旅游产品及其营销手段
10	蒋三庚	策划人员为达到一定目的，经过调查、分析与研究，运用其智力、借助一定的科学方法、手段和技术，对旅游组织、产品或活动的整体战略和策略运筹规划的过程

续表

序号	提出者	定义
11	李 锋	旅游主体为实现自身发展需求，依据自身资源和外界条件支持要素，创造性地推出具有个性化的旅游产品，形成区别于竞争对手的产品或正面形象，以达到影响相关市场目的的系列活动
12	戴庞海	旅游策划者为实现旅游组织的目标，以旅游资源为基础，通过对市场和环境的调查、分析和论证，创造性地整合旅游资源，别出心裁地设计和策划方案，谋划对策，然后付诸实施，以获得最佳效益的运筹过程
13	周作明	面向旅游市场需求，用创造性思维整合旅游资源，以新颖形式获得市场拓展，实现产业发展的筹划活动
14	徐兆寿	对某旅游组织或产品进行谋划和构想的过程，其基础是旅游资源，核心是旅游产品，关键是创意和创新
15	唐代剑	在对旅游地内部和外部因素客观分析的基础上，为实现旅游地阶段性目标，通过创造性思维而产生的能够满足市场和产品相互匹配的战略、策略和实施方案

概念应该科学揭示事物的内在属性与本质特征。第一，从系统的观点进行分析，旅游策划应具备旅游策划主体、旅游策划客体、旅游策划环境、旅游策划目标、旅游策划方法、旅游策划方案等基本要素。第二，从事物的内在属性出发，旅游策划应被视为一项活动，该活动在时间变化上表现为一个连续的动态过程，其结果是形成指导未来实践、实现既定目标的策划方案。第三，从活动的本质特征而言，旅游策划活动是旅游策划主体充分发挥人脑的作用，以逻辑思维为基础的创造性思维活动，是科学和艺术有机融合的复杂脑力劳动。第四，从策划的具体内容来看，旅游活动的综合性导致旅游策划内容比较庞杂，只有抓住旅游产品的生产、营销与交换这一主线，才能把握旅游策划具体内容的共性。有鉴于此，本书认为：旅游策划是运用创造性思维，对特定环境中旅游产品的生产、营销与交换进行运筹谋划，形成文案以指导未来的经营与管理，获取最佳效益的活动。

二、旅游策划的内涵

根据以上对旅游策划的基本认识，旅游策划的科学内涵可以从实质、任务、依据、核心、灵魂、成果六个方面去理解和把握。

（一）旅游策划的实质：对未来旅游产品生产、营销与交换活动的安排

旅游策划是对未来旅游产品生产、营销与交换活动的安排，这一论断包含三层含义，分别点明了旅游策划的时间指向、性质指向和内容指向。第一，时间指向是未来，这决定了旅游策划必须具有一定的前瞻性，对未来的外部环境与市场需求变化进行预测，并提出具有超前性的应对方案。第二，性质指向是一种计划性安排，将来要被委托方付诸实践以指导生产、经营与管理活动，因此必须客观可行，具有可操作性。第三，内容指向是旅游产品生产、营销与交换活动，既包括旅游吸引物、服务、活动，又包括旅游形象、营销、

融资，还包括旅游节庆、二次创业、资产重组，外延是十分宽泛的。

（二）旅游策划的任务：以最低的成本去实现策划目标

旅游策划的最终任务是实现策划目标，一般表现为产生最大的经济效益、社会效益和环境效益，可以细化为两种类型：解决影响委托方发展的实际问题、实现委托方的发展愿景。这一终极目标一般是通过旅游产品的生产、营销与交换来实现的。俗话说，条条大路通罗马，实现策划目标的道路也不止一条，发散思维、跨界组合、互联共生、头脑风暴可以为我们提供解决问题、实现目标的若干途径。旅游策划的任务就是要在此基础上，从中选出一条最佳路径。所谓最佳路径，通常是指能够以最低的成本、最快的速度获得最好效果的途径。这需要策划人员具有灵活的头脑、独特的眼光、过人的胆识，在特定的环境条件下进行巧妙构思、精心筹划和正确抉择。

（三）旅游策划的依据：旅游资源、旅游需求与相关信息

任何一项旅游策划都是在特定的环境中进行的，对旅游策划环境进行系统而科学的分析是旅游策划活动的基础性工作。这里所说的环境既包括内部环境，又包括外部环境。内部环境又称为内部条件，其中最重要的是旅游资源（形成现实旅游吸引物的原料）和旅游经营资源（人力、物力、财力、时间、形象、信用等），基本属于可控资源。任何一个旅游组织的内部条件都是既有优势，又有劣势，扬长避短是策划的必然选择。外部环境涉及政治、经济、文化、生态等方面的因素，最重要的是旅游需求的变化和某些重要的信息，旅游需求为策划指明了方向，信息则意味着发展的机遇和机会。旅游组织面临的外部环境既有机遇，又有威胁，充分利用机遇，克服威胁，积极寻求将威胁巧妙转化为机遇的方法，是旅游策划的基本思路。旅游资源、需求与相关信息是创意产生、策划方案形成的依据。

（四）旅游策划的核心：运用智慧对未来进行运筹和谋划

旅游策划活动的核心是策划主体对未来旅游产品生产、营销与交换活动的运筹、谋划、构思和设计，运筹和谋划是其根本特征。从古希腊的特洛伊木马到瑞士的永久中立国策略，这都昭示着运筹、谋划的内涵和力量。在旅游策划实践中，运筹、谋划、构思和设计通常表现为无中生有、借鸡生蛋、一举多得、以少胜多、点石成金、变废为宝，表现为变不可能为可能、以四两拨千斤、化对立为共存，表现为用较少的资源办较多的事、用别人的资源办自己的事、用外部的资源办内部的事、用废弃的资源办有用的事。

（五）旅游策划的灵魂：新颖、独特、实用的旅游创意

旅游策划可以划分为受委托、明确目标、实地考察、搜集资料、创意形成、方案确定、修改完善、反馈调适等环节，但是最为重要的环节是旅游策划创意的形成，它在很大程度上决定着旅游策划的成败。创意是旅游策划的"发动机"和"助推器"，新颖、独特、实用的创意是旅游策划的灵魂和关键。在体验经济揭幕、文化产业勃兴、旅游产品过剩的时代，唯有伟大的创意才能造就具有轰动效应的策划。创意的产生是策划人员在自身丰富的

知识、经验、阅历、技能的基础上，在对旅游资源、需求与相关信息进行科学分析的前提下，运用创造性思维进行艰苦的脑力劳动的结果。

（六）旅游策划的成果：旅游策划方案

旅游策划的成果是形成一套切实可行的旅游策划方案。旅游策划经过一系列的规划活动，最终要形成一套切实可行的执行方案，并以书面的形式反映在旅游策划书中，简称旅游策划文案，供客户（或决策者）评价与分析，以决定是否执行。同时，任何策划案都不会是很完善的，在具体实施过程中应根据活动所要实现的目标与外部环境变化所提出的要求，进行不断调整和逐步完善，这样才能保证旅游策划方案顺利实施并取得预期效果。

三、旅游策划的分类

分类是深入认识事物和开展研究的重要方法。根据不同的划分标准，旅游策划可以分成不同的类型。由于研究目的不同，不同的专家、学者对于旅游策划的分类标准也各不相同。根据策划实践现状及其发展趋势，按照实用性与系统性相结合的原则，本书主要按照下列标准对旅游策划进行分类。

（一）按照策划涉及事项的复杂程度分类

按照策划涉及事项的复杂程度，我们可以将旅游策划分成单项旅游策划和综合旅游策划两种基本类型。单项旅游策划是指针对某一项主题进行策划，如"云南省迪庆州旅游营销策划"，这类策划内容较为单一，但是成果深度要求较高，专业性较强。综合旅游策划是指同时涉及几个主题、内容较为复杂的策划，如"西双版纳孔明山旅游区开发总体策划"，这类策划涉及范围较为广泛，时间跨度较长，需要系统思维、综合运筹、整体设计、分块实施，通常需要各个相关专业的人员组成策划团队共同完成。

（二）按照策划的侧重点分类

按照策划侧重点的不同，可以将旅游策划分为宏观旅游策划、中观旅游策划和微观旅游策划三种。宏观旅游策划侧重于宏观层面，主要是对战略目标、战略思路、战略布局、战略步骤进行策划，如"西双版纳旅游产业二次飞跃战略策划"等。微观旅游策划侧重于操作层面，主要是对某一规模较小的项目或即将实施的活动进行的具体谋划和安排，如"东方霓裳·中国少数民族赛装节策划"。中观策划则处于宏观策划与微观策划之间，既涉及战略层面，又涉及操作层面，如"滇缅公路申报世界文化遗产策划"。

（三）按照策划涉及的时间长短分类

按照涉及的时间长短，可以将旅游策划分为长期旅游策划、中期旅游策划、短期旅游策划。长期旅游策划是指从策划动议的提出到策划方案的实施时间超过三年的旅游策划，主要包括旅游发展战略策划、大型旅游区建设策划等，如"云南省体验之都·度假天堂发展战略策划"。中期旅游策划是指从策划动议的提出到策划方案的实施在一年以上、三年以内的旅游策划，一般适合于市场开发策划、企业品牌策划等，如"滇西火山热海旅游区自驾车旅游市场开发策划"。短期旅游策划一般是指从策划动议的提出到策划方案的实施不超过一年的旅游策划，以活动类居多，如"瑞丽边境旅游经济特区旅游招商策划"。

（四）按照委托方的性质分类

按照委托方的性质进行划分，可以将旅游策划分为政府委托策划、企业委托策划。政府委托策划一般是指各级人民政府授权相关行政管理部门委托策划机构或个人进行的策划，如云南省蒙自市政府授权市旅游局委托云南师范大学编制的"碧色寨法国铁路风情园总体策划"。企业策划又可进一步细分为饭店策划、旅行社策划、旅游区（点）策划、旅游餐饮企业策划、旅游娱乐企业策划等。

（五）按照旅游企业的运行过程分类

按照旅游企业的运行过程，可以将旅游策划分为旅游战略策划、旅游项目策划、旅游招商策划、旅游产品策划、旅游形象策划、旅游营销策划、旅游节庆策划、旅游专题策划、旅游危机策划、旅游二次开发策划、旅游转型升级策划、旅游高质量发展策划等。

（六）按照旅游活动的形式分类

按照旅游活动的具体形式，可将旅游策划分为观光、休闲、度假、健康、养生、旅居、商务、会展、节事、生态、乡村、文化、遗产、工业、农业、创意、研学、特种旅游策划等。通常，还会涉及丰富多样的旅游新业态策划，如旅游特色小镇策划、旅游综合体策划、旅游产业园区策划、旅游度假区策划、旅游演艺策划、主题公园策划、影视基地策划、旅游集散中心策划、自驾旅游营地策划、夜间旅游项目策划、低空旅游基地策划、旅拍产品策划等。

四、旅游策划与相关概念的关系

由于旅游策划在国内兴起的时间不长，研究不够深入，部分社会公众甚至旅游从业人员时常将旅游策划与一些相关概念，如旅游规划、旅游计划等相混淆。因此，有必要将旅游策划概念同旅游规划、旅游创意、旅游决策、旅游计划等相关概念进行比较和甄别。

（一）旅游策划与旅游规划

旅游规划和策划都是对未来旅游开发活动的安排，都建立在对旅游背景、资源、市场需求等基础分析之上，都强调创新并以创意作为灵魂，都涉及旅游产品、形象、市场营销等相关内容。同时，旅游策划与规划之间也存在明显的区别。杨振之认为，旅游策划先于规划，旅游策划是规划的核心与灵魂，旅游规划的可行性由策划来保证。陈放指出，策划决定内容，规划决定形式；策划决定产品，规划决定空间；先有策划，后有规划。总体来看，旅游规划和策划之间的差异表现在五个方面：规划重战略研究，策划重创意生成；规划重逻辑性思维，策划重创造性思维；规划重技术，策划重艺术；规划强调使用专业术语，策划语言则要求形象生动；规划文本注重规范，策划文案不拘一格。

（二）旅游策划与旅游创意

人们常将旅游策划与创意混为一谈，这是对两者本质属性与相互联系的扭曲。从联系上看，旅游创意是策划的灵魂，是策划活动的关键环节，是策划方案的起点，没有独特的创意就很难产生成功的策划。旅游策划离不开创意，但创意是一个相对独立的过程，可以离开策划而独立存在。杨健鹰曾指出，创意是策划思想的市场落脚点，是策划思想的再度提升。没有好的创意，再好的战略思路都是向壁虚构。从区别上看，旅游策划需要创意，但不仅仅是创意，而是一个涉及旅游吸引物、服务、设施、活动、线路、形象、营销、融资、人力资源与组织机构等的系统工程，注重严谨和敏锐的思维触觉，强调逻辑思维和整体感觉。创意只是策划中的一个环节，它注重旧元素的新组合，强调创新思维和灵感凸现。

（三）旅游策划与旅游决策

旅游策划通常以旅游决策为先导，是决策前提下的行为。策划是旅游决策的参考依据，在一定条件下可以转化为旅游决策。同时，旅游策划与旅游决策又存在本质的不同。旅游决策重在"断事"，即"该做什么、不该做什么"，旨在解决发展战略、目标、行动方向等问题，强调理性，通常表现为决议、决定、规定等形式，具有权威性。而旅游策划重在"谋事"，即"怎样做"，旨在解决战略实施的具体方法，更多地属于创造性行为，通常表现为策划方案，一般只具有参谋性。

（四）旅游策划与旅游计划

有时，旅游策划的概念也会与旅游计划的概念相混淆。从时间指向和内容指向上来看，旅游策划与旅游（工作）计划是相同的。同时，旅游策划方案完成后，委托方一般通过旅游（工作）计划的形式将其付诸实践。但是，两者具有的差异也是非常明显的。旅游（工作）计划通常是常规的工作流程，侧重于微观操作，不一定具备创新性；而旅游策划通常侧重于创意、构思，必须具备创新性。

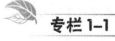

旅游业发展的新"四划"法则

旅游项目有其自身的特殊规律，要根据其特点和规律，先为城市和区域找到"魂"，在这个基础上，才能确定具体项目的战略方向，进而落地实施和进行品牌营销，稳扎稳打，方能步步为营。王志纲指出，自己在从事政府咨询中常常会强调一个方法——"四划"，按先后顺序依次是谋划、策划、规划、计划。

- **谋划**。政府新的领导班子上台以后，必须有想法，不能一步到位搞规划。一步到位的规划看起来很美，但未必科学。
- **策划**。把自身放在全中国乃至全世界的大背景下掂量掂量，找出自身独特的优势，确定好发展的方向。
- **规划**。把战略落实到空间、时间上去，避免陷入"规划规划，墙上挂挂"的困局。有了战略思路，就像计算机里面有了芯片，规划就有了驱动器，有了可持续性。
- **计划**。政府把目标分解为考核指标，唤起工农千百万，让所有参与者心往一处想，劲往一处使，最后三五年下来，必成大器。

资料来源：王志纲. 旅游：玩出来的产业[M]. 厦门：鹭江出版社，2014：91-92.

第二节　旅游策划的本质与特征

一、旅游策划的本质

旅游策划成果表面上是文本，实际上是文化的萃取、思想的碰撞、智慧的结晶。沈祖祥教授认为，作为旅游管理和旅游决策的一种前导程序和总体构想，旅游策划不仅是一个概念、一种符号，还是一种思想、一种文化、一种发现、一种理想、一种创造和一种精神。为了更深刻、更准确地把握旅游策划的精髓，有必要进一步了解旅游策划的本质。

（一）旅游策划的思想本质

旅游策划体现着策划主体对旅游组织或旅游产品的理解、认知和看法，是旅游思想在旅游领域的具体体现和应用。对于旅游策划人员来说，最重要的不是知识、信息，而是思想。张贤亮开发镇北堡、出售"荒凉"、建设西部影城，体现的就是一种与众不同的思想；比萨斜塔名闻全球，也绝不是因为它的歪斜。

（二）旅游策划的文化本质

文化是旅游的灵魂。旅游策划就其本质而言，是文化的营造和再现。丽江古城、香格里拉、《印象·刘三姐》等旅游品牌的产生与发展的事实告诉我们，在符号经济的视野下，旅游策划的核心就是文化符号的创造。王崇亮曾指出，文化辐射半径有多大，市场半径就有多大。旅游策划人员必须深化对文化的理解，梳理文化资源，提炼文化符号，注入文化创意，保护文化生态，传承文化基因，培育文化资本。

（三）旅游策划的创造本质

旅游资源开发、项目构思、产品设计、形象策划等要求突破旅游地的现状，提出新设想，开创新局面，这其实就是创造的过程。缺乏创造性的旅游策划是没有生命力的。著名管理咨询专家迪克·卡尔森曾指出：欠发达国家之所以不发达，与其说是由于资金缺乏、底子薄，倒不如说是由于守旧而缺乏大胆的创新。

（四）旅游策划的发现本质

"发现"是旅游策划的起点，旅游策划的过程就是发现问题、思考问题和解决问题的过程。旅游策划人员必须强化发现意识，培养洞察力，在习以为常的事物中发掘不平凡之处，寻觅创新的契机，善于发现新的旅游资源、发现原有旅游资源的新功能、发现新的细分市场、发现新的问题、发现解决问题的新视角。

（五）旅游策划的理想本质

旅游策划是一项预知未来、描绘理想的工作，也就是说，旅游策划是针对未来而做出的当前决策。在迪士尼世界里，理想的实现不是靠运气，而是一个精心策划的过程。如果说一般人都在时装商店找时髦、在博物馆里找历史，那么旅游策划就应在五金店里找历史、在飞机场上找时髦。这要求旅游策划人员具有较强的想象能力、预见能力和系统思维能力。

（六）旅游策划的精神本质

旅游策划始终是在超前的、理性的概念与滞后的、沉重的现实之间徘徊和挣扎。正视差距的存在并设法超越它，就能取得成功；无视差距的存在，就会永远落在差距的后面，旅游策划也就只能成为一个梦想和一纸空文。因此，旅游策划体现的是一种精神，一种没有市场就创造一个市场的精神，是一种身体力行、敢想敢做的精神。

专栏 1-2

魏小安策划"康西草原"的故事

在1987年的时候，我曾做过一个策划，仅仅一个创意，就成就了北京延庆，成为至今游客不断的一个旅游目的地。不过，这个策划至今让我觉得，很对得起延庆人，但对不起北京人。

当时，有一个同学在延庆当县长，他来找我，说那里有一个西荒滩，在官厅水库边上，36000亩①，看能不能做点文章。我们开了辆破吉普车，在荒滩上走。一不小心陷进去了，然后下来推车。一下把裤子给崩了，当时我是捂着屁股上车，对司机说赶紧找个地方买条裤子。可是附近连买裤子的地方也找不到。其实，这个地方也没什么可看的，就一片荒滩。想想，这弄点啥呀？琢磨来琢磨去，弄了个康西草原，因为它在康庄的西边。后来回到北京，花了两天时间，写了个策划，画了张图，就完事了。我告诉他们，这个事儿得先宣传。

---

① 1亩=666.67平方米。

于是，他们就在那个周六的《北京晚报》上登了个"康西草原"的广告。"康西"与"康熙"谐音，很多人一听，都以为是康熙皇帝当年狩猎的地方。周日，大批的人就去了。当年就接待 30 万名游客。去的人，回来没有不骂的："还叫康熙草原？"打那以后，我就没去过，但一直很关注。应该说这个策划是无成本高效益的。我设计了"康西八景"，说法都挺动人，比如说，从公路边到官厅水库，有一条小道弯弯曲曲，就叫"边城古道"；水库中有一个小岛，岛上有破房子，这又是"八景"之一，叫"潮打空城"；抬头一看，有一片山，这又是一个景点，叫"西山紫云"。就这样，无中生有，设计了"八景"，康西草原就成立了……

这可以说是一种无中生有之作。没什么原因，我到那儿一看，就有那种草原的感觉。也是因为，北京的确缺草原这玩意儿。而且，1987 年旅游业才刚刚兴起，很多人都觉得旅游很新奇，所以那个时候有个地儿就能一呼百应……尤其是现在，交通方便了许多，虽然我当初的设想没有实现，但就凭"空有虚名"，的确为当地创造了不少效益。

资料来源：魏小安，贾云峰. 山川入划[M]. 北京：中国旅游出版社，2010：6-7.

二、旅游策划的特征

旅游策划除了具备一般策划所具有的目标性、系统性、科学性、客观性、时效性、信息性、效益性等特点之外，还具有谋略性、创造性、体验性、艺术性、操作性等显著特征。

（一）谋略性

谋略性是一般策划活动的根本特征，也是旅游策划的最基本特征，是旅游策划与旅游决策之间的分水岭。旅游策划通常需要对委托的事项进行运筹、谋划、构思和设计，高瞻远瞩，放眼未来，系统思考，把握全局，或灵活变化，或坐收渔利，或趁势而上，提出相应的创意、计策、谋略或捷径，创造性地解决看似不可能解决的问题，实现看似不可能实现的目标，使策划对象价值最大化。通俗而言，条条大路通罗马，策划就是要寻求捷径，它要求策划人员具备渊博的知识、丰富的经验、宽阔的视野、灵活的思维，善于开动脑筋，另辟蹊径，化难为易，解决问题。

（二）创造性

从创造学的观点来看，旅游策划活动是根据旅游需求特点对旅游资源、相关旅游经营资源与相关素材的创造性加工过程。创造性是旅游策划活动的本质特征，是旅游策划活动的生命力所在，也是旅游策划区别于旅游（工作）计划的根本特征。策划能将老街区变成新地标、破厂房变为打卡地、废矿坑变成植物园、乡土味变为文艺范儿、小生意成为大产业、老物件做出新趣味、"冷资源"做成"热经济"，魔力就在于创造性。这要求策划人员灵活运用各种非逻辑思维方法去创造性地审视旅游资源的价值和旅游需求的变化，充分运用内部可控资源和外部可拓资源，通过发散思维、巧妙组合与精心选择，实现旅游资源与需求的最佳对接，发挥旅游资源的最大价值。旅游创意所产生的化腐朽为神奇、化对立为共存、化小事为大势的效果就是创造性在旅游策划中的最好表现。

（三）体验性

旅游活动是游客在异地获得的不同于惯常生活的体验，成功的旅游策划必须能够为游客创设一种独特而丰富的旅游感受或经历。体验性是旅游策划区别于广告策划、新闻策划、地产策划等策划类型的最明显特征。例如，广告策划主要是利用摆事实、列数据、讲道理等方法通过寻求适当的诉求点将产品的信息传达给公众，说服他们购买某一产品；而旅游策划主要是通过设计旅游吸引物、旅游服务、旅游活动来组织旅游产品，向潜在市场提供一种独特的体验，以此吸引他们进行旅游消费。这一特征决定了体验经济的理念是旅游策划的基本思想方法，体验设计的方法是旅游策划的一般技术方法。

（四）艺术性

旅游策划除了需要科学的理性分析、多元化的技术方法之外，在很大程度上还需要一定的艺术加工。在旅游景观、形象、商品、娱乐策划等领域和环节中，艺术加工与创作占有相当重要的地位，不仅可以大大提升旅游资源的价值与功能，为普通的旅游产品增添更多的精神内涵，提供无穷的回味空间，还能够创设出独特的体验意境和体验方式，更好地满足游客的审美与体验需求。影视、音乐、舞蹈、书法等领域的艺术家参与旅游创意策划，是业界广泛存在的事实。这一特征要求旅游策划人员具有较为扎实的美学基础和较高的艺术修养，对传统文化特别是诗词、楹联、书画、园林、哲学等领域有较为深刻的理解，方能形成具有艺术性的创意和策划方案。

（五）操作性

委托方提出编制旅游策划的动议一般都是为了解决实际问题或实现既定目标，他们的出发点是通过旅游策划方案来指导未来的生产、经营与管理活动，因此，旅游策划的成果必须具有操作性。没有操作性的旅游策划文案对委托方而言不过是废纸一堆。操作性是旅游策划区别于旅游创意、点子的重要特征。旅游策划的操作性主要体现在三个方面：一是作为策划依据的信息必须是客观的、准确的，必须运用科学的方法对外部环境、旅游资源、市场需求进行调查分析，并搜集所需的资料；二是策划方案必须具有政策、法律、环境、经济和技术上的可行性，可以实现预期的效益目标；三是策划方案应该可以指导委托方的实践活动，有时策划书应包括方案实施方面的具体内容，以便于委托方实施。

第三节　旅游策划的地位与作用

一、旅游策划的地位

国内各界对于旅游策划的认识相较于旅游规划十分落后。在相当长的一段时间内，旅游策划被规划的"光环"屏蔽着,没有获得应有的重视。直到近年来,随着经营体制、市场需求和竞争状况的变化,这种情况才逐渐改观。因此,下面将从规划与策划的关系出发,从政府官员、高校学者、业界精英三个不同的视角来审视旅游策划的地位。

(一)政府官员的视角

以在浙江、湖南从事行政管理工作的傅建祥、刘汉洪为代表。在浙江从事多年旅游行政管理工作的傅建祥曾经指出,旅游产品的规划设计不同于城市或建筑规划设计,旅游规划关键在于策划,旅游产品在规划设计之前要先做好策划,策划又必须富有创意。旅游策划是贯穿全过程的创意活动,包括区域和旅游城市的战略研究(或项目可行性研究)、旅游产品专题研究、旅游概念性规划、总体规划、旅游发展行动方案以及旅游营销方案等,没有一个好的旅游策划,就无法产生优秀的总体规划和开发方案。

(二)高校学者的视角

以北京大学吴必虎和四川大学杨振之为代表。吴必虎指出,旅游产业是特别在乎人的一种感应、一种感知的东西,所以就有很多新的策划,点子很好就吸引很多人去关注。总的来说,这20年内相关的旅游规划师、策划师会有很大的市场,旅游策划师应具备的素质之一就是艺术家的素质,要有美感、策划能力。杨振之认为,旅游策划的重要性已逐渐为各级政府和投资者、经营者所认识,并得到了前所未有的重视,以至于有的地方将规划先停下来,待策划完成后,再回过头来规划。并由此得出结论:旅游策划的春天已经来临。在论述旅游策划与规划之间的关系时,他指出:旅游策划是旅游规划的核心,或者说,旅游策划无论从战略层面还是从战术层面来看,都是先于旅游规划的。

(三)业界精英的视角

以北京绿维创景规划设计院的林峰、德安杰环球顾问集团的贾云峰为代表。林峰指出,旅游规划已经成为政府管理旅游产业和区域旅游开发的主要工具,但现有的规划体系主要是确定生产力要素布局及配套的整体关系,不可能按照项目运作的要求进行深度挖掘、创意与整合。恰恰是规划不能达到的地方,策划解决了实际操作所提出的问题。对于"以产品为核心概念的规划体系"而言,策划理所当然是规划的一部分,但目前的旅游规划体系尚未建立起以产品为核心的编制体系,策划就成了规划最好的补充。贾云峰则认为,随着旅游业的逐步发展成熟,策划在旅游业中的地位得到了飞跃式的提升。在整个旅游开发建设过程中,策划、规划和企划是相互贯通、串联,三者缺一不可。

二、旅游策划的价值

对于旅游策划的价值,德安杰环球顾问集团的贾云峰认为,旅游业是通过体验给旅游者带来快乐的精神升华的行业,必须通过自身的不断更新,给游客带来新的兴奋点,激发和满足游客的旅游欲望。而对于旅游策划来讲,很大程度上,就是为构筑这一兴奋点而服务。旅游策划在进行创意性思考的时候，必须综合构建多方面的价值体系。

（一）旅游策划的文化价值

对于旅游业来讲，文化就是其灵魂，缺乏文化内涵挖掘的旅游城市或景区是没有生命力的。对于旅游策划来讲，找准旅游地的"文化发展力"，提炼、接续、升华旅游地的文化内涵就成为旅游策划者的必修功课。旅游业是一个外延极广的行业，文化也是一个很泛化的概念，如何使两者有效地接洽融合正是旅游策划的价值所在。在策划实践中，应秉承以当地核心文化为魂的策划理念。比如，陕西渭南"鲤鱼跳龙门"的人文精神，山西洪洞大槐树的故乡情怀，山西运城的根祖文化，河南三门峡"中流砥柱"的民族精神，将这四个城市所共有的文化精神总结为"华夏之祖，炎黄之根，中国之本"。基于这些精神相牵，推动旅游区域的内在价值合作体系的形成。

（二）旅游策划的商业价值

对于任何行业而言，商业价值都是持续运营的基础推动力。对于旅游策划来说，要体现其商业价值，更要在资源、管理、运营等多方面打一场"财智攻坚战"。毕竟没有资金投入旅游产业就难以启动，而有资金投入未必就能开发出高品位产品，即使有高品位产品也未必就能有效激活市场等问题都存在于错综复杂的旅游产业内。在旅游策划之前，要摸清旅游地的产业推进模式，谋求最佳的投入—产出效益。例如，山东省旅游行政管理部门首创性地通过资源整合，推出五大产品体系（即"贺年实""贺年礼""贺年乐""贺年游""贺年福"），让文化变为可销售的产品，还吸引了越来越多散发着市场活力的团购商的兴趣，共同打造"好客山东贺年会"。

（三）旅游策划的营销价值

好的策划必然是化腐朽为神奇、点石成金的，对旅游地产品的营销方向、渠道、方法等进行全面的衡量，实施快捷、实用、高效的营销战术，帮助旅游地快速影响目标市场群体，并通过神奇的策划创意引发新闻传播效应和自发的市场宣传力。例如，在河北邯郸的永年区广府古城的营销推广策划中，为了找准最有市场营销力的形象代言人，突破常规思维，从慈善的角度入手，提出"邯郸——中国首个公益领袖城市"的创新定位，促成李连杰领衔的"公益邯郸广府行动"的启动，使广府古城赢得了媒体关注。同时，还吸引了华谊兄弟传媒集团旗下香港新锐导演冯德伦执导的电影《太极1：从零开始》选中广府古城，增加了市场关注度。

三、旅游策划的作用

同其他类型策划一样，旅游策划具有辅助竞争、决策参考、构思计划、预测未来、管理创新的功能。随着旅游市场竞争的不断加剧，各界人士逐渐意识到旅游策划的价值。国内外无数成功案例证明，优秀的旅游策划可以集思广益、指点迷津，起到点石成金、一举成名、妙手回春、四两拨千斤、化腐朽为神奇的作用。海洋认为，旅游策划就是要全力做到激发大智慧、挥洒大手笔、创造大文化、推动大旅游、促进大产业、拓展大市场，就是要为旅游注入生机、打开宝库、创造奇迹。当然，由于策划的类型不同，旅游策划发挥作用的具体表现形式也不尽相同。概括起来讲，旅游策划的作用主要表现在以下四个方面。

（一）发现、提升旅游资源的价值，促进其产品化

旅游策划可以借助策划人员的独特眼光和创新思维帮助旅游地提升原有旅游资源的价值，发现新的旅游资源，并通过系统的创意来实现旅游资源向旅游产品的转化，形成现实的旅游产品。这方面的例子很多，如云南的石林、沙林、土林就是点石成金、点沙成金、点土为金的成功案例。20世纪80年代末90年代初，徐勇发现了北京胡同的独特价值，创作了系列摄影作品，让其深厚的文化历史底蕴为世人公认。在此基础上，他组织了北京胡同文化发展公司，开创了以人力三轮车形式组织胡同文化游览的项目，成为海外游客关注的热点。这不仅促进了旅游资源观的创新，还开启了生活空间旅游利用的先河。

（二）创造、强化旅游地的独特卖点，增强竞争优势

对于旅游地来说，特色就是吸引力，就是竞争力，就是生命力。在很多情况下，特色是旅游策划人员发掘出来，并通过一系列策划打造成为独特卖点的。例如，浙江省武义县拥有温泉、古村落、峡谷、畲族风情等旅游资源，但与周边的江南山水相比，特色并不明显。笔者基于对温泉、道家文化、风味美食、药材基地、茶场等资源的整合，提出"山水养眼、温泉养身、美食养胃、童茶养神、药材养生、文化养心"的策划思路，以"康养之旅"为品牌，打造浙中休闲养生胜地，增强市场竞争优势。

（三）调整、改进旅游产品推广与销售，拓展旅游市场

旅游产品具有不可储存性，有人说世界上最难以储存的东西就是律师的时间、飞机的舱位和饭店的床位。这一特点决定了旅游地必须想方设法销售其旅游产品，否则旅游产品在特定时间的价值就无法得到体现。旅游策划综合运用各种思维方法，形成独特的创意，采取花费最小、效果最好的方式赢得游客目光，激发其旅游动机，从而促进旅游产品的推广与销售，提高市场占有率。这方面的例子也是举不胜举，如黄龙洞策划"定海神针"投保一个亿，看似与旅游无关，却引来无数游客；无锡策划一首《无锡旅情》，打开日本市场的大门，20年经久不衰；黄山策划推出一元门票，意在启动淡季市场……

（四）谋划、设计各种旅游经营管理活动，规避潜在风险

当今世界处于一个剧烈变动的时期，市场竞争日趋激烈，人们的旅游需求也在不断地发生变化。为了应对同行业的竞争和来自各方面的威胁，旅游地必须未雨绸缪，策划各类活动，以规避经营管理中潜在的各种风险。例如，浙江乌镇组织的以戏剧节为代表的系列

活动，为古镇注入了新内容，后来承办的世界互联网大会更是确立了其在江南水乡众多古镇中的新坐标。绍兴旅游集团推出的"跟着课本游绍兴"研学旅行项目，为绍兴找到了独特优势，打开了"长三角"古城旅游的新"蓝海"。云南大理双廊举办的"一个白族村落的更新阵痛"公益论坛，直面商业化、过度开发、外地移民大量涌入等不良苗头，对双廊在滇西北黄金旅游线上立于不败之地起到了重要作用。

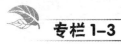

专栏1-3

将"香格里拉"策划在迪庆

1933年，英国作家詹姆斯·希尔顿在《消失的地平线》中描绘的香格里拉（Shangri-La）将人们带入了一个充满梦幻和诗情的桃源仙境，《不列颠百科全书》称该书的功绩之一就是为英语创造了"世外桃源"这一新词。1937年，好莱坞将其搬上银幕，香格里拉从此名声大噪。1971年起，马来西亚华侨巨富郭鹤年建立了一个环太平洋的国际酒店集团——香格里拉集团，更将这一品牌推广到了全球。

"把香格里拉与地名相连，始于1995年。"时任迪庆州委书记格桑顿珠说，"这是云南一位名叫孙炯的青年旅游工作者提出的。"当时年仅26岁的云南海外旅游总公司市场部经理孙炯作为云南选送的参加全国优秀导游考评者之一，在北京考试中被一道题"'香格里拉'是来自喜马拉雅山麓的哪一种民族的语言"激起了无限的遐想。那时，云南省正大力发展旅游业。为开拓新的旅游市场和客源地，1996年春节，孙炯和朋友冒着大雪第一次到迪庆考察。在州政府招待所里，他与格桑顿珠不期而遇，倾诉了自己的构想"将香格里拉策划在迪庆"。那晚，格桑顿珠彻夜未眠，因为香格里拉的策划与他及州委一班人多年来一直思考的"把迪庆建成全国最好的藏区之一"的战略不谋而合。

在主管旅游的副省长牛绍尧积极支持下，云南省政府研究室（云南省经济研究中心）迅速牵头成立了课题组，研究迪庆香格里拉的开发问题。1997年9月14日，云南省政府在迪庆建州40周年盛典期间召开新闻发布会，宣布"香格里拉就在迪庆"。当天夜里，英国广播公司就向世界广播了这条消息。随后，国内各大媒体，以及《泰晤士报》《卫报》《纽约时报》《时代周刊》《朝日新闻》等40多家国内外媒体迅速做出了报道。在此后的20多年里，香格里拉对迪庆州的发展产生了巨大的推动力，为社会创造出巨大的经济价值。首先，极大地提高了迪庆在中国乃至世界的知名度。其次，促成了迪庆藏族自治州支柱产业的大转型、经济结构的大调整。最后，培育了滇西北继丽江之后的又一世界级旅游目的地，丰富了云南旅游产品体系。

来源：刘进元. "香格里拉"传奇与云大校友孙炯. http://www.ydxy.ynu.edu.cn/info/1006/1952.htm （有改动）

第四节 旅游策划的系统与构成

一、旅游策划主体

旅游策划主体是执行旅游策划活动、完成策划任务的人,包括个体与群体(团队)。旅游策划主体的知识、经验、技能与思维是决定策划质量的关键因素。了解旅游策划主体的条件与生成途径,对于培养高水平的策划人才具有重要意义。

(一)旅游策划主体的条件

1. 心理条件

旅游策划主体需要具有成熟健康的心理素质,方能胜任旅游策划工作。这主要包括广泛的兴趣面、积极的求知欲、强烈的创意欲、坚强的毅力和乐观的态度。

2. 知识条件

知识的融合能力是创意产生的重要因素。旅游策划主体应该掌握的相关知识内容很多,而且会因策划项目的不同而具有不同的要求。除了这些具体项目策划涉及的专门知识之外,旅游策划主体还应该掌握策划学、旅游学、心理学、市场学、社会学及其他相关知识。

3. 智力条件

旅游策划主体要有足够的智力、智能和智慧,能够胜任旅游策划团队操作项目的要求,能够创造性地整合资源,高效实现预定策划目标。除了敏锐的观察力、良好的记忆力、丰富的想象力、准确的评判力、灵活的应变力和强劲的创造力,归纳与演绎能力、哲学思辨能力等也发挥着重要作用。

4. 技能条件

旅游策划主体需要掌握的一般技能是为了适应社会发展应该掌握的最为基本的技能,如计算机与网络应用、摄影摄像等。概念技能是指综观全局、认清为什么要做某件事情的能力,包括决策、判断、理解。人际技能是指与处理人际关系有关的技能,最为核心的是沟通与表达。技术技能是指使用某一专业领域内有关的程序、技术、知识和方法完成职业任务的能力,包括经营、管理和策划。

5. 品德条件

遵循一定的职业道德标准是旅游策划主体最基本的品质。具体而言,旅游策划主体应具备的品德包括:对委托方要以诚待人、守信处事、实事求是、敢于负责,对所属企业要忠于职守、维护信誉、保守秘密,对社会要遵守法律法规、尊重伦理道德。

6. 体力条件

体力是人的身体素质,包括力量、耐久力、速度、灵敏度、柔韧度等人体运动生理指标，以及对外界的适应能力、劳动负荷能力和清除疲劳的能力等。旅游策划主体应具有强健的体魄和充沛的精力，以适应野外考察、产品创意、方案修改等繁重的工作。

（二）旅游策划主体的生成

1. 内部动力

旅游策划活动过程中不断产生的新需要和旅游策划主体原来的能力之间的矛盾，构成旅游策划活动的内因。一是现实向策划主体提出的新的要求、任务或问题；二是策划主体原有的专业能力和整个主观内部状态，与新的要求不相适应；三是策划主体调整自己的内部状态、提高专业能力从而适应新需要。

2. 外部条件

旅游策划主体发展的外部条件主要包括家庭、社会和工作环境。家庭通过言传身教、潜移默化、情感教育等途径对主体的思维和素质有着不可忽视的影响。社会经济政治状况通过文化和教育水平影响策划主体思维素质和其他能力发展的水平，传统文化也是影响创意思维水平的重要因素。工作环境条件主要是通过工作单位的环境条件、规章制度、人际关系、团队结构等因素对旅游策划主体的发展施加影响。

3. 遗传与发育

良好的遗传因素和生理发育是旅游策划主体生成的自然前提，主要包括生物遗传、孕生环境和生理成熟。根据生命科学和心理科学的研究成果，遗传基因影响主体语言能力的发展，影响主体的思维能力、思维品质和思维类型。胎儿孕生环境对于主体日后的生成有着重要影响。旅游策划主体的生成需要成熟的生理基础，主要是指脑重量的增加、脑电波的发育、脑神经网络的建立以及第二信号系统的协同等。

4. 知识与经验

知识和经验是旅游策划主体进行思维和策划活动的前置基础，主要通过影响信息的提取和重组发挥作用。知识为主体进行旅游策划活动提供了必需的信息存储，也为主体进行新的旅游策划活动提供驱动支持。经验是比知识更深刻和坚实的前知基础，对主体的影响更深刻、更具有启发性。当然，旅游策划主体应深刻认识到，旅游策划需要知识和经验，但也并不是越多越好，有时过多的专业知识和个人经验会形成思维定式，阻碍创新。就像马志民先生指出的那样："世界是广阔和五彩缤纷的，人类历史的积淀是深厚的，世界各国的风情习俗是千差万别、无比丰富的，我们需要对这个世界更多地研究、探讨、发掘和展示……"

（三）旅游策划主体的发展

1. 认真学习相关领域的知识

在知识总量增加和更新速度不断加快的今天，旅游策划主体必须树立终身学习、与时俱进的理念，认真学习专业领域和相关领域的知识。学习手段主要包括接受学校教育、参加各种形式的培训和自学三种。

2. 注意吸收专家学者的经验

人们长期积累起来的旅游策划的经验与教训是旅游策划总体水平得以提高的"助推器",也是主体提高自身旅游策划素质和能力的捷径。策划主体应认真研读旅游策划成功案例、旅游策划文本、旅游策划论著,并通过思考和实践转变为自己的经验。

3. 注重策划思维和创意训练

科学合理的训练方案可以提高主体的思维素质,激活思维状态,开发创意潜力。策划主体应结合自己的实际情况,灵活运用各种训练方法,自觉进行创意思维训练,开发右脑潜能,提高发散思维、想象力、逆向思维、灵感。

4. 积极参加旅游策划实践

实践维系着旅游策划主体的生命力,磨砺着主体的思维品质,是提高专业能力的最重要手段。策划主体应积极把握实践机会,在实践中寻找差距,弥补自身专业技能方面的不足;在实践中增加感性认识,积累策划经验;注意总结不同类型策划的特点与方法。

5. 改善工作环境与人际关系

工作环境和人际关系是影响旅游策划主体工作效率特别是创意成果质量的重要外部因素。主体应根据自身特点采取相应手段来改善自己的工作环境,改善自己与工作团队成员的人际关系,建立稳定、畅通的沟通渠道,以便相互讨论并激发创意的产生。

6. 建立合理的自我激励机制

维持足够的动力是旅游策划主体不断进步和发展的必要条件。在谋取科学合理的外部激励机制的同时,主体还应积极尝试建立自我调适和激励机制,在繁重的工作任务和动态变化的外部环境中积极进取和持续创新。

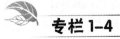

专栏1-4

旅游策划人的基本素质

- **博学**。在旅游专业知识的基础上,对天文、地理、人文、历史、自然、政治、法律、经济、宗教民俗、建筑、交通、美学、艺术、环保、植物、心理、物候、文学、传播等学科的常识性知识都要通晓。

- **良知**。一个优秀的旅游策划人,一定是一个具有社会良知和良好职业操守的人,一个具有强烈的社会责任感和职业责任心的人,一个具有勤奋敬业和乐于奉献精神的人。

- **激情**。饱含激情,善于发现,易于感动,并能从感动中捕捉景观中的亮点,在感动中产生联想,在联想中提炼出精华,从精华中产生创意,提出诗一般的理念,为景区的整体策划确定主题。只有具备烈火燃烧般的激情,爱美之情急切,审美之趣至雅,造美之心甚强，才能形成强烈的创作冲动，才能做出极富感染力的好策划。

• 灼见。有好的创意，有创新性，有独到的眼光，以独特的观察角度和观察方法发现事物的独特属性，并以高超的分析、综合、提炼能力，从中得出灼见，策划设计出智光闪亮的旅游开发思路、概念、主题、项目、产品及经营模式。

来源：原群. 旅游规划与策划：创新与思辨[M]. 北京：旅游教育出版社，2014：7.

二、旅游策划客体

旅游策划客体是旅游策划活动指向的具体对象，是旅游策划活动的基本要素之一。深刻认识旅游策划客体的属性，熟悉旅游策划客体的基本类型及其特点，是进行策划活动的前提。旅游策划客体的类型不同，采用的具体策划方法也有所区别。

（一）旅游策划客体的类型

旅游策划客体的范畴十分宽泛，在一定的条件下，任何事物都可能成为旅游策划的对象，如校园、工厂、垃圾场甚至墓园。在旅游策划实践中，涉及最多的主要是以下六类。

1. 自然景观

自然景观是具有观赏、游憩价值的自然地理要素与环境。它是自然界的诸多因子在不同的条件下作用于不同的地理环境而形成的，并且处于发展变化之中。自然景观不仅提供了观赏、审美的对象，而且提供了休闲、度假的环境，是非常重要的策划客体类型。按照主导因素的不同，可将其分为地文景观、水文景观、生物景观、气象景观四类。

2. 历史遗产

在漫长的岁月里，先人利用自己的智慧创造了辉煌的物质文明和精神文明，给后人留下了丰富的历史遗产，具有特定的历史价值、美学价值、艺术价值、科学价值和教育价值。历史遗产涉及面广，大致可以分为以下八类：文化遗址、历史文化村镇、宫廷礼制建筑、宗教活动场所、传统游憩场所、大型建筑工程、近代革命遗迹、其他历史文物。

3. 民族文化

民族文化折射出一个民族的历史和现实，体现出一个民族的气质和心理，反映出一个民族的生产方式与生活习惯。民族文化既可以作为旅游策划的对象，也可以作为旅游活动、旅游服务、旅游产品、旅游营销策划的素材。按照一般的分类方法，这类策划客体大致可以分为生活习俗、礼仪习惯、生产习俗、游艺习俗、精神信仰、传统节庆。

4. 地方物产

地方物产是指某地生产历史较长、生产方法较为特殊、质量较高、地域性较强的产品。地方物产自身构成旅游商品，生产场所可以作为参观点，生产过程可供游客参与，交易场所与过程也具有不同程度的开发价值，还可以策划节庆活动。地方物产主要包括经济植物、园艺植物、药用植物、工用植物、地方动物资源、传统食品、工艺产品七类。

5. 社会生活

广义的社会生活包括社会政治生活、经济生活和文化生活中的事物和事件，不仅为旅游策划提供了丰富的素材，而且蕴含着以不同形式表现出来的旅游需求线索，还提供了许多可以利用的机遇。现代都市、特色城镇、乡村景观都可以列入这一范围内。

6. 产业景观

产业景观主要是指各个产业的生产场所、生产过程及相关产品，目前开发较为成熟的是农业旅游、工业旅游，已成为我国旅游业发展的重要支撑。此外，第三产业中很多行业和部门与旅游产业交叉融合的趋势日益明显。

（二）旅游策划客体的特征

1. 多样性

旅游策划客体的外延非常宽泛，在绝对数量和发展空间上是无限的。从属性上来看，策划客体既包括自然因素，又包括人文因素。从存在形态上看，策划客体既包括有形因素，也包括无形因素。从时间上来看，策划客体既包括现在的，也包括古代的，还包括未来的。从位置来看，策划客体既包括地球上的，也包括月球和其他星球。这为旅游策划人员提供了取之不尽、用之不竭的素材，也为其把握策划客体的特性带来了一定困难。多样性特征要求旅游策划人员运用普遍联系的观点去认识事物或事件的旅游功能，根据需要将其纳入策划客体的范围之内。

2. 层次性

旅游策划客体处于多种多样的普遍联系之中，这种联系性决定了它具有层次性。同时，旅游策划客体既作为更高级系统的组成要素（子系统）存在，又由它统辖的一系列要素按照一定的秩序组成，这也决定了它具有层次性的特点。只有从各个层次去认识它，才能更加全面地把握它的优势、劣势以及与周边旅游区（点）的关系，科学进行策划活动。这要求旅游策划人员要树立系统观，从不同的层面上观察策划客体具有的属性和占据的位置，灵活运用点式策划、线式策划、体式策划及其组合开展策划活动。

3. 变动性

在内部矛盾和外部影响的双重作用下，旅游策划客体必然处于永不停顿的变动之中。策划客体变动的形式多种多样，主要包括渐变（缓慢变化）、改良（局部调整）、剧变（根本变化）。这些变动不但可以给策划客体本身造成不同程度的变化，形成不同于原来的新形象，同时也可能导致其他事件的发生，为策划带来难得的机遇。这要求旅游策划人员应树立强烈的问题意识、机遇意识和创新意识，充分利用这种变动性带来的内部变化和外部机遇，激发出独特而新颖的旅游创意。

4. 可拓性

旅游策划客体的范畴是在随着时间的流逝、社会的发展、需求的变化而不断拓展的。

旅游策划人员可以根据旅游需求特点来策划新的旅游吸引物，也就是所谓的"无中生有"。此外，每一个特定的旅游策划客体都有内部的组成部分与外部的复杂联系、物质的表现形式与无形的表现形态、现实的表现形式与有待挖掘的内容、有利的方面与不利的方面。这要求旅游策划人员应树立创新无限的理念，根据策划实际和需要去灵活拓展策划客体。清迈动物园和成都大熊猫基地利用熊猫粪便制作旅游纪念品的事实告诉我们，只要善于发现、敢于创新，策划人员可以根据需要拓展策划客体的范畴、功能及其与相关事物的联系。

（三）旅游策划客体的多重属性

"横看成岭侧成峰，远近高低各不同"。任何一种事物或现象都是由多种因素组成的，并且处于世界的系统联系之中，从多种角度、多个侧面去认识它们，就会发现任何类型的旅游策划客体都具有多重属性。系统而深入地把握策划客体的多重属性，主要具有四个方面的作用：为全面认识策划客体提供了依据，为培养发散性思维能力指明了方向，为发现策划客体的特色奠定了基础，为项目创意的产生提供了题材。日本大阪南郊的有田观光饭店经过市场调查发现，大多数喜欢到郊外山水风景区旅游的游客，除希望能欣赏到大自然的山清水秀外，还希望能痛痛快快地泡温泉，消除工作的疲劳，遗忘尘世的烦恼。于是，这座饭店的老板想出了一个"空中温泉"的妙招。这种空中温泉澡池颇像装满温泉水的空中电缆车，被吊在该饭店上方山峰 200 米高的电缆上，上下不停地升降。游客悠然地泡在里面，仿佛置身于飘飘然的仙境，忘乎所以。平时每天接待体验空中温泉澡池的游客竟达上千人，周末更是门庭若市。

虽然事物具有多重属性，但在现实生活中，人们常常只看到思维对象的部分属性，无法全面地看到它们的多重属性，"盲人摸象"的寓言就反映了这一现象。在实践中，导致无法认识到旅游策划客体多重属性的因素有很多，其中最主要的是熟视无睹、先入为主、以偏概全、思维定式。自觉克服这些障碍，加强视角泛化训练（如表 1-2 所示），是提高策划能力的重要保证。

表 1-2 旅游策划客体多重属性认识中的视角泛化方法

序号	名称	具体类型	含义
1	定性泛化	肯定视角	当思考一种事物或观念的时候，首先设定它是正确的、有益的，然后沿着这种视角，寻找其优点和价值
		否定视角	从反面和对立面来思考，把事物或观念认定为错误的、有害的，寻找它的负面价值
2	历时泛化	往日视角	考察事物和观念的起源、历史和以往的发展，把握了事物的过去，才能更好地思索事物的当今
		来日视角	思索事物或观念的未来发展，预测它的发展方向和发展道路，并用预测的结果来指导当今对待它们的态度
3	主体泛化	自我视角	以自我为中心来思考自我以外的东西
		非我视角	打破自我视角，站在"城外"，对同一事物和观念进行思考，有可能得出不同的结论

续表

序号	名称	具体类型	含义
4	比较泛化	求同视角	寻找两种事物或观念之间的相同点
		求异视角	抓住某一事物或观念不同于其他事物或观念的特点
5	操作泛化	无序视角	打破头脑中的条条框框，进行"混沌型"的思考
		有序视角	按照严格的逻辑思维进行观察和思考

三、旅游策划环境

任何一项旅游策划都是在特定的环境中进行的，策划环境的优劣是影响策划难度与方法的重要因素。策划环境中孕育着无穷的机遇，也可能给委托方造成潜在的威胁。全面分析、辩证认识、灵活应对旅游策划环境，是旅游策划人员应具有的基本能力。

（一）旅游策划环境的主要内容

旅游策划环境主要是指旅游策划的外部条件，通常包括政治（politics）环境、经济（economy）环境、社会（society）环境、技术（technology）环境，简称 PEST。近年来，有人提出加上生态（ecology）环境，称为 PEEST；如果再加上法律（law）环境，则称为 PESTEL。具体内容如表 1-3 所示。

表 1-3　旅游策划环境分析的主要内容

序号	名称	含义	应用列举
1	政治环境	对组织经营活动具有实际与潜在影响的政治力量和有关的法律、法规等	"一带一路"国家和地区旅游合作共同体、杨善洲干部学院、红色旅游等
2	经济环境	一个国家的经济制度、经济结构、产业布局、资源状况、发展水平以及未来走势等	温州经济探秘游、边境口岸商务游、资源枯竭型城市工业遗产旅游等
3	社会环境	社会成员的民族特征、文化传统、价值观念、宗教信仰、教育水平以及风俗习惯等	古镇怀旧游、诺邓乡愁书院、相亲游、异地康养旅游等
4	技术环境	包括引起革命性变化的发明，以及与旅游产品生产有关的新技术、新工艺、新材料的出现和发展趋势以及应用前景	北京世园会、VR 特色小镇、无人酒店、云上泼水节、网络直播营销等
5	生态环境	影响人类生存与发展的水资源、土地资源、生物资源、气候资源的数量与质量	低碳旅游、"清新福建"避霾游、杭州的"跟着垃圾去旅游"等

例如，捷克推出的"腐败游"就是旅行社对当地政治环境和社会环境进行分析后产生的灵感。捷克近年来腐败案件频繁发生，政府官员贪污问题非常严重，广大民众对此深恶痛绝。生活在布拉格的哲学家兼翻译家彼得·苏莱克在 2012 年 2 月成立了一家旅行社，专门开展"腐败游"业务，以发生在捷克的腐败案件为主题，以与案件有关的人和物为线索，带领游客参观腐败企业家的豪华别墅、贪污官员的住所，并向游客详细介绍各类贪腐案件的细节以及背后的内幕。这一活动不但受到游客的欢迎，也成为很多媒体关注的焦点。创办者希望通过这样的旅游活动，一方面满足游客们的好奇心，探究贪腐案件的真相；另一

方面也警醒世人，更严厉地打击贪污腐败现象。在经营的四条旅游线路中，最受欢迎的线路当属布拉格市区内的"鸟巢之旅"。在"鸟巢之旅"中，导游们带领游客参观捷克一些知名的贪污大案的发生场所，再配合生动的讲解，揭示"鸟巢"（贪官的居住或办公场所）背后隐藏的贪婪和欲望，让游客们详细了解案件的台前幕后、"鸟人"（捷克人对腐败官员的俗称）们的前世今生。

专栏 1-5

旅游策划人员需要熟知的社会、经济、科技领域名词

- **社会领域**：后现代社会、后物欲时代、后市场时代、科技后时代、新工业社会、低欲望社会、梦想社会、老龄社会、中产化社会、少子化社会、消费化社会、网络化社会、陌生人社会、契约社会、风险社会、城乡社会、包容社会、"三型"社会、收缩型社会、创新型社会、绿金时代、过劳时代、不确定性时代、社交媒体时代、移动终端时代、后疫情时代、大数据时代、众媒时代、泛娱乐时代、后真相时代、集体焦虑时代等。

- **经济领域**：善经济、美丽经济、乡愁经济、怀旧经济、总部经济、楼宇经济、街区经济、低空经济、路域经济、枢纽经济、门户经济、流动经济、通道经济、高铁经济、空港经济、会展经济、水体经济、健身经济、娱乐经济、服务经济、外包经济、代码经济、节日经济、功能经济、共享经济、低碳经济、绿色经济、循环经济、生态经济、人气经济、符号经济、知识经济、信息经济、创意经济、流量经济、柔软经济、智能经济、真实经济、眼球经济、形象经济、信用经济、非物质经济、精神经济、虚拟经济、新实体经济、平台经济、网络经济、免费经济、内容经济、意义经济、情感经济、网红经济、空间经济、社群经济、小众经济、拇指经济、月光经济、福利经济、数字经济、生物经济、通证经济、意向经济、口碑经济、她经济、范围经济、闲暇经济、无聊经济、体验经济、关联经济、过剩经济、园区经济、角色经济、零工经济、立场经济、观念经济、公益经济、零距离经济、飞地经济、婴童经济、银发经济、地摊经济、时间节约型产业、一次性便利产业、中场产业等。

- **科技领域**：人工智能技术（机器人、无人驾驶、语言识别、图像识别、自然语言处理和专家系统等）、虚拟现实（VR，动态环境建模技术、实时三维图形生成技术、立体显示和传感器技术）与增强现实（AR）技术、区块链技术、人机交互技术（可穿戴式计算机、隐身技术、浸入式游戏的动作识别技术、触觉交互技术、语音识别技术、无声语音识别、基于脑电波的人机界面技术等）、新能源（光伏电池板、风车、生物分解技术、地热采集技术、可燃冰等）、GIS 技术、物联网技术（传感器技术、RFID 标签、射频识别、红外感应器、全球定位系统、激光扫描器、嵌入式系统技术、自助导览、电子导航、一键导购等）、云计算、互联网与大数据、新材料与 3D 技术、生物技术与生命科学等。

（二）旅游策划环境的分析方法

SWOT 分析法又称为态势分析法，它是旧金山大学管理学教授韦里克于 20 世纪 80 年代初提出来的，是对区域内外部条件的各方面内容进行归纳和概括，分析组织拥有的优势（strength）和劣势（weakness）、面临的机会（opportunity）和威胁（threat），并依照矩阵形式排列，然后用系统分析的思想，把各种因素相互匹配起来加以分析，从中得出一系列相应结论的分析方法（如表 1-4 所示）。这一方法通常被用于战略环境的分析，也可以引入旅游策划工作中，帮助策划人员全面分析、深刻认识旅游策划环境。

表 1-4　SWOT 分析法的四大要素解析

序号	要素名称	释　义
1	优势	策划对象内部的有利条件，如旅游资源赋存、内部消费能力、人力资源素质、产业发展基础等
2	劣势	策划对象内部的不利条件，如内部通达条件差、旅游资源特色不鲜明、经济基础不理想等
3	机遇	策划对象外部的有利因素，如旅游产业促进政策、休闲旅游意识普及、私家车保有量增加等
4	挑战	策划对象外部的不利因素，如处于周边旅游地的阴影区、生态环境政策的制约、消费市场的不确定性等

同时，借助相关研究机构发布的数据和信息，成为分析旅游策划环境的重要策略。国内外各大文化旅游类智库发布的研究报告尤其是旅游发展趋势预测类报告，对于策划人员把握旅游发展趋势、识别旅游策划机会具有重要的指导作用。另外，中国社会科学院、中国旅游研究院、中国旅游年会、联合国世界旅游组织/亚太旅游协会旅游趋势与展望国际论坛发布的年度报告与相关数据也是旅游策划人员分析环境的重要参考资料。

（三）旅游策划环境的应用策略

根据 SWOT 分析的结论，通常有 SO、ST、WO、WT 四种方向性策略可供选择，详见图 1-1 所示。至于具体的方法（如采取何种进攻策略），则需要具体问题具体分析。

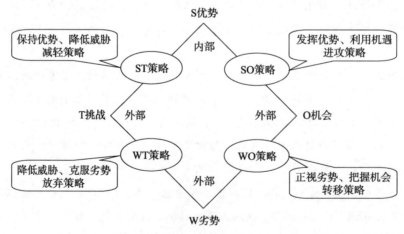

图 1-1　基于 SWOT 分析的四种方向性策略

熟练运用SWOT方法，识别策划环境中的机遇和威胁，把握环境中的变化因素，抓住外部机遇，克服外部威胁，利用外部资源，将威胁转化为机遇，为解决策划问题、实现策划目标服务及提供指导，是旅游策划中的常用思路和基本手法（如表1-5所示）。如果能够结合实际进行创造性地运用，常会收到良好的效果。例如，国内某知名策划专家曾被邀请到某海滨旅游区为其策划献计。管理者告诉他，那里的海水、海域、海岸线都不错，很想发展海滨旅游，但有一个致命的问题：海滨退潮的时间太长，大面积的海滨长时间内只有黑黑的海泥和远远的海水。突然，专家灵光闪现，对委托方说："海泥才是你们真正的价值所在！"原来，这位专家的重大发现就是开发以海泥旅游为特色的海泥产业链，具体载体包括海泥体验游（海泥狂欢节）、海泥浴度假（海泥浴度假村）、海泥美容护肤品的开发等。这可以创造一个巨大的海泥产业链，年产值数以亿元计，不仅可以做活海滨旅游区，还可以带动地方经济的大发展。

表1-5 基于SWOT环境分析的旅游策划技巧

序号	基本技巧	成功案例
1	扬"长"避"短"	西双版纳发展冬季避寒休闲旅游
2	化"劣"为"优"	东川利用泥石流举办越野挑战赛
3	随"机"应"战"	澄江利用帽天山申遗成功的机遇应对同类湖泊旅游地挑战
4	转"危"为"机"	丽江古城利用"2·3"大地震提高知名度、移除不协调建筑

再如，冀西北的张家口坝上地区系内蒙古高原南缘，以风大风多著称。风，是坝上的劣势，过去人们怨风、厌风。近年来，人们把风这个劣势变成了优势，安装了大量的风力发电机，成了坝上的一大景观。除了风，坝上的气候寒冷，种植的蔬菜比京津地区晚一个多月上市，这本来是劣势。但是，坝上人充分利用这个时间差，生产错季蔬菜，不仅保证了京津冀地区蔬菜"不断档"，而且卖出了好价钱。从这些例子可以看出，劣势是客观存在的，但有时也是一种潜能和优势，关键在于如何辩证认识、发现价值并实现转化。

拓展阅读

[1] 李瑞宸. 文旅项目："规划"不代表"策划"[J]. 经理人，2017，3.

[2] 卢继海，王云龙. 存优去劣 转"威"为机[N]. 中国企业报，2012-11-27（19）.

[3] 周彩阳，谢辉，曹红. 影响湖南旅游的10大策划[J]. 企业家天地，2007，6.

[4] 谭小芳. 旅游策划人的"金科玉律"[J]. 广告主：市场观察，2009，3.

[5] 姜克银. 旅游开发背景下的"汤瓶"功能变迁——以宁夏永宁县纳家户回族村为例[J]. 民族研究，2010，6.

[6] 王志纲. 财智时代[M]. 北京：人民出版社，2007：15-41，91-132.

[7] [美]理查德·佛罗里达. 创意阶层的崛起：关于一个新阶层和城市的未来[M]. 司徒爱勤，译. 北京：中信出版社，2010：77-94.

[8] 何方. 设计资源的寻找与选择[J]. 创意与设计，2018，6.

[9] 张振强. 策划和规划不可混淆[N]. 中国文化报，2018-12-29（7）.

[10] 薛亚平. 疫后旅游宣传推广要谋划在先策划在前[N]. 中国旅游报，2020-3-31（3）.

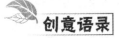

资本的时代已经过去，创意的时代正在来临；谁占领了创意的制高点，谁就能控制全球！主宰 21 世纪商业命脉的将是创意！创意！创意！除了创意还是创意！

——阿尔文·托夫勒

今后的世界，并不是以武力统治，而是以创意支配。　　　　——松下幸之助

天才的 1%是灵感，99%是汗水。但那 1%的灵感是最重要的，甚至比那 99%的汗水都要重要。　　　　——爱迪生

追索杰出创造者的足迹，他们并非生下来就是伟人，往往是从不打眼的，人们不以为然的活动中追求新意开始的。　　　　——吴克杨

创意有着某种神秘特质，就像传奇小说般在南海中会突然出现许多岛屿。

——詹姆斯·韦伯·扬

创意不是温顺听话的东西，创意的精髓是求新求异。　　　　——约翰·霍金斯

 策划故事

 灵感触媒

案例分析

 综合实训

探究学习

第二章 旅游策划的操作程序

【学习导引】

　　作为一项复杂的系统工程，旅游策划讲究创造性、艺术性、针对性与灵活性。在实际工作中，旅游策划也没有固定不变的工作程序和体例完全相同的策划文案。但是，对于初学者而言，熟练掌握旅游策划的程序化过程，是学习旅游策划基本原理与方法的前提，是从事旅游策划实训与实际工作的基础，具有十分重要的现实意义。有鉴于此，本章简明扼要地介绍了旅游策划的三大逻辑过程、八大工作程序和五大文案表达技巧。应再次强调的是，旅游策划工作因人而异、因事而异、因时而异、因地而异，对上述知识应结合实际，灵活运用，并在此基础上有所创新，形成具有个人特色的旅游策划工作方法。

【教学目标】

1. 掌握旅游策划中发现问题、分析问题、解决问题的辅助工具；
2. 熟悉旅游策划工作中的八个主要程序与每个环节的相关要求；
3. 掌握旅游策划文案的体例、基本内容与基本表达技巧；
4. 能够结合实际独立完成某项旅游策划工作方案设计；
5. 能够结合具体案例独立列出旅游策划文案的内容提纲。

【学习重点】

1. 旅游策划的逻辑过程；
2. 旅游策划的操作程序；
3. 旅游策划文案的写作。

　　旅游策划是一项系统工程，应遵循科学的程序和步骤，依据一定的章法开展工作。按照一定的科学程序进行策划是保证旅游策划成功的必要条件。将错综复杂的工作过程界定为具体而明晰的工作程序，有助于提高工作效率，又快又好地完成策划任务。旅游策划存在类型和形式的差异，因此策划的具体步骤也有所不同。但是，它们都要经历一个发现问题、分析问题、解决问题的过程，也都具有从接受任务到完成策划方案这样一个大致相同的基本程序。

　　本章旨在描述旅游策划的工作过程，让读者熟悉旅游策划的主要环节与相关要求。为此，本章主要是从旅游策划的逻辑过程入手，坚持问题导向，阐述了发现问题、分析问题、解决问题的过程与方法；接着结合实际，介绍了旅游策划的工作过程与操作程序；最后重点说明了旅游策划文案的体例、内容与表达技巧。学完本章后，读者可以独立列出旅游策划工作计划和旅游策划文案提纲。

第一节 旅游策划的逻辑过程

一、发现问题

发现问题是旅游策划活动的起点。以研究科学方法论著称的当代著名学者波普尔曾指出，正是问题激发人们去学习、观察和实践。因此，旅游策划人员应树立问题意识，提高自身发现问题的能力。

（一）旅游策划对象问题的类型

促使委托方产生旅游策划动议的问题五花八门，涉及旅游开发的规划设计、招商引资、建设、运营与管理环节，包括旅游资源开发、产品定位、线路设计、市场营销、形象设计、节事活动、转型升级等。概括起来，这些问题主要涉及旅游资源开发、旅游资本运作、旅游市场开拓、旅游经营管理四大领域。

（二）旅游策划中寻找问题的方法

对于旅游策划人员来说，如何去寻找策划对象存在的问题是策划起始阶段的关键任务。在策划实践中，可以帮助策划人员寻找问题的方法如表 2-1 所示。

表 2-1　旅游策划中寻找问题的常用方法

序号	名称	含义
1	实地观察法	在旅游资源开发、旅游区（点）建设、旅游服务与管理等方面的实地考察中发现问题
2	典型调查法	选取典型的旅游区（点）或其他旅游企业进行全面调查与系统分析，通过"解剖麻雀"式的个案研究发现问题
3	游客访谈法	游客是旅游产品的消费者，通过游客访谈可以发现旅游产品开发、旅游接待服务、旅游管理等方面需要改进的地方
4	统计分析法	从各类旅游发展指标、统计数据、旅游企业财务数据等统计资源蕴涵的信息中可以发现存在的问题
5	理论分析法	利用旅游学及相关理论，对发展战略、产品定位、总体布局、形象塑造等问题进行分析，结合具体实践，从中发现问题
6	比较法	与同类的旅游区（点）、旅游企业、旅游目的地，尤其是行业标杆进行对比，总结其他地区的成功经验，寻找本地存在的问题
7	假设法	假设某种条件出现，会给委托方带来什么样的问题；或假设按照目前的发展思路，会导致什么后果
8	排除法	委托方现状主要是由哪种因素造成的，旅游产品类型，旅游产品价格，旅游产品营销……通过逐个排除寻找问题

（三）旅游策划中发现问题的基本思维工具

1. 缺点列举法

通过列举某一事物当前存在的缺点，并将克服其缺点作为期望目标，提出克服这些缺点的对策、措施，从而使事物的功能得以改进和完善。通过列举缺点法提出问题一般都比较直观，只要找到产生缺点的原因，采取相应措施克服缺点，相关创意或策划方案就会产生。为了全面列举事物存在的缺点，可以通过召开缺点列举会达到集思广益的目的，具体步骤如表 2-2 所示。

表 2-2 缺点列举法的使用步骤

序号	步骤及释义	备注
1	确定策划对象	有时需要细分
2	尽量列举该对象的缺点和不足	市场调研，头脑风暴法
3	将众多缺点进行归类整理	可使用统计分析法
4	针对每个缺点进行分析，加以改进或采用缺点逆用法提出创意	数量优先，然后选优
5	对创意进行深化和细化，形成策划方案	涉及后续的策划环节

2. 希望点列举法

根据旅游业发展的需要，列举关于某一旅游产品（项目）的希望点，思考满足这些希望的方法，据此产生相关创意。来自游客的希望点实际上是旅游需求的体现，据此提出的创意或策划方案容易被市场接受。需要注意的是，提出的希望点应该具有比较广泛的代表性，能够形成足够的市场规模，超过门槛数量，便于委托方付诸实施并获得一定的经济效益。具体步骤如表 2-3 所示。

表 2-3 希望点列举法的使用步骤

序号	步骤及释义	备注
1	激发和收集人们的希望	可以针对细分市场
2	仔细研究人们的希望，以形成希望点	游客访谈、团队讨论
3	以希望点为依据，提出创意	数量优先
4	将创意进行完善、细化，形成策划方案	涉及后续的策划环节

3. 属性分析法

任何事物都有其不同的属性，掌握呈现在自己眼前的事物属性，并将其放置到其他事物上，或者采用其他形式来进行置换，可以实现对该事物的创新。根据这一原理，内布拉斯加大学的克劳福德教授发明了属性列举法，将事物的属性分解为不同的部分或方面，并将其全部列举出来，然后以某一部分或方面的属性为置换内容（如表 2-4 所示），提出对该问题的创新构思。

表 2-4　事物常见的属性

序号	属性名称	释　义	列　举
1	名词属性	事物的位置、材质、结构、形态、颜色等	温泉的位置：峡谷温泉、悬崖温泉、稻田温泉、树洞温泉、海上温泉等
2	形容词属性	事物的视觉属性、质量、使用体验等	温泉的感官性状：会变色的（变色泉）、能预测地震的（震兆泉）、神秘的（间歇泉）等
3	动词属性	事物的功能方面的特性	温泉的功能：沐浴、游泳、娱乐、蒸煮（食物）等
4	量词属性	事物数量、寿命、保质期等方面的特征	温泉与数字：温泉群（五大连池）、高温地热（大滚锅）、高流速温泉等

二、分析问题

发现问题后，就要对这些问题进行系统而深入的分析，明确应该解决的最主要问题，弄清问题出现的原因，为寻求解决方案奠定基础。这是一个去粗存精、去伪存真、由此及彼、由表及里的过程，也是真正体现旅游策划人员综合能力的环节。

（一）分析问题的意图

分析问题的意图可以归纳为四个方面：①甄别问题，分清表象问题和本质问题，为解决问题指明正确的方向；②评估影响，帮助策划人员把握问题的性质（主要问题还是次要问题），把握解决问题的措施与相关因素之间的联系；③寻找根源，寻找问题的源头，为解决问题奠定基础；④提出设想，对症下药，提出一些解决问题的初步设想。

（二）分析问题的步骤

为了提高工作效率和科学性，这一阶段的工作可以划分为五个步骤：①陈述问题，把发现的问题清晰地陈述出来，包括问题的表现、依赖的信息；②识别问题，将问题划分为表象问题和本质问题，淘汰表象问题，保留本质问题；③评估影响，逐一评价上述问题可能造成的影响；④寻找根源，寻找并最终确定造成本质问题的根源；⑤提出建议，结合问题、影响和根源，提出解决问题的建议，以供第三阶段参考。

（三）分析问题的工具

1. 鱼刺图

鱼刺图是一种透过现象看本质、发现问题根本原因的分析方法，也被称为因果图。图 2-1 为鱼刺图的模型。图中的每根"鱼刺"都代表引起问题的原因。鱼头部分可以填写问题，也可以填写结果，比如"旅游综合效益不高"；在大原因部分填写主要原因（因素），比如"旅游产品原因"；在支干部分的中原因里填写次要原因（因素），比如"旅游产品结构不合理"；在小原因里填写更次要的原因（因素），比如"景区仅注重开发观光产品"。制作鱼骨图分两个步骤：分析问题原因（结构），绘制鱼骨图。

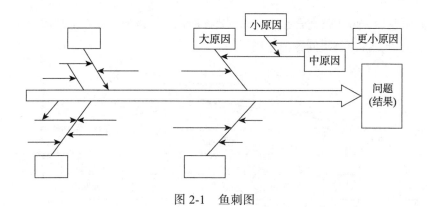

图 2-1 鱼刺图

2. 排列图

排列图又称主次因素排列图、帕累托图法，是指把影响项目质量的所有因素逐一排列出来，从中区分主次，抓住关键问题，采取切实措施，从而确保项目质量。图 2-2 为排列图的模型。该工具的作用是寻找主要质量问题或影响质量的主要原因，以便更好地解决这些问题。在旅游策划中，主要用于发现影响旅游地健康发展的主要问题。用排列图分析问题的程序共分四个步骤：确定问题的信息收集方式，制作统计表并计算比率和累计比率；根据统计表绘制排列图，找出主要质量问题。

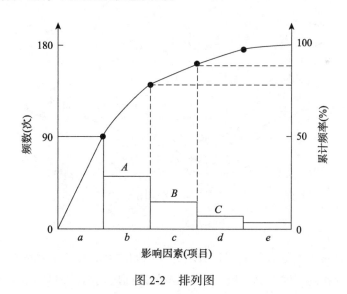

图 2-2 排列图

3. 亲和图

川喜田二郎把表面看上去根本不想收集的大量事实记录下来，并对其进行有机的组合和归纳，从中发现问题的全貌，建立假说或创立新学说。后来，他把这种方法与头脑风暴法相结合，发展成为包括提出设想和整理设想两种功能的亲和图法。在旅游策划中，策划人员可以把人们的不同意见和想法不加取舍地收集起来，并利用这些资料之间内在的相互关系予以归类整理，做成归类合并图（如图 2-3 所示），以便从复杂的现象中整理出思路，抓住问题的实质，找出解决问题的途径。

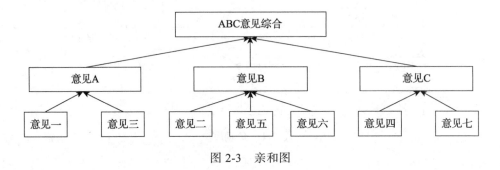

图 2-3　亲和图

4. 关联图

关联图又称关系图，是用来分析事物之间原因与结果、目的与手段等复杂关系的一种图表，如图 2-4 所示。关联图法就是借助关联图，根据事物之间横向因果关系找出主要问题的方法。该方法将众多的影响因素以一种较简单的图形进行表示，有利于旅游策划人员抓住主要矛盾、找到核心问题，也有利于集思广益，迅速解决问题。该方法适用于旅游策划中对多个因素交织在一起的复杂问题的分析和整理。

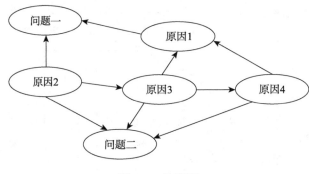

图 2-4　关联图

5. 问题树

问题树是一种帮助策划人员系统地分析存在的问题及其相互关系的树状图形，不仅可以找出策划对象存在的问题及其关键，而且能够发现问题之间的因果关系（如图 2-5 所示）。这种方法分为六个步骤：①找出策划对象存在的主要问题，问题的范围依策划目标和委托方实际而定；②选择某个问题作为核心问题或起始问题，作为分析主要问题之间因果关系的出发点，可以综合考虑如下三个标准：涉及范围广、与策划目标联系紧密、可以带动其他问题的解决；③确定导致核心问题或起始问题的主要原因；④确定核心问题或起始问题导致的主要后果；⑤根据以上因果关系画出问题树；⑥反复审查问题树，并根据实际情况加以补充和修改。

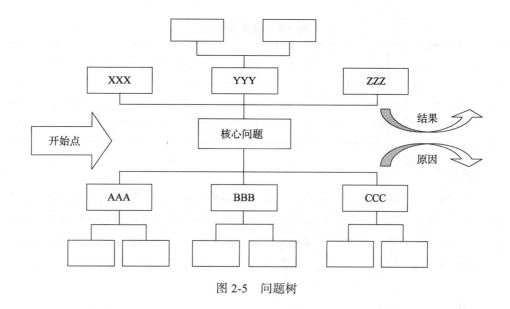

图 2-5　问题树

三、解决问题

解决问题阶段的主要任务是在分析问题的基础上,制定旅游策划方案,并进行比选、修改和完善。对于旅游策划本身来说,策划机构提交正式策划方案就意味着自身承担的旅游策划任务结束,原来界定的问题得到解决。

(一)解决问题的主要步骤

在旅游策划实践中,策划人员解决策划问题的主要表现是形成策划成果,这就意味着策划任务的完成。解决问题的主要步骤可以分为如下三个环节。①形成方案,在第二阶段提出初步设想的基础上,围绕这一设想继续进行构思和创意,并考虑项目建设、实施条件、市场营销、投入产出等相关问题,形成初步策划方案。②比选方案,策划机构对提交的初步策划方案进行科学论证、多方比选,选出一个最佳方案。策划方案比选可采取对比评价法、加权比较法、专家咨询法等。③完善方案,遴选出来的初步策划方案在吸收其他方案的优点、进行修改后,提交委托方征询相关方面的意见,并根据反馈的意见进行完善,形成最终方案。

(二)解决问题的分析工具

1. 对策表

对策表也叫措施计划表,是进行问题诊断并提出解决策略的一种有效方法。当使用上述工具找出主要原因后,就要针对主要原因制定对策,即制订改进措施和计划。将这些措施和计划汇集成表,就是对策表。对策表的内容通常包括分析的原因项目、该项原因的现状和标准、针对原因的对策,如表 2-5 所示。

表 2-5 对策表框架

序号	问题	现状	对 策
1			
2			
3			
……			

2. 系统图

系统图由方块和箭头构成，形状似树枝，又叫树枝系统图、家谱图、组织图，它是把价值工程中的机能系统方法借鉴到旅游策划中来的一种图形方法。在旅游策划过程中，为了达到解决问题的目的，就需要选择和考虑某一种手段，而为了采取这一手段又必须考虑下一级的相应手段。这样，上一级的手段就成为下一级手段的行动目的，如图2-6所示。

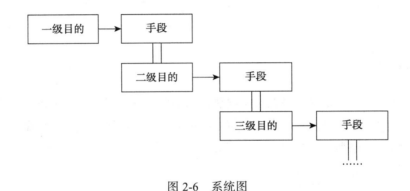

图 2-6 系统图

第二节 旅游策划的操作程序

一、接受委托

承担旅游策划任务的可能是委托方所属的策划部门，也可能是专业策划公司或科研院所。除了第一种情况之外，策划机构接受委托后，应与委托单位签订合同，明确双方的责任和权利，尤其要明确策划的内容、时间、费用、成果要求。

签订合同之后，策划机构应根据策划任务来组建策划团队。组建策划团队时应考虑策划对象的性质、策划任务的难易、各位策划人员的特长与合作经验，确保团队知识结构合理、思维方式多样。

二、明确目标

接受策划委托、签订策划合同以后，旅游策划团队应立即着手界定问题，明确目标，并据此拟订工作计划，进行分工。

（一）界定问题，明确目标

界定问题就是在领悟委托方的本意和要求的基础上，通过系统分析来明确策划所要解决问题的范围和性质。界定问题是策划目标具体化的基础，要求考虑全面、仔细、明确。

在明确问题之后，策划人员就要确定旅游策划的目标。目标是整个旅游策划活动的方向，也是检验策划工作成效的标准。策划目标包括总目标与分目标、长期目标与短期目标、主要目标与次要目标等，目标要有战略性、可行性、激励性，要尽量具体、量化。

有时，委托方为了便于开展招标活动，已经明确了目标与问题。这时，旅游策划人员针对这些问题和目标开展策划活动即可。例如，河南省巩义市策划实施的"巩义旅游·问计天下——巨奖征集巩义四大景区策划方案"活动，广邀海内外策划名家高手对巩义的北宋皇陵、康百万庄园、杜甫故里、河洛汇流四大景区进行全方位的策划、规划，并明确提出了目标与问题。2020年5月，武汉市自然资源和规划局发布了《汉口历史风貌区老旧小区改造及旅游提升项目产业策划和运营机制研究方案国际征集公告》，明确了咨询范围、咨询任务、咨询目标。其中，咨询目标包括以下四个方面：研究确定高标准的产业功能定位，按照世界一流的历史人文功能区的要求，明确产业发展阶段、类型、重点和方向；精准提出区域整体产业策划方案，系统谋划项目整体以及分片的建设项目业态类型和主要构成；落实完成产业空间布局，实现产业策划与空间的精准匹配；明确行之有效的"文旅商"运营机制，提供科学有序的投资方向与建施路径。

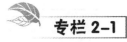

专栏2-1

乐山大佛景区总体文旅产业策划及概念性设计方案征集公告

- 征集单位：乐山大佛旅游投资开发（集团）有限公司。
- 项目名称：乐山大佛景区总体文旅产业策划及概念性设计方案征集。
- 项目地点：四川省乐山市市中区中部，岷江、大渡河和青衣江三江汇流处18.46平方公里及边界外1公里范围内。
- 征集内容：完成乐山大佛景区规划区18.46平方公里及边界外1公里范围内的文旅产业策划方案、概念性设计方案及其他相关工作。
- 报名单位资质及要求（略）。
- 征集费用（略）。
- 征集文件获取方式、时间、地点（略）。
- 公告发布媒体（略）。
- 联系方式（略）。

（二）拟订计划和组织分工

拟订一个详细周密的计划是旅游策划活动有序进行的依据和保障。旅游策划的计划要根据委托方的要求、问题的特点和策划者的实际情况制定，主要内容包括策划进程的安排、每一阶段的具体工作、工作的分工、经费使用的安排等。计划完成之后，紧接着就要按照计划内容进行分工。组织分工就是明确策划小组成员的分工任务，做到职责分明。分工要注意发挥团队成员的特长，同时也要强调成员之间的相互配合。

三、实地考察

实地考察是旅游策划活动的基础性工作，其质量直接影响策划成果的水平。由于策划性质与类型不同，实地考察的具体任务也各不相同。一般而言，实地考察的具体任务包括以下五个方面。

（一）旅游发展环境考察

旅游业是在一定环境和条件中发展的，外部环境的变化会影响旅游策划的内容与方法，因此，旅游发展背景的考察是旅游策划的基础性工作之一。旅游发展环境涉及经济、政治、生态、社会、科技等方面。旅游发展环境分析的内容与要点如表 2-6 所示。

表 2-6 旅游发展环境分析的内容与要点

序号	主要内容	基 本 要 点
1	区位条件	地理区位、交通区位、市场区位、经济区位、政策区位、文化区位、旅游区位等
2	自然地理环境	地质地貌、土壤条件、水文条件、气候条件、生物条件等
3	社会经济环境	历史沿革、人口特征、民族习俗、经济水平、社会条件等
4	旅游政策环境	各类涉及旅游的法规、标准、规划、计划、地方政府文件等
5	旅游发展趋势	旅游发展格局、旅游市场规模、旅游需求方向、旅游产品类型、旅游产业形态等

旅游发展环境考察与分析应注意坚持四项基本原则。一是目的性，各项环境要素对策划对象发展的影响是环境考察与分析的出发点和落脚点，应始终围绕"对策划对象发展的影响"这一核心问题进行考察、分析和评价，寻找可以借用的机遇和资源，而不是堆砌资料、就事论事。二是全面性，应系统分析六大方面中的各要素对策划对象发展的影响，同时应注意辩证地看待问题，不仅要分析其正面影响，还要分析可能产生的负面影响，并寻找负面影响转化为积极因素的途径。三是客观性，应使用最新的资料，通过实地考察、多方听取意见等方式进行各要素对策划对象发展影响的科学、合理评价。四是动态性，外部环境总是处于不断的发展变化之中，有些环境要素是人为可以改变的，应注意从宏观上把握各环境要素的变化趋势，并寻找控制和影响相关环境要素（如交通条件）的可能性途径。

（二）旅游资源考察

旅游资源是旅游产业发展的物质基础，是旅游策划活动的重要对象。旅游资源考察的目的在于掌握旅游资源的基本类型、空间分布、特色、价值、知名度和影响力、保存完好程度、开发条件等方面的情况，为评估旅游资源的市场指向、功能结构、开发价值、向旅游产品转化的难易程度奠定基础。旅游资源考察涉及众多学科，使用的方法也多种多样。归纳起来，旅游策划实践中常用的调查方法主要包括八种，如表2-7所示。

表2-7 旅游资源调查的常用方法

序号	方法名称	基本含义与要求
1	实地踏勘法	通过观察、踏勘、测量、拍照、摄像、填绘等形式，直接获得旅游资源的第一手资料。勤于观察、善于发现、及时记录，并根据需要绘图、填表
2	文献查阅法	通过浏览农业、林业、水利、土地、交通、气象、环境、文化等部门的调研资料和统计数据，以及有关地方风土人情的刊物、报纸、著作，查找有关旅游资源的资料和线索
3	访问座谈法	通过会议召集熟悉情况的相关人员座谈，获取第二手资料，可以弥补人力不足、时间较短、资金有限等不利因素的影响
4	问卷调查法	通过发放问卷的形式向旅游经营管理部门、涉旅部门人员、游客、社区居民获取旅游资源、旅游市场等方面的动态信息
5	遥感调查法	采用航空遥感测量技术对人类不能进入的沙漠、原始森林深处、尚未发掘的地下文物等特殊旅游资源进行测量观察
6	图表辅助法	充分发挥图表的作用，形成旅游资源图（如分布图）和资料表（如单体调查表、基本类型统计表），以便于分析
7	统计分析法	通过对现有资料的收集、预测和对调查过程中所取得的资料的统计、分析等，以确定旅游资源特色和价值
8	比较分析法	将旅游资源按照形态特征、内在属性、吸引力等标准，与其同类型或周边区域同类资源加以比较，以寻找资源个性

在旅游资源调查中，策划人员应多走、多看、多听、多问、多想、多记，注意挖掘潜在旅游资源，发现现有旅游资源的其他功能，寻找旅游资源开发中存在的问题，并及时记录自己产生的灵感。在对旅游资源调查的基础上，策划人员应把重点工作放在旅游资源的分析与评价上，具体包括市场指向、功能结构、开发价值、资源向产品转化的难易程度、开发现状与存在问题等方面。此外，还应思考并提炼所在地的地脉（地带性与自然环境特征）、文脉（历史发展脉络与文化特质）、经脉（区域经济特征与产业结构）。

（三）旅游市场调查

需求导向是旅游策划活动的基本原理，科学、合理的旅游市场调查是旅游策划的重要依据，是成功策划的必要条件。建立在市场调查基础上的旅游市场分析与预测是否准确，将直接影响着旅游策划方案是否具有科学性和可行性，以及能否取得预期的经济效益。

旅游市场调查主要包括市场需求、游客评价、产品组合等。市场需求调查内容主要有旅游者规模、构成、动机、行为调查，以及客源地的发生率、重游率、旅游开支率等。游客评价主要涉及旅游者对旅游产品的评价和接受程度、旅游者购买或接受产品的频率、旅游者的心理价格状态等。产品组合调查的内容主要包括产品组合的广度、深度、相关性等。

一般意义上的旅游市场调查主要通过问卷调查、游客访谈进行。问卷设计要注意围绕调查目标设计问卷内容，要根据具体因素确定问题的数量与复杂程度，问卷语言应通俗易懂，问卷发放中应注意选取样本的代表性。对旅游相关利益主体进行访谈，可以把调查与讨论研究结合起来，不仅能提出问题，还能探讨、研究解决问题的途径，为旅游策划提供切实的参考意见。

（四）旅游产业考察

旅游产业考察的主要目的是了解某一地区或企业的旅游发展历程、所处阶段、发展现状、取得的成效，总结经验教训，评估旅游行政管理部门、企业、社区的创新与执行能力，为明确不足、差距、短板、问题奠定基础，为设定增长率等发展目标提供依据。

旅游产业考察对象通常有旅游景区、旅行社、交通、餐饮、住宿、购物、娱乐场所、集散中心、特色小镇、主题街区、旅游社区及在建拟建项目情况，主要形式有体验式观察、企业座谈、游客访谈、查阅文献资料等，涉及指标包括旅游人次、旅游收入、旅游投资额、旅游就业人数、旅游产业贡献度，运用的分析与表达工具有旅游增长率曲线图、旅游发展时间线（含重大事件）、旅游地生命周期模型等。

（五）旅游竞争与合作关系考察

在区域旅游发展中，由于旅游资源分布的地域性、旅游者空间行为的差异性、空间联系的便利性，因此不同地域之间存在着空间的相互作用。旅游空间相互作用的表现形式主要包括三种，即旅游竞争、旅游合作、旅游竞争—合作。策划对象与周边地区的竞争与合作关系在很大程度上决定着自身发展的策略与途径，因此，竞争与合作关系就成为旅游策划实地考察的重要因素。

为了确定策划对象与相关区域之间的竞争—合作关系，必须进行四大基础分析，即旅游资源比较分析、交通连接度分析、旅游产业基础分析、文化认同感分析。在此基础上，策划人员可以确定策划对象的竞争—合作导向：以竞争为主或者以合作为主。如果以竞争为主，那么策划的重点就在于如何提升自身旅游竞争力，可以采取的手段包括培育特色旅游区（点）、完善产业体系、塑造旅游形象等，这样做的结果是策划对象成为区域旅游发展的中心或增长极，带动区域旅游整体发展。如果以合作为主，那么策划的重点就在于如何通过开发互补产品、共同开拓市场、共同塑造品牌来共建区域旅游品牌，从中获取自身旅游发展机会，一般表现为借船出海、借梯上楼、借鸡生蛋等具体策略。

实地考察过程就是对旅游策划对象、条件、环境进行分析的过程。这一过程除了依靠经验之外，还经常会用到各种分析工具。除了第一章提到的PEEST、SWOT分析模型及其变形之外，还涉及其他一些分析模型，如表2-8所示。此外，旅游目的地6A模型、体验经济 4E 模型、市场营销 4P 模型等也具有积极的辅助作用。在数据充分、准确的情况下，运用这些模型对策划对象进行全面、深入的分析，有利于得出正确的结论。

表 2-8　旅游策划中常用的分析模型

序号	模型名称	提出者	主要用途
1	区位优势度模型	焦志敏等	分析评估策划对象的区位条件
2	旅游资源评价模型	保继刚等	评估旅游资源的价值（等级）
3	VRIN 资源模型	杰伊·巴尼	识别具有战略价值的特色资源
4	VALS 细分模型	SRI 国际公司	细分旅游市场
5	消费者行为分析模型	E.S.刘易斯等	分析游客消费行为的过程（阶段）
6	旅游流分析模型	马耀峰等	分析旅游流的流量、流向、流质等
7	亲景度—竞争态模型	李景宜等	判识各个客源市场所占据的地位
8	产业关联度分析模型	里昂惕夫等	判定旅游与相关产业间的依存关系
9	波士顿矩阵模型	布鲁斯·亨德森	分析和评估产品组合，判别策划对象在区域旅游产品体系的地位
10	战略群体分析矩阵	迈克尔·亨特	识别不同的战略群体，确定外部环境中的机会和威胁
11	旅游生命周期模型	R.W.巴特勒	判识策划对象所处的发展阶段
12	旅游生态位模型	向延平等	分析评价策划对象的竞合关系
13	钻石模型	迈克尔·波特	分析产业的吸引力，评估策划对象的竞争战略决策
14	价值链模型	迈克尔·波特	分析价值创造的主要环节
15	核心竞争力分析模型	普拉哈拉德	识别策划对象的核心竞争力

专栏 2-2

旅游策划的望闻问切法

巅峰智业提出，旅游策划中可以运用"望""闻""问""切"四种方法，合称"巅峰四术"。这是借助中医理论，分析策划对象的问题、寻找解决问题方法的重要手段。

• "望"。讲究"三个跳出"（即跳出资源看资源、跳出旅游看旅游、跳出当地看当地）、"六种眼光"（即专家、政府、企业、游客、社区、媒体的眼光）和"两种途径"（即实地考察和查阅文献）。

• "闻"。"闻"即倾听，是为了获得更多的信息和资料，涉及"三个倾听"（倾听当地政府的意见和建议、倾听当地专家的认识和主张、倾听当地居民讲述的风土人情）、"一风暴"（即内部头脑风暴）。

• "问"。为了双向沟通，包括问游客、问旅行社、问管理层、问现状、问问题、问思路"六问"，将当地旅游发展的优劣势、症结与问题、发展方向等摸清摸透。

• "切"。运用 SWOT、Delphi 等方法提出策划意见。

来源：巅峰智业. 智绘峰景色[M]. 北京：旅游教育出版社，2012：43-45.

四、搜集资料

"问渠哪得清如许,为有源头活水来。"信息是策划的依据、素材和触媒,旅游策划活动的开展必须以占有大量信息为基础,这些信息大多以各类文献资料为载体。因此,收集资料、整理资料、分析信息是旅游策划基础性工作中的重要环节。现代社会正以前所未有的规模和速度生产着大量的知识信息,为了提高工作效率,策划人员必须掌握一定的信息收集与处理的方法。

(一) 收集资料

按照资料的来源及其与策划人员之间的关系,可以把资料分为初级资料和次级资料。初级资料是策划人员从信息源头直接采集到的资料,又称为原始资料;次级资料是指除了初级资料以外获得的资料,通常称为二手资料。为了提高收集信息的能力,策划人员应遵守目的性、准确性、系统性、时效性、相关性原则。在策划工作中,经常采用的信息收集方法如表2-9所示。

表2-9 旅游策划中常用信息收集方法

序号	方法名称	含义及要求
1	观察法	到事件发生现场利用感觉器官或借助仪器设备来观察有关参与者及其环境,以得到第一手资料
2	访谈法	通过对相关利益主体进行当面谈话、电话访问等形式来获取所需信息,要求科学设计访谈提纲、灵活控制谈话方向、认真记录访谈结果
3	调查法	通过问卷的发放、回收与统计来获取信息,要求做好问卷设计、样本选取和问卷处理
4	实验法	将选定的刺激因素引入被控制的环境中,系统地改变刺激程度,测量调查对象的反应,主要适合于具有因果关系的信息的收集
5	网络搜索法	通过百度、谷歌等搜索引擎或借助专业数据库来获取自己需要的信息
6	文献检索法	根据一些既定的标志从文献的集合体中检索自己需要的文献,这些标志主要包括作者、文献名称、主题(或关键词)、分类

(二) 整理资料

通过上述方法和途径收集到的资料可能会有很多,为了便于阅读和分析,策划人员最好对其进行整理。整理工作包括三项内容:一是分门别类,即根据策划需要按照不同的标准将资料划分为不同类型;二是去粗取精,即舍弃一些没有使用价值或重复收集的资料;三是去伪存真,即对资料的真实性进行审核。由于前两项工作相对较为简单,这里只对第三项工作即资料的审核进行说明。

资料的审核就是仔细推究和详尽考察搜集来的资料是否真实可靠、合乎要求,它主要解决资料的真实性和合格性问题。资料的审核通常包括三个方面，即真实性审核、可靠性审核和规范性审核。真实性审核主要解决资料的载体是否真实这一问题，通过细究和考察来判明资料本身的真伪，一般采用外观审核和内涵审核两种方法。可靠性审核主要解决资料内容是否可信这一问题，通过细究和考察以判明资料的内容是否反映了相关事物的客观情况，一般根据以往的实践经验、资料的内在逻辑、资料的来源加以判断。规范性审核主要解决文献型资料写作过程中是否遵循研究规范这一问题。在策划实践中，使用频率较高的当属可靠性审核。

专栏 2-3

旅游策划研究常用数据统计分析平台

• **文旅专业研究报告**。主要包括：中国旅游研究院/国家旅游局数据中心研究报告系列、中国社会科学旅游研究中心皮书系列、景域文旅产业学院研究报告、新旅界研究院研究报告、携程旅游大数据联合实验室研究报告等。

• **各行业领域数据搜集类**。主要包括：艾瑞咨询，提供各行业大数据分析，为目标用户建立画像的"利器"；199IT，中文互联网数据研究资讯中心，专注于互联网数据研究与分析；艾媒数据中心（艾媒网），新行业经济数据库和行业大数据研究资源开放平台；大数据导航网，以大数据产业为主，大数据工具为辅，给用户提供更加快速找到大数据相关的工具平台；百度指数，互联网趋势统计分析；News Mine，新闻搜索工具。

• **运营数据统计类**。主要包括：lueView 智能营销系统，热门公众号数据分析、微博数据分析、舆情监控、微信公众号画像、KOL 画像、社群画像等；清博大数据，国内新媒体大数据权威平台，产品多样，拥有清博指数、清博舆情、营广公品等；微指数，与清博同为国内领先的新媒体大数据领导品牌，专注于微信平台，提供了微信运营、微信营销、微信推广等相关的最专业的大数据服务；新榜，以微信为导向，以日、周、月、年为周期，按 24 个分类发布国内各类自媒体平台最真实、最具价值的运营榜单；数说传播，H5 传播监测等。

（三）分析信息

收集资料的目的是为了获取对策划有用的信息。信息的开发水平决定着策划的水平。通过信息的分析，挖掘新的信息，提高信息的利用价值，以此来驾驭信息，是旅游策划人员应该具备的能力。常用的分析信息的方法主要有五种，如表 2-10 所示。

到此为止，旅游策划的前期工作宣告结束。在上述步骤尤其是实地考察和资料收集环节，也可能涉及头脑风暴（考察现场讨论或当天总结）、记录或反思。根据刘嘉龙的总结，这些活动对认知、思维和创意策划的作用如表 2-11 所示。

第二章 旅游策划的操作程序

表 2-10　旅游策划中常用的信息分析方法

序号	方法名称	含义与要求
1	因果法	利用事物之间的因果关系去分析所获得的信息,可以找出新信息:把已知信息当作原因,可往后分析它可能引起的后果;把已知信息当作结果,往前分析就可得到它的前因
2	关联法	从已知信息出发,利用客观事物之间普遍存在的相互作用关系,分析获取与此有关联的新信息
3	重组法	将原有的信息分解成若干更小的信息,然后将这些更小的信息以新的关系重新组合在一起形成新的信息,或是将若干分散的信息组合成一条新的信息
4	综合法	将反映客观事物各个局部的多方面信息结合起来分析,以便推出反映整体事物的新信息
5	挖掘法	从已知信息着手,通过对信息由表及里的分析,找出隐藏在一般信息里面的深层信息,发现其中尚未被人们注意到的细节信息或本质信息

表 2-11　旅游策划中的信息获取与初加工活动

方法＼目的	直接观察	面谈交流	查阅文献	头脑风暴	回忆记录	检讨反省
提高认知	◎	△	△	△	○	○
归纳思想	○	◎	○	○	○	◎
打破常规	◎	○	○	◎	○	◎
激发创意	△	◎	○	◎	○	○
参与计划	×	×	×	◎	×	○
贯彻执行	×	×	×	×	○	×

注：◎常用；○使用；△不常用；×不使用。

五、创意形成

创意是旅游策划的灵魂,是旅游策划的生命力。因此,创意的形成是整个策划过程中非常关键的环节。根据各阶段工作重心的不同,这一环节又可划分为下列三个步骤。

（一）明确策划定位

策划定位就是明确策划的产品或项目的性质与功能、市场指向的过程。策划定位是开展创意活动的指导思想,决定着策划方案的编制方向、层次、水平、质量。策划定位必须统筹考虑旅游市场需求、竞争对手情况、资源依托状况,立足现实,把握潮流,放眼未来,为旅游产品或项目选择合适的位置。这是一个融战略研究与运筹艺术于一体的过程,与策划人员的思维方式、学术视野、经验积累、运筹能力密切相关。

（二）酝酿主题概念

在旅游创意形成过程中,主题概念的选择十分重要。主题概念是对旅游策划活动基本理念、产品或项目独特卖点的高度提炼,是创意展开的基点,是决定策划成败的关键因素。比如,瑞丽市银井村确立了"一寨两国"的主题概念,由此衍生出了"一个脚步跨两国"

"一架秋千荡两国""一桌宴席吃两国"等创意,并开发了相关旅游项目。

主题概念的提炼不能随心所欲、轻率从事,更不能胡编乱造,应充分调查研究,综合考虑目标市场的心理特征和社会发展趋势,以及委托方的资源条件、比较优势、发展愿景、外部环境等因素。富于表现力的策划主题是旅游资源与旅游需求的最佳结合点,一般应该具备以下特点:形式新颖,与众不同;理念独特,富有思想性;简洁明快,通俗易懂;易于表现,具有很强的感召力。

(三)形成策划创意

在明确策划定位、选定主题概念之后,策划人员就可以进行创意活动了。创意的形成是旅游策划人员在自身知识和经验的基础上,通过对资源状况、市场需求、相关信息进行分析的基础上,运用创造性思维手段,围绕策划对象对原有元素进行重新组合的过程。

专栏2-4

旅游策划师常用的20个创意来源

- 浏览地方志书与文史资料等;
- 分析代表性旅游景区的投诉记录;
- 与当地的民间研究团体进行座谈;
- 去图书馆或书店浏览相关的书籍;
- 利用微信等个人社交平台征集;
- 浏览《参考消息》《南方周末》《中国旅游报》等;
- 登录知乎或同类网站就相关问题进行提问;
- 查看驴妈妈、马蜂窝、去哪儿上的评分和游记;
- 参加各类旅游交易会、投资洽谈会、博览会;
- 参观策划对象所在地的博物馆、陈列馆、展览馆;
- 参观策划对象所在地的农贸市场、早市或夜市;
- 查阅人大代表、政协委员提交的涉旅提案及答复;
- 阅读与当地人文风物相关的文学艺术作品;
- 拜访策划对象在客源城市的同乡联谊机构;
- 学习专业智库梳理的相关经典案例;
- 研究行业标杆的成长历程及成功经验;
- 分析与策划对象相关的母题、原型及其表现形态;
- 翻看《新华字典》《现代汉语词典》等;
- 与游客、从业人员、社区居民闲谈;
- 欣赏电影、电视、网络视频。

六、方案确定

方案确定是指在创意的基础上提出解决策划问题的方法和步骤，形成初步的旅游策划方案，以供征求意见时使用的环节。根据这一环节的基本任务，可以划分成下列两个步骤。

（一）根据创意形成初步方案

优秀的创意只是成功策划的起点，创意形成之后还要考虑如何将创意通过恰当的形式表现出来，并采取措施保证项目"落地"。这就是根据创意形成初步方案的过程。在这一过程中，旅游策划人员应综合考虑委托方的内部条件、外在环境与旅游需求，综合配置人力、物力、资金、土地等资源要素，确定项目选址、建设内容、保障条件、实施进度等问题，形成初步的策划方案。例如，在对元谋人遗址现状、人类起源历史、市场需求进行考察后，产生了"东方人类祭祖坛""东方文明圣火台"的创意之后，就要考虑"祭祖坛""圣火台"的选址、建筑材料、风格、体量、镌刻文字、绿化、附属设施、举行活动等问题，据此形成简明扼要的初步方案。由于这一方案只是策划的初步成果，一般只列出纲要，内容相对简单，经过评估、遴选与修改之后提交评审，因此有人称之为简案或方案提要。

在旅游策划实践中，可以借鉴国际上较为流行的"一纸通"，采用表格清单的形式来表达初步方案。所谓"一纸通"，就是在一张纸上简明扼要地陈述策划要义的方案表述方法。"一纸通"的特点主要包括：利用表格，简洁明了，一目了然；列出清单，内容清晰、点到为止，又有所保留，便于保护商业机密；三栏表格只有横线、没有竖线，便于策划人员的思考及提案解说。运用"一纸通"的关键在于根据策划需求确定行和列的名称，列出表格并简明扼要地填入内容。

（二）遴选最佳初步方案

在旅游策划中，往往会出现几个创意，由此得到不同的策划方案。因此，必须对备选方案进行多方论证与综合评价，比较各种方案的优劣，筛选出最优方案，提交给委托方向各相关部门征求意见。

评估、遴选过程一般由旅游策划机构自己在单位内部以会议或讨论的形式进行，必要时可以邀请相关领域的专家、委托方代表、其他相关利益主体的代表参加。评估初步方案应按照政策可行性、经济可行性、技术可行性、环境可行性、资源可行性、时间可行性等方面的标准，采取定性与定量相结合的方法进行。初步策划方案的评估与遴选可以采用的方法主要包括经验判断法、数学分析法、头脑风暴法、函询法，具体如表 2-12 所示。

表 2-12　旅游策划中常用的方案评估与遴选方法

序号	方法名称	含义及要求
1	经验判断法	依靠专家们平时积累的经验、知识、技术等能力对方案进行判断，该方法简单易行，运用较多

续表

序号	方法名称	含义及要求
2	数学分析法	依靠系统分析、线性分析、网络规划、层次分析等定量化分析技术，对受多种数量因素影响的策划方案进行评估
3	头脑风暴法	以小组讨论会的方式，相互启发，相互激励，群策群力，集思广益，充分发挥团体的智慧对策划方案进行评估的方法
4	函询法	为了克服集体讨论的弊端，运用匿名方式反复多次征询意见和进行背靠背的交流，充分发挥专家们的智慧、知识和经验，对方案进行评估和遴选

七、修改完善

（一）征求意见

实施一项旅游策划，需要花费较长的时间，涉及大量人力、财力、物力的投入，关系到一个企业、部门甚至地区的发展机遇。因此，在完成策划报告书后到策划实施之前，必须征求委托方和有关领导、部门的意见。征求意见可采取汇报会或书面送交征求稿的方式进行，最好是通过PPT或视频辅助方式进行面对面交流。在征求意见的过程中，策划人员应认真倾听委托方或有关领导、部门的意见，争取得到他们的支持，力争在主题、定位、目标等方面达成一致。委托方或有关领导、部门熟悉当地的实际情况，策划方案能否顺利执行及能否执行到底，与上级领导和部门的支持是密切相关的。

（二）修改完善

对于从各方面反馈回来的意见和建议，策划人员要认真进行整理和论证，积极吸收其中正确、合理的成分，对策划方案进行补充、删减、调整，最后形成策划文案（定案）。旅游策划文案是旅游策划活动成果的书面表现形式，也是指导委托方实施策划活动的蓝本。按策划对象不同，策划文案一般应由文字、图片、照片、示意图等组成。一般文案应包括以下基本要素：①策划项目的名称、策划团队的组成、完成时间；②策划的目标、原则和指导思想；③策划环境分析；④策划方案正文；⑤策划的实施安排；⑥策划实施的费用预算；⑦策划方案预期效益分析；⑧需要说明的问题；⑨附录。

八、反馈调适

旅游策划方案被同意或批准后，就进入实施阶段。在实施过程中，策划人员要关注以下策划实施情况的反馈与策划效果的测评。

（一）策划实施反馈

策划人员应告诉委托方抓住实施方案的有利时机，并明确时间要求，加强对实施过程的有效管理，保持策划方案各环节之间的有机联系。策划人员应本着对策划委托方负责的精神做好服务工作，跟踪和监控策划的实施情况，及时收集和掌握执行活动中的各种信息，分析执行情况，根据由于客观条件影响发生的情况和执行的情况对方案进行补充、修正，使其适应新情况，保证方案目标的实现。否则，方案难以实施也难以获得完全成功。

（二）策划效果测评

策划效果测评是策划活动实施以后，通过对策划活动过程的分析、评价及效果反馈，以检验策划活动是否取得了预期效果和达成既定目标的测量和评估活动。策划效果测评得出的结论是对策划方案进行动态调整的重要依据。常用的策划效果测评的方法如表 2-13 所示。

表 2-13 旅游策划效果测评的常用方法

序号	方法名称	含义及要求
1	观察体验法	策划人员亲自参加策划活动，现场了解策划工作的进展情况，直接观察、估计其效果的快速评估
2	目标管理法	将测量到的结果与原定的目标相对照，以衡量策划活动效果
3	参照评估法	以其他旅游地或企业的策划活动为标准，通过比较来分析策划效果
4	专家评估法	邀请工作经验丰富的策划专家来测评策划活动效果的方法，他们的测评结论一般都比较公正、准确
5	民意调查法	通过调查公众对委托方或策划对象的态度在策划实施前后的变化来测评策划活动效果
6	新闻分析法	通过观察、分析新闻媒介对策划活动实施情况的报道来测量策划活动效果

以上是旅游策划活动的一般程序。应该说明的是，旅游策划是一项创造性极强的工作，具体策划的对象和内容各不相同，策划人员的思维方式也存在较大差异，因此不能将这种程序模式化、教条化，而应该根据实际需要灵活地、创造性地加以运用。

第三节 旅游策划的文案撰写

一、旅游策划文案的体例

由于策划的类型与性质不同，旅游策划文案不可能千篇一律，但其基本结构是大致相同的。一般而言，旅游策划文案应包括封面、序言、目录、正文、细化内容、附录等部分。各个主要组成部分及内容要点如下。

（一）封面

封面上应注明下列基本内容：策划的名称、委托方和策划机构的名称、策划完成日期、文案适用时段等。封面是阅读者形成文案第一印象的重要原因，因此策划机构应注重封面的格式、图案的设计、色彩的选择、纸张的使用。

（二）序言

序言一般说明策划的缘起、过程、结论，以及策划机构认为需要说明的其他问题。序言要求简明扼要，文风朴实，一般在两页左右，特殊情况不超过四页。

（三）目录

目录应向读者传达关于策划基本框架的信息，使读者阅读之后能够了解策划的全貌。目录可以借助 Word 目录自动生成程序制作，一般涉及正文的二级标题即可，如果内容不多则可以涉及三级标题。

（四）正文

正文是策划文案的主体部分和核心内容。正文内容因策划种类的不同而应有所变化，一般包括策划依据、策划环境分析、策划理念方法、策划创意阐述、策划方案、效益分析、实施说明等部分。正文一般宜采用说明文加议论文的风格，版式设计应美观、大方，符合读者的习惯。

（五）细化内容

为了增强策划方案的操作性，许多策划方案还将"实施说明"部分细化为实施安排的相关内容，有时还包括效果测评等相关问题。实施安排是指通过配置人力、物力、财力、时间等资源要素将策划付诸实践的过程。实施安排一般包括费用预算、进度安排、人员配置、场地与物资安排四个方面的内容。

（1）费用预算。预算是统筹策划活动实施过程中的人力、物力和财力等投入的手段。目标估计法是预算中最常用的方法，即根据策划确定的目标（总目标或若干分目标）每项列出细目，计算出所需经费。表格也是经费预算经常采用的方法，即在表格中列出总目和分目的支出内容和数额，以便于查对和核算。有时，策划方案还必须明确提出详尽程度不一的融资方案。

（2）进度安排。采用特定的分期方法，分成不同阶段设置目标，以对实施过程进行进度控制。一般采取策划进度表、日程安排表或分期建设表的格式，在一张纸上以"一览表"的形式列出。

（3）人员配置。人力资源的质量、结构与安排是影响策划实施效果的重要因素，可以采用人员职务分配表来配置策划方案实施所需的人力资源，并说明组织招聘、薪酬设计、绩效考核等问题。有时还应包括组织机构设计方面的相关内容，如组织结构分析与设计、团队建设、项目工作分解、岗位职责分工等。

（4）场地与物资安排。主要说明策划方案实施所需要的场地、设施设备及相关物资的情况，以及相应的供给方案。

（六）附录

附录一般放在正文后面，内容包括项目批文、相关资料、附加说明、相关图件与表格、参考文献等。有些在正文中不便于展开论述的问题，也可以放在附录中进行说明。如果该文案已经通过评审，还应将评审意见与专家小组名单放在附录中。

二、策划文案的基本内容

按照策划行业中约定俗成的惯例，策划文案应该充分表达的内容一般包括 5W2H，具体如表 2-14 所示。当然，这是策划文案内容比较全面的表述方法，也只是策划文案的一般内容。在具体操作时，策划人员可以根据实际情况有所增减。

表 2-14　旅游策划文案的 5W2H 要素

序号	名称	所要回答的问题
1	what（做什么）	策划的任务是什么？
2	why（为什么）	策划的依据和宗旨是什么？
3	who（谁）	为谁策划（策划的市场指向）以及由谁策划（策划人员）？
4	where（哪里）	在何处策划（项目场所）？
5	when（时间）	什么时候进行策划以及项目时序如何安排？
6	how（怎样做）	实施方式和步骤如何？
7	how much（多少）	实施需要哪些人力、物力和财力？

由于旅游策划的类型不同，策划文案的具体内容也就不尽相同。一般而言，以旅游开发总体策划为代表的宏观策划较为粗犷，而以旅游节庆活动策划为代表的微观策划则较为细致。下面以笔者参与主持的 2 个案例和其他专家主持的 5 个案例加以说明。

"上湄公河四国公园旅游开发总体策划"文案内容包括：策划缘起与目的、策划依据与目标、策划理念与方法、四国公园建设背景分析、四国公园项目资源依托分析、四国公园项目市场需求分析、四国公园项目竞争与合作分析、四国公园总体定位与战略策划、四国公园总体创意说明与建设项目策划、四国公园项目实施保障与行动框架。

"罗平万亩油菜花海大地景观艺术节"文案涉及如下要点：策划动议与背景分析——罗平旅游的生命周期与二次创业，策划目的与项目意义——给大地艺术安家·为花海锦上添花·让罗平走向世界，创意缘起与成功案例——大地景观艺术的产生与发展，主题创意与概念说明——和平·和谐，项目策划与运作——项目选址、主题活动、组织机构、运作模式、补偿方案、经费筹措、营销策略、操作流程、效益评估、风险控制。

"南京玄武湖旅游策划"（刘滨谊主持）内容包括：景观旅游资源评价，玄武湖现状的"要害"——"大而空""老面孔"，玄武湖改建扩容后的战略思路，景观规划设计导引，旅游策划，开发建设与经营管理。其中，旅游策划部分涉及完善旅游功能天经地义、市场策略、SWOT 分析、卖点与品牌、旅游产品策划（示范导引）、旅游宣传与营销策略六个小部分。

"河南新蔡县旅游发展策划创意书"（原群主持）内容主要包括：概述、新蔡县旅游发展背景分析、新蔡县旅游资源分析、新蔡县旅游发展现状分析、新蔡县旅游发展滞后原因分析、加速新蔡县旅游发展的思路（含战略、创意、开发建议和营销建议）。

"陕西省张良庙——紫柏山风景区开发总体策划"（杨振之主持）的文案包括：项目背景、陕西省及国内外客源市场分析、张良庙旅游产品和三国文化产品策划、张良庙——紫柏山景区营销策划。

"归零山旅游度假区项目策划书"（张朝阳主持）文案内容包括：项目现状分析、旅游开发亮点、SWOT 分析、目标及定位、重点项目策划、六要素设计、线路设计、市场营销、投资估算及融资途径、效益分析、开发步骤、保障体系、风险控制。

"普洱市边三县茶祖历史文化旅游项目策划"（李雪松主持）文案内容主要有：历史文化特质、策划思路、项目性质、项目内容、项目运作、投入产出分析、项目实施保障。

三、旅游策划文案的表达技巧

优质的策划文案仅仅有生动流畅的文字还不够，还必须采用各种艺术化的技巧，使之在形式上美观大方，简洁明了，实现立体化的视觉效果。根据陈火金的观点，旅游策划人员还应该熟练掌握并灵活利用策划文案的表达技巧[1]。

（一）语言应力求通俗易懂

策划文案的实用性决定了其语言必须准确清晰通俗易懂。要做到这一点，编写者就必须注意以下的表达技巧。

1. 使用逐条列举法来表现

关于这一点，如果能够确实地把握表现的内容，那么很容易能将其逐条列举出来。编写者不妨试着对自己凝视一阵，通常就会发现有几个要点浮现在你的脑际。如果凝视一阵，要点仍不能浮现出来，无法将其逐条列出来，那么这个策划书就不够鲜明，无法说服别人，这时就得再仔细地查看，重新梳理撰写思路、组织逻辑。

2. 注意句子的顺序及结构

策划是从环境分析到其内容的逻辑发展，策划文案的表达必须注意句子的顺序和结构。具体的做法是：第一，将复句改为分句，用一个个分句并列陈述，以示相互区别，并且工整的句子也便于读者阅读理解；第二，将各句按适当的顺序排列，使结构具有鲜明的逻辑性。

---

[1] 陈火金. 策划学全书[M]. 北京：中国社会出版社，2005. 有修改。

3. 注意文笔的流畅

策划文案的写作过程其实就是成就一篇文章的过程，加之人的思维中对于逻辑性的内在要求，就必须在句子中贯以"因为""所以"等关联词，将句与句之间有机地连接起来，使文章更为通顺。但是，如果加上一连串"因为""所以"之类的词，未免显得太啰嗦。

（二）使文字视觉化

视觉化是指通过对策划文案的某一部分文字进行梳理、强调、归纳，以更好地表现文案的思想和内容的方法。提高文案视觉化效果大致有两种途径：一是文字的视觉化处理，二是注意版面处理所带来的视觉化影响。旅游策划人员可以利用Office、Photoshop等软件提供的各种工具来实现这些效果。

文字视觉化处理方面的技巧主要包括：使用艺术字体，对文字进行修饰，适当安排字间距、行间距，重要部分用不同的字体、字号、颜色加以表现，使标题或小标题彩色化等。版面设计处理方面的技巧也有很多。例如，在需要强调的地方进行画线处理，篇幅长的文章以段为单位分为几个小块，每个段落设置小标题等。

（三）用流程图来表现逻辑

适当使用流程图来表现逻辑顺序和结构往往会收到直观形象、通俗易懂的效果。要做到流程图的尽善尽美，确切地表现策划者的逻辑思维，必须注意流程图的制作技巧：①流程图要尽量简洁，箭头走向要固定，不要过于伸展图的枝叶部分，以防止逻辑颠来覆去产生混乱；②力求突出重点，以强调最重要的项目和结论等部分；③图示化以后应果断省去文案中那些不太重要的句子，以突出策划文案主次分明、逻辑性强的整体效果。

专栏2-5

旅游策划文案表达的金字塔结构模型

金字塔结构就是依照层级来配置主题或信息的图表。在信息金字塔的构图中，把最想传达的信息放在最上层，这则信息称为"主要信息"。例如，你正在制作的文案为提案书，那么最终的提案信息就是你要放在最上层的主要信息。

紧接着"主要信息"的是"关键信息"。假设文案是以章构成，那么每一章的信息就是关键信息。如果是提案书，提案中的背景、优点风险、实施的体制等就是关键信息。从关键信息再往下一层，则是"次要信息"。如果说关键信息等同于章，那么，次要信息就是构成章的分段信息（几个段落形成一个分段，每个分段都有标题）。

在逻辑表现力中，你必须在基本逻辑的主张之下，有根有据、条理分明地铺陈出确实的叙述。金字塔结构就是这个基本形式的扩大版，你的主张就是主要信息，你的根据就是关键信息，条理分明。通常在金字塔结构中，只需推想到第三层的次要信息。只要不是太长的文案,这三层已经非常够用。当然,如果要针对次要信息进行说明,那么可能会出现"次次要信息"。"次"越多,范围就越广。理论上金字塔结构可以一路扩展下去,但如果只是要设计简短的沟通,那么只需要"主要信息"和"关键信息"这两层便已足够。图2-7体现了运用由下而上法构建金字塔结构的流程和要点。

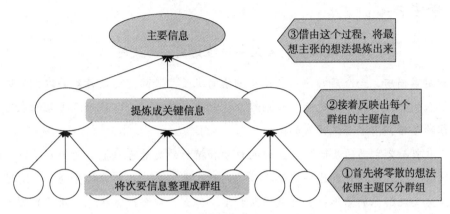

图2-7 构建金字塔结构的流程与要点

资料来源:高杉尚孝. 麦肯锡教我的写作武器——从逻辑思考到文案写作[M]. 郑舜珑,译. 北京:北京联合出版公司,2015:71-73.

(四)将枯燥的数据图表化

数据是策划者调查结果的最好凭证,数据的说服力有时是其他表现手法无法比拟的。但是,与数据的精确性相伴的是它的索然无味和带给人们的视觉疲劳感。为此,选用适合数据表现的图表,不失为解决问题的好办法,它可以使枯燥的数据形象化,增加策划书的可读性。适合表示数据的图表主要有以下几种:柱状图、带状图、饼状图、网状图、坐标图、雷达图、散布图、绘画图。

(五)用视觉化来表现形象

《一页纸创意思考术》作者、"视觉化思考之父"丹·罗姆认为,图像能帮助我们清晰地描绘愿景,以便我们和他人分享愿景,使他人了解我们期待的发展方向;能帮助我们深刻理解一个问题,进而使我们得以向他人证明自己拥有解决方案;能帮助我们以新视角看待旧事物,从而找出改善旧事物的公认方法;能帮助我们理清行事步骤,以便向其他人传授工作方法,使他人能够像我们一样解决问题。

公众已不仅仅局限于追求商品或服务的内在功能,也越来越重视外观设计的意义和价值。因此,策划人员应注意策划文案的视觉表现。策划文案中的视觉要素很多,包括照片、插图、图表、图形等。应用较为广泛的视觉表现方法有:①在杂志、报刊、网络中搜集相关图片,用于表现文案试图说明的形象;②使用说明图,可以是素描、速写等具有一定艺术性的图案,也可以是以漫画手法做出的插图式图案;③制作插图,一般在策划文案装订之前插入，以提高策划文案的附加值；④复印相关事物照片、拍摄相关场景，主要适用于策划人员无法找到合适图片时；⑤使用象征性符号，主要是计算机软件中储存的绘图文字，可以使策划文案锦上添花。

专栏 2-6

旅游策划成果如何得到别人的认同

在旅游策划中，一个好的想法或很有创意的点子，必须要通过特定的方式表达出来，才能让别人明白，并且产生反响。归纳起来，就是三句话："准确而又生动的表述，科学而又自信的夸耀，清晰而又诱人的图像。"

- "准确而又生动的表述"。良好的口才和精彩的文笔可以把策划的点子准确而又生动地传达给对方。当然，表述一定要准确，同时，表述又一定要非常生动。只有这样，才能使听者完全理解你的意思，并且被你所打动。那么，就会很容易地认同你的策划，欣赏你的点子。

- "科学而又自信的夸耀"。须夸耀你的策划，说明你的点子是先进的、领先的、独创的，甚至是"第一"或"唯一"的。通过夸耀，使听者感受到策划的价值、分量和水平，让他更加重视你的策划、更加珍爱你的点子。夸耀必须十分自信，十分肯定，十分有把握。但这种自信是实事求是的，是来自于科学的，绝对不是盲目地胡吹。

- "清晰而又诱人的图像"。图像是最能够打动人、吸引人、冲击人们的视觉、激起人们关注的表达形式，我们需要有"清晰而又诱人的图像"，如效果图、三维动画、音像光盘等。用它们来表达策划设计内容，能够给人一个清晰的形象、明确的概念和生动的感受，就很容易被别人理解和接受。

资料来源：陈世才. 玩家杂谈——旅游策划的理论与实务[M]. 北京：北京理工大学出版社，2009：30-31.

拓展阅读

[1] [美]芭芭拉·明托. 金字塔原理：思考表达和解决问题的逻辑[M]. 汪洱，高愉，译. 海口：南海出版公司，2019：16-28.

[2] [美]丹·罗姆. 一页纸创意思考术[M]. 郑澜，译. 北京：中信出版社，2017：86-121.

[3] [美]杰拉尔德·温伯格. 咨询的奥秘：寻求和提出建议的智慧[M]. 劳佳，译. 北京：人民邮电出版社，2014：62-106.

[4] 陈火金. 策划学全书[M]. 北京：中国社会出版社，2005：108-132.

[5] 吴燊. 策划学[M]. 6版. 北京：中国人民大学出版社，2012：606-618.

[6] 薛永应. 揭秘千年——侗乡之都策划纪实[M]. 北京：中央编译出版社，2003：1-12.

[7] 魏小安，贾云峰. 山川入划[M]. 北京：中国旅游出版社，2010：1-22.

[8] 熊大寻. 谁在策划旅游[M]. 广州：广东经济出版社，2011：2-30.

[9] 房晓. 大旅游时代中国旅游战略大变局[M]. 北京：九州出版社，2011：171-214.

[10] 郇宜秀. 提高旅游景区策划规划落地性[N]. 北京：中国旅游报，2019-7-30（3）.

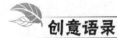

创意语录

对生活抱持全面性的好奇，仍是伟大创意人员成功的秘诀……有乐趣的环境能滋养创意，没有人工作只是为了好玩，但并不意味工作不能变得有趣……创意给人生命和生趣。

——李奥·贝纳

做创意，就是要去掉固有的概念。你脑袋里面有什么概念？你脑袋里面有"残疾"两个字，错！你应该去掉！你应该看到他，他是谁，那就是真正的他。——赖声川

创意就是在你喜欢的事情里发现感动，然后以感动去感染其他人……让大家一起创造，资源共享共构，那么你就是创造链的源头火花，这才是最广义、最精彩的创意世界。

——李欣频

事实上任何领域的发明创意，在解决创意性任务时都需要全神贯注，不集中精力，创意就无法取得有用的成果。——贝利

人一旦失去自信，独创力便将窒碍不前，因此要经常奖励他人所提出来的创意。不管提出来的创意是否有价值，光是提出创意的那份勇气，便值得赞扬。——亚历斯·奥斯本

在这样一个社交媒体与大数据大行其道的世界里，视觉化思考能力平庸的人将无法存活下去。你必须学会以图制胜。

——桑尼·布朗

第三章 旅游策划的基本原理

【学习导引】

　　旅游策划是科学性、艺术性、技术性的统一。虽然强调因地制宜、独特创意、个人风格，但旅游策划不是"空手套白狼"，不是拍脑袋决策，不是靠经验出点子。它建立在科学的理论基础之上，遵循策划的一般原理，具有自己的特殊规律。这是旅游策划能够成为一门学问、进入大学课堂的基础，也是破除策划神秘化、黑箱论的前提。经过多年的发展，旅游策划从不同的学科理论中吸收营养，基本完成了由经验型策划向科学型策划的过渡，初步形成了一些具有普适性的规律。熟悉这些基础理念，掌握普遍规律，是从事旅游策划工作的必备条件，对于提高策划质量和效率、规避策划风险具有非常重要的意义。读者可以在学习这些原理的同时，学习地理学、人类学、社会学、心理学、设计学、传播学、营销学、经济学、管理学、旅游学及相关学科的知识，以求夯实基础、融会贯通。

【教学目标】

1. 掌握旅游策划的基本理念；
2. 掌握旅游策划的基本原理；
3. 掌握旅游策划的基本原则；
4. 熟练运用旅游策划的理念、原理与原则分析和解决实际问题。

【学习重点】

1. 旅游策划的价值转化、时空融合、资源整合理念；
2. 旅游策划的意义生产、体验塑造、信息依赖原理。

　　旅游策划是一项科学性、技术性、艺术性高度统一的活动，也是一项具有很强的应用性和实践性的工作。为了保证策划成果符合实际、解决问题，同时提高策划工作效率，旅游策划人员应在科学理论的指导下，遵循策划的基本原理，综合运用多种学科知识去认识策划对象、解决策划问题。虽然旅游策划在很多方面强调艺术性，但并不能以此否定策划的科学性，而应该自觉地把科学性作为艺术性的基础。

　　本章重点论述了旅游策划的五大基本理念（价值转化理念、时空融合理念、眼球经济理念、资源整合理念、系统筹划理念）、五大基本原理（意义生产原理、需求导向原理、体验塑造原理、创意核心原理、信息依赖原理）和五大基本原则（独特卖点原则、技艺融合原则、客观可行原则、利益协调原则、效益平衡原则），以使策划人员既知其然更知其所以然，并在实际工作中提高效率与质量。

第一节　旅游策划的基本理念

一、价值转化理念

（一）概述

价值转化是研究价值转化的特点与规律，并应用这些特点与规律，有效地改造客观事物，以最小的代价促进客观事物的价值转化，从而最大限度地利用人类的价值资源，提高客观事物的价值，以满足人类日益增长的物质文化需要的现代综合软技术。变废为宝、点石成金、化险为夷、化腐朽为神奇都是对价值转化的形象描述。

（二）实践运用

1. 熟悉五种转化类型

在某种程度上，旅游开发就是实现旅游资源价值的转化，最重要的是下列五个方面的转化：潜在价值转化为现实价值、低价值转化为高价值、无价值转化为有价值、有害价值转化为有利价值、有限价值转化为无限价值，如表 3-1 所示。新加坡著名的旅游度假区圣淘沙名胜世界，原来叫死亡岛，是废弃的军事基地，经过大力治理之后变为游乐王国，就是无价值转化为有价值的例子。

表 3-1　旅游开发中价值转化的五种情形

序号	名　称	案　例
1	潜在价值转化为现实价值	七彩云南·古滇名城、绿春长街古宴等
2	低价值转化为高价值	罗平油菜花田、双廊古渔村等
3	无价值转化为有价值	贵州毕节鸡鸣三省、舟山秀山岛滑泥主题公园等
4	有害价值转化为有利价值	东川泥石流越野赛场、唐山南湖公园等
5	有限价值转化为无限价值	更名后的善洲林场、举办过世界互联网大会的乌镇等

2. 把握五大基本原理

价值转化遵循有限无限、最小最大、点石成金、杠杆支点、物元变换五大基本原理（如表 3-2 所示）。价值资源可以由有限向无限转化，应正确处理好有限价值与无限价值、软价值与硬价值资源的辩证关系；进行创造性智力开发，强化可能性思索，以最低的价值资源消耗去创造最大的价值；选择合适的对象，在最关键的地方、最主要的环节，实施最为简单便捷的转化；借助于一切可以借助的外界力量与途径，实现在通常条件下难以实现的转化；运用物元变换处理价值转化不相容的问题。

3. 遵循运用基本规律

应用价值转化原理解决旅游策划问题时应自觉遵循如下规律：能力律、最小量律、最大量律、时态律、稀有价值律、风险价值律、空间价值规律、相关效应律、滚动增值律、良性循环律、信息律、系统律，具体含义和要求如表3-3所示。

表3-2　旅游开发中价值转化的五大原理

序号	名称	含义
1	有限无限原理	节约有限价值资源，实现有限价值资源向无限价值资源转化、无限软价值资源向有限硬价值资源转化
2	最小最大原理	以尽可能小的代价、最低的价值资源消耗、最小的阻力、最便捷的途径与方法，创造最大的价值和财富
3	点石成金原理	在最关键的地方、最主要的环节、节点，以最为简捷、最低代价、最为有效的途径和方式方法来促进价值的转化
4	杠杆支点原理	借助一切可以借助的外界力量与途径，找准"支点"，实现在通常条件下难以实现的价值转化，收到事半功倍的效果
5	物元变换原理	对事物进行物元分析，实现和转化价值不相容的问题

表3-3　应用价值转化原理解决旅游策划问题应遵循的规律

序号	名称	含义
1	能力律	价值转化能力与生产力水平相一致，社会生产力发展水平愈高，价值转化能力越大、价值转化速度越快
2	最小量律	价值转化往往取决于需要的最小量的因素与条件，必须认真分析那些构成价值的不可缺少的特定因素与条件
3	最大量律	最大限度地、有效地利用资源，合理配置生产要素，使一定的投入得到最大的产出
4	时态律	同一事物在不同时间里表现为不同的价值，任何东西本身具有时间价值，要掌握时机、做时间的主人
5	稀有价值律	稀有价值与资源的数量成反比，稀有价值随时间的变化而发生变化，应坚持人无我有、彼缺我补
6	风险价值律	投资越大风险越大，就越富于投机性，巨额收入与巨大风险并存
7	空间价值律	价值资源多而价值低的向价值资源少而价值高的方向流动，不同的价值资源聚集到特定的空间会产生集聚效应，空间价值转化程度与信息量成正比
8	相关效应律	常见效应有规模效应、乘数效应、马太效应、多米诺骨牌效应、附加效应、虚拟效应等
9	滚动增值律	亦称雪球增值律、"母鸡律"，价值转化滚动增值，按几何级数增值
10	良性循环律	建立良性循环机制，使价值转化呈有序的相互促进，产生整体增益的连续、系统、有规律的循环
11	信息律	信息使未开发资源转化为可用资源，信息传递加速了价值转化和增值
12	系统律	价值转化是受系统规律支配的，应坚持整体性、协调性、有序性、非线性

4. 注重价值的适应性转化

旅游策划对象的不同价值之间可以进行适应性转化。几乎任何有形物都具有多种具体的价值（如表3-4所示），其中有一种会占据主导地位。具体价值多数具有生命周期，会随着外界环境变化而衰减甚至消失。适应消费者需求、顺应社会发展趋势，发现、赋予其新的价值，创新生命周期，以实现物尽其用，是旅游创意策划的重要思路。

表 3-4　对物的价值类型的不同认识

序号	名　称	含　义
1	功能价值	功能性、配套性、便捷性、健康性、安全性、可靠性等
2	情感价值	稀缺性、差异性、象征性、文化性、历史性、情感性等
3	审美价值	工艺性、舒适性、艺术性等
4	交换价值	能同其他商品或货币相交换的价值
5	体验价值	消费者在购买过程中因获得独特体验而感受到的价值，涉及知识/信息价值、心理价值、情感价值等
6	符号价值	体现消费者品位、情趣、个性和生活方式的价值

5. 运用知识和科技手段

运用价值转化时应注重知识和科技的力量。在知识经济时代，智力资本已成为创造效益的主要手段，智力服务是市场经济背景下旅游策划的职业特征。同时，科学技术是第一生产力，是促进现代旅游业产生的重要因素，在旅游资源开发、旅游项目设计、旅游经营管理中占有重要地位。

6. 构建策划对象价值链条

广义的价值转化包括价值发现、价值创造、价值呈现、价值传递、价值体验、价值交换、价值实现、价值回馈等基本环节，这一不断循环流动的过程称为价值环流。旅游产品策划就是从发现旅游资源价值开始，到策划产品供游客体验之后进行反馈，再到根据反馈信息进行产品优化，形成的完成过程。

（三）典型案例

在欧洲很多国家，随着城市进程的推进、公路体系逐渐完善，很多铁路遭到废弃，意大利就有 6600 多公里长的铁路和 1700 个火车站不再使用。意大利将每年 3 月 8 日定为"被遗忘的铁路纪念日"，成立了铁路文化民间协会，使旧铁路"换新颜"、废弃火车站"重新获宠"。意大利铁路部门将 700 公里长的铁路改造成了"绿色通道"、开辟成旅游专线，用 20 世纪 30 年代的老式火车载着游客欣赏山区景观、寻访古堡遗址，游客还可以到由废弃火车站改造的火车博物馆参观。2014 年，意大利铁路部门别出心裁地出台了"零租金免费出售废弃车站"政策，促使 345 座废弃火车站重获新生，有的成为博物馆和画廊，有的成为旅行社和旅游书店，还有的成为当地各种民间社团组织的交流中心。

二、时空融合理念

（一）概述

客观事物的存在具有时空维度特点。其中，空间维度指客观事物具有占据一定空间体积的性质，时间维度给出了事物的规律性和连续性。同时，客观事物的演变也按照时空路径进行,其中空间维度演变强调的是事物在空间方位上的突破和变动,时间维度的演变则指其在时间轴线上的发生、发展和变化的过程。此外,对旅游者而言,旅游体验具有时空维度性,能留下深刻印象的旅游多数属于跨越时空型项目。全域旅游也提出了"全域""全时"的要求。因此,旅游策划中应树立时空融合理念,注意从时间维度、空间维度和其他相关维度研究策划对象、设计旅游项目。

(二)实践运用

1. 树立时间思维理念

从过去、现在、未来三个不同时段,从历时性、共时性、预见性三大着眼点研究旅游策划对象,总结发展历程、经验教训与一般规律,分析目前存在的状态、与理想目标的差距、需要解决的问题,预见未来的发展趋势,为发展战略、项目策划、计划制订提供参考,以时间导向的旅游活动类型如表 3-5 所示。有时,还应研究旅游地的时间定位,如大槐树寻根祭祖园的时间定位是明朝,据此推出了"探寻移民古迹,体验大明风情"的主题活动;南京民国风情街、沈阳铁西工业遗产街区分别命名为民国 1912、沈阳 1905 等。此外,还需思考游客旅游时间节约(如构建旅游环线)、旅游地时间资源充分利用(如发展夜间旅游和全时旅游)、淡季时段旅游产品策划、延长旅游地生命周期等相关问题。

表 3-5 时间导向的旅游活动类型

序号	时间导向	旅游活动类型及核心价值	相 关 案 例
1	过去	遗产旅游、怀旧/认同	"普洱茶:可以喝的古董""给我一天,还你千年"(杭州宋城)
2	现在	生活旅游、确认/体悟	"走村串寨游红河""普者黑:发现生活本来的样子"
3	未来	科技旅游、幻想/希望	世博会、太空探秘之旅、迪士尼乐园未来世界

2. 强化空间思维理念

从空间分布、空间结构、空间关系中深入把握旅游策划对象,揭示其空间位置、存在形态、组合特征、竞合关系、演变趋势,可以帮助策划人员更好地进行旅游战略、项目、产品、形象等方面的策划。同时,应注重特殊位置和空间的旅游利用,发展空域经济、水域经济、路域经济,开发水下和地下空间旅游、废弃聚落或闲置空间旅游等,利用地面、车身、墙体等空间进行营销。例如芬兰罗瓦涅米的极地博物馆与"跨越北极圈"体验项目,新西兰皇后镇的天空缆车餐厅,日本东京的下水道一日游等。笔者提出的大轿子山旅游圈、芒(芒市)瑞(瑞丽)旅游经济带、滇西旅游"玉三角"(腾冲—盈江—龙陵)、昆明历史文化旅游长廊、云南驼峰航线主题游、中老泰快铁旅游带就是空间思维的产物。以空间导向的旅游经济类型如表 3-6 所示。

3. 构建策划的时间维度

旅游策划的时间维度可以分为短时间维度和长时间维度。短时间维度是指基于不同气

表 3-6　空间导向的旅游经济类型

序号	名称	基本内涵	示例
1	路域经济	依托非封闭型公路沿线用地开展旅游活动和接待服务	赤水河谷旅游公路、美国66号公路等
2	水域经济	依托江、河、湖、海、溪、流、泉、瀑等各类水体开展旅游活动和接待服务	万峰湖垂钓基地、泰国水上市场等
3	空域经济	利用开放空域开展特技表演、低空飞行、空中摄影等旅游活动和接待服务	建德航空小镇、法国小王子主题公园等
4	地下经济	利用溶洞矿坑、防御工事等地下空间开展旅游活动和接待服务	重庆816地下核工程景区、巴黎下水道等
5	庭院经济	利用住宅院落及周边空间，提供食宿接待、文化展演、非遗体验等服务	大理周城璞真扎染坊、景洪市勐罕镇傣家乐等

候气象条件下一天中旅游景观的特征差异，即早、中、晚的景观变化。随停留时间长短而变化的旅游活动属性如图3-1所示。长时间维度是指基于不同气候条件下一年中旅游景观的特征差异，即在四季的景色变化。同时，长时间维度还可以进行地质历史时间思考，策划出旅游景观的过去、现在和未来这一动态序列的项目，如峨眉山脚下的博物馆策划开辟地质历史演变展厅。此外，还应注意特殊时点的旅游化利用，捕捉有利于旅游发展的特殊时机，发展月光经济、节日经济、怀旧经济。

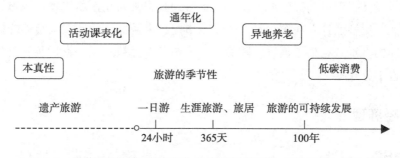

图 3-1　随停留时间长短而变化的旅游活动属性（陈晓磬，2011）

4. 构建策划的空间维度

根据空间的二维特征，空间维度可分为垂直空间、水平空间。垂直空间是指旅游景观资源在垂直视角下低、中、高的特性及差异，应注意交错景观带、坡度变化带来的策划机会。水平空间是指旅游景观资源在水平延伸角度下的特征及差异，结合体验的渐进特性（即序曲体验、一般兴奋体验和高潮体验）可将其分为边缘序曲区域、过渡兴奋区和核心高潮区域，活动项目策划应有所区别。按照舞台真实性理论，旅游空间则有"前台""帷幕"和"后台"之分。聚落类旅游地则可以分为生态空间、生产空间和生活空间。

5. 考虑其他相关维度

时间和空间是描述事物的两大维度，难以截然分开，如"秋北京、夜上海、雾重庆、雨桂林"。在时间维度、空间维度之外，旅游策划中还应考虑策划对象的属性维度，主要涉及类别、特征、性质、结构、变化等方面，增加分析的定性维度，组成三维坐标轴系统，不仅能更好地反映策划对象的诸多特征与规律，还可以帮助策划人员产生更多的思维方向和创意点。

6. 运用互联网思维

互联网的核心特征是突破时间和空间的隔离，以全连接和零距离来重构人与人、人与物、物与物之间的关系。旅游策划人应强化互联网思维，发挥"互联网面前人人平等"的优势，促进资源的优化配置，如众筹旅游、共享住宿、旅游饭店客源互荐系统、网上旅游博览会。

（三）典型案例

美国饭店大王康拉德·希尔顿有一个很重要的成功诀窍，那就是"寻找黄金"。他绝不让自己的旅店有一点空闲的地方，努力从每一块方寸之地找出金子来。例如，希尔顿获得纽约华尔道夫——阿斯托里亚大酒店的控制权后，发现走廊里四根大圆柱都是空心装饰品，于是灵机一动，叫人在这些大圆柱里安装了若干个小型玻璃陈列柜。这些陈列柜立即为著名的珠宝商、香水商租用，一年下来竟获租金 24000 美元[①]。无独有偶，日本最大的帐篷厂商、太阳工业公司的董事长能村龙太郎在东京新建分行时，慧眼独具，把十层大楼的外壁加以构思设计，别出心裁建成一座断崖绝壁，收费供人充作断崖攀登练习场。这座遍植花木苔藤的断崖巍然耸立在车水马龙的东京市内，喜爱登山的年轻人结伴蜂拥而来，使得能村龙太郎的生意获利翻了数番。随后，该公司又在隔壁开设一家货色齐全的登山用品商店，生意也十分兴隆。

三、眼球经济理念

（一）概述

注意力是指人们关注某一事物、活动或信息的持久尺度。无论 AISAS 消费行为模式还是 AIDMA 消费行为模式，都是以注意（attention）为起点的。赫伯特·西蒙在对当今经济发展趋势进行预测时指出："随着信息的发展，有价值的不是信息，而是注意力。"在知识爆炸的后信息社会，注意力资源已经成为稀缺资源，不但成为财富分配的重要砝码，而且经营注意力资源的产业迅猛发展，成为高利润的新兴产业群。在注意力经济时代，旅游地的核心工作之一就是争夺旅游者的目光，因此这种经济形态也被通俗地称为眼球经济。旅游策划师应掌握知觉心理学、传播学、经济学的相关原理，将策划出的景观、活动、形象是否具有吸睛效应作为重要的出发点。

---

① 碧玉. 名人的点子[J]. 科海故事博览（智慧文摘），2008（9）：60.

（二）实践运用

1. 运用吸引注意法则

注意和吸引是基本的经济行为。最大限度地吸引社会公众的注意力，培养潜在的旅游消费群体，以期获得最大的未来利益。在注意力经济中，最重要的资源既不是传统意义上的货币资本，也不是信息本身，而是社会公众的注意力。要吸引大众的注意力，一种重要的手段就是视觉上的争夺。策划人员必须强化注意力经济理念，在策划工作全过程中思考策划对象如何更多地获得社会公众的注意。六大基本法则如表3-7所示。

表3-7　吸引注意力的心理学法则

序号	名称	内涵	相关案例
1	大小法则	尺寸越大越容易引起注意	无锡灵山大佛
2	强度法则	强度越高越容易被注意	西安摔碗酒
3	对比法则	与背景相反和出乎意料的事物容易被注意	草原蒙古包
4	动感法则	活动的事物比静止的事物更容易被注意	西湖音乐喷泉
5	重复法则	经常重复的事物更容易被注意	丽江指云寺白塔路
6	新颖法则	新颖的事物容易被注意	弥勒万花筒庄园

2. 重视形象策划传播

形象作为一种符号化的东西，在注意力经济中占有极其重要的地位，发挥着独特的作用。旅游地（企业）必须重视形象资本的积累，实施形象制胜战略，加强形象管理，主要工作包括：准确进行形象定位，设计理念、视觉、行为识别系统，配合营销进行形象传播与推广，注重旅游者注意力监控、企业声誉管理和危机公关。策划人员必须强化形象资本理念，将形象策划作为基本技能，具体管理手段如表3-8所示。

表3-8　注意力经济与旅游形象管理手段

序号	名称	含义	手段列举
1	增加注意力	提高游客、媒体、公众的关注度	针对性的广告投放、举办节事活动、推出价格优惠等
2	减少注意力	降低游客、媒体、公众的关注度	逆营销（降低营销力度、适当提高消费门槛）
3	转移注意力	将游客、媒体、公众的关注转移到其他事物上	实施替代营销、引导舆论关注点、危机公关等
4	维持注意力	将游客、媒体、公众的关注度保持在同一水平	保持原有的营销力度、渠道和比较优势

3. 灵活组合各类传媒

传媒拥有巨大的宣传力和影响力，是旅游地（企业）获取注意力的核心媒介。经典传媒主要有印刷媒介和电子媒介两大类，涉及第一传媒（报纸、杂志等）、第二传媒（广播）、第三传媒（电视）、第四传媒（网络，涉及门户、搜索引擎、微博、SNS、博客、播客、

BBS、RSS、百科、邮箱、APP 等）。近年来，自媒体、微媒体、跨媒体、融媒体、泛媒体、全媒体强势崛起，并因为消费者参与生产和传播而备受重视。策划人员应熟悉各类传媒的优缺点和运作方式，准确组合传播媒介，设计传播内容，提高传播效果。常见旅游信息传播媒介如表 3-9 所示。

表 3-9 旅游信息传播新媒介列举

序号	名称	典型代表	特征
1	短视频	抖音、快手、西瓜、好看、土豆、优酷等	生产流程简单、制作门槛低、周期超短、内容趣味化、参与性强，如被抖音带红的重庆十大网红景点
2	直播	斗鱼、花椒、虎牙、映客、来疯、酷狗、脸书等	更低的营销成本、更快捷的营销覆盖、更直接的营销效果、更有效的营销反馈，如瑞丽市翡翠珠宝直播基地
3	微信	微信公众号、二维码、红包、小游戏、H5 等	圈子化、精准化、便捷、私密、偏人际化传播、容易造成"信息茧房"、可互动、可预订，如微信公众号"江西风景独好"
4	微电影	中国微电影、天天看看、淘梦、场库、腾讯、爱奇艺等	低成本、人性化、有情节、信息交互、突破时空限制、内容至上、容易引起共鸣，如《爱，在四川》系列旅游微电影
5	博客	新浪微博、推特等	注重价值的传递、内容的互动、系统的布局、准确的定位，如旅游达人

4. 策划实施事件营销

事件（活动）是旅游地（企业）获得注意力的重要方式。策划人员应学会通过策划、组织和利用具有名人效应、新闻价值以及社会影响的人物、事件或活动，引起媒体、社会团体和消费者的兴趣与关注，以求提高知名度、美誉度和忠诚度。总体而言，事件营销的切入点主要有利用名人效应（如"跟着名人游青岛"）、举行新奇赛事（如乌镇戏剧节）、发布重大新闻、举办公益活动、"搭车"热点事件、实施危机公关等。

5. 加强注意力管理

利用市场调研手段监控目标群体注意力的变化，利用网络技术手段测量社会公众对旅游策划对象的关注度，利用监控设施和导游人员发现游客在旅游活动中的注意力分配规律，并将上述结果作为旅游产品结构优化、旅游形象策划、游程设计的重要依据，提高策划的精准度。

6. 聚集提升人气

人气是旅游地注意力转化为感召力、吸引力和影响力的表现，是某一特定时期的旅游地（企业、产品）受欢迎程度的重要表征。旅游经济是人气经济，聚集人气是旅游策划的重要内容和目标。旅游地聚集人气的常用手段包括特色产品聚人气、节赛活动聚人气、创意营销聚人气、提升品牌聚人气、模式创新聚人气、破除瓶颈聚人气。

（三）典型案例

灯光节在欧洲是一项较为成熟的、结合了艺术与科技的文化活动，每年都能吸引媒体的注意力加以宣传报道，同时也吸引大量游客前往举办地参观。欧洲灯光节以德国柏林、捷克布拉格、英国卢米埃尔、荷兰阿姆斯特丹、比利时根特、法国里昂、芬兰赫尔辛基为代表，其中阿姆斯特丹灯光节则是唯一能让游客在船上徜徉并体验艺术的灯光节。这个节日是文化机构、社区、知识机构和企业界合作的产物，原本是为了给人们在黑暗的冬日里带来一点活力，但每年整个城市都会因此变成一个灯光剧场。阿姆斯特丹灯光节一般在11月至12月开始，时间持续近两个月，被誉为"唯美的夜间视觉盛宴"。灯光节既有步行路线，又有独特的乘舟路线。夜幕降临时，游客在船上能够看到被灯光装点的河畔建筑，航行中提供的咖啡则能够驱散冬日的寒冷。

专栏 3-1

注意力资源的六大开发模式

- 艺术开发：通过对色彩、图形和音乐的诠释、设计和选择，对注意力资源进行吸引、转移和传递。
- 文学开发：利用语言的艺术性、情节的戏剧性和情感性吸引和保持公众长期的注意力。
- 新闻开发：利用新闻事件的真实性、准确性引导公众对社会热点的关注，并利用其持久性、连续性特点维持公众注意力。
- 广告开发：基于广告的重复性、普遍性、夸张性，激发公众不断付出注意力。
- 社会活动开发：借助公众演说、社会交往和其他公关专题活动对注意力资源进行挖掘和开发。
- 综合开发：组织或个人对注意力的开发通常不会使用单一模式，而是使用多种方式进行综合开发。

资料来源：吴之洪，荚莺敏. 注意力经营原理与实务[M]. 镇江：江苏大学出版社，2008：10.

四、资源整合理念

（一）概述

整合即调整组合、整顿协同之意。当策划建立在整合的基础上时，它的能量会获得倍数递增。要想激活沉睡的资源、将散乱的资源转化为整体性产品、利用别人的资源办自己的事情，就必须树立资源整合理念。在旅游策划中，通过整合将原有的元素与可拓资源进行最佳组合，将同类旅游资源组合为旅游资源群，将功能互补的旅游资源串联成旅游线路，可以提高旅游产品的吸引力和影响力，提升策划效果。简而言之，旅游策划的重要任务之一就是创造性地整合涉旅资源。策划师应强化资源整合理念，谋划不同旅游资源体之间联盟、联动、联姻，达到共生、提升、长盛的效果。

（二）实践运用

1. 全面理解资源内涵

旅游开发中需要的资源可以分为旅游资源和旅游经营资源两大类型。前者指的主要是各种类型的旅游吸引物，是生产旅游产品的原料，经过创意策划和项目建设可以转化为旅游者能够直接消费、获取体验的旅游产品。后者主要是指人力、物力、财力、时间、形象、信用等方面的资源，可以分为可控资源（内部可以控制的资源）和可拓资源（外部可以利用的资源），是生产旅游产品的必备条件。旅游创意策划经常涉及的资源包括人力、物力、财力、时间、形象、信用、信息、专利/知识产权等，如表3-10所示。

表 3-10　旅游创意策划中经常涉及的资源类型

序号	名　称	含　义	例　举
1	人力	体现在劳动者身上的体力、智力和技能	研发人员、创客、管理者、高级服务人员等
2	物力	建筑物、机械、设施、设备、工具等物品	经营用房、办公用品、电瓶车、计算机、监控设备等
3	财力	持有、筹集、转化、投放资金的能力	现金、银行存款、应收账款、其他货币资金等
4	时间	物质资源运动过程的顺序更替和前后联系的表现	节约时间、抢占先机、有效利用最佳时间区段等
5	形象	组织内在素质和外在表现的综合作用的反映	理念形象、视觉形象、行为形象、品牌价值等
6	信用	组织之间相互信任的生产关系和社会关系	企业信用等级、失信记录等
7	信息	音讯、消息、通信系统传输和处理的对象	客史档案、财务报表、销售记录、投诉统计、商业秘密等
8	专利/知识产权	对智力劳动成果和经营活动中标记、信誉享有的专有权利	商标权、专利保护、商号权、著作权等

2. 运用资源可拓属性

旅游开发实践证明，旅游资源和旅游经营资源具有可拓性，即无限拓展的可能。可拓性表现为一征多物、一物多征、一征多值，如表3-11所示。任何事物、因素或事件都具有成为旅游资源和旅游经营资源的潜力，同时，任何一种旅游资源和旅游经营资源都具有多重属性。这是旅游策划人员运用创造性思维对其进行创意的基础，也为旅游策划提供了广阔的空间。

表 3-11　旅游资源的可拓性与创意策划

序号	名　称	含　义	运用策略
1	一征多物	具有同一特征的事物	寻找其他事物进行替代
2	一物多征	一种事物具有多个方面的特征	属性列举法促发创意
3	一征多值	某一事物的特征具有不同的量值	量值变化催生创新

3. 把握资源共轭特征

旅游资源和旅游经营资源具有共轭性。共轭性表现为任何事物都具有实部和虚部、硬部与软部、显部与潜部、正部（某特征量值为正值的部分）与负部（某特征量值为负值的部分），每一对共轭部的两个方面可以互相转化，如表3-12所示。共轭性分析可以使策划人员更加全面地认识资源的结构，为解决旅游开发中的资源矛盾问题提供新的视角。

表3-12　旅游资源共轭性的表现

序号	标准	名称	含义	例举
1	物质性	实部	旅游资源的物质性部分	凯里蜡染
		虚部	旅游资源的非物质性部分	蜡染制作技艺（非物质文化遗产）
2	系统性	硬部	事物组成部分的全体	大理三塔
		软部	事物与其组成部分、事物与其他事物之间的关系	大理三塔之间、三塔与寺院之间的关系
3	动态性	显部	显化的部分	故宫已开放部分
		潜部	潜在的部分	故宫未开放的部分
4	对立性	正部	特征量值为正值的部分	乐业天坑群的数量
		负部	特征量值为负值的部分	天坑底部相对地面的海拔

4. 注重资源整合提升

整合是生产力的"放大器"，它可以使原事物更加完善，还可以产生新事物，可以化零为整、串点成线、连线成片。资源整合是市场经济深入发展的客观要求，是旅游产业结构优化的必然要求。资源整合既包括旅游资源内部、旅游经营资源内部的整合，也包括旅游资源与旅游经营资源之间的整合；既包括旅游产业资源与其他产业资源的整合，也包括本地旅游资源和周边地区资源的整合。

5. 灵活运用整合手段

资源整合不仅体现在旅游资源开发与产品设计中，还体现在资金筹集、市场营销等方面。资源整合的结果各式各样，主要表现形式包括形成专题旅游产品（线路）、旅游品牌（形象）、旅游综合体、旅游合作联盟、旅游联合体、旅游产业集群、无障碍旅游区、旅游功能区等（如表3-13所示）。德国童话之路、南非曼德拉之旅、欧洲朝圣之旅、俄罗斯金环、中老缅泰金四角旅游环线等都是资源整合的结果。

表3-13　涉旅资源整合的主要路径

序号	名称	主要形式	案例
1	地域—空间整合	旅游带（圈）、旅游板块、旅游功能区、旅游联合体	郑汴洛旅游带、长三角无障碍旅游区
2	主题—产品整合	跨区旅游线路、旅游产品、旅游城市联盟	霞客足迹游、徽州六绝体验之旅
3	形象—品牌整合	旅游形象标识、旅游宣传口号、旅游品牌	"风雅皖南，梦里徽州""好客山东"
4	要素—产业整合	涉旅产业群、主题产业、旅游产业园区	邹城的"母亲产业"、崇礼的滑雪产业

第三章　旅游策划的基本原理

6. 强化平台经济理念

资源整合的重要载体是平台，策划者应树立平台经济理念，熟悉平台运营模式。平台是为合作参与者和客户提供软硬件相结合的场所或环境，具有交流媒介、信息服务、产业组织和利益协调功能，可以聚集资源要素、促进交流创新、生产文化内容、丰富游客体验、提升品牌价值，提升创造力、竞争力和生命力。旅游地开发中应注重筑巢引凤、聚才引智、价值共创、利益共享。

（三）典型案例

海南三亚南山景区在建设初期就着手丰富景点，实现内容的国际化。他们深谙资源整合之道，善于借用别人的资源达成自己的目标。一是迎请"金玉观世音"。南山景区与有关方面合作，采取场地出租的方式，迎请了金玉观世音雕像，在景区内供奉，吸引了海内外的信众。二是引进太平洋波希米亚文化风格的树屋。南山佛教文化苑内有7公里长的海岸沙坝，生长着原生态的酸豆林，是不可多得的自然奇观。南山景区邀请了美国夏威夷树屋公司兴建了数栋树屋。太平洋波希米亚先民曾经居住在树屋，展示了天人合一文化的演进过程。树屋状若鸟巢，奇特别致，浑然天成，可观可住。一些外企公司经常在此举办活动，组织员工体验生态文明的发展历程。三是原装"进口"尼泊尔馆，开发"天禅佛国"景观区。首旅酒店与观音苑公司各出资近1亿元，购买了上海世博园尼泊尔馆，然后原封不动地整体迁移到南山景区内。尼泊尔既是2500多年前佛祖释迦牟尼的诞生地，也是当代佛教之国。尼泊尔馆内保存了许多原汁原味的佛教艺术品和建筑风格，整体迁移后，信众和游客免去了登山朝圣的疲劳和危险，可以方便、舒适地体验佛教的真谛。

五、系统筹划理念

（一）概述

"善谋者谋势，不善谋者谋子，谋势重于谋子"，这里"势"就是全局和整体，而"子"就是局部和部分。旅游策划应是要统筹策划，整体考虑，全局把握，综合协调。策划人王志纲曾说，策划像中医而非西医，这句话形象地揭示了策划的系统性特征。理论上，策划是一门系统科学；实践中，策划是一项系统工作。田忌赛马、弃车保卒、声东击西是系统筹划的表现，舍本求末、顾此失彼、因小失大则违反了这一理念。

（二）实践运用

1. 分析策划对象的结构与功能

结构与功能是系统普遍存在的两种既相互区别又相互联系的基本属性。结构即事物内部诸要素的组织形式，反映了系统中要素之间的联系方式、组织秩序及其时空表现形式；功能即事物在特定环境中可能发挥的作用或能力，是系统在与外部环境相互联系与相互作用中表现出来的性质、能力与功效。在一定条件下系统的结构功能关系有两种不同的变化：

结构相同但功能相异，结构不同但功能相同。

2. 明确旅游系统的组成要素

旅游产业是由相互制约又相互联系的诸多要素组成的有机整体，策划人员应用系统的观点去审视旅游产业，谋求整体利益最大化。旅游产业是一个包括目的地、客源地、通道的系统，旅游活动是一个包括主体（旅游者）、客体（旅游资源）、媒体（旅游业）、载体（旅游环境）的系统，旅游地则是一个由相关因素构成的地域综合体。国内外学者关于旅游系统构成要素的不同观点如表3-14所示。

表3-14 对旅游系统构成要素的不同观点

序号	名　称	旅游系统构成要素
1	哑铃说	客源地、旅游通道、目的地
2	四体说	主体、客体、媒体（介体）、载体
3	三大支柱说	景区、饭店、旅行社
4	活动要素说	食、住、行、游、购、娱
5	产业要素说	资金、土地、技术、人才、制度、信息、创意
6	利益主体说	政府、企业、旅游者、社区居民、民间组织、社会公众

3. 强化旅游策划的系统性

旅游策划本身是一项系统性的工作，系统性是策划区别于点子、创意的重要标志。旅游策划活动涉及策划主体、策划客体、策划环境等因素，需要遵循科学的程序，并根据反馈信息来修正策划方案。系统原理是旅游策划活动的哲学基础，系统方法是旅游策划工作的基本方法。

4. 坚持系统整体最优思维

系统筹划理念就是把策划对象和策划问题放在系统中加以考察和分析，始终着重从整体与部分（要素）之间、整体与外部环境的相互联系、相互作用、相互制约的关系中把握策划对象和策划问题，寻求最佳解决方案。这要求旅游策划人员要整体把握、动态思考、系统运作，审视策划对象自身优势、劣势、机遇与威胁，考虑相关要素、利益主体、地域层次、时间尺度之间的协调，形成多个系统方案，并采用定性与定量相结合的方法遴选出最佳方案。以旅游社区策划为例，应全面把握五大要素及其之间的关系，如表3-15所示。

表3-15 旅游社区营造策划中的系统理念

序号	构成要素	营造重点
1	人	社区居民的需求满足，人际关系的经营创造
2	文	社区共同历史文化之延续、艺术活动之经营及终身学习
3	地	地理环境的保育与特色发扬，地方性的延续
4	产	地方产业与经济活动的集体经营，地方产品的创发与销售
5	景	社区公共空间的营造、生活环境的永续经营、独特景观的创造等

5. 注重不同部分的衔接呼应

系统筹划理念体现在旅游策划的各个方面，表现为不同的方法。在旅游策划的各个领域，如旅游形象策划、旅游营销策划、旅游产品策划中也要应用系统筹划原理。例如，旅游形象是通过理念、视觉、行为三个子系统共同塑造的，三者之间存在相互促进、相互制约的有机联系，同时旅游形象又要与产品、市场相互支撑，不能"自说自话"更不能"前言不搭后语"。在具体方法上，纲举目张法、强化重点法、板块支撑法等都在一定程度上体现了系统筹划原理。

6. 找准阿基米德点

系统筹划理念要求策划人员从旅游系统各复杂要素中找出临界点或阿基米德点，以尽量小的成本来"撬动地球"，实现旅游地的"突变"，促进旅游经济超常规、跨越式发展。

（三）典型案例

2009年初，一则号称"世界上最好的工作"的招聘信息出现在世界各国的报章和网站上，澳大利亚昆士兰省旅游局向全世界的优秀人才发出邀请："到澳大利亚的大堡礁来做个海岛看护人吧！"高薪水、高待遇，再加上如诗如画的工作环境，相信没有人会对此无动于衷。招聘信息刚一发布，迅速在全球掀起了应聘热潮。从实际效果来看，昆士兰省旅游局达到了预期目的。当众多的应聘者为这份工作争得不可开交时，在世界舆论高度关注、长时间跟踪报道下，不知道有多少人的目光已经被大堡礁所吸引，并在心里把它列为自己的旅游度假首选地。据有关部门估算，昆士兰省旅游局为这次招聘活动总共投入了170万澳元，实际却为昆士兰省带来超过4000万澳元的旅游收入。既能招收世界上最优秀的人才，又扩大了知名度，还增加了旅游收入，昆士兰省真可谓是"一石三鸟"①。

第二节　旅游策划的基本原理

一、意义生产原理

（一）概述

寻求意义并在任何具体形式中赋予价值意义，是人类内心最深层的呼唤。人对意义的追求非常明显地体现在旅游消费活动中。意义是无形的，必须寓于一种载体之中，代表某种意义的载体就是符号。人们会把自己的旅游消费活动当作展现某种意义的舞台，把旅游消费品当作展现某种意义的道具，旅游消费及消费品就成为某种社会意义或文化意义的符号。从这一角度出发，旅游创意就是创造意义，就是创造符号价值。旅游策划就是生产意义，就是打造文化符号。

---

① 麻连飞."一石三鸟"的策划[J]. 讲述，2009（5）：7.

（二）内容要点

1. 理解符号价值构建过程

在意义消费的条件下，旅游策划要以创造满足旅游消费者意义需求的符号价值为主，为顾客创造符号价值。旅游产品符号价值的建构过程可以分为下列四个阶段：确立景观的标志阶段、标志的神圣化阶段、精品展览阶段、强化阶段，如表3-16所示。

表3-16 旅游产品符号价值建构的四个阶段

序号	名称	常用途径	目标
1	确立景观的标志阶段	通过专家鉴定、权威认证、制度安排等手段凸显特色	使其区别于一般景观
2	标志的神圣化阶段	凸显其真实、生态、民族、历史、时尚等方面的特征	建立与特定意义的联系
3	精品展览阶段	塑造景观、场景再现、舞台设计、完善服务	建构旅游标志符号体系
4	强化阶段	价格定位、市场营销、专家检验、政策支撑等	使该产品保持与同类产品的距离

2. 把握旅游吸引物培育步骤

根据符号吸引理论，旅游吸引物形成过程可以分为命名、框限与提升、祀奉秘藏、机械复制、社会复制五个阶段。有鉴于此，旅游吸引物培育可以分为四个环节：评估与命名、框限与构架、神圣化与再强化、复制与社会化，具体如表3-17所示。

表3-17 著名旅游吸引物形成的四个环节

序号	名称	内涵及要求
1	评估与命名	在考察、考据、鉴定的基础上评估旅游资源的价值，并给予适当的名字和称号
2	框限与构架	确定外部边界，明确内部不同功能区之间的界限，并形成一个包括景物、设施、活动与服务在内的综合体
3	神圣化与再强化	提升景物的内涵与神圣程度，完善旅游地的接待服务功能，提高旅游地的品牌等级
4	复制与社会化	建立与消费者的关系，成为社会生活的重要组成部分

3. 提炼运用文化符号

对文化符号的提炼和运用程度是影响旅游产品生命力和旅游文化经济发展水平的重要因素。文化符号增值术有赖于深厚的人文素养和专业知识储备，只有立足于文化根脉和学术传统的"符号"才能带来思想和经济的双重财富，具有真正的生命力；反之，则似无源之水、无本之木。旅游策划人员应强化对本土文化的寻根意识和文化自觉，尽量使文化符号打造根植于学术传统及其发展之中。

4. 深入把握原型理论

全面认识12种具有普适意义的原型。"原型"最早源于荣格的集体无意识理论，是指沉淀于人类心灵底层的、普遍共同的人类本能和经验遗存，见于一切文化创造领域。一种原型可以被认为是生命的一种符号或象征。旅游策划人员应熟悉原型人物、原型故事、原型形象,并借助这些原型创作故事、选择主题、塑造品牌形象。与旅游创意策划相关的原型如表3-18所示。

表3-18 与旅游创意策划相关的原型

序号	提出者	名称	具体类型
1	肯特·沃泰姆	12种神话原型档案	终极力量、塞壬、英雄、反英雄、创造者、变革大师、权力经纪人、智慧老人、忠诚者、圣母、小骗子、哑谜形象
2	玛格丽特·马克等	12种原型	天真者、探险家、智者、英雄、亡命之徒、魔法师、凡夫俗子、情人、弄臣、照顾者、创造者、统治者
3	皮尔森	人类据以生存的6种原型	孤儿、流浪者、战士、利他主义者、天真者、魔法师

5. 注重品牌塑造与营销

只有旅游品牌这一包容性很强的符号才有能力将旅游产品、服务和意义整合到一起。品牌营销的实质就是建立某种产品与意义之间的特定联系,以意义上的差异性作为区别同类旅游产品的基本手段,同时借助意义上对满足旅游消费者心理和精神需求的作用来实现对消费欲望的刺激,从而促进旅游产品的销售。

6. 充分调动社会力量

社会学家涂尔干指出:古往今来,我们看到社会始终在不断地从普通事物中创造出神圣事物,唯有社会是这类各色神话的始作俑者。旅游策划欲发挥"四两拨千斤"的作用,就必须学会借助社会发展趋势、重大事件、各界名人和公众的力量。

(三)实践运用

在云南省旅游业崛起的过程中,培植、借用、恢复文化符号的案例层出不穷。仅在滇西北地区,这类例子就不胜枚举,大理有白族三道茶、蝴蝶泉、洋人街,丽江有大水车、纳西古乐、四方街,迪庆有独克宗古城大转经筒、梅里雪山、香格里拉等。其中,最成功的要数迪庆的香格里拉,在"改名"的背后,这一案例最值得借鉴之处在于对现代社会特征、现代人需求的准确把握。

1964年,美国俄勒冈州的罗杰·托夫特对家乡附近几乎没有任何有趣的旅游胜地而深感失望。随后,他在塞勒姆南部花费4000美元购置了近8万平方米山地。在接下来的七年间,一家人以经典童话故事为蓝本,在那里建成了一座如梦如幻的童话乐园,取名"魔法森林"。建立初期,托夫特常常遭人质疑,甚至有人戏称这里为"白痴山丘"。1971年,"魔法森林"正式开放,从第一周只有75名游客激增至第二周的1500人。直到55年以后,这个神奇的童话世界仍然是美国西北部游人的不二之选。"魔法森林"包括冰山雪橇过山车在内的六大游乐设施区,绝大多数景点重现了诸如《七个小矮人》《三只小熊》等经典童话故事与民间童谣。人们在这里可一睹神秘的中世纪风情,徜徉在古老的英伦村庄。除了引人入胜的景点，游客还能欣赏到精彩的戏剧演出及托夫特的女儿为"魔法森林"创作的系列音乐。

专栏 3-2

浓缩人类文明的 100 个象征符号

• 自然世界中的符号：维纳斯图、彩虹蛇、大蛇、手印、裘达库拉的岩石雕刻、人面狮身像、圣甲虫、鸽子、鸟类、药轮、莲花、鸢尾花图腾、彩虹女神、凤凰、龙、幻象蛇、蝴蝶、哈雷彗星、犄角神、恶魔之星、阳物的图腾、纳斯卡线、骷髅头、图腾柱。

• 神祇世界中的符号：月牙、浇奠、夜后、全知之眼、太阳神的马车、亚伦的护胸甲、荷米斯石碑、约柜、天命石板、风神和雷神、命运之矛、光环、八仙过海、经文匣、甘奈施、乌拉卡之杯、生命树、历法石、拴日石、A'a 雕像、魔鬼雕像。

• 人造符号和系统：易经、楔形文字、唵、五角星、阴与阳、三曲腿图、双蛇杖、安卡、洛书、象形文字、鱼形椭圆、黄金比例、SATOR 方阵、零、所罗门之结、纸牌、生命之轮、生命之花、脉轮、曼陀罗、费波那契数列、土占、玫瑰十字、伏尼契手稿、维特鲁威人、无限、一笔画六角星。

• 神秘世界中的符号：闪电人纳玛冈、萨满、迷宫、费斯托斯圆盘、甲骨文、天文历、厄琉西斯秘密仪式、邪眼、护身符、巴尔斯曼杖、佩塔利亚板、密特拉秘教、抹大拉的马里亚、伊斯塔比符文石、翡翠板、空行母、零点、天体等高仪、黄道圈、天使拉杰尔之书、上帝之印、沙画、仕女与独角兽挂毯、塔罗、占卜历、炼金术之门、罗亚。

资料来源：萨拉·巴特利特. 符号中的历史：浓缩人类文明的 100 个象征符号[M]. 范明瑛，王敏雯，译. 北京：北京联合出版公司，2016.

二、需求导向原理

（一）概述

华特·迪士尼曾说，你不是为自己生产产品，应当知道别人的需求，并为他们生产产品。3M 公司的总裁狄西蒙认为，最有意思的产品就是消费者有需要但却说不清那种需要的产品。市场是旅游产品的"试金石"，能否发现并满足市场需求是旅游策划成功与否的关键条件。旅游产品的最终使用者是游客，旅游创意策划应坚持以人为本的基本原则，从市场需求出发，把握市场痛点，思考产品卖点。人类各族群的文化基本稳定，人性中的一些基本的东西也是恒定的，这为我们从哲学、心理、文化等角度把握旅游市场需求提供了前提。在实践中，一项旅游策划成功的原因有很多，最重要的是顺应旅游市场需求，如哈尔滨冰雪大世界、银川西部影视城等策划。旅游策划失败的理由也有很多，其中最重要的一点就是不能满足市场需求。

（二）内容要点

1. 以市场需求为依据

旅游策划应以现实的旅游需求为依据，并充分考虑旅游需求的发展趋势，全面认识人性，把握旅游者的深层心理，从需求的角度评价旅游资源，并寻求旅游资源与旅游需求之间的最佳对接点，以使策划出来的产品符合心理学规律和市场需求。策划人员应考虑旅游产品能够带给旅游者什么样的利益和价值，这种利益和价值是否符合旅游者需要。在此基础上，策划人员应挖掘产品的潜在价值、创造产品的新价值，建立产品的价值链。

2. 重视各类非生理需求

弗洛姆在分析人存在的矛盾性的基础上，归纳了人的五种非生理需要，即定向的需要、关联的需要、回归的需要、超越的需要、同一感的需要（如表3-19所示），对于理解现代旅游活动的本质与旅游者的需要具有重要启发。与此相关，3N（即nature自然、nostalgia怀旧、nirvana涅槃）反映了人对旅游活动的普遍追求，应引起旅游策划人员的高度重视。

表 3-19　弗洛姆提出的人的需要理论

序号	名称	含义	例举
1	定向	理性与非理性：人需要为自己确定一个目标并为之献身，赋予生存一种意义	志愿者旅行
2	关联	爱与自恋：与他人建立联系以摆脱孤独	一个人的丽江、两个人的双廊、一家人的建水
3	回归	母爱：通过依恋母亲及母亲的象征物来建立自己的存在根基	腾冲，中国人的精神家园；迪庆旅游歌曲《回归巴拉格宗》
4	超越	创造或毁灭：作为一种生物又要超越生物的被动状态	泰山徒步登顶，马拉松比赛
5	同一感	独立性与顺从性：人需要回答"我是谁"这个问题	拓展训练，毕业旅行，间隔年旅行

3. 区分旅游需求层次

马斯洛提出的需要层次理论把人的需求归结为生理、安全、归属、受尊重、自我实现五个层次，后来又增加了审美需要和认知需要。建立在该理论基础上的休闲阶梯模型把旅游休闲需求分为5个等级：生理的需求、安全与保障的需求、关系发展与延续的需求、具体兴趣和自我发展的需求、自我实现的需求（如表3-20所示）。旅游需求的层次性、多样性和变动性为策划人员把握旅游需求的特点与发展趋势带来了挑战，同时也为策划人员提供了无限的空间。

4. 深化市场调查与预测

研究游客心理、决策过程、行为规律，发现旅游需求是旅游策划的基础性工作之一，通常通过深入细致的市场调查完成。市场调查与预测具有严格的工作程序和专门的技术方

表 3-20　休闲阶梯模型对休闲旅游需求的分类

序号	需求名称	具体表现	旅游案例
1	生理	饮食、睡眠、排泄等	美食之旅
2	安全与保障	财产、身体和心理安全	旅游保险
3	关系发展与延续	与别人建立积极的情感联系	毕业旅行、亲子游、情侣游、敬老游
4	具体兴趣和自我发展	个人兴趣的培养，自我能力的提升	观鸟旅游
5	自我实现	个人潜能得到发挥，理想得以实现	极限运动

法。市场调研一般分为五个步骤，即确定调研对象、选择调研方式、设计调研方案、实施调研、调研后的信息处理，采用的调研方法主要有文案调研法、现场调研法。

5. 从顺应需求到创造需求

顺应需求是旅游策划的基本思路，激发需求、引导需求是中级层次，创造需求属于高级层次。社会的高速发展使人类的需要和欲望变为可以诱导、改变和创造的，策划人员的任务就是把握旅游者潜在需求的发展脉络，在恰当的时机、恰当的地点，以恰当的创新手段去挖掘和显化需求，继而提供相应的产品来满足他们，具体如表3-21所示。韩国利用影视剧冲击中国，继而将影视剧拍摄地包装成观光点，就是创造需求的例子。

表 3-21　旅游策划中应对需求的四种方式

序号	名称	具体含义	案例
1	顺应需求	顺应顾客能够明确认知并描述的需求	特色餐厅
2	激发需求	激发顾客的潜在需求	平民滑雪运动
3	引导需求	诱使顾客发现自己的需求	发现更好的自己
4	创造需求	针对顾客尚未明确意识到的需求	把梳子卖给和尚

6. 开发小众长尾市场

旅游市场需求的差异化、个性化、碎片化趋势日益明显，小众趣缘群体驱动的旅游活动层出不穷。安德森在《长尾理论》中指出，大规模市场转变为无数的利基市场，长尾的意义就是无限选择的，互联网为制造它、传播它和帮助找到它提供了可能。基于网络平台、意见领袖和社群组织，策划小众产品，开发长尾市场，这是旅游供给侧改革的方向之一，也是旅游策划的重要任务。

（三）实践运用

旅游策划人员需要把抽象的需求具体化，把潜在的需求显现化，把缓慢的需求紧迫化，把片面的需求全面化，把次要的需求重要化。在引人瞩目的"焦作现象"中，迎合市场需求是其成功的根本原因。在市场调查方面，肯德基打入中国市场前对北京市场的调研方法值得借鉴。

杰克·卡朋特（Jake B. Carpenter）创建了 Burton Snowboards 公司，开创了让平民大

众也可以参与滑雪运动的方式，开风气之先。在他 1977 年创建 Burton Snowboards 滑雪场之前，滑雪运动只是少数专业滑雪人员的运动。他的所作所为使人们认识到普通百姓同样也可以参加滑雪运动，目前美国已经有 700 万名滑雪运动爱好者。他的创业发展影响如下：自 1977 年创建 Burton Snowboards 公司以来，该公司目前还牢牢保持着全美三分之一的滑雪运动市场[①]。

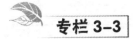

专栏 3-3

文化视角下旅游需求的分析方法列举

• 记忆发掘法。文化人类学家劳泰尔·拉派尔（Clotaire Rapaille）在《文化密码》中应用文化密码的方法来进行市场调研。他从被调查者提供的几百个故事中将吉普车的文化密码提炼为"马"，"马"就是吉普车的原型，象征着力量与自由。他认为，在消费者脑海中关于吉普车或者关于马的记忆里有一部分是种族记忆或原始意向。

• 投射法。用于诊断那些不愿或不能在某些问题上表达自我感受的消费者真实想法的工具。其主要思路是给消费者一个不完整的刺激物，让他补充完整；或给一个含义模糊、本身无意义的刺激物，让消费者讲出它的含义。具体有联想法、构造法、完成法、表达法、比拟法。卡尔·荣格（Carl Gustav Jung）创立并用于寻找和分析精神病患者的心理隐情的"词语联想"测试法就是投射法中的自由联想法。

• 萨尔特曼隐喻诱引技术。杰拉尔德·萨尔特曼（Gerald Zaltman）认为，绝大多数影响我们行为和语言的东西位于意识层的下面，并设计了 ZMET 技术，被誉为"一种能引出那些影响人们思想和行为的相互关联的构念的技术"。依赖研究人员的谈话技巧来引导被试者，最后确定关键主题、构念、代码、数据，把最重要的构念组成一幅统一图片。

来源：张红明，林怡，罗海洋. 回到心理最底层：基于原型理论的品牌研究回顾与展望[J]. 战略决策研究，2014，5（3）：63-72.

三、体验塑造原理

（一）概述

旅游是人们满足了基本生理需求和物质需求之后追求的更高更新的精神需求，讲求的是旅游者的一种愉悦、求知的心理历程和一种体验愉悦、快乐的经历。就其实质而言，是一种旅程和暂居的体验，与体验经济有着千丝万缕的联系。因此，旅游策划的内在任务就是塑造非日常性世界和非惯常空间，为游客创造独特、深刻、丰富的旅游体验，其最高层次是提供不同场景的沉浸式互动体验。在这一过程中，设计感、既视感、画面感、场景感、

---

① 佚名. 美国大富翁的"奇思妙想"发家史[J]. 中国总会计师，2016（10）：80.

参与感、浸入感、仪式感是值得策划师关注的具体问题。

（二）内容要点

1. 提供四种类型体验

旅游体验包括娱乐体验、教育体验、遁世体验和审美体验（合称4E体验），如表3-22所示，让人感觉最丰富的体验是四者交叉的"甜蜜地带"。为了体现特色、突出差异，旅游体验需要确定明确的主题。同时，以最小的成本获得最丰富的体验是游客的普遍心理。旅游策划人员应注意把握旅游体验主题的独特性与体验类型多样化之间的关系。

表 3-22　旅游体验的四种类型

序号	类型	关键词	适用旅游资源
1	遁世体验	梦幻、浪漫、古老、神圣、解脱	溶洞、峡谷、城堡、圣地
2	审美体验	漂亮、愉悦、艳丽、绚烂、精致	美景、美食、美宅、美文
3	娱乐体验	狂欢、畅爽、萌宠、释放、放空	小游戏、游乐园、狂欢节
4	教育体验	顿悟、启示、收获、答案、出路	教育遗产、博物馆、红色旅游

2. 让游客从满意到惊喜

体验经济的"3S"模型是sacrifice（牺牲）、satisfaction（满意）、surprise（惊喜），意为减少顾客牺牲（付出/代价）、提高顾客满意、创造顾客惊喜（超出游客预期的体验）。这要求旅游策划中注重为游客创造便利、降低出游成本、比照行业标杆进行服务、提供个性化体验项目，努力让游客产生收获感、欣慰感、尖叫感。

3. 把握体验塑造方法

富有吸引力的旅游体验是需要精心塑造的，塑造旅游体验的基本方法包括以下5种：选择一个好的主题、以正面线索塑造形象、消除负面因素、提供纪念品、重视感官刺激。其中，感官刺激涉及视觉、听觉、嗅觉、味觉、触觉，策划人员应自觉锻炼五感联觉共情术，创意策划多感官体验型旅游景观与项目，如将视觉和味觉进行组合可以产生可食地景（如表3-23所示）。

4. 创设情景快乐剧场

旅游策划尤其是物质实体策划的最高境界是营造快乐剧场。体验经济的快乐剧场模型（如图3-2所示）认为，体验企业的产品与服务具备多种戏剧特征。体验剧场拥有与舞台产品一样的构成要素：演员、观众、导演、设施、前台、后台，如表3-24所示。演员（员工）是为观众（客户）生产体验的人，导演用演员表达自己的思想，设施（体验环境）是表演活动或者创作造体验的展示场地。演员在前台面对客户所从事的活动，需要后台的大力支持。设施或者能保证演员与观众的面对面交流，或者为他们提供远距离交流的路径。演出的整体表现是演员、观众与设施之间动态互动的结果。

表 3-23　旅游者感官类型及其运用

序号	感官类型	体验功用	古代诗词中的运用	运用列举
1	视觉	视觉体验，吸引眼球	白日依山尽 水村山郭酒旗风	大地艺术公园、巴哈马粉红海滩、日本血池温泉
2	听觉	听觉体验，激发心跳	惊涛拍岸 夜半钟声到客船	柳江音乐喷泉、柯岩呐喊喷泉、峨眉山弹琴蛙
3	嗅觉	嗅觉体验，诱惑心动	雨气兼香泛芰荷 暗香浮动月黄昏	大唐芙蓉园香化工程、瑞典水果和香味游乐场
4	味觉	味觉体验，促发行动	梅子流酸溅齿牙 酒阑更喜团茶苦	重庆火锅、凯里酸汤鱼、大理三道茶
5	触觉	触觉体验，身临其境	吹面不寒杨柳风 游子春衫已试单	地毯草草坪、天然彩色卵石按摩步道
6	联觉	联觉体验，过后难忘	红杏枝头春意闹 片片吹落春风香	古典园林

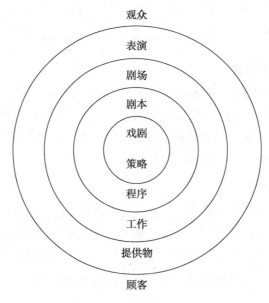

图 3-2　快乐剧场理论示意图

表 3-24　旅游快乐剧场的要素及要求

序号	要素	含义	注意事项
1	演员	扮演某个角色的人物	景区工作人员
2	观众	台下观赏演出的人物	游客
3	导演	组织者和领导者，用演员表达自己思想	景区管理者
4	设施	舞台、道具、剧场服务设施等	景区服务设施
5	前台	负责舞美、音响、伴奏、舞台监督等	景区对客服务窗口
6	后台	负责化妆及其他后勤工作	景区办公区及后勤服务区

5. 处理前台与后台关系

旅游体验塑造中还应把握前台、帷幕、后台的关系。在文化旅游开发与体验塑造中，前台是商业文化空间，后台是原生文化空间，帷幕是两者之间的过渡区，从前台到帷幕再到后台应该是文化商业化氛围逐渐减弱、文化真实性逐渐增强的过程。这种布局模式有利于文化遗产的保护和多种旅游需求的满足。

6. 构建文旅消费新场景

旅游业进入场景革命时代，依托生态环境、生产场所与生活资源，运用科技创新与文化创意，围绕时间、空间、氛围、游客、行为等要素，构建文旅新场景，吸引新客群，增加二次消费，提高回头率，已成为旅游策划的重要任务。昆明莲花池庭院剧场、南强街汉服集市、世博园花雕灯光艺术汇就是创设新场景、促进旅游体验创新与消费扩容提质的成功案例。

（三）实践运用

由于对旅游活动体验属性的重新认识，塑造体验就成为旅游产品开发的核心问题，旅游体验原理也因此成为具有方法论意义的原理。体验策划法就是以这一原理为基础而产生的旅游策划方法，它采用三个层面（主题—线索—活动）、四类体验（娱乐、教育、逃避现实和审美）、五种感觉（视觉、听觉、嗅觉、味觉、触觉）的策划框架，让旅游活动场所有说头、有看头、有玩头、有学头、有吃头、有买头，这为旅游策划特别是旅游产品和景观策划提供了一种基本方法。

在西班牙兰萨洛特岛上的蒂曼法亚国家公园，有世界上最"危险"的火山烧烤餐厅。这座火山不像我们平时印象中的有巨大的坑洞，而是只有一个类似水井的洞口，火山烧烤餐厅的大厨就正好把烧烤设备架在这个火山口。大厨 Cesar Manrique 将其命名为"Diablo"，意为"暗黑破坏神"。在这里，除了独特的烧烤体验外，游客还可以参加火山冒险之旅，欣赏到壮观的火山景观。

专栏3-4

感官消费的12条规律

- **高低律**：先满足低层次的感官消费需求，再逐步满足高层次的需求。
- **主次律**：在满足主要消费需求的同时，兼而满足次要消费需求。
- **比例律**：生活水平较低，低层次消费占比越大；反之，则越低。
- **指向律**：消费需求层次越低，指向性越明确，越容易被满足，反之则不容易被满足。
- **底线律**：达到感官消费的底线，才不会感到痛苦；超过底线，就会给人以享受。
- **递减律**：人类各个感官对消费需求的满足感是呈边际效用递减趋势的。
- **共性律**：越是低层次的消费需求，越带有动物性，人们的共性越多；反之，则越少。

- 求新律：感官消费需求的满足在量上有一定限度，但在质上却没有止境。
- 诱导律：感官会因外界的刺激和诱导而产生消费需求，有时还会加剧需求。
- 乘数律：同样的供给，需求方体会和理解加深之后，其效用就会成倍增加。
- 差别律：每一个个体对消费需求的满意度是不同的。
- 强化律：感官消费需求被满足的强度越大、层次越多，人的幸福感就越强烈。

来源：詹国枢. 感官消费：一门全新的消费经济理论[M]. 北京：中国工人出版社，2018：41-94.

四、创意核心原理

（一）概述

旅游业属于运作类创意经济型产业，正在发展成为创意产业的生力军。旅游产业的创意化和创意产业的旅游化是当今产业发展的重要趋势，也是文旅融合的基本路径。旅游策划具有创意经济的典型特征，离开了创意，旅游策划就失去了生命力。发展旅游产业必须具备创意经济思维，创意先行、策划为先是成功的不二法则。完全依靠旅游资源和资金发展旅游业的时代已经过去，依靠创意提升旅游开发水平、实现动能转换的时代已经到来。创意空间无限，创意能量无限，它将永远站在旅游策划的巅峰，引领旅游开发不断走向深入。旅游策划师应首先将自己培养成为创意阶层中的一员，养成向创意人物学习的习惯，并时刻关注经济、社会、生态各领域那些"脑洞大开"的事物，总结其对旅游创意策划的启示。

（二）内容要点

1. 重视创意的灵魂地位

独特、新颖、实用的创意不仅可以在短时间内迅速引起社会公众的关注和市场的强劲反应，将潜在资源优势转化为现实经济优势，而且能够大大降低产品转化、市场营销、品牌建设等环节的成本。创意不仅造就了旅游项目的差异化，而且为旅游项目带来无尽的附加值。因此，创意是旅游策划的灵魂，创意的形成与遴选是旅游策划过程中的关键环节，创意质量是旅游策划成果水平的重要标志。

2. 把握创意的基本原理

创意的表象是跨界组合（旧元素的新组合），关键在于发现事物之间的未知联系，内在本质在于为既存事物赋予新意义。主观动机是创意产生的前提，知识与经验积累是创意产生的基础，大脑思考是创意产生的方法，智能放大是创意产生的过程。旅游创意主要来源于旅游资源、旅游需求两个方面，来自时间、空间、文化三个维度，来自旅游企业从业人员、旅游行政管理部门、竞争对手与合作伙伴四个领域，并遵循超越定式原理、多元思维原理、诱导激发原理、万物全息原理、信息交合原理、衍生裂变原理。

3. 运用创造性思维方法

创意是创造性思维的结果，主要是思维中非理性因素在起作用，包括灵感、直觉、顿悟、潜意识、情感、意志等。联想创意法、类比创意法、组合创意法、臻美创意法是旅游创意中经常使用的方法。为了促进旅游创意的产生，旅游策划活动中还经常运用组织方法（如头脑风暴法、菲利浦斯66法、635法等）、激发方法（如暗示右脑法、寻求诱因法、追捕热线法等）。可拓学为旅游创意的生成提供了形式化模式。

4. 考虑传统文化情结

旅游策划创意应立足旅游业的精神经济属性，把握人的深层需求，理解现代社会的现实与困境，并尽量将创意根植于传统文化，考虑与现代科技的有机融合。为了让旅游创意更容易被客源市场所认同、被委托方所接受，应自觉把握并运用原型理论，熟悉人类根深蒂固的文化情结，如伊甸园、世外桃源、大洪荒神话、英雄崇拜、远方崇拜、石头信仰、洞穴情结、复古情结、末世情结、飞翔情结等。

5. 提升旅游地创意资本

旅游策划中应注意通过内培外引的手段提升旅游地的创意资本，依托文化多样性优势，创造宽容的氛围、便利的生活设施吸引创意阶层前来休闲和创作，发现、描述、传播、创造旅游地的意义。创意经济的3T原则包括人才、科技、包容（宽容），其中科技提供了新颖的表达方式、开创着新的未来图景、助力人类梦想的实现。创意空间旅游化的载体包括创意街区、创意社区、创意园区等，具体形式还涉及乡村旅游创客示范基地等。

6. 评估遴选最佳创意

评价旅游创意水平的因素主要是独特性与新颖程度、与旅游产品的相关性、与市场需求的契合程度（吸引力）、实际操作性。采取定性与定量相结合的方法对旅游创意进行评价，是旅游策划的重要发展趋势。

（三）实践运用

成功的旅游策划都自觉或不自觉地遵循创意核心这一原理，以独特的创意撬动旅游市场。从旅游吸引物策划、旅游产品策划到旅游形象策划、旅游市场开拓策划，无一不是如此。无数优秀的旅游创意，如云南罗平油菜花旅游、四川攀枝花的阳光之旅、贵州六盘水的"乌蒙凉都"，都是成功的旅游策划，推动了区域旅游业的发展。

荷属安列斯群岛中的圣马丁岛有一片独特的海滩，名叫马侯度假海滩，被称为"世界上最拉风"的海滩。当游客惬意地在海滩上享受海风和阳光时，空中一架巨大的飞机突然在头顶十几米处呼啸而过，飞机带来的强劲气流让海水翻腾不止，游客被吹得东倒西歪，但那种超酷的体验让人大呼过瘾。其实，这个创意源于一个失误的设计。1942年，荷兰人在圣马丁岛建立一个机场，为了节约成本，跑道海滩仅有一路之隔。同时，由于跑道太短，飞机在降落时常常引起巨大风浪。机场投入使用后，争论不断，但因地处群岛"咽喉"，一直是顾客盈门的航空枢纽。为了保证游客和飞机的安全，当地政府制定了严格的管理措施，海滩附近的酒吧和饭店贴出了飞机起降时刻表，海滩上也安上了扩音器。因为处置得当,机场的失误变成了绝妙的创意,当地被命名为世界上最拉风的海滩,为岛民带来滚滚财富[①]。

五、信息依赖原理

(一)概述

旅游策划不是空穴来风,也不是"拍脑袋工程",它是建立在科学分析前提下的理性决策与艺术创造过程。旅游策划是信息密集型行业。这要求旅游策划人员全面认识策划环境,全面了解委托方各方面现状,深刻把握策划对象的性质与特点,在此基础上,依靠自己的知识、经验与创造性思维,做出科学、实用的策划。这一过程需要大量信息作为基础。成功的旅游策划有一个共性,那就是大量占有信息,多数策划者拥有自己的素材库并保持着良好的信息收集习惯。没有准确、全面、及时的信息,旅游策划就无法顺利完成。策划人员应自觉提高信息筛选、储存、识别、传送、提取、处理能力,掌握信息技术、信息管理技能及其发展趋势。

(二)内容要点

1. 策划依赖三类信息

旅游策划中需要的信息主要包括作为旅游策划依据的信息、作为旅游创意触媒的信息、作为策划调整依据的信息。作为旅游策划依据的信息通常包括背景信息和策划对象信息。在旅游策划特别是创意过程中,通常还需要关于策划项目或产品的专门信息,称为旅游策划创意触媒信息。作为策划调整依据的信息以相关利益主体反馈回来的意见为主,还包括策划对象的状况或委托方的意图发生变化的相关信息。

2. 策划信息的三项要求

旅游策划对信息的要求是准确、及时、完整、适当。首先,信息要反映客观事实,在信息源、传输与加工诸环节不能存在错误或失真现象,以免误导策划人员。其次,信息要反映策划对象与环境动态变化的最新情况,过时的信息会失去或减弱使用价值,影响策划的效用。再次,信息的内容要完整,否则容易让策划人员断章取义、以偏概全,将策划引向歧途。最后,过多、过杂的信息不仅没有必要,而且会干扰策划活动的正常进行。

3. 策划信息的十大来源

旅游策划信息无处不在。旅游策划实践中常用的十大信息收集途径包括:实地调查与访谈,委托方的档案材料、业务记录、统计数据,计算机网络,专业调研公司和数据开发商,报纸、期刊、杂志,广播、电视、电影,身边的信息,图书馆,专利文献,实物、实事。为了提高收集信息的能力,策划人员应遵守目的性、准确性、系统性、时效性、相关性原则,有效利用观察法、访谈法、调查法、实验法、网络搜索法、文献检索法。

---

① 石兵. 失误变创意[J]. 经典阅读,2014(7):77.

4. 信息分析的任务与方法

信息分析是旅游策划人员进行总体把握、准确定位和项目创意的基础，这一过程比信息的收集更为重要。分析信息，首先要对所获得的信息进行去伪存真、去粗取精、由此及彼、由表及里的分析，只有在此基础上，才能从已知信息找出新的可靠的有利用价值的信息。常用方法有因果法、关联法、重组法、综合法、挖掘法五种。

5. 利用信息的两类方式

收集和分析信息的目的是为了利用信息和产生信息。信息的利用包括两种：①直接利用，即对所获得信息不经过加工、改造而加以利用；②间接利用，即对所获取的信息进行加工、改造，然后再加以利用。间接利用信息的关键是通过对信息的分析，从已知的信息中获得新的信息。

6. 提高信息加工处理能力

从信息论视角来看，旅游策划的核心任务就是信息加工（输入、加工、输出），即：注意、选择和接收信息，对信息进行编码、内在化和组织，产生创造性构想和策划方案，指导未来的旅游产品生产、营销、交换行为。这要求策划人员具有较高的信息处理能力，主要包括对信息的理解能力、分析能力、评价能力和综合能力，掌握信息处理技术，如信息资源聚合与数据挖掘技术。

（三）实践运用

收集和利用信息的能力是现代旅游策划人员所应具备的基本能力，是获得成功的一个重要保证。旅游策划人员必须具有一定的知识储备或信息积累，全面、准确地掌握策划对象的情况及其影响因素的信息，熟悉策划项目相关资料的获取渠道。在此基础上，积极做好信息的预测工作，抓住潜在信息、半显半潜信息，未雨绸缪。

重松富生曾在东京一家广告公司供职，有一年外出旅游时听到一位朋友提到番石榴和它的嫩叶对治疗糖尿病和减肥有效。言者无心，听者有意。兴奋的重松一下子逮住这个消息。他将番石榴和嫩叶带回日本，请专家证实了朋友所言的效果，而且还有新的发现。番石榴不仅能治疗糖尿病，而且能促进血液循环，减少体内脂肪积聚，对幼儿的发育生长也大有帮助。它的嫩叶则具有减肥效果。于是，他借款开设了糖尿病治疗及减肥食品公司，并大规模收购番石榴及其嫩叶，经过干燥处理，将其加工成如同茶叶一般的饮料。投放市场后，人们对这种既能治病又能减肥的新产品格外青睐，尤其那些一心想保持苗条身材的女性消费者竞相购买，兴起了饮用热潮。

专栏 3-5

关于旅游策划原理（理论）的其他观点

- 旅游策划的基本原理（杨振之）：以市场需求为导向、以资源评价为基础、以项目策划为灵魂、以政策法规为保障、以工程技术为支撑。

• 旅游景区项目策划的理论基础（王衍用）：竞争力理论、生命周期理论、可持续发展理论、利益相关者理论、社区参与理论、门槛理论。

• 旅游策划的原理（曹诗图）：体验原理、主题原理、"两抓"原理（软件硬件"两手抓"）、"两态"原理（动态静态相结合）、创意原理、品牌原理。

• 旅游策划的理论基础（江金波）：传播学、市场营销学、文化地理学、旅游者行为理论、旅游生命周期理论、旅游创新理论、社会互动理论、生活方式理论、运筹学与系统论。

• 旅游策划的十大原理（原群）：产品定位、体验感觉、策划规划、软硬兼施、动静结合、可进入性、线路合理化、大格局、复合化、乘数原理。

• 休闲活动策划的九大效应原理（刘嘉龙）：点式效应、偏好效应、全局效应、联动效应、互动效应、轰动效应、乘数效应、心理效应、名人效应原理。

• 旅游策划理论（周作明）：二八定律与长尾理论、SWOT分析法与5W2H分析法、三种竞争战略与蓝海战略理论、USP理论与定位理论、品牌形象论与木桶理论、4P理论与4C理论、羊群效应理论与果子效应理论、市场营销竞争策略理论与CI系统理论、优势富集效应理论、需求理论、人体工程学理论、社会互动理论、生活方式理论、运筹学理论、市场学理论、美学理论等。

第三节　旅游策划的基本原则

一、独特卖点原则

（一）概述

20世纪50年代，广告大师罗素·瑞夫斯（Rosser Reeves）首次提出独特卖点（unique selling proposition，USP）理论，其核心在于寻求产品的客观差异化，这一原理对旅游策划也具有重要价值。对于旅游地而言，独特卖点是特色、差异的体现，也符合游客认知中的选择性注意原理。如果无法形成独特卖点，旅游地就无法逃脱被淘汰的结局。

（二）基本要求

1. 理解独特卖点的理论基础

随着旅游经济的发展，旅游产品日益丰富，市场竞争更加激烈，同质化的旅游产品无法满足旅游者千变万化的需求，特色化发展、差异化营销成为旅游地或旅游企业的必然选择。心理学认为，认知过程是一个有选择的心理过程，旅游者的注意和兴趣往往集中在那些重要的、有价值的或与自身需要密切相关的事物及其某些特定方面，他们往往通过事物的某一明显特征来辨别、把握某一事物。这是独特卖点原理的两个基础。

2. 注重将卖点转化为买点

旅游策划人员必须明确指出委托方应该且能够向旅游者提供的独特卖点，即旅游者通过购买某项旅游产品可以得到的具体好处。从旅游营销的角度考虑，策划人员还应将这个"卖点"转化为旅游者的"买点"。在多数情形下，独特卖点与买点的把握是旅游策划的重点，策划应围绕寻找独特卖点并将其转化为买点来展开。

3. 把握独特卖点的六个要求

独特卖点应该可以激发游客的旅游动机，并为游客带来的独特体验和切身利益。同时，独特卖点还必须满足下列条件：基于自身条件和比较优势，符合旅游市场需求，竞争对手无法提供，可以转化为现实的旅游产品。例如，"一个中原看海的地方——小浪底""天下四川·熊猫故乡""世界上最大的自然天成花园"。

4. 从多个方面寻找独特卖点

独特卖点可以从策划对象的很多方面选取，它可能来自于景观自身的美学价值、历史文化价值、艺术价值、休憩价值，也可能来自于获取的荣誉或等级、优良的品牌形象、交通与位置上的便利、安全与舒适、相对低廉的费用、物超所值的服务、持续不断的创新，或者放松身心、获取知识、增加体验等相关功能。如果按照常规方法无法获取独特卖点，那就创造一个类别或概念使策划对象具有独特卖点。

5. 运用 IP 思维塑造识别物

旅游策划人员应树立 IP 思维，根据主题性、形象性、独特性、引爆性、创新性、系统性的要求，遴选、提升、塑造旅游地最具代表性的、其他旅游地无法替代的独特识别物，赋予旅游地独特的个性、气质和生命力，并将其转化为旅游地标、游客必拍景点、旅游形象标识、旅游宣传焦点。

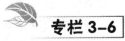

专栏 3-6

旅游独特卖点从哪里来

袁美昌在《打造胜地——旅游开发技术详解》一书中提出了"注入旅游卖点"的20种策略，即：以"美"陶醉旅游者；以"妙"折服旅游者；以"雅"尊荣旅游者；以"洁"舒爽旅游者；以"奇"鼓动旅游者；以"幽"放松旅游者；以"艰"磨砺旅游者；以"险"刺激旅游者；以"乐"取悦旅游者；以"趣"调适旅游者；以"灵"抚慰旅游者；以"效"满足旅游者；以"情"打动旅游者；以"义"感动旅游者；以"理"启迪旅游者；以"智"升华旅游者；以"名"召唤旅游者；以"古"感慨旅游者；以"疑"吸引旅游者；以"异"招徕旅游者。

资料来源：袁美昌. 打造胜地——旅游开发技术详解[M]. 北京：中国旅游出版社，2014.

（三）实践运用

寻找独特卖点是每个旅游策划必须经历的重要环节，是旅游资源评价、旅游市场需求分析、竞争态势分析的主要目的之一。策划人员应深刻把握旅游资源的多重属性和旅游市场需求的多样化特征，凭借独特的视野、睿智的眼光和过人的胆识去寻找独特卖点。江苏省盱眙县旅游资源较为丰富，但最后他们舍弃了在一般人心目中占有重要位置的明祖陵、铁山寺、第一山等传统意义上的经典旅游资源，选择了不起眼的"小龙虾"大做文章，体现的就是独特卖点原理。

以前，日本兵库县的丹波村交通十分不便，当其他地方都富裕起来时，那里的人仍旧很贫穷。怎么才能富起来呢？村里人谁也想不出办法。后来，村里人到东京请了一位叫井坂弘毅的专家。井坂弘毅在了解村子的情况以后，也感到棘手：要想富起来，总得要出卖一些什么去同别人交换才行；只有卖得多，才可能赚得多。怎样才能什么都不出售而富起来呢？井坂弘毅顺着这条思路，怎么也想不出一个办法来。后来，他倒过来想：既然只有"贫穷落后"，那就出售"贫穷落后"；既然这个村子"一无所有"，那就出售它的"一无所有"。大家都感到莫明其妙。井坂解释道：要出售落后，你们就还得再贫穷落后一些，要住树上，披树叶、兽皮，像几千年前我们的老祖宗那样生活，吸引城里的人来参观、旅游。按照这个点子，丹波村人果然富了起来。在这个故事中，井坂弘毅经过诊断为丹波村找出的独特卖点就是"贫穷时期的生活情景"，利用时间差来吸引其他地方以怀旧、猎奇为动机的消费群体。

二、技艺融合原则

（一）概述

旅游策划是一门专业，是一门技术，也是一门艺术。它既有任何策划活动都应遵循的一般规律、大体程序、通用方法，又体现一定的艺术性。在旅游策划中，有许多内容很难通过科学分析来进行策划，如景点命名、景观策划、宣传口号拟定等，这就需要通过艺术创作来完成。例如，杭州"西湖十景"的命名、景洪市的旅游宣传口号"柔情傣乡"、山东的"好客山东"旅游标识、"又见平遥"旅游演艺都包含着艺术创作的成分。唯有如此，方能为游客创造他们心目中的"诗与远方"。熊大寻为井冈山笔架峰确定的发展思路也是体现旅游策划艺术性的典型案例。

（二）基本要求

1. 策划具有技术含量

旅游策划是一门技术，有科学的工作原理、相对固定的技术路线和灵活多样的方法，部分工作环节具有较高的技术含量，其基础理论、思维方法和操作模式具有必然性和可复制性。这一特征使旅游策划活动有法可依、有章可循，有利于提高策划的工作效率、保证策划方案的科学性，防止产生策划活动的随意性、盲目性。

2. 策划包含艺术创作

旅游策划是一门艺术，是一个重感性、重感受、重直观、重印象的艺术创作过程。艺术性的最大特点在于创新，表现为产生独特、新颖的构思，做了别人想不到的事情，或总是比别人先行一步。旅游策划的艺术性为策划方案注入了不尽的创意和十足的灵性，这样策划出来的旅游产品更加符合旅游者的体验需求。这一特征为旅游策划蒙上了一层神秘的色彩，也使得旅游策划活动成为永无止境的过程。

3. 技术与艺术有机融合

技术性和艺术性紧密联系，不可分割。技术性是艺术性的基础，离开了技术性工作作为保障，艺术性只能是美好的幻想；艺术性是技术性的提升，离开了艺术性创作来生成创意，技术性也只能停留在基础工作层面。技术性保证了旅游策划成果的科学性与操作性，而艺术性则保证了策划创意的独特性与体验性，技术与艺术的有机融合是优秀旅游策划方案产生的保证。

4. 综合运用两类思维方式

作为一门技术，旅游策划活动主要使用理性思维方法；作为一门艺术，旅游策划活动主要使用非理性思维方法。旅游策划应在理性思维的基础上，注重非理性思维的重要作用，将两者有机结合起来，提高策划的创意质量与艺术水平。

5. 发挥创意阶层的作用

旅游策划中应注重引入艺术元素，发挥艺术家、艺术团体、非物质文化遗产传承人等创意阶层的作用，增强旅游景观（设施）的艺术性，提高旅游产品的艺术含量，因地制宜地开发书法、戏曲、音乐、电影等创意旅游产品，促进旅游与艺术的深度融合。

（三）实践运用

技术相对而言较易掌握，而艺术却是一种厚积薄发、长期训练所形成的熟练的创新能力，这要求旅游策划人员具有一定的文化基础、审美能力、文学修养、艺术感觉和实践经验，并善于在工作中不断学习和探索。

"一个创意拯救一个城镇"，加拿大壁画小镇彻梅纳斯（Chemainus）就是这句话的不二代言者。这座小镇从1858年建立开始一直以林木业为主，发展得很不错。20世纪70年代以后，林木业逐渐萧条，伐木场纷纷关闭。80年代初，小镇几乎成为一座空城。后来，一名叫作卡尔·舒尔兹的加拿大人到罗马尼亚旅游的时候，受到一座古修道院墙上壁画的启发，于是联合一批工商界人士提出一项小镇复兴计划，就是通过壁画发展观光业。于是，当地政府邀请世界各地的艺术家，免费提供食宿，让他们倾注全力在小镇的墙壁上绘制了12幅大型的壁画，这些壁画大都涂写在小镇的各式建筑上，主题被定为"小镇的历史和现状"。由于作品生动出色，逐渐吸引了大量的游客。终于，1982年举办的彻梅纳斯壁画节大获成功，吸引了更多的画家来到此地，纷纷在当地建筑外墙上作画，由此形成良性循环，规模越来越大。

三、客观可行原则

（一）概述

旅游策划是针对策划对象的实际，以解决存在问题或实现特定目标为导向进行构思、谋划，以指导委托方未来的旅游产品生产与营销实践。这决定了旅游策划过程必须具有客观性，旅游策划成果必须具有可行性。在国内旅游策划界有一种过度追求创意的倾向，大有"语不惊人死不休"的气势，值得警惕。客观性与可行性永远是旅游策划人员在各个环节应该关注的重要问题。

（二）基本要求

1. 注重针对性和实用性

旅游策划是以为委托方提供咨询、解决问题或实现既定目标为目的的活动，具有服务性、针对性和实用性。旅游策划活动必须建立在对策划对象和环境进行客观分析的基础上，针对委托方存在的问题或要实现的目标，按照科学的程序和方法来进行构思和谋划，必须充分考虑外部环境的接受能力和企业内部条件的承受能力，表现为方案能够被实施并取得预期的效益。客观性、针对性和可操作性是衡量策划方案质量高低的主要标准之一。

2. 保证策划方案接地气

旅游策划接地气的基本保证是产品符合需求特征与趋势，具有指向明确、规模适宜、可以接近的客群，方案符合策划区域的区位条件、自然地理环境、社会经济发展水平、旅游产业发展所处阶段。

3. 考虑策划落地措施

旅游策划要能够提出行之有效的思路与创意，解决现实中的旅游发展问题；还应考虑委托方如何将这些思路和创意付诸实践，有效地配置人力、物力、财力、时间要素。在多数情况下，策划方案中还应结合委托方的要求和策划合同的相关规定，提出经费预算、进度安排、人员配置等方面的计划。

4. 开展预可行性分析

可行性分析是保证旅游策划方案切实可行的重要环节，策划过程中应结合实际对策划项目进行可行性分析或预可行性分析。在充分占有各个方面的资料，根据人力、物力、财力、时间等现实条件，对方案进行政治、经济、环境、技术、文化、伦理等方面的可行性分析，从而使方案建立在现实条件的基础之上，具有可操作性并取得最好的效果。

5. 灵活进行动态调适

社会环境唯一不变的就是它总是处于变化之中，社会环境在变，策划对象在变，消费理念也在变。为了保证策划方案的客观性与可行性，旅游策划必须坚持灵活应变、动态调适的原则，以适应外部环境和内部条件的变化。旅游策划之初应考虑未来环境的变化趋势，让方案能随时适应变化的环境；在策划方案执行过程中，要根据项目追求的目标及环境的变化，对方案进行不断调节控制，修正完善。

（三）实践运用

旅游策划方案要切合实际、可以实施，能够帮助企业提高市场占有率、增强核心竞争力、给企业带来丰厚的回报，因此策划人员不能闭门造车、纸上谈兵，提出类似"给太阳安开关、给长城贴瓷砖、给黄河加栏杆、给赤道镶金边"等不切实际的妄想。在腾冲火山地质公园旅游项目策划中，有人提出了利用附近另一座火山模拟火山喷发的创意，受技术、安全、环境影响、盈利方式、地质公园保护政策等因素的制约，最终无法实施。

电影《甲方乙方》中，葛优饰演的男主角姚远指着地图对小伙伴们说："咱们要是在喜马拉雅山打一个洞，将印度洋温暖的风引到西藏，将会让整个草原良田万顷，我们就可以发大财。"这个点子令旁人惊奇不已。从新奇性这一维度来看，这个点子符合要求，但从操作性来看，无法执行，毫无实践价值。

四、利益协调原则

（一）概述

利益是人类社会发展的最终动力，利益问题一直是人类社会生活中的根本问题。对利益的追求，形成人们的动机，成为推动人们活动的动因。旅游系统中的基本要素是旅游利益相关者，各利益相关者之间形成一种互动关系，但有时会产生矛盾和冲突。明确并满足各利益相关者的正当利益诉求，协调他们之间的利益关系，提升旅游目的地的社会治理能力，是旅游系统正常运行的保证。在实践中，"地方政府＋村民委员会＋开发商＋专业合作社＋村民"模式就是协调乡村旅游项目利益关系的制度性尝试。

（二）基本要求

1. 熟悉相关利益主体

从旅游系统的角度分析，具有能动作用的旅游利益相关者主体主要包括旅游者、社区居民、旅游企业、政府、压力群体。各利益相关者以旅游者为核心，形成了相互间的关系结构。他们各自所处的位置不同，利益诉求和在旅游中所获得的利益也不相同。同时，在旅游发展的不同阶段，各利益相关者的利益诉求也是动态发展的。

2. 获取涉旅各方支持

利益是人们从事某种活动的动力,充分利用这种动力激发涉旅利益主体的积极性,广泛动员各种社会资源推进旅游开发,是旅游项目建设和区域旅游发展的基本路径。描绘利益愿景,构建利益激励机制,发挥利益主体的创造性,完善意见表达渠道,是旅游项目策划中必须注意的内容,否则策划方案无法落地。

3. 考虑游客的利益点

旅游策划中的产品、项目、活动、服务、形象应深入考虑旅游者的利益点,力求满足、维护、增加其正当利益。一般而言,旅游者力求花费最少的时间、金钱、精力和情感,获得最丰富、独特、深刻的体验。

4. 优化利益分配机制

要实现旅游的可持续发展,建立公平的利益分配机制是必要的前提,即真正意义上实现各利益相关者的成本共担与利益共享。这要求利益相关者各方进行合作,共同建设旅游利益公平、均衡分配的环境,构建旅游道德体系、法律体系、政策和制度体系。

5. 探索利益协调路径

旅游利益协调过程就是一个人们之间交往行为合理化的过程,借鉴哈贝马斯的相关理论,从交往行为的角度来理解利益协调、寻找利益协调的合理化道路是可取的。利益协调对象涉及利益观念与行为、利益对象的有效供给,协调利益关系的主要手段包括经济途径、观念途径、制度途径,具体如表3-25所示。

表 3-25　涉旅利益主体及其诉求

序号	利益主体	基本诉求
1	旅游者	经济利益,高质量和特殊的体验、合法权益、生活方式、宗教信仰、文化传统受到尊重等
2	旅游企业	经济回报(由其所提供产品的特点决定)、健康的经营环境
3	社区居民	经济利益、社会利益,健康的居住、生活环境
4	地方政府	发展经济、改善居民生活质量,增加就业机会,提高地方知名度和美誉度等,文化与环境保护者
5	压力群体	生态环境保护、文化遗产传承、弱势群体救助、可持续发展

(三)实践运用

旅游策划人员应充分利用利益动力,协调利益关系,化解利益冲突。在旅游策划实践中,准确识别涉及的旅游利益相关者,满足他们的正当利益要求,协调他们之间的关系,这是保证旅游策划方案可行性、操作性的重要手段,也是避免旅游开发中出现群体性事件、实现包容性增长的基本要求。

1996年，金鹫带家人游览科罗拉多大峡谷。像所有观光客那样，大峡谷壮丽的景色给他带来了无尽的遐想。同时，作为商人的他也迅速嗅到其中的商机，认为在最具印第安特色的老鹰岩应该有一个最佳的观光建筑。于是，这个旨在提供最刺激感官体验的设想油然而生。一个好构思的诞生可能只需灵感的瞬间迸发，但付诸实施却需要持之以恒的韧劲，这条路金鹫走了10年。该项目位于印第安华拉派部落的保留地内，在修建之初遭到印第安部落许多老人的反对。经过反复沟通，印第安人部落最终批准了建造计划，同时他们要求在建造过程中必须考虑到环保因素。2007年3月，老鹰岩上的U形玻璃桥正式建成。

五、效益平衡原则

（一）概述

三大效益原则是旅游开发中经常提到的一项基本原则。所谓三大效益，就是经济效益、社会效益和生态效益。其中，经济效益是基础，社会效益是前提，生态效益是保障。平衡三大效益之间的关系，是旅游可持续发展的基本保证，也是旅游策划人员应遵循的基本法则。旅游策划师应自觉坚持适足经济理念，传承发展优秀传统文化，保护绿水青山，促进社会和谐发展。

（二）基本要求

1. 评估投入产出关系

旅游策划应遵循成本——效益原理，应以尽可能小的投入获得最大限度的收益，策划出的旅游产品能够带来较为理想的经济效益。为此，旅游策划中除了注意旅游市场分析与预测、经济技术可行性分析之外，还应注意价值工程原则的应用、多元化盈利模式的设计以及旅游产品创新的策划。

2. 践行生态文明理念

旅游策划应践行"天人合一"精神，尊重生态文明，重视旅游资源与环境保护，提出的项目要以不破坏生态环境为底线，并争取成为环境友好型旅游项目。同时，生态文明涉及范围面广，又是社会热点，为旅游策划提供了素材。策划人员应树立循环经济理念，利用废弃场地、逆生态环境、环境卫生设施开发新型旅游产品，拓展策划对象蕴含的环境教育功能，积极采用清洁能源、绿色建筑、绿色交通、废弃物回收利用等先进科学技术，保证旅游资源与环境的永续利用。

3. 尊重优秀传统文化

旅游策划应遵守法律法规，充分尊重文化传统、社会良俗、宗教信仰、民族习惯，不能把恶俗当成卖点。随着市场竞争的加剧，少数策划人员为了短期内吸引目光、取得轰动效应、创造策划奇迹而置法律、道德于不顾，最终只能自食其果。在利用敏感题材进行宣传或作为主题时，一定要审慎论证，并注意把握分寸。同时，社会道德、文化传统也是旅游策划的重要素材，若能加以巧妙利用则可以产生良好效果，如重阳节万名老人"登泰山·保平安"、全国优秀教师"孔庙朝圣·德育天下"等。

4. 注重评估四种风险

旅游策划中应注意风险评估。旅游项目风险评估除了常规意义上的经济可行性研究之外，还应包括生态环境风险、文化保存风险、社会稳定风险。对于存在的风险点，应提出应对防范策略，提升风险管理能力。

5. 实施项目效益评价

旅游策划的最终目的是指导委托方的经营与管理实践，因此，策划实施后获取三大效益情况是评价旅游策划成功与否的最终标准。效益评价可以采取实施前后对比法、相关利益主体调查法、观察体验法、参照评估法等手段进行。

（三）实践运用

在策划实践中，为了追逐经济利益而忽视社会效益和环境效益的现象层出不穷，围绕着如何正确处理三大效益之间关系的讨论也始终不断。旅游策划人员应强化社会责任感，遵守职业道德，正确对待委托方提出的要求，寻求三者之间的最佳平衡点。

2018年2月，开封翰园春节庙会的门票样式引发网上热议。该门票背面粘贴着丢失儿童的照片和相关信息，并鼓励游客拍照发至朋友圈，让孩子多一条回家的路。与"寻亲"网站相比，"寻亲"门票扩散面广，游客下意识就会注意到，为孩子回家多了一条路。对于景区这一举动，有媒体评论说"温情比创意更美"，这不仅是一次寻找失踪儿童的积极实践和创新，而且还具有一定的启发作用，能够激发出更多寻找方式。据悉，除了制作贴在门票背面的寻亲条，该景区还专门制作了110平方米的展板，在游客进景区必经的广场开设主题为"春节团圆日，同铸回家路"的宣传专区，以展示丢失儿童的相关信息。

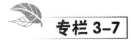

专栏 3-7

三个与旅游策划相关的产业理论

- 四十级产业理论：一级产业（农业）销售原料，以重量计价；二级产业（工业）销售成品，以颜色、质料计价；三级产业（品牌、活动）销售品牌信赖与保证；四级产业（服务）销售体验；四十级产业则销售感动与不可取代。

- 六次产业理论：第一产业是以自然资源为对象的传统农业，第二产业是自然产品再加工为主要内容的工业产业，第三产业略有变化，然后增加第四、第五、第六产业的服务内容。简而言之，第四产业是互联网融合产业，第五产业是文化创意融合产业，第六产业则是第一、第二、第三产业融合形成的综合产业。

• 九次产业理论：在六次产业基础上增加第七、第八、第九产业，以获取、利用信息为特征，同时创造、获取、利用新知识，出现非线性组合。第七产业是第二产业与第三产业的乘积加第一产业，即 $1+2\times3=7$；第八产业是第一产业加第三产业乘以第二产业，即 $(1+3)\times2=2^3=8$；第九产业是第一产业加第二产业再乘以第三产业，即 $(1+2)\times3=3^2=9$。

拓展阅读

[1] 原群. 旅游规划与策划：创新与思辨[M]. 北京：旅游教育出版社，2014：17-26.

[2] 洪清华. 旅游，得IP者得天下[M]. 北京：中国旅游出版社，2018：15-28.

[3] 陈扬乐. 旅游策划[M]. 武汉：华中科技大学出版社，2009：20-33.

[4] 向勇，刘静. 文化产业应用理论[M]. 北京：金城出版社，2011：1-209.

[5] 刘汉洪，刘汉清. 注意力操控[M]. 长沙：湖南地图出版社，2010：176-217.

[6] 叶舒宪. 文化与符号经济[M]. 广州：广东人民出版社，2012：3-108.

[7] 中国社科院工业经济研究所未来产业研究组. 影响未来的新科技新产业[M]. 北京：中信出版社，2018：65-129.

[8] 罗敏. 场景连接一切：场景思维＋场景构建＋场景营销＋案例实战[M]. 北京：电子工业出版社，2018：65-80.

[9] 刘发为. 新技术给旅游带来了什么[N]. 人民日报（海外版），2018-04-09（12）.

[10] 苏展. 从李佳琦到李子柒：新感性动员[N]. 环球时报，2020-01-19（7）.

创意语录

想象是发明、发现等一切创造性活动的源泉。

——亚里士多德

做勇敢的人吧，勇于扫视广阔的视野，创造性思想也就随之而来。

——普希金

良好的方法能使我们更好地发挥运用天赋的能力，而拙劣的方法则可能阻碍才能的发挥。

——贝尔纳

只有宽容的环境，才能产生文化的多样性，而文化的多样性正是创意产业发展的基础和源泉。

——厉无畏

消费大众并不真正知道自己要什么，直到那些创意以商品的方式呈现在他们的面前。

——李奥·贝纳

企业应该避免采用像机关枪随意扫射似的传统创意寻求方法。

——罗伯特·库珀

第三章　旅游策划的基本原理

策划故事

 灵感触媒

 案例分析

 综合实训

 探究学习

第四章 旅游策划的方法体系

【学习导引】

　　旅游策划虽无定势，但有基本方法。旅游策划教材应教授原理，更应传授方法。唯有如此，方可让读者实现从"知其然"到"知其所以然"再到"知其何以然"的提升。旅游策划方法是旅游策划基本原理的具体体现和实际应用，是旅游策划知识体系中十分重要的组成部分，对于初学者而言可以节省个人摸索的时间和精力，有效降低试错成本。本章系统梳理了旅游策划的主要方法，按照深入浅出、逐步提高的原则先后介绍了旅游策划的思维模式、常用方法和基本技巧，并引介了大量的经典案例，提出了思维训练的相关要求。熟练掌握并结合实际创造性地运用这些方法，做到举一反三，触类旁通，是本课程最重要的学习目标。在本章中介绍的旅游策划方法体系的基础上，进一步学习批判性思维、可拓性思维、超越性思维、颠覆性思维、构造性思维，力争形成个人风格的策划方法，是旅游策划人员成长的关键任务。

【教学目标】

　　1. 理解旅游策划思维的本质特征；
　　2. 掌握旅游策划的创造性思维方法；
　　3. 熟练运用旅游策划的常用方法；
　　4. 掌握旅游策划中的三类基本技巧；
　　5. 综合运用各类方法形成旅游策划要点。

【学习重点】

　　1. 旅游策划的八种思维方法；
　　2. 旅游策划的六十种常用方法；
　　3. 旅游策划中的三类基本技巧。

　　任何一门科学或技术都有相应的一系列方法，旅游策划也不例外。如果把旅游策划比喻成过河的话，那么方法就是过河的桥或船。在很大程度上，方法和技巧比内容和事实更重要。黑格尔曾说，方法是任何事物所不能抗拒的、最高的、无限的力量。笛卡儿也曾指出，最有用的知识是关于方法的知识。因此，旅游策划方法是旅游策划知识体系的重要组成部分，是旅游策划研究领域的关键问题。深入研究旅游策划的方法，对于促进旅游策划科学的形成、推进旅游策划学科建设具有重要意义。

本章从旅游策划的智力产业与创意经济属性入手，剖析了旅游策划思维的本质与要素，并介绍了常用的八类策划思维方法，有利于破解旅游策划"黑箱"，从根本上提高从业人员的策划能力。在此基础上，本章精心选择并结合各地经典案例介绍了旅游策划的基础方法、通用方法、专用方法、特殊方法、个性方法、高阶方法各10种。为了体现旅游策划的艺术性，还总结性地引介了国内部分代表性策划专家提出的策划技巧。加强策划思维训练，熟练掌握具体方法，逐步形成个人策划风格，是旅游策划人员成长的基本路径。

第一节　旅游策划的思维方法

一、联想思维法

联想是由所感知或所思的事物、概念或现象的刺激而想到其他与之有关的事物、概念或现象的思维方式，被称为"打开沉睡在头脑深处记忆的最简便和最适宜的钥匙"。从辩证法的观点来看，客观事物总是相互联系着的，具有不同联系的事物反映在人们的头脑中，就会形成各种不同的联想。联想思维的基本类型如表4-1所示。

表 4-1　旅游策划中的联想思维方法

序号	名　称	含　义	案　例
1	相似联想	由一个事物联想到与其相似的另一个事物	由花车联想到花船、由滑冰联想到滑草
2	接近联想	因一个事物在时间和空间上接近另一个事物而产生的联想	由河流联想到竹筏、水车、桥梁
3	因果联想	由事物之间的因果关系产生的联想	由火把联想到火种
4	对比联想	由事物之间的相反、对立关系产生的联想	由避暑联想到避寒
5	仿生联想	受自然界的启发所作出的联想	由野猪联想到防毒面具
6	置换联想	将具有同样功能的不同事物联系起来	由菠萝饭想到椰子饭
7	强行联想	把看似无关的事物强制性地联系起来	将茶与客房联系起来想到茶枕

在旅游策划中，联想的价值就在于它能把表面看似无关的事物联系起来，形成新的观点、新的概念和新的创意。贝弗里奇曾指出：科学的联想常常在于发现两个或两个以上研究对象或设想之间的联系或相似之点，而原来以为这些对象或设想彼此没有关系。纵观旅游发展史，几乎所有旅游项目的产生都离不开联想思维。昆明市官渡古镇与嵩山少林寺"联姻"的案例，就是以妙湛寺、观音寺、法定寺等寺庙为出发点进行联想思维的结果。为了提高联想能力，旅游策划人员可从下列方法入手：培养联想兴趣、形成联想习惯、树立联想意识、积累联想知识、搜集联想资料、拓宽联想视野、进行联想训练、掌握联想方法、分析联想结果、打破联想禁区。

深圳锦绣中华微缩景区的创想，来源于原香港中旅集团总经理、被誉为"中国主题公园之父"的马志民。他在欧洲考察时受到荷兰"马都洛丹"小人国的启示,产生了在深圳建设"锦绣中华"的想法。那就是把中华五千年文明和其丰富的旅游资源浓缩在一个主题公园里,"让海外游客先到深圳,看到微缩的中国,从而激发他们到中国内地旅游的愿望"[1]。在各界人士的共同努力下,锦绣中华微缩景区于1989年开业,创造了9个月收回全部投资的奇迹,轰动了全国旅游界,引发了主题公园建设热潮。

二、想象思维法

想象思维是人体大脑通过形象化的概括作用,对脑内已有的记忆表象进行加工、改造或重组,塑造过去未接触过的事物的形象或者将来才有可能实现的事物的形象的思维活动。它可以帮助人们反思过去、展望未来、发现问题,具有非凡的创造功能,在创造性思维中占有重要地位。有鉴于此,爱因斯坦曾经指出,想象力比知识更重要。

旅游策划是对未来旅游产品生产和交换活动的构思,必须借助于想象思维方法才能完成。想象思维在恐龙遗迹旅游资源开发中表现得最为明显,恐龙国家地质公园(四川自贡)、中华恐龙园(江苏常州)、恐龙谷地质公园(山东诸城)、世界恐龙谷(云南禄丰)的策划过程无一不是对恐龙世界进行想象和加工的过程。同时,想象思维在象形山石、蚀余地貌、溶洞景观的旅游开发策划中也是必不可少的重要思维方法,如云南省师宗县凤凰谷的"生命之门"与"生命文化"。策划人员可以借助"假如……"进行想象思维的训练,如"假如昆明有个'温度计铁塔'……""假如滇王活到今天……""假如磁悬浮列车得到普及……"与此同时,想象越大胆,往往就越新颖,但往往包含的谬误也越多。旅游策划人员的想象既要摆脱和冲破逻辑推理的束缚而展翅高飞,又要借助于严密的逻辑推理,对想象的产物进行审核筛选和加工制作,才能使其最后得以开花结果。

迪士尼乐园的创意工程师们曾通过自己的想象构思了一个故事,增加了快乐岛的浪漫情调,使舞台达到了预期效果。航海冒险家梅里韦瑟·普莱休尔经过一番努力,成立了一家造船公司。几年后,思乡病最终使他坐船离开了快乐岛。他的两个儿子太懒,货仓慢慢地变得破烂不堪。创意工程师们重新修整了这个小岛,把破旧的货仓变成了饭店和夜总会。这里再次充满了各国旅游者的喧闹声,他们来到这里是为了冒险和游乐。其实,这种令人振奋的传统远在100年前就存在了[2]。

三、发散思维法

发散思维又称辐射思维、放射思维、多向思维、扩散思维,是指从同一来源的材料出

---

[1] 锦绣. "中国现代主题公园之父"马志民[J]. 黄金时代, 2011(6): 51-52. 马志民. 人造景观的实践与体验[J]. 深圳大学学报(人文社会科学版), 1995(4): 84-88.

[2] 比尔·卡波达戈利, 林恩·杰克逊, 等. 米奇的魔杖: 迪士尼的经营之道[M]. 关海歌, 路小林, 译. 北京: 中国三峡出版社, 2003: 15-16.

发,充分发挥人的想象力,产生出为数众多且方向各异的输出信息,以便找出更多更新的可能答案、设想或解决方法的思维模式。它是一种多方面、多角度、多层次的思维过程,具有大胆独创、不受现有知识和传统观念束缚的特征,被认为是创造性思维的最主要特点,是测定创造力的主要标志之一。发散思维有两条启发性原则:怎么都行、推迟判断,常用的七种具体方法如表4-2所示。

发散思维广泛运用于旅游策划的各个领域,从旅游资源开发策划到旅游商品策划,从旅游体验线索的设计到旅游营销手段的创意,都离不开发散思维。例如,以盐、茶、火山泥为原料,采用材料发散法进行思考,可以产生很多设想,对于丰富黑井古镇、易武古镇、腾冲火山旅游产品提供了很多线索。应该注意的是,发散应及时进行收敛,对发散思维产生的众多设想做出评价和选择,遴选出最佳创意和可供使用的设想,在此基础上形成策划方案。

表 4-2 旅游策划中的发散思维方法

序号	名称	含义及要求
1	材料发散法	以某个物品作为尽可能多的材料进行发散,设想它的多种用途
2	功能发散法	从某个事物的功能出发,构想出获得该功能的各种可能性
3	结构发散法	以某个事物的结构为发散点,设想出利用该结构的各种可能性
4	形态发散法	以事物的形态为发散点,设想出利用某种形态的各种可能性
5	组合发散法	以某个事物为发散点,尽可能多地把它与别的事物进行组合成新事物
6	方法发散法	以某种方法为发散点,设想出利用方法的各种可能性
7	因果发散法	以某个事物发展的结果为发散点,推测出造成该结果的各种原因,或者由原因推测出可能产生的各种结果

笔者提出将昆明市呈贡区由"一城"建成"六城",运用的就是发散思维法。在绝大多数人的感知中,昆明市呈贡区是一座拥有十余所高校和十多万师生的"大学城"。实际上,它还有多种面孔,未来还将成为科教城、高铁城、花果城、运动城、湖滨城、康养城(如图4-1所示),适合开发高校研学创意、花卉文化体验、康养旅居度假等项目。

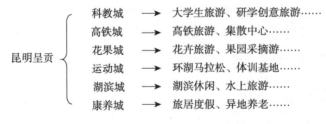

图 4-1 昆明呈贡由"一城"到"六城"裂变的思维过程

四、逆向思维法

逆向思维也称反向思维,是指从常规思考路线的反面去寻求解决方法的一种思维方式。对司空见惯的似乎已成定论的事物或观点,逆向思维敢于"反其道而思之",让思维向对立面的方向发展,从问题的反面深入地进行探索,想出新办法,产生新创意。与"抢占先机"相比,"后发制人"就是逆向思维。在旅游策划中,通过逆向思维,危机也可以变成机会,劣势可以转化为优势,有助于克服思维定式的局限性,对旅游产品开发、市场拓展、营销推广具有重要意义。在实践中,逆向思维法具体可以分为三大类型,如表4-3所示。

表4-3 旅游策划中的逆向思维方法

序号	名称	含义	例举
1	反转型逆向法	从事物的功能、结构、因果关系的相反方向进行思考	黄岩富山大裂谷把进口处设在山顶
2	转换型逆向法	分析问题时转换思考角度	主题公园选择内陆旅游温冷地区
3	缺点逆用法	利用事物的缺点或外部威胁因素,化不利为有利、化被动为主动	东川利用泥石流举办汽车越野赛

在旅游业中,小众旅游、"非著名山峰"评选、先旅游后付款、反季节旅游、时光慢递、黑色旅游、清迈夜间野生动物园等都是对原来认知与行为的逆反。在饭店业中,不少饭店倾向于给予价格折扣、以价格取胜,而泰国曼谷东方饭店前总经理科尔特·沃奇菲特尔先生制定的价格方针是:曼谷不管发生什么,我们一定要东方饭店价格最高。其他如等也体现了逆向思维。位于江西省南昌市新建区的海昏侯国遗址是我国发现的面积最大、保存最好、内涵最丰富的汉代列侯等级墓葬,但其旅游开发利用不仅受文物保护条例的约束,还受到人们对陵墓传统观念的影响。在《南昌汉代海昏侯国遗址及周边区域发展概念规划》招标方案中,巅峰智业提出了依"阴"做"阳"的思路,弱化纯粹的陵墓属性,强调侯国概念,彰显大汉气质,塑造南昌继滕王阁盛唐繁盛文化气象、英雄城改天换地英雄气概后的又一城市新气质,就是逆向思维的具体运用[①]。

五、侧向思维法

侧向思维又称旁通思维,是沿着正向思维的旁侧开拓出新思路,利用其他领域里的知识和资讯思考问题,提出创造性设想的思维方法,其特点是思路活泼多变,善于联想推导,随机应变。其实,侧向思维就是意大利新派哲学家狄波诺倡导的"侧想思维"(lateral thinding),也就是遇到一个问题时不要想当然,而要看看有没有"旁门左道""迂回包抄"的其他捷径,这需要很灵巧的推理和想象力。

在应用这一方法时,旅游策划人员要善于观察,留心那些表面上似乎与思考问题无关的事物与现象,注意一些偶然看到的或事先预料不到的现象,因为它们可能是侧向移入、移出或转换的重要对象或线索。侧向思维的具体方法如表4-4所示。浙江德清是孟郊故居所在地,旅游开发中遇到历史遗存不多、人物知名度不高等困难。后来,运用侧向思维,

---

① 北京巅峰智业旅游文化创意股份有限公司课题组.旅游创新开发巅峰案例[M].北京:旅游教育出版社,2017:76-78.

从孟郊最著名的诗歌《游子吟》中得到启发,放弃孟郊的主角地位,主打"游子文化"牌,举办游子文化节,发展"游子经济",促进了招商引资与文化经济和谐发展。

表 4-4　旅游策划中的侧向思维方法

序号	名　称	含　义
1	侧向移入	跳出本专业、本行业的范围,摆脱惯性思维,侧视其他方向,将注意力引向更广阔的领域
2	侧向移出	将现有的设想、服务和产品,从现有的使用领域、使用对象中摆脱出来,将其外推到其他意想不到的领域或对象上
3	侧向转换	不按最初设想或常规思路直接解决问题,将问题转换成为侧面的其他问题,或将解决问题的手段转为侧面的其他手段

六、直觉思维法

所谓直觉思维,是指以对问题全局的总体把握为前提,不受某种固定的逻辑规则约束、不依赖于严格的证明过程,而是以直接的、跨越的方式领悟事物本质、获取问题答案的非逻辑思维形式。直觉作为一种心理现象贯穿于日常生活和科学研究之中,也是创造性思维的基本因子之一,在旅游创意策划活动中占有重要地位。在实践中,旅游策划师在实地踏勘、听取介绍、了解情况之后,接着就要提出自己的意见与设想,告诉委托人是否可以开发、应如何开发、要注意哪些问题,就会用到直觉思维。这要求策划师除了敏锐的"嗅觉"之外,头脑中还要装有足够的知识、信息、素材,以及同类项目的"原型"或典型案例。

依托直觉思维进行策划活动,有人将其列为一种专门方法,称为直觉反应法(徐淳厚,2002)。诸如"十分钟挽救两个亿"之类的策划故事,就是对直觉思维最好的注脚[①]。周庄被誉为江南水乡古镇的代表,它的开发就是源于商业冲动和直觉思维。1980年,曾是老三届高中毕业生的周庄人庄春地被任命为周庄镇文化站站长。1981年,时为山东大学教授的潘群觉得"沈厅价值不亚于孔府",东南大学古建筑专家潘谷认为"沈厅的整体建筑在江南水乡不可多得",两位专家的判断使庄春地坚定了保护沈厅的决心,开始想方设法筹集资金进行修复。1986年,同济大学建筑系阮仪三教授提出了"保护古镇、建设新区、发展经济、开辟旅游"的利用方针,庄春地从中迅速而敏锐地嗅出浓浓的商业味道,产生创业的强烈冲动,并将这种冲动变成坚忍不拔的市场意志。1988年,庄春地出任了新成立的周庄镇旅游公司经理,开设了旅游饭店,让沈厅卖起了门票,拉开了"天下第一水乡"旅游开发的大幕[②]。

为了培养直觉能力,旅游策划人员要有广博而坚实的基础知识、丰富的生活经验、敏锐的观察力。还有一些简单的方法亦有所帮助,如用左手拿筷子、听古典音乐、在书店盯着书目推想书中内容等。同时,策划人员必须意识到,直觉思维也有不足的一面,由于它没有论证的力量,所以可能导致错误的出现,因此,在策划实践中应对直觉思维产生的创

---

① 崔晓红. 熊大寻:"十分钟挽救两个亿"[J]. 东方企业文化,2007(8):29-30.
② 侯燕俐. 庄春地:周庄"庄主"[J]. 中国企业家,2005(6):112-114.

意进行多方论证。

七、灵感思维法

灵感思维是指在创新活动中，在长期的思索和大量的知识积累的基础上，在意识中突然闪现出对问题的颖悟和理解的过程。它具有突发性、随机性、易逝性、跳跃性等特征，是必然性和偶然性的统一。它的出现是以长期的、辛勤的巨大劳动为前提或基础的。灵感能导致艺术、科学、技术的新的构思和观念的产生，许多创意都源于灵感。灵感是创意的起点和原始，也是创意的核心和灵魂。没有灵感，旅游策划人员很难进行策划活动，产生理想的策划方案。

灵感的来源非常复杂，任何一种事物或现象都可能提供可资利用的线索。灵感是从潜意识调动出来的，因此需要激发，主要有内部积淀和外部机遇两种方式。前者包括无意遐想产生的思想闪光和潜意识活动产生的思想闪光，后者包括思想点化、原型启示、形象诱发、氛围逼发。为了充分利用灵感，旅游策划人员要有解决问题的强烈愿望，积累必要的经验和知识，运用创造性思维方法对问题进行较长时间的思考，善于创造有利于灵感产生的环境氛围，经过一段时间紧张思考后及时进入身心放松的状态，并及时做好抓住灵感的准备。所谓创意"3B"指的是 bed（床）、bath（澡盆）、bus（公共汽车），是特别容易捕捉到灵感的地方，尤其是如果你的身边有纸笔。

八、形象思维法

形象思维是在对形象信息传递的客观形象体系进行感受、储存的基础上，结合主观的认识和情感进行识别，并用一定的形式、手段和工具创造和描述形象的一种基本的思维形式。它主要应用表象、具体概念、形象语言、图像等形象性的思维工具进行思维，通过具体的形象揭示对事物的认识。想象思维的特点是具体形象性，这一特点使它具有生动性、直观性和整体性的优点。富兰克林把看不见、摸不着的电，化作具体可感知的形象，从而整体地把握了电像水一样具有流动的特性。

在旅游策划中，形象思维是创造性思维的重要组成部分，应用较为广泛的具体方法如表 4-5 所示。为了提高自己的形象思维能力，旅游策划人员应积极开发右脑的潜能，平时注意细心观察，注重对外界刺激的体验，并根据自己的实际情况进行形象比较和模仿训练。

表 4-5 旅游策划中的形象思维方法

序号	名称	含义
1	模仿法	以某种模仿原型为参照，在此基础之上加以变化产生新事物
2	想象法	在脑中抛开某事物的实际情况而构成深刻反映该事物本质的简单化、理想化的形象
3	组合法	从两种或两种以上事物或产品中抽取合适的要素重新组合，构成新的事物或新的产品
4	移植法	将一个领域中的原理、方法、结构、材料、用途等移植到另一个领域中去，从而产生新事物的方法

专栏 4-1

文旅策划人应学会的十大思维方式

文化旅游策划人应能够灵活运用批判思维、构造思维、可拓思维、系统思维、核爆思维、战略思维、差异思维、场景思维、整合思维、社群思维。此外，庄锦华认为，文旅策划人还应掌握以下十大思维方式。

- 用户思维：核心用户体验至上。
- 简约思维：专注深耕某一领域。
- 极致思维：超越游客心中所想。
- 迭代思维：微创新、快调整。
- 流量思维：免费是为了更好地收费。
- 社会化思维：社会化媒体，重塑企业和用户的沟通关系。
- 外包思维：专业的事情交给专业的人才能事半功倍。
- 大数据思维：数据资产成为核心竞争力并驱动运营管理。
- 平台思维：对外建立生态产业链，对内构建员工平台。
- 跨界思维：打破利益分配格局，携"用户"以令"诸侯"，主动跨界。

来源：庄锦华. 特色小镇文创宝典——桐花蓝海[M]. 北京：电子工业出版社，2018：260-261.

第二节 旅游策划的常用方法（上）

一、旅游策划的基础方法

在旅游策划中，具有基础性、经常运用的方法包括突出差异法、重点强化法、移植模仿法、出奇制胜法、罗列细分法、衍生拓展法、借势增值法、整合提升法、连环伏笔法、推陈出新法十种。

（一）突出差异法

突出差异法是指从相同中寻找不同的因素，或者采用其他手段创造不同之处，以引起消费者注意，促进产品销售的策划方法。在应用中，"差异"的核心是旅游产品的差异化，包括名称、内容、形式、附加值四个方面，具体表现为吸引物化、活动项目、服务方式、体验形式、目标市场、品牌形象、分销渠道、促销方式的差异化等。在旅游策划实践中，突出差异法可以分为三类：寻找差异、强化差异、制造差异。寻找差异适用于特色较为突出的策划对象，策划人员所做的就是要从区位因素、自然景观、历史沿革、民俗风情、经济发展等方面界定策划对象与其他地区的不同，并利用这种不同大做文章。强化差异适用于具有一定特色但不够明显的策划对象，策划人员需要想方设法来强化这种特色。制造差异适用于基本上没有特色的策划对象。

（二）重点强化法

重点强化法，又称突出重点法、核心引爆法，就是抓住特点、重点，善于从策划对象的一点强化突破，而且持续强化，以形成独特的销售主张（USP）。在理论上，客观存在的每个事物都一定有着其存在的独特性价值。策划的难处往往就在于能否找到这个独特点，并且把这个独特点张扬地传播出去。在旅游策划中，重点强化法中的"重点"就是旅游地或旅游企业的资源亮点和市场卖点，就是区域旅游发展中的龙头性项目或月亮型吸引物。

（三）移植模仿法

移植模仿法是以某一领域或地区已经成功的产品、事物、模式、项目为模板，进行本土化、个性化复制，模仿运用到当前的策划对象上。模仿移植法又分直接移植和间接移植两种。直接移植是学习过程，也是全面的抄袭过程；间接移植不仅是学习过程，还包括创造过程，是策划者通过对事物相似性的发现，沿用某一事物的规律的结果。在深圳欢乐谷，八大主题区的100多个游乐项目中，就有部分从美国、荷兰、德国等国家引入的全国独有的项目，包括中国第一座悬挂式过山车"雪山飞龙"、第一座巷道式"矿山车"、第一座"完美风暴"等。在实践中，应用移植模仿法时要注意结合策划对象的实际进行创新性改造，使之形成新的特色和卖点，不能照抄照搬、盲目克隆。

（四）出奇制胜法

出奇制胜法也叫逆向变通法，就是不以原有的方向思路为基础，转换看待这个策划对象的角度，反向逆行重新设立问题，再加以策划的方法。在和保险公司举行为"定海神针"投保1亿元人民币的合同签订仪式时，叶文智不但没有邀请一家媒体参加，反而封锁了这一消息。但是，合同一签订，他就迅速把消息发到了新华社和中央电视台。几乎一夜之间，无数家媒体相继转载（播）了这一消息，可谓出奇制胜法的绝妙运用。此外，崔永元代言和顺古镇时也采用了这种方法：和顺有很多不足，第一点是历史太少，只有600年的历史；第二点是开放太早，早在400多年前就已经开放了……

（五）罗列细分法

罗列细分法是根据系统论的原理和策划客体具有多种属性的特征，把一个完整的事物或活动分解为不同的方面或环节，以寻求独特卖点或问题解决方案的策划方法。通过罗列和细分，企业可以寻找自身的差异、优势和客观环境中被对手所忽视的机会与利润点，在竞争激烈的同质化市场中占有一席之地。由于竞争激烈程度不断提高，寻求差异的难度也在不断提高，这就要求策划人员罗列分解要更加细致、更加周密。细节往往带来机会，细节甚至决定成败。经过多年发展，日本森林浴形成了步行浴、坐浴、睡浴和运动浴四大系列。步行浴通常依托森林中铺设的类型多样的步道进行；坐浴是指围四林内的木椅或者是空地草坪上静坐，闭目养神，放松身心；睡浴则是静卧在森林的摇椅、吊篮、吊带等设施上进行慢运动；运动浴则是在林内进行各式各样的活动（如瑜伽、太极、气功等）。

（六）衍生拓展法

衍生拓展法是指围绕策划对象及其产品进行发散思维，进行衍生、拓展，以获取新的产品和业务领域，促进企业或组织持续发展的策划方法。在旅游策划中，衍生拓展法与文脉——地脉延伸、产品体系完善、产业链条延伸、产业集群培育、品牌延伸、地域扩张密切相关，策划者可以从这些方面寻找线索，结合策划对象的实际，综合考虑衍生拓展的基本方向和具体策略。在产业链延伸方面，迪士尼无疑为旅游企业树立了一个典范。对于旅游企业而言，衍生拓展法通常意味着旅游产品的多元化、业务领域拓展和企业的集团化成长。华侨城集团由深圳湾畔的一片滩涂起步，发展成为一个跨区域、跨行业经营的大型国有企业集团，堪称旅游企业衍生拓展、发展壮大的成功典范。

（七）借势增值法

在复杂多变的策划环境中，总是存在这样一些事物、因素或活动，它们具有比策划对象更大的高位"势能"，借助它们的力量，可以造就居高临下、势如破竹的理想局面。借势增值法是指借助于外部环境资源，努力寻找和创造更加有利于策划对象的环境背景，赢得目标市场的心理认同，获得更高市场价值的策划方法。这一方法广泛应用于策划的各个领域。如博鳌借助举办论坛一跃成为海南旅游热点。被誉为西部旅游龙头的云南省，曾多次利用借势增值法来推进旅游产业的迅速、健康和持续发展，丽江旅游震后崛起、普者黑的"十里桃花"、麻栗坡老山干部学院就是非常典型的案例。

（八）整合提升法

世界正在进入整合时代。任何一项旅游策划中都会碰到各种类型的资源。这些相互独立、关系松散的资源经过整合之后就可以有机、高效地组合在一起，形成协同效应、拳头效应。整合提升法就是根据市场需求对旅游目的地或旅游企业内部资源和外部资源进行重新配置和优化组合，以提升核心竞争力，取得 1+1＞2 的效果。旅游策划人员在使用这一方法时，应注意如下三个方面：第一，明确性质整合资源；第二，围绕主题整合资源；第三，充分挖掘隐性资源。例如，云南省保山市通过整合全市旅游资源推出"健康之旅"，昆明市官渡区引入嵩山少林寺来推进官渡古镇系列寺庙的旅游开发，红河州推出"三千四百年"七张旅游名片（即三张具有千年历史的名片、四张具有百年历史的名片）。

（九）连环伏笔法

在产品过剩、信息过剩甚至策划过剩的市场环境中，要获得目标受众的持续关注，就必须使自己的策划步步为营、高潮迭起，保证连环出击、精彩不断。连环伏笔法，就是站在市场需求的前沿，预测未来的发展趋势，在当前的策划中为下一个可能出现的环境需求或者变化留下伏笔，以一连串的"点子"步步深入、层层递进，获取更多的注意和更高的效益。这一方法要求旅游策划人员深入了解游客的心理特征，把握市场需求变化，具有长远眼光和应对各种变化的能力。乔治·弗尔针对"巨人化石"进行的系列策划，策划人员对芭比娃娃进行的连环策划都为旅游策划中运用这一方法提供了许多启示。

（十）推陈出新法

推陈出新法是指保持原有产品竞争力的同时，不断推出新型产品，采取新型营销方式，以保持市场占有率的方法。对于旅游业而言，持续创新是旅游地长期保持生命力的法宝。旅游策划中应用推陈出新法，除了考虑旅游资源禀赋、旅游需求的发展变化之外，还要考虑与原有产品的对接、旅游企业实力等方面的因素。推陈出新法的运用中应重点关注下列问题：第一，重新认识原有旅游资源，赋予新的意义，使其具有新的内涵；第二，用新的方法和理念去设计新型旅游产品，以便取得新的突破；第三，在新的机遇下把握原来的项目，整合利用外部机遇和其他资源来实现创新。

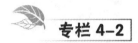

策划谋略三十六计

早在 2500 年前，孙子就提出了许多用兵之道，为后人研究谋略规律提供了有益借鉴。根据柴宇球的归纳，谋略学的一般规律包括：奇正相生律、利害相衡律、刚柔相济律、长短互补律、优劣互换律、攻防互助律。在这些规律的指导下，产生许多方法。如根据奇正相生律要求以奇制胜，具体策略包括：俗禁时犯——求奇时、险中求胜——求奇地、跳出常规——求奇法、超常用器——求奇技等。

除了上述方法之外，旅游策划人员还应认真钻研具有普适意义的策划方法，并灵活运用到旅游策划实践中来。冷赵松总结的经典策划谋略三十六计堪称古今中外策划谋略的精华，具体包括：仁爱之道、无为而治、诡道奇谋、法家之谋、合纵连横、沽名钓誉、出奇制胜、发现新大陆、兵不血刃、特洛伊木马、负负得正、草船借箭、背水一战、狡兔三窟、树上开花、点石成金、投桃报李、入境问俗、奇货可居、反弹琵琶、独占鳌头、捷足先登、别出机杼、借鸡生蛋、待价而沽、买椟还珠、哗众取宠、吴越同舟、与虎谋皮、田忌赛马、爱屋及乌、项庄舞剑、守株待兔、见机而作、因地制宜、荣辱与共。

来源：冷赵松. 策划原理与实务[M]. 北京：经济管理出版社，2003.

二、旅游策划的通用方法

在旅游策划中，适用于旅游景观、体验项目、服务要素、产品组织、形象系统等领域的方法包括文脉延伸法、地脉强化法、内涵充实法、主题提升法、纲举目张法、板块支撑法、文化包装法、科技创新法、借题发挥法、另辟蹊径法十种。

（一）文脉延伸法

文脉是旅游地文化脉络的特征，它影响旅游地的旅游环境与旅游资源的特色，因此文脉延伸成为旅游策划的重要方法。按照时间、空间或其他线索，对旅游地既定的文脉进行延伸，以丰富旅游吸引物与游客体验的方法，被称为文脉延伸法。文脉延伸法在旅游策划中应用非常广泛，昆明金殿公园就是典型案例。金殿公园内植物物种资源十分丰富，还有金殿古建筑群等历史遗迹。近年来，公园抓住清代铜殿、明代铜钟为代表的历史文化特色，采取时间和空间两条线索对"铜文化"这一文脉进行了延伸。在时间上，向前溯源至为青铜铸造工艺奠定基础的古滇时代，以"出土滇文化铜器景廊"的形式仿制了云南青铜器物中的精品，展示了古滇王国灿烂的青铜文化；向后延伸至东川铜矿开采，以图片和实物陈列的形式展示了东川铜矿开采、冶炼、运输情况。在空间上，采取的是文物陈列和微缩仿制的形式，将各地的青铜文物精品和铜殿在旅游区内加以展示，金殿博览苑成为著名的"园中园"。

（二）地脉强化法

地脉是旅游区地理环境特征的概括。与文脉相似，地脉也会在很大程度上影响旅游环境与旅游资源的特征，尤其是自然风光类的旅游区。在现实中，部分旅游地的地脉不甚清晰，影响了旅游资源的特色，与旅游者的感知形象不一致，制约着旅游体验的效果。例如，设计师为强化济南趵突泉的主题，选择了以清泉和流水为主要景物的布景方法。园内三步一潭，五步一溪，一步一桥，处处可见泉水，抬眼绿柳成行、轻风拂动，低头小桥流水、潺潺涓涓。特别是园内最为著名的三注喷泉，翻涌而出，令人叹为观止。经过这样的强化与烘托，"泉"这一主题，被表现得淋漓尽致。这种通过各种手段突出、强化旅游地地理环境特征的方法，称为地脉强化法。这种方法适用于某一方面地理特征较为突出的旅游区，如云南省瑞丽市"一寨两国"、保山市龙王塘、墨江县北回归线穿越地等。

（三）内涵充实法

某些旅游地的旅游资源较为突出，功能较为单一，内涵比较单薄，因此需要对其进行充实。内涵充实法是以丰富内涵、提升旅游功能为出发点和落脚点的策划方法。内涵充实法一般从分析旅游资源特征入手，分析现有的内涵表现形式，在此基础上提出具体的充实手法。云南省宜良县岩泉寺主要利用其宗教文化产品分流到石林的游客，昆（明）石（林）高速公路通车迫使旅游区不得不调整发展思路。经过实地考察和研究讨论，我们确定了内涵充实的具体思路：将岩泉寺提升为岩泉旅游区，实现宗教旅游点向综合旅游区的转型。主题定位为"岩泉胜境，休闲福地"，下面设置四个分主题：山水岩泉（水景花园）、宗教岩泉（祈福求缘）、文化岩泉（访古溯源）、休闲岩泉（品茶赏兰）。这样，旅游区的内涵得到充实，产品初步形成体系，市场得到拓展。

(四)主题提升法

旅游体验理论要求旅游区具有明确而独特的主题。但是,受各种因素的制约,有些旅游区的主题不再适合现代旅游发展的需要。这种情况下,通常需要对旅游区主题加以提升,这种方法就是主题提升法。主题提升法既适用于旅游区总体设计,也适用于某个片区的设计。笔者在西双版纳热带花卉园总体规划中对总理纪念碑片区进行策划时,就运用了这一方法。因为旅游区主题已经确定为热带花卉,这一片区的处理就显得非常困难:其原有主题与热带花卉关系不大,但又不能作拆除处理。经过对纪念碑的主题进行深入分析,我们发现了两个主题:纪念(对周恩来的纪念)、和平·友谊(中缅友谊)。最终选择后者并结合澜沧江—湄公河区域合作这一时代背景加以提升。经过对花卉内涵的梳理,我们赋予花卉作为"友谊使者"的使命,将该片区提升为"东盟友谊花园",布置东盟各国特色明显、适宜本地栽种的花卉,并作为各国来访领导人栽种纪念花(树)的场所。

(五)纲举目张法

纲举目张的本意是把网上的"大绳子"一提起来,一个个网眼就都张开。在旅游策划中,"纲"就是旅游项目总体定位,"目"则是指旅游产品设计、旅游设施建设、形象传播与市场营销、资金筹措、保障措施等。纲举目张法是抓好项目总体定位这个核心问题,并以此带动其他问题解决,也就是抓关键、带一般、促全局的策划方法。这一方法在旅游战略策划、旅游区总体开发策划、旅游项目策划中应用较为广泛。运用纲举目张法时,策划人员要厘清脉络,分清主次,高瞻远瞩,以简驭繁,牵牛鼻子,就可以举重若轻、化难为易。香港的动感之都、大连的浪漫之都、杭州的休闲之都、云南的体验之都、黑井的千年盐都,都是旅游定位的成功典范。

(六)板块支撑法

旅游开发主题确定之后,为了支撑既定的主题,需要选择一些线索。这些线索细化、实化后,就形成支撑旅游区的一些板块。这种构筑板块体现线索、通过线索支撑主题的方法,就是板块支撑法。在实践中,"板块"往往表现为功能分区,在一个既定的功能分区中,还可以继续选取二级线索,构筑支撑这些线索的二级板块。板块支撑法常常出现于主题公园型旅游区的策划设计之中,如云南民族村、世博园等。其中,云南民族村以云南绚丽多姿的民族文化为主题,反映云南古老神秘而又焕发现代气息的民族文化。为了反映这一主题,策划者选择了各个少数民族独特的风情作为线索,先后布置了傣、白、彝等相对独立又相互联系的村寨,描绘出了一幅绚丽多姿的民族风情画卷。

(七)文化包装法

文化是旅游的灵魂,是旅游地竞争力的根本。文化包装法就是根据文脉或其他相关因素,以各种形式为旅游地注入文化内涵,以丰富旅游景观,提高产品品位,提升游客体验的策划方法。西部影视城的创始人张贤亮先生曾指出，全国荒凉之地多的是，要是出卖荒凉就行了，大可不必搞什么现代化建设；关键是要给"荒凉"注入文化基因，进行文化包装，使之具有文化和艺术内涵，从而产生高附加值。在运用文化包装法时，旅游策划人员要注意以下四个问题：①"文化"内涵非常广泛，包括名人、饮食、建筑、园林、宗教文化甚至传说故事；②用来包装的"文化"应与旅游地具有一定的相关性；③应根据策划对象的实际情况，寻找合适的表现形式；④考虑游客的认同感、公众的接受能力和项目的社会效益，利用健康的文化符号。

（八）科技创新法

科技创新法是利用科技力量来推进旅游资源开发和产品创新的方法。在旅游业中加入科技含量，对于开发新型旅游产品、提高经营管理水平、加强旅游资源与环境保护具有重要的推动作用。云计算、大数据、物联网、人工智能以及新能源、新材料、可穿戴智能设备等现代科技将成为旅游项目、活动、产品、业态创新的重要推动力量，值得旅游策划人员重视。对于遗址型旅游资源和隐性旅游资源的开发利用，科技手段弥足重要。科技创新法在重现人类历史方面具有无可比拟的优越性。江苏常州的中华恐龙园就充分运用了这一方法。主题公园、现代游乐园和影视基地是高科技大显身手的重要领域，在服务项目创新等微观领域也有重要作用。

（九）借题发挥法

借题发挥法是指以与旅游地或旅游企业相关的某种事物、现象或事件作为题材来设计旅游产品、进行宣传营销的策划方法。借题发挥法可以分为两个层次：借物立意和借题发挥。借物立意指以旅游地的某个景物及其背后的传说来确立旅游开发主题，如北京樱桃沟源头矗立的大黑石传说就是贾宝玉出生时的口含之玉，这为确定景区主题提供了一条可供选择的线索。借题发挥则是指借助某种事物、现象或事件来提高知名度和吸引力，包括小题大做、古题今做、他题我做等。借物立意法在旅游策划中应用十分普遍，笔者在参与孔明山旅游开发总体策划时，就运用借物立意法，从"孔明祭风"这一典故出发，来对龙谷岩这一普通的山体进行提升策划，命名了祭风台、点将台等景点，将龙谷岩改称孔明山，将其建设为一座具有历史文化内涵、与普洱茶有密切关系的名山。

（十）另辟蹊径法

由于不同旅游地之间的资源价值、知名度、开发的先后次序等不同，造成了某一个或某一些旅游地处在另一个旅游地的遮蔽之下，从而使该阴影区的旅游开发受到很大的制约。这些位于阴影区内的旅游资源的价值要想得到充分发挥，必须运用另辟蹊径法，剑走偏锋，巧妙创意，巧妙选择其他方式进行开发利用。另辟蹊径法要求旅游策划人员克服思维定式，摆脱路径依赖，充分运用发散思维和侧向思维，从不同方向、不同侧面、不同层次寻求解决问题的方法。山东省邹城市是亚圣孟子的故里，但不卖"孟子"卖"孟母"、避开"三孟"打"母亲"牌，就是另辟蹊径法的例子。此外，江苏盱眙放弃森林公园、明朝陵墓、水下古城，主打"小龙虾"，为运用这一方法提供了深刻的启示。

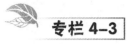

专栏 4-3

"国际旅游岛"：从概念策划到国家战略

1998年，第一个到海南报到的中央下派厅局级干部迟福林受海南省委的委托，做了一个以"以产业开放拉动产业升级"为研究对象的课题。经过两年研究，他得出一个结论：旅游产业的开放，应是海南产业开放的突破口。在他看来，海南一路走过来积累下的最大经验就是"开放的程度就是发展的程度"。他希望"借鉴香港模式，放开以旅游业为重点的现代服务业""根据自身资源禀赋，以产业开放带动海南的全面开放，走出一条全新的路子来"。思路形成、准备要向海南省决策层提出框架性建议的时候，迟福林和他的团队给这个美好的一揽子设想取了两个名字：一是"海南旅游经济特区"，二是"国际旅游岛"。到底要哪个名字好呢？一时还真是难以取舍。思来想去，最后决定"就叫国际旅游岛吧，特点鲜明，叫着也顺口"。

2001年，迟福林所在的中国（海南）改革发展研究院就开始向海南省委省政府提出建立国际旅游岛的建议，但一直没有进展。2007年4月，海南省委书记卫留成主持召开了关于申报海南国际旅游岛综合试验区的汇报会，向国务院申请给予"两免"的支持政策。2009年初，温家宝参加博鳌论坛后视察海南并表示将国际旅游岛作为一项国家战略实施。2010年1月，国务院正式公布了《关于推进海南国际旅游岛建设发展的若干意见》。

作为"海南国际旅游岛"概念的提出者，迟福林一直在讲三句话：一是说它是一篇大文章，不要做小了；二是说它是一篇长文章，不能做短了；三是说它是一篇好文章，不要做砸了。当时他就意识到，在国际旅游岛基础上做好了可以往前走，最终可能就是自由贸易区。2018年10月，国务院正式印发了《中国（海南）自由贸易试验区总体方案》，提出了"把海南打造成为我国面向太平洋和印度洋的重要对外开放门户"的新目标。

三、旅游策划的专用方法

在旅游策划中，具有重要意义的专用方法包括虚体实化法、文化展示法、情景模拟法、场景活化法、场地再用法、耦合共生法、集聚再造法、景观重构法、复原陈列法、有机更新法十种。

（一）虚体实化法

在旅游策划实践中，经常碰到一种情况，旅游地在考古、历史、民俗等领域的知名度很高，但是考察后却发现几乎没有什么可以供游客参观或体验。这类旅游地包括几种情况，一是传说故事型,如傣族三大爱情故事之一的月罕姆卓与冒央龙、诸葛亮大战象队与藤甲军,传说发生在潞江坝,但是没有确切地点;二是民族风情型,在特定的场景发生,一般情况下游客无从感知,如火把节、摩梭走婚等;三是历史遗址,过去曾发生过历史事件,但沧海桑田,场景已不复存在。上述类型的旅游在进行开发时,要考虑使用虚体实化法,把特定的场景采用多样化的手段展示出来,为游客提供一个旅游体验环境。笔者在编制青华海旅游区总体规划、策划哀牢湖历史文化公园时,就运用了这一方法对哀牢古国传说、当地非物质遗产等虚体采用景观、小品等形式进行了实化。

(二)文化展示法

文化是旅游的灵魂。对某些旅游区而言,文化是其重要的吸引物,特别是对历史悠久、文化底蕴深厚、民族众多的旅游区来说,文化的重要性更是不言而喻。但是,文化旅游资源通常属于隐性旅游资源,可供游客直接观赏、参与的不多,导致很多旅游地"有说头、缺看头、没玩头"。通过具象的载体对旅游地的文化内涵加以展示,使之符合旅游体验的要求,就成为该类旅游地策划需要解决的关键问题。文化展示法指以特定的文化内涵为线索,以特定的场所为载体,将抽象的文化主题通过具体的形态展示出来的策划方法。文化展示法主要适用于历史文化型、民族文化型旅游区,也适用于及其他以文化为主题的旅游区。文化展示的方式有静态和动态两种,其中,静态展示方式主要有展馆展示、原场景展示、广场展示、整体展示、综合展示,动态展示则包括场景再现、专题演出、节日活动等。

(三)情景模拟法

情景,指情形、景象,即事物呈现出来的样子、状况。模拟,指照着某种样子去做。情景模拟是对事件或事物发生与发展的环境、过程的模拟或虚拟再现。旅游策划中的情景模拟法是指将童话、科幻、传说故事(包括文学著作)、影视等想象中的世界通过具体的场景展示出来,使之形象化、具体化,旅游者可以进行触摸和感知,获得更加真实和深刻的体验。这一方法除了用于童话世界、科幻世界、仿古景观、传说故事、影视基地,对于其他类型旅游地策划亦有重要指导意义。为了解决珠江源游览内容和形式单一、参与性不强、"源头"体现不明显等问题,笔者运用情景模拟法,结合明代著名地理学家徐霞客珠江探源的记载,提出了如下思路:以徐霞客珠江探源的相关素材提升霞客草堂的文化内涵;在霞客草堂附近空地修建"霞客行"主题雕塑,展示徐霞客珠江探源的情景;设置"霞客探源路线",从下游水库乘船溯源而上,到达霞客草堂后换乘竹筏,经历一番努力后到达珠江源头;由"徐霞客"担任导游,讲解当年对珠江源头的争议及探源经过等。

(四)场景活化法

场景经济时代正在加速来临,旅游策划应注重新场景,促进文旅消费。场景活化法即以具体场地为载体,以地脉、文脉为根基,确立场景景观单元主题,围绕景观旋律,以静态场景景观和动态场景活动加以主题包装,不仅注重景观空间的有机分割,而且强调气脉连贯式的自然过渡，强化一种游客感知的场所精神与场所氛围，以达到氛围逼真、动静交替、前后呼应、景观生动的旅游效果，形成物质景观与游客精神感受的一体性，并推动游客游历过程成为一种吻合主题、富有意韵、循序渐进、层层感受的旅游主题体验。清明上河园的迎宾活动就是如此。在震耳的号炮声中，"大宋御林军"从园内列队而出，开封府尹拈髯而立，四品护卫及文武百官拱手相迎。头牌曲后，包拯致辞："适逢太平盛世，朗朗乾坤，政事清明，百业繁荣。特选良辰吉日，携百官仪仗，开园列队，迎四海宾朋。奏乐！请！"

（五）场地再用法

世间无弃物，关键看定位。由于历史变迁、科技发展、需求变化等原因，有些生产、生活场所因失去了原来的功能而被废弃。但是，它们带有特定历史时期的烙印，或者体现了某个行业特征，或者具有某种特殊意境，因此具有旅游吸引功能。场地再用法就是重新审视这些场地的历史面貌、发展轨迹、现状特征，通过挖掘文化内涵、利用原有空间、注入现代元素赋予其旅游资源的功能，化腐朽为神奇，实现资源的再次利用，营造新的旅游吸引物。场地再用法的关键在于认真阅读场地，把握场所精神，通过恰当的手段展示自然过程和历史的积淀，并结合现代旅游需求赋予新的内涵。这种方法在废旧厂区、矿坑、城镇、村寨中有广泛的应用前景。德国北杜伊斯堡景观公园就是依托蒂森钢铁公司，在工业遗址的基础上进行改造而成的。

（六）耦合共生法

旅游业关联性高、综合性强，与其他产业的耦合可以产生新的旅游功能，从这一理念出发进行旅游项目、景观与产品策划的方法叫做耦合共生法。如旅游与农业耦合产生观光休闲农业，与工业耦合产生工业旅游，与房地产的耦合产生旅游房地产，等等。在旅游项目策划中，贵州万山矿山公园、浙江安吉天荒坪抽水蓄能电站旅游项目、上海东方明珠电视塔观光旅游项目都是耦合共生理念的产物。云南红酒庄就是运用耦合共生法进行策划的典型案例，基本思路为：选择环境优美、基础条件较好的葡萄种植基地，建设葡萄酒庄园，以"葡萄—酿造—残料—饲料—农家肥—种植—观光"这条完整的"绿色·有机产业"生态链为发展目标，引导产业链的延伸，促进葡萄产业形成一个集基地建设、生产加工、旅游观光、休闲娱乐、学术交流、科研考察为一体的产业链。

（七）集聚再造法

集聚再造法是主题公园策划常用的方法，就是按照某一主题把各个时代、不同区域的事物集中在一个地方加以仿建的方法。深圳锦绣中华、世界之窗就是这种方法的典范，历届世博园的建设中也运用了这一方法。昆明世界园艺博览园（简称世博园）是1999昆明世界园艺博览会会址，园区包括五大场馆（国际馆、中国馆、人与自然馆、科技馆和大温室）、七大专题展园（树木园、竹园、盆景园、药草园、茶园、蔬菜瓜果园和会后新建的名花艺石园）和三大室外展区（国际室外展区、中国室外展区和企业室外展区）。其中，中国室外展区包括各省、直辖市、自治区、特别行政区的园区，每一个园区内部策划与设计，又使用了集聚再造法。如齐鲁园将"一山一水一圣人"为代表的山东自然与人文景观浓缩其中，主要景观有齐鲁牌坊、鲁壁、孔子圣迹图、重光门、第一泉、泰山、文化长廊。

（八）景观重构法

景观重构法是指利用各种技术手段，对现实景观进行重新构建，以达到塑造旅游景观或提升现有景观吸引力的目的。据宋子千先生的研究，景观重构法常用的技术手段有移植、模仿、组合、微缩、夸张和变形等。其中，移植是指将甲地区的景观迁移到乙地区，如将农村用的水车、锄头等移植到其他旅游区中；模仿的对象多是非常著名的景观，以民族风情、异域风情等最为常见；组合是指将多种景观集中到同一地域，如深圳的世界之窗；微缩通常是受地域空间以及人、财、物力限制时的选择，如荷兰小人国；夸张和变形指将现实生活场景以夸张和变形等艺术化的方式展示出来，也可能产生很好的景观效果，如香格里拉县龟山公园上世界最大的转经筒。

（九）复原陈列法

复原陈列法是通过科学处理和艺术加工，使已经消失或局部被破坏的文物、标本或文化遗迹再现的旅游区设计方法。在博物馆陈列中经常采用的具体方法如分类陈列法、对比陈列法、中心陈列法、集中陈列法、对称陈列法、景观陈列法、生态陈列法、均衡陈列法、散点陈列法、演示陈列法、组合陈列法以及半景画或全景画陈列法等，都可以在旅游区的复原陈列中进行借鉴、尝试或运用。日本爱知县的明治村博物馆，复原了明治时代的50多幢建筑，包括当时的银行、电话局、学校、医院、戏院、牛肉店、理发店、灯塔、官邸、法院、兵营、监狱、派出所等，形成一座庞大的露天复原博物馆。复原陈列法不仅用于古文化遗址的旅游开发，还用于名人故居、园林等场所。值得注意的是，复原对象必须具有真实性，同时应借助其他辅助手段，如必要的说明牌、图示、灯箱甚至录音、电视、多媒体电脑等，以丰富游客的旅游体验。

（十）有机更新法

历史街区的价值主要有美学价值、建筑多样化的价值、环境多样性的价值、功能多样性价值、资源价值、文化记忆（遗产）连续性的价值、经济与商业价值。从理论上说，旧城改造的适当方式是适应性再利用（adaptive reuse）；从实践来看，适应性再利用的重要路径就是有机更新。有机更新理论认为从城市到建筑、从整体到局部，像生物体一样是有机关联和谐共处的，必须顺应原有城市结构，遵从其内在的秩序和规律，对老旧建筑更新和保护。将这一理论应用到城市老街区、历史文化城镇、传统村落的策划中就是旅游策划的有机更新法，通常包括保护、修复、再开发三种手段。对具有保留价值的建筑物、构筑物、街区进行保护性修缮，保护整体风貌和重要景观；对可使用或具有保留价值的城市建筑物和构筑物进行保护性修缮、改造，在此基础上进行再利用；对无价值的建筑物和构筑物进行拆除，重新进行规划，完善城镇（或村落）功能。杭州中山路的整治体现的就是一种综合保护与"有机更新"。

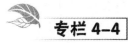

突破现状天地宽

• 从"三孟"到"中华母亲园"。邹城距离曲阜23千米，是亚圣孟子的故乡，核心资源为孟庙、孟府、孟林，与"孔子故里·东方圣城"曲阜高度雷同，处于曲阜、泰山的阴影区内。为了避免近距离重复，邹城应另辟蹊径，抛开"三孟"，突出"孟母"，以"母亲"这一关乎全人类的共性课题入手，打造"中华母亲园"，拓展母亲产业，用"智慧母亲"与"圣人孔子"形成互补性产品。

• 从"甲午海战"到"海权文化"。威海刘公岛是中日甲午海战发生地，这场战争以我国失败而告终，给国人带来了深深的伤害。如果仅仅按照历史纪念地的一般做法，游客只会感到沉重和耻辱，难以受到游客的欢迎。考虑到刘公岛的资源特征和市场心理的接受程度，将刘公岛提升为海权文化岛，打造"古今海军基地·世界海权公园"，引导游客忘记过去、放眼未来、理解幸福的来之不易。

• 从"天尽头"到"天有涯，福无边"。荣成成山头是我国陆海交接处的最东端，史载秦皇汉武曾来此巡游、李斯奉命书写"天尽头秦东门"六字，胡耀邦在此写下"天尽头"三字被当地政府刻石立碑。开发重点放在秦皇汉武身上，被歪曲为"到了尽头"的地方，导致部分游客心有忌惮而放弃此地。应根据独特地理位置和奇特的绝境风光吸引游人，定位为"天地尽头，无染之地"，结合"幸福海岸"的打造，大作幸福文章。

来源：王衍用. 中国旅游发展新理念：颠覆与重构[M]. 北京：中国文史出版社，2018：348-356.

第三节 旅游策划的常用方法（下）

一、旅游策划的特殊方法

旅游策划的特殊方法主要包括顾名思义法、谐音转义法、故事演绎法、引经据典法、区位活化法、形态构思法、颜值"色"诱法、声张势厉法、戴帽加星法、影视创意法。

（一）顾名思义法

地名具有提示、引导甚至决定作用，事关旅游资源与景观命名、旅游地文脉与地脉分析、旅游地定位与项目创意、旅游形象口号与营销策划等内容，为旅游创意策划人员提供了确定主题定位、选择延展线索、寻找创意素材的灵感来源。顾名思义法就是从地方、景观、节日等事物的名称出发，赋予策划对象以某种旅游维度的意义，并通过景观、设施、活动等予以支撑。例如，丽江市拉市海乡村旅游策划时为了体现"一村一品"、差异化竞争，根据沿湖村寨名称提出了项目与产品主题：美泉村强化"泉"的特色、建设活水公园，打渔村则突出"渔"的主题、推出夜晚捕鱼活动项目与泉水煮鱼特色餐饮，丰乐村可以强化"丰"（欢庆庄稼丰收）的意象、策划丰收节系列活动。

（二）谐音转义法

利用语音相同或相近条件来赋予意义、表达情感，如"碎（岁）碎（岁）平安""驴（旅）友（游）""1314（一生一世）""豫（遇）见河南"。同音异形词的存在，不仅令语言的意义与类别更加丰富严谨，也为旅游策划师提供了驰骋文思的绝好载体，如"7618（去旅游吧）""骑（其）乐无穷""萍水乡（相）逢""新赣（干）线""一年四（之）季（计）在宜（于）春"。利用人名、地名、事名、物名的同音字建立不同意义之间的各种联系，是创造意义的一种形式。例如，广西柳州的棺材因与"升官发财"谐音而一改晦气、摇身一变成为特色旅游工艺品，云南省弥勒市名因与弥勒佛同音而策划出一语双关的旅游形象口号——"微笑的弥勒"。当然，运用这一方法时应遵守《通用语言文字法》，避免低俗的谐音和容易引起歧义的误导。

（三）故事演绎法

民间传说故事是劳动人民创作并传播的、具有虚构内容的、散文形式的口头文学作品，蕴含着人们对地方的认识，反映着人们的良好愿望。旅游策划师可以从民间传说故事宝库中汲取灵感，创设具有地方意义的主题，据此设计建设有形景观、策划组织体验活动、提炼形象口号、包装旅游产品。石林县黑石箐从八仙云游路南在此斗法的民间传说出发，命名了"铁拐石""毛驴石""花篮石""洞箫石""一指擎天石"，新建了"八仙过海"主题地标景观；从撒尼部落头人那古木斯用仁心妙手扫清黑暗、拯救被邪疫化为石头的族人的传奇故事中得到灵感，策划推出了大型水幕实景剧《那古木斯》；根据"仙""医"延伸出来的"长寿""健康"主题，打造了以中医康养为卖点的杏林大观园，突破了大小石林景区的屏蔽效应，成为石林县传统观光旅游产品的重要补充。

（四）引经据典法

在恰当的时机引经据典、引用诗词名句，是发挥名人效应、丰富文化内涵、营造深邃意境、提升产品品位的重要手段，可以将传统文化中出现的经典事物固化到某一旅游地，达到化腐朽为神奇、变普通为非凡的效果，且更容易得到受众和委托方的认同。"走进春城昆明，阅尽人间春色"是昆明市曾使用过的旅游宣传口号，据创意人杨寿川教授说，后半句就来自毛泽东的《念奴娇·昆仑》。笔者曾化用毛泽东《七律·长征》中"金沙水拍云崖暖"的词句，将武定己衣大裂谷延伸至金沙江、修建望江楼观景台、设计伟人诗词浮雕、再现长征场景，改名为"金沙云崖"景区，将"金沙水拍云崖暖"的经典意象固化在己衣大裂谷与金沙江大峡谷交叉口，推出地质奇观游、红色记忆游、滨水休闲游、冬季康养游等系列旅游产品，改变原来知名度低、景观单一、文化内涵单薄的格局。

（五）区位活化法

任何旅游地都有具体的区位条件，通常涉及地理、交通、市场、经济、文化等维度。区位是一个相对的、动态的、辩证的概念，任何旅游地的区位都是优势与劣势并存的。有些策划对象的有形区位十分独特，如地处某一河流（道路）的源头/起点、中点/中心、交叉点/汇流点、转折点、终点，或位于某一山脉（区域）的最高点/巅峰、最低点、几何中心、四至点等。在确定区域定位、策划吸引物、创意形象口号时，可以让原本静态的区位"活"起来，如"珠江水长，'源'来曲靖""大美上饶，高铁门户""云南宁洱：茶源道始，盟誓之城""广东清远：珠三角后花园"等。笔者在研讨德宏州旅游高质量发展三年行动计划时曾提出依托芒市作为全省三大环飞中心之一的优势、打造大滇西旅游环线的南大门和国际门户。再如，依托江城县与越南、老挝毗邻的边境区位优势，策划"一脚踏三国"国际和平公园。

（六）形态构思法

任何事物都有视觉可见的外部形态，其中一些因象形而被赋予特殊的意义，如桂林象鼻山、巴马命字河、无锡鼋头渚、乐山隐形睡佛、大关黄连河鸳鸯瀑、腾冲大滚锅、罗平螺丝田、大姚磬槌塔、丽江四方街、四川红原月亮湾、日本美瑛亲子之树、夏威夷草帽岛等。从策划对象形态的象形寓意出发，可以延伸出旅游形象、地标景观、服务要素、体验活动等方面的创意。大理州云龙县沘江"S"形的大湾子形似"天然太极图"，据此可以提出太极湾、太极可食地景、万人太极活态景观、太极养生羹等策划设想。此外，旅游景观、旅游线路、旅游功能区、旅游联合体的有时也会形成特殊的形态，如云南普洱绿三角、贵州从江七星侗寨、俄罗斯金环等。在旅游地空间布局与区域联动上，可以灵活利用一核多星、一体两翼、一区多点、双子并蒂、三足鼎立、五朵金花、七星连珠、众星拱月、孔雀开屏等进行策划和描述。

（七）颜值"色"诱法

颜色是有形事物的基本要素与特征之一（如唐三彩、蓝印花布、维也纳金色大厅），是吸引游客注意力、形成视觉冲击力、产生影响力的重要因素，对摄影爱好者等小众群体具有独特的吸引力。不同的颜色拥有不同的文化底蕴和象征意义，会让人产生相应的心理感受，如红火楚雄、原色江城、九色甘南等。从颜色的自然属性与文化属性（象征性、心理性、情感性）出发，可以策划出相关旅游景观、项目、产品与形象，如红叶谷、彩虹村、摸你黑、蓝白小镇、牛体彩绘。云南省旅游形象口号为"七彩云南，旅游天堂"，据此可以策划七彩之旅，包括红色之旅、绿色之旅、蓝色之旅、金色之旅、银色之旅、黑色之旅、橙色之旅等。笔者在墨江县旅游发展规划修编研讨过程中曾提出依托紫米、紫米封缸酒等已有产业与产品，大力发展紫色经济，策划建设北回归线紫色可食地景暨创意农业旅游项目，作为"生命密码，健康之旅"的重要支撑。

（八）戴帽加星法

在多年的发展中，国内外已经积累了不同系列的涉旅品牌，有的设立了专门机构、提出了前沿理念、制定了相应标准、出台了评估认定办法。如果旅游地按照这些理念和标准进行规划、实施和创建，会大大提升知名度和影响力，有利于在国际上的宣传推广。除了世界遗产地、世界记忆遗产、世界纪念性建筑遗产、世界地质公园、国际重要湿地、全球重要农业文化遗产、文化线路、国家公园、国家文化公园、风景道等知名标签之外，还有暗夜公园/星空保护区、慢城、创意之都、荒野公园、城市中央公园、城市艺术公园、国际和平公园，以及可食地景公园、五感公园等。根据这一方法，笔者曾建议丽江市旅游部门将"丽江慢生活度假集聚区"更名为"纳西慢城"，将"玉龙太安高美古营地项目"更名为"丽江星空公园旅游项目"。

（九）声张势厉法

声音会对听觉造成刺激，让人产生不同的体验。具有特殊响度、音调和音色的声音尤其如此，甚至会成为旅游地的独特符号，寒山寺的钟声、鸣沙山的沙鸣、峨眉山的琴声蛙鸣就是如此。从策划对象中深度挖掘相关素材，找出与众不同的声音，或者人为借助现代技术制造与策划对象相关的声音，不仅可以形成声景，还可以起到先声夺人、吸引注意力的效果。旅游策划中应注意挖掘独特声音、创作音乐作品，满足游客的听觉需求，避免让游客的耳朵成为摆设。笔者曾为红河州提出"舞动红河，唱响红河"创意营销计划，就是用蒸汽机车轰鸣声、大三弦、建水小调、海菜腔、各世居民族方言来创作"红河声音"，给游客听觉造成冲击，留下深刻印象。

（十）影视创意法

影视作品尤其是导演和演员阵容强大、主题隽永、制作精良的影视作品，会赋予默默无闻的地方以大众认同的意义，使其声名鹊起甚至炙手可热，成为网红打卡地乃至旅游胜地。影视剧拍摄的场地、外景、道具，主角的服饰、饮食、语言、动作，都可以延伸出一些旅游体验载体，如普者黑"十里桃花"新地标景观（《三生三世十里桃花》）、碧色寨"绿色军装"拍照留念活动（《芳华》）、丽江古城龙凤铃特色旅游商品（《北京爱情故事》）。笔者曾提出结合电视连续剧《我们的西南联大》的拍摄，预先植入创意景观、创意活动、创意产品，保留外景地和道具，为后期推进影视与旅游深度融合发展预埋管道。

二、旅游策划的个性方法

近年来，不少从事旅游策划的专家、学者与从业人员结合自己的实践和思考，从具体案例中提炼出了不少具有个人特色的旅游策划方法，以沈祖祥先生为代表。学习这些方法，对旅游策划人员深入理解旅游策划的创造性、全面把握旅游策划方法、形成个人策划风格具有重要的启示意义。这里重点介绍他提出的代表性旅游策划方法[1]。

（一）多管齐下法

在丽水城市旅游策划时提出。浙江省丽水市有令人赏心悦目的自然风光，但国内生态旅游地已经很多，想突出重围实属不易。同时，城市旅游策划不同于景点策划，不能聚焦于一点，必须更多地从全局考虑。根据现实情况，将自然景观和现有的多种旅游设施结合起来，以点带面、多方位采取措施，从生态型、景观型、网络化、辐射式、艺术化、软硬兼施等方面做文章，力求将旅游设施策划做好做活。

（二）以小博大法

结合安吉君山湖度假村案例提出。用小的投入获得大的回报，类似于以少胜多、以弱胜强，使本不具有绝对优势的项目能够创造有利条件而最终获胜。君山湖度假村只是君山湖众多项目中的一个，以小博大、让君山湖为其所用才是关键。确立了以度假区为性质定位，以旅游为主打、度假村为项目、"以水为媒"的思路，通过时尚的水上活动、休闲的滨水游憩、雅致的亲水宜居等体验项目，构筑具有吉安特色、具备一定规格的城市—景区相互结合的游憩休闲区。

（三）轻舞飞扬法

在长三角旅游规划头脑风暴时提出。长三角旅游规划是一个超级庞然大物，呈现"大""多""厚""繁"的特征，需要"轻舞飞扬"，才能做出水平、反映个性、体现特色。长三角旅游规划是一个典型的"大题"需要"小做"、"纷繁"需要"简单"的旅游策划，拨开大题看纷繁的现象，方能把握其中最实质的部分。着眼于"大"，要主题深刻、立意高远，准确体现长三角旅游合作的思想作为主旋律；要内容丰富，切不可一叶障目、盲人摸象。着力于"小"，就是用思想去发现、认识和把握细节。

（四）一字共振法

在浙江宁波普陀区旅游策划时提出。一字共振法即通过"福"字，把普陀区旅游的主题、形象、项目紧密地联系在一起，一脉相承。突出主题，强化形象，创意项目无不围绕"福"字展开，将"福"文化的内涵通过具体的旅游活动项目表达出来。在朱家尖十里金沙休闲度假旅游区、桃花海岛文化及渔业休闲旅游区、东极岛极地风光旅游区等不同功能区设计福文化的某个层面，每个片区重点突出祈福、聚福、纳福、带福、得福中的某一方面，最终形成"世界福都"的旅游形象。

---

[1] 沈祖祥. 旅游策划——理论、方法与定制化原创样本. 上海：复旦大学出版社，2007. 除了这些方法外，他还提出了逆向思维法、另辟蹊径法、无中生有法、庖丁解牛法、反弹琵琶法、蒙太奇法。

（五）流程再造法

在对事物的发展历史、发展现状充分把握的基础上，探索发展规律，进而发挥已有的优势禀赋，经过创新式的加工、重组，达到旧事物的复兴或新事物的诞生。瑞安旅游资源该挖掘的都已经挖掘，只能走已有资源的价值再发现之路，亦即打破常规思维和开发模式，创新旅游开发模式，从系统论的角度再造瑞安旅游的"生命"流程。经过分析，课题组发现经济资源是瑞安市最具核心竞争力的旅游资源，财富是瑞安经济发展的原动力，因此提出以"财富"为主题，对瑞安旅游进行流程再造。

（六）一站整合法

开发一个新景区难，改造一个现有景区难上加难。如何在既不失传统又有所创新的条件下，提出一个令人耳目一新的新形象，是值得旅游策划者考虑的大问题。旅游整合策划不能单纯考虑其自身的旅游资源，还应结合当地旅游产业发展的大环境，整合出新产品。结合安吉竹博园案例，提出旅游整合策划的"七个一理论"：一个概念、一个主题、一个产品、一个品牌、一个形象、一个市场、一个机制。将安吉竹博园定位为"世界竹都"，并在这一主旨之下策划了诸多旅游项目：竹种园、浒溪生态园、竹林七贤故里、竹乡之家（竹乡休闲娱乐中心）、灵峰胜景（竹乡佛世界）、竹香园度假社区等。

（七）捏紧拳头法

天荒坪旅游区是安吉县的旅游资源大区，为符合天荒坪旅游发展战略需要，并最终实现旅游发展战略目标，从天荒坪旅游产业的全局出发，依据地域空间结构优势和旅游资源的天然配置，根据规划对象的地域分布特征、空间关系和内在联系，构建科学、合理、高效的旅游空间结构体系。根据旅游资源分布特征和分区系统，天荒坪旅游区总体布局可形成以天荒坪旅游镇为"掌心"，天荒坪电站、藏龙百瀑、姚家大院、天下银坑、农夫乐园景区为"手指"的布局，舒展为五根手指，捏紧便成为一个"拳头"。

（八）无限超常法

纵观对海岛类型旅游资源的开发和利用，几乎都成了"八股文"，大家都已经习惯了这种定势，认为"它应该就是这个样子"。面对瞬息万变的旅游市场，只有敢于挑战"标准"，打破常规，才能有所作为、冲出重围，使海岛旅游立于不败之地，赢得无限精彩。东极岛如果作为一般的海岛概念进行发展定位和旅游开发，体现不出其优势，反映不出其特色。而如果以东极岛之"东极"（即东之极）概念为切入点，就会让游客产生无限超常的神秘想象，一下子打开了东极岛旅游产品的发展空间。

（九）无中生有法

旅游开发不光靠资源，还要讲文化。这源于对市场机遇敏锐的把握和深入的思考，在于有果敢的魅力和高超的智慧，善于从市场变化的契机中看到一通百通的"多米诺骨牌效应"，善于借势而行。策划人员看到的不是一系列的"无"，而是"无"后面的"有"。既"无"，就必须要"有"。"无"是动力，"有"是目标；"无"是变数，"有"是永恒。浙江安吉的"中国竹乡"更多的是城市形象而非旅游品牌，且在全国来看不具备垄断性。孕育了海派文化的黄浦江发源于安吉龙王山，"黄浦江源"更适合成为第一品牌。

（十）先声夺人法

敏锐地发现、捕捉并利用儿童旅游市场存在的商机，不是一件十分容易的事。在策划面向儿童旅游市场的图书时，为了寻找一个具有充分说服力的"鱼和熊掌"兼得的两全方案，提出了先声夺人的策划方法。从社会舆论导向出发，明确"跟着课本游中国"的主题，提出打"寓教于游"这张全社会新的"教育"牌，唤醒社会对儿童旅游的重视并秉持正确的态度。因为如果不采用这种先声夺人的策划造势方法，在"旅游影响孩子读书和学习"的氛围中，是很难让大家关注并购买这套书籍的。

三、旅游策划的高阶方法

旅游策划的高阶方法主要包括符号固化法、七唯稀缺法、奇门八局法、杠杆效应法、平台招引法、制造现象法、培育模式法、图腾IP法、三态三气法、留白待补法等。

（一）符号固化法

通过文本分析、问卷调查、关键人物访谈等方式，遴选出策划对象所在地域或族群的文化符号。通过综合比选、项目创意，将该符号固定在某一适宜的地点，建设体现符号的景观、展演、活动。在此基础上，经由一段时间的整合营销，促使游客与公众形成稳定的形象认知。笔者在陇川县旅游策划资料收集整理过程中发现文学艺术作品中"景颇山"一词出现的频率很高，如景颇歌曲中的《梦回景颇山》《高高的景颇山》《欢乐的景颇山》《绿色的景颇山》《景颇山上丰收乐》《景颇山上太阳红》《景颇山的夜晚》《爱在景颇山》等。经过请教专业人士，课题组把"景颇山"确立为重要的旅游文化符号，创意策划了景颇圣山旅游项目，落位在当地景颇族民众认同感较强的双坡山，将其更名为"景颇山"，策划景颇古寨（《景颇姑娘》电影场景还原）、景颇山官衙门、太阳宫、日月殿、顶天立地柱、迁徙路、宁冠瓦雕塑、目代房、剽牛祭坛、目瑙示栋、斑色花园、百鸟谷等吸引物。

（二）七唯稀缺法

从感受经济学基本规律出发，立足策划对象实际，发挥策划思维，寻找、创造、强化市场感受到的稀缺性，形成独一无二的核心竞争力。在旅游开发中，"之一不如第一、第一不如唯一"，"唯一"就是稀缺性的形象体现。"七唯"指的是从七个方面来塑造稀缺性，具体包括：寻找唯一、辨证唯一、创造唯一、占为唯一、保卫唯一、张扬唯一、超越唯一。通过资源盘点，寻找有形与无形资产中的唯一；根据系统科学的层次性，用辩证法筛选唯一；无中生有，创造出原来不存在的唯一；将已有的社会资源为我所用，形成自己的竞争力；利用法律等手段保护唯一性，避免品牌沦为商品名称；强化信息传播，大力宣传唯一性；不断超越自我，更新原有的唯一性。

（三）奇门八局法

陈放提出，因其结构众多、层次功能复杂、变量成千上万，亦称为大系统复合策划技术。运用这种方法进行旅游策划，其方法、形式、主题、功能通常是多元的，主体往往是由点→线→面→体→包→局→……→小局→大局。奇门八局法的一般流程为：开局→析局→创局→选局→布局→运局→结局→馈局，每个环节都会用到系列专门技术。例如，"开局"有抽样调查技术、灰箱黑箱技术，"创局"有创意技术、优选技术，"馈局"有反馈技术、跟踪评估技术等。在一些大型跨界综合旅游项目策划中，这种方法大有用武之地，如以喀纳斯为龙头的北疆旅游经济圈、以哈尔滨冰雪大世界为中心的国际冰雪节。

（四）杠杆效应法

杠杆虽然细小，但辅以合适的支点，就能撬动超过自身千倍万倍的重物。从本质上来看，杠杆是以小博大的工具。杠杆效应法指将旅游项目作为杠杆，撬动更多资源，谋求更大利益，产生广泛影响。运用这一方法时，需要根据策划对象实际选择杠杆与支点、明确需要撬动的资源类型，用小杠杆撬动大资源，以小杠杆撬动大作为。贵州省在各州市召开的旅游产业发展大会就是杠杆。昆明世博会践行新的时空理念，成为撬动昆明社会经济发展和加快全省旅游业发展的杠杆，是杠杆效应法在实践中的运用。

（五）平台招引法

做项目不如做产品，做产品不如做平台。平台是为合作参与者和客户提供软硬件相结合的场所或环境，它本身不生产产品，而是促进合作、实现交易。现代旅游业中具有典型意义的平台经济实践形式主要包括两种类型：一种是以电子信息技术为依托的虚拟网络交易平台；另一种是以街镇园区为载体的实体旅游平台，如旅游街区、特色小镇、旅游综合体、旅游园区、田园综合体等，以浙江横店影视城、云南民族村仿古街、楚雄彝人古镇为代表。平台招引法就是践行平台经济理念，围绕游客和业主的需要，搭建以旅游吸引物、设施与环境为核心的平台，招徕具有先进理念、专业背景、创意能力的业主前来进行产品研发与生产，吸引游客前来体验消费，并向业主、游客一方或双方收取适当的费用的策划方法。运用这一方法的关键在于面向游客、筑巢引凤、聚才引智、价值共创、利益共享。

（六）制造现象法

现象一般指超级优秀的人物、事件、景观或区域，通常拥有绝对出色的表现、在某一领域具有突出的代表性，如"腾冲现象""呀诺达现象""张家界现象"。制造现象法是指将策划对象的前沿理念、先进经验与成功做法进行总结，概括出其内涵与价值，命名为"××现象"，并通过媒体进行传播，以引起关注、讨论、扩散的旅游策划方法。例如，中国旅游报社与焦作相关部门合作，共同梳理、比较、归纳、提炼，形成了"焦作现象"。后来，中国旅游报社在人民大会堂召开了"焦作现象"国际研讨会，原代总编辑邵春做了重点发言，旅游报用两个专版篇幅发表了研讨会的论文和成果。这些策划活动宣扬了焦作经验，提高了焦作旅游的行业影响力，使"焦作现象"如同"谜"一样吸引着全国旅游业同行纷至沓来，不到一年就有310个团组前去取经寻宝。

（七）培育模式法

模式指某种事物的标准形式或使人可以照着做的标准样式，具有结构性、稳定性、重复性等特征，可以向其他地区或领域快速推广、低成本复制。经过多年探索和总结，国内旅游领域已经涌现出"碧峰峡模式""曲江模式""丽江模式""袁家村模式""明月村模式""喜林苑模式""宋城模式""新天地模式""盘州模式"等。例如，宋城股份的旅游演艺景区化模式已经复制到丽江、三亚、西安、桂林、张家界、阿坝、宁乡、宜春等地，创造了巨大的经济效益。这种方法适用于处在生命周期中发展、巩固阶段的旅游地的提升策划，也可用于发展前景光明、具有推广复制价值的旅游项目的策划。

（八）三态三气法

"三态"的基本含义是指形态、神态、心态，在旅游策划中多指生态、文态、业态。三态融合要求旅游策划中考虑以下三个问题：保护生态，践行生命共同体理念，创造美丽宜居环境，创造旅游生态文明；培育文态，转化文化空间，探索文化展演方式，开发文创产品；创新业态，培育新兴业态，丰富旅游载体，优化项目盈利模式。"三气"即人气、商气、财气，在城镇、村寨、街区、地产项目、产业园区等微观旅游策划中运用较多，基本思路是聚人气、促商气、带财气，用亮点提升人气，用人气聚集商气，用商气带动财气，以旅聚人、以人促产、以产兴城，解决空心化问题。

（九）图腾IP法

庄锦华认为，顶层策划需要根植于风土资本，通过创意发想找出图腾、确定灵魂，再运用美学创意图腾，生出IP、创意、故事（即"心"）。在统一的图腾、IP下，将如同神经网络般绵密且一直贯穿的资讯展现在景区的载体上，承载同一图腾和IP的活动、文创商店、商店运营，能够让景区活力充沛、钱潮汹涌。运用图腾IP法时应注意在盘点风土资本后要敏锐地挑选出图腾的四大要素：具备代表性并拥有当地优势、蕴含文化深度、符合消费者痛点、能衍生多元创意商品[①]。

（十）留白策划法

"留白"是传统艺术作品创作中常用的一种手法，指书画艺术创作中为使整个作品画面、章法更为协调精美而有意留下相应的空白，给人以想象余地和美的享受。在旅游地空间策

---

① 庄锦华. 桐花蓝海[M]. 台北：二鱼文化出版社，2011：248-256.

划中采用"留白"手法,有利于缓解游客活动空间的不足、增加景观的变化性、提高公众参与的主动性、保护动物栖息地、预留发展用地。留白策划法的第二层含义来自互联网术语UGC(user generated content),意为用户生成内容。也就是说,故意留出空白场地、不策划任何项目,让先锋游客或专业机构去使用一段时间,最后将他们创造出来的活动项目保留下来或进行提升的策划方法。实际上,当年罗培斯设计迪士尼乐园游步道就体现了这一理念。

专栏 4-5

宽窄巷子形象定位之"川菜百年宗街"

　　川菜宗街是以成都少城片区百年原真民居为依托,旨在提升百年川菜深厚的历史人文背景和时代感召力的川菜的最高形象平台,是各大川菜名门追根溯源彰显个性又互为交流的共同促进的掌门之地、主坛之地,是新派川菜思想的探索地、展现地,是天下人品味正宗川菜的终极之地。这有利于回避与大慈寺、文殊院两大同类项目竞争,实现传统商业区招商中的开发商高位形象,抢占川菜的技术形象制高点。

　　川菜宗街的基本内涵有三。第一,正宗。川菜宗街是各大川菜名门的形象基地,是最正宗的川菜品尝之地。第二,敬宗。川菜宗街是由各大川菜名门的创业史和光辉形象的展示地,是该企业的寻根之地,是培养员工行业忠诚、品牌忠诚和树立员工企业荣誉感的企业文化打造之地。第三,光宗。川菜宗街既是各大川菜名门收徒、教学以及开发分支机构的签字仪式之地,又是各大川菜名门、川菜专家与行业协会交流技艺和实施名牌战略的议事之地,是川菜发扬光大、探寻发展、走向世界的最高策划中心。

　　推进川菜宗街概念落地,可以从四个方面入手。首先,通过媒体与知名川菜企业对接,通过"川菜宗街"话题,实现"宽窄巷子"与知名川菜企业的共同品牌炒作。其次,与媒体、相关部门、行业协会联合,以打造"美食之都"、提升川菜国际竞争力为名,举行系列"川菜之宗"评选活动,并实施有目的地把控。再次,协助入驻餐饮企业,从建筑构成、文博陈列到品牌包装上,完成其"形象店"概念的打造。最后,成立或引进行业协会,塑造"川菜宗街"的最高技艺权威形象,购进国内、国际宣传与交流体系。

　　来源:杨健鹰. 宽思窄想[M]. 汕头:汕头大学出版社,2011.

第四节　旅游策划的基本技巧

一、旅游策划中的势、时与术[①]

　　势、时、术是影响旅游策划的三大根本因素,旅游策划技巧在某种程度上是对旅游势、

---

① 沈祖祥. 旅游策划——理论、方法与定制化原创样本[M]. 上海:复旦大学出版社,2007:411-418.

时、术三要素的巧妙运用。旅游策划者只有熟练掌握这个"金三角"并灵活运用，才能在旅游策划中立于不败之地。例如，澳大利亚昆士兰旅游局在全球推出的"世界上最好的工作"网络招聘活动，被业界视为最成功的旅游策划案例，也是综合运用势、时、术的典范。

（一）势

势是指组织本身环境形势的发展变化，对"势"的运用，就是对谋略所处空间的策划。旅游策划者在实施策划之前，务必先"度势"，后"运势"，只有认清了"势"的发展规律，并且顺应它，才能使"势"真正为我所用。常见的势的运用包括借势、顺势、转势、造势等。

1. 借势

借势顾名思义就是借他人之势为我所用，为我所长。不懂得借势，或者不愿借势，要想出好的策划方案是很难的。旅游策划中的借势主要包括借事件之势、借决策之势、借时间之势、借人物之势、借山水之势、借建筑之势、借特产之势、借民俗与宗教之势。此外，体育也正在成为旅游策划的重要关注点。

2. 顺势

顺势就是顺应潮流之势，也就是常说的顺水推舟。旅游策划时要顺应时代发展潮流，顺应人们的消费需求变化趋势，不断进行项目和活动的创新，使景点能够常看常新，立于不败之地。碧峰峡景区堪称顺势而为的成功典范。碧峰峡开业后一段时间内以野生动物园为最大"卖点"，后来，面对同类旅游产品的竞争和全新旅游环境的到来，碧峰峡顺势而动，迅速将旅游项目和产品进行重新策划和设计，确立"大熊猫、女娲文化、深生态和欢乐旅游"为其新的精品旅游项目。

3. 转势

转势就是通过一定的手段和方法将某种势转化为另一种对自己有利的势。通过转势，劣势往往能够转化成优势。长期以来，海南省旅游的发展状况一直是"南重北轻"。为了改变这种现状，海口旅游业近年来加强了对外宣传的力度，聘请张艺谋策划了《印象·海南岛》，在西海岸常年演出，这成为海口市旅游业转势的良好契机。

4. 造势

造势就是制造声势，营造一种趋势和氛围。造势原来是广告宣传策划中的常用方法，指利用多种媒体全方位、立体式的大肆宣传以收到震撼效果，对旅游策划具有启示意义。一方面，应注意从整体上加强旅游宣传的力度，制造旅游声势，激发旅游者的旅游动机，引导旅游消费；另一方面，应注意倡导新型的旅游观念，鼓励旅游消费。

（二）时

时就是时机、时间、机会和机遇。旅游策划不是简单地制定一个方案，还要对整个项目运作过程加以把握，对出现的各种问题作出准确和快速的反应，捕捉稍纵即逝的机会。

对旅游策划人员来说，时机的把握尤为关键。明智的旅游策划者总是审时度势，见机行事，能"运筹帷幄之中，决胜于千里之外"。旅游策划对于时机的把握必须做到以下三点。

1. 未雨绸缪，时刻准备

时机总是不露声色地悄悄来临，等人们稍有察觉，它又转眼即逝，一去不返。为了避免在时机突然造访之时措手不及、失之交臂，聪明的旅游策划者应该未雨绸缪，针对可能出现的时机做好充分的、完全的准备。只有万事俱备，在"东风"真正来临之际，才能够迅速作出反应，适时抓住机遇。

2. 细心观察，准确预测

时机的出现虽然是偶然的、随机的，但偶然中蕴含着必然，时机在出现之前，总有一些细微的征兆。旅游策划者要想把握最佳策划时机，必须具备觉察各种微小征兆的能力，具有这种觉察能力，也就能够大致预见时机的出现，从而抓住策划良机。旅游策划者的这种洞察力是在平时积累中培养起来的，应注意直觉、感受力、分析能力、辨识能力的训练。

3. 独特创意，别开生面

时机总是隐藏在不经意的事物之中，只有极少数高明的策划者才能剥开表象，发现并发掘其真正的价值。任何现象的发生和发展都有可能隐藏着旅游发展契机。策划者若具有独特的创意头脑，就能发现这种契机，并加以利用。策划者应主动出击，积极探求时机，在时机不佳或时机不到的情况下，通过有意识的运筹，自行设计并创造出最佳的时机。

在实践中，旅游策划者可以捕捉的旅游策划时机是多方面的，常见的主要有三个方面。第一，社会节假日，包括国家性节庆、民族性节庆、外来节庆、各种文化艺术节、纪念日等。第二，重大社会活动，如各种体育盛会、政治活动、外交活动、教育活动、大型展览会等。第三，公众热点，即公众关心、议论的热点和焦点。

（三）术

术是指谋略所采用的招数，它和"情"紧密相连，因为任何一种招数都以人为对象，或鼓舞之，或蒙骗之，或说服之，或推动之，均需使对方的行动对己有利，符合自己行动的方向。"术"其实是对谋略行使方式的策划。旅游策划者根据不同的形势和时机，采用不同的招数和手段，可以使形势和时机符合自己行为的方向，从而用最少的资源撬动最大的市场，获得最大的利益。旅游策划的招数和手段有很多，常用的策划之术有出奇制胜、合理定位、以人为本、文化为魂等。

1. 出奇制胜

旅游策划的出奇制胜，就是要追求独创奇异，形成独特性卖点，化平淡为辉煌，化腐朽为神奇，语不惊人誓不休，景不震撼不出手。因此，在进行旅游策划时，策划者要紧紧抓住旅游者求新、求奇、求异的需求特点，全面认真地分析、研究策划对象，以独到的眼光，去发现独特、打造独特、彰显独特，然后运用策划手段，把所发现的独特之处做大、做足，做成策划对象的亮点。同时，策划者还要善于使用逆向思维，反其道而行之，以无穷的智慧，推动想象力和创造力，在旅游悟性和超前意识的引导下，展开激情创意，形成出奇制胜的市场卖点和商业感召力。

2. 合理定位

旅游策划首先要为策划对象做出科学、准确、合理的定位。旅游策划定位的实质及核心，就是差异化、合适化，是对现有旅游资源的一种有效利用和整合、重新认识与发掘，是根据旅游市场需求而采取的有别于他人、优于他人的一种竞争策略，也是寻找包括产品、市场、形象、文化、营销等各方面的差异点、创新点和兴奋点。在进行具体定位时，要做到以资源为基础，以市场为导向，以产品为核心，以提高竞争力为突破口，要特别关注旅游者的消费心理和需求特点，并了解竞争对手的优势和弱点，从而作出科学、准确、合理的定位，做到知己知彼，百战不殆。

3. 以人为本

旅游策划坚持以人为本就是遵循人体生理与心理的规律，满足人类审美、修学、交流、康体、休憩及整个生活方式的需求，向广大游客提供优质的旅游产品和服务，让游客游得开心、住得舒心、吃得放心，充分体验旅游地的人文关怀和人性化设计，时时处处都感到舒适、温馨、满意。人文关怀、人性化设计不仅要体现在总体策划的指导思想之中，更要体现在具体项目的细节设计上。以人为本，设计出互动体验、亲和吸引、情境感悟、个性娱乐的旅游产品，形成旅游项目的市场核心竞争力，是旅游策划追求并执行的原则和目标。

4. 文化为魂

文化是旅游策划的核心和灵魂，旅游策划中要特别注重深度挖掘旅游地的地脉、文脉、人脉，运用情境化、体验化、娱乐化手法设计产品。具体要注意如下几点：①依附某种文化，以这种文化为"红线"串联整个策划过程，使之具有明确的文化主题、浓厚的文化色彩；②强化文化氛围，淡化旅游企业和旅游者的商业心理和金钱心理；③努力寻找并找到典型消费群带头消费这种文化，树立消费榜样；④进行文化形象的统一设计，形成一项形象文化系统工程；⑤深入挖掘潜在文化，甚至制造一种现代文化。

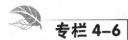

专栏 4-6

从"马帮进京"到"驼帮出国"

2005年5月1日，一支由43位赶马人、120匹马和骡子组成的云南大马帮，从普洱县启程，跨长江、过黄河、翻秦岭、越太行，穿过云、川、秦、晋、冀五省，历经168天，行程8000多里路，于10月16日抵达北京八大处茶缘茶城。大马帮再现了"贡茶进京，享誉京华"的历史盛事，将云南茶马文化从南到北一路传播到北京，在京城掀起一股"云南热""马帮热""普洱热"，在全国范围内提升了普洱茶的影响力。与此同时，大马帮一路义拍义卖、筹得善款416万元，为沿途地区建起多所希望小学。这次名为"马帮茶道•瑞贡京城"的大马帮驮茶进京活动，受到社会广泛支持，更引起海内外媒体的关注。全国许多刊物不惜篇幅，图文并茂报道云南大马帮。仅新华社发的通稿，见诸报端的就有8条。

胡明方作为这次活动的策划人，用自己对茶文化的满腔热爱，谱写了一首感动中国的茶马史诗。七年之后，胡明方又策划了"从马帮到驼帮，重走茶叶之路"系列活动。2012年10月，120峰骆驼组成绵延1000米的驼队驮上茶叶，从湖南茶区安化出发，一步一步抵达内蒙古二连浩特市，然后驼队换成车队，继续行走，到达巴黎。

2015年4月，相关方面举办了纪念云南马帮进京活动十周年系列活动。在八大处公园修建起一组再现当年历史瞬间的永久性纪念雕塑，邀请当年赶马进京的女马锅头嘎达娜等人参加揭幕仪式。此外，还在八大处公园内柳溪山房举办了马帮进京十周年高峰论坛。

二、旅游策划中的说法、故事与借口

傅建祥结合个人的经验和思考，将旅游策划的主要内容和任务提炼为三个方面，即给说法、讲故事、找借口，具体如图4-2所示。这一旅游策划技巧融合了战略策划、项目策划与营销策划，思路清晰，操作性强，具有较强的现实指导意义，既适用于区域旅游总体策划，也适用于旅游区开发策划。

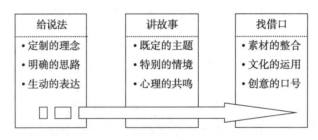

图4-2　旅游策划"给""讲""找"技巧示意图

（一）给说法

"给说法"就是不能就事论事、停留在概念的层面，而是提供明确的策划思路。策划师不能凭主观经验，用过时的东西、别人的东西去套，更不能先入为主、做命题作文，而是对当地的历史文化、风土人情、地理气候、经济社会发展做深入细致的调查研究，运用国际理念和高科技手段，以及新的研究方法进行策划创意。策划师要确定理念，厘清思路，找准定位，明确方向，解决对一个地区和城市的产业定位（主导产业、支柱产业或重要产业）、产品定位（观光还是休闲度假）、市场定位（或一级、二级、三级市场，或国内、国际市场）。高明的策划，可以是把主要资源作为一种概念，整合各种基础条件，延伸产业链；也可以是"实做"，把传统文化活化和物化，加强直观性，可看、可玩、可听。特别要重视使旅游目的地真正地保持原生态文化，即三个环境的营造：生态环境（良好的自然环境）、生活环境（独特的文化环境）、生存环境（和谐的社会环境）。

例如，绍兴是水乡泽国，河湖密布、水道纵横，古城布局以河流为骨架，外环河、内环河，又有几十条小河连接，形成了一种四通八达的水网格局。经过资源梳理和需求分析，可以发现，水是绍兴旅游的灵魂，是绍兴人文旅游的特色。于是，傅建祥给出了绍兴古城旅游发展的说法——"把钱扔到水里去"，形象生动，简洁明了。在此基础上，他把古城内河水上旅游总体定位为：通过水上旅游开发，推动绍兴新的生活方式，创造阳光观光、月光休闲的全天候水上旅游模式，使水上旅游成为绍兴旅游的标志产品，将绍兴打造成独具特色的江南水乡城市旅游目的地。

（二）讲故事

"讲故事"是指产品策划力求直接打动游客、引起共鸣，挖掘文化内容做出特色，不做第一做唯一，创设一种特别的情境，使其他地方无法复制。为了把"把钱扔到水里去"这一说法落到实处，傅建祥提出了空间布局与产品支撑，宏观上突出特色，微观上突出各类故事的魅力，主要涉及名人与水、商人与水、女人与水、游人与水四个方面。例如，在"女人与水"方面，绍兴有"五女"，都与水有关：美女西施与浣纱溪、孝女曹娥与曹娥江、侠女秋瑾与鉴湖、才女唐琬与葫芦池、情女祝英台与玉水河，可以这些为文化元素，打造女子时尚一条街、女子SPA会所等。

《未来趋势50年》指出：未来的经济是讲故事的经济。旅游经济就是最典型的体现。在旅游地开发策划中，讲故事是体现主题概念、做好心理准备、引起游客共鸣的有效手段。香格里拉市巴拉格宗大峡谷就运用了这一方法，编织了一个对后现代都市居民富有吸引力的故事。在格萨尔王时代，巴塘地区的斯那多杰土司骁勇彪悍，连年征战，称霸一方。然而，他的妻子仁称拉姆却不愿过那种提心吊胆的日子，在盲人喇嘛旺堆的引导下，踏上了寻找梦境的路途。得胜归来的斯那多杰意识到自己失去了最珍贵的爱情，毅然决定放下武器，带领部落里早就厌倦了战争的人们去寻找那个人间仙境。他们跋山涉水，历尽艰辛，最后来到了巴拉格宗大峡谷的格宗奔松神山脚下，仁称拉姆在大峡谷的尽头张开双臂迎接他们……就这样，这个巴塘的显赫家族消失了，而在巴拉格宗雪山脚下却多了一个平静的小村庄——巴拉村。在旅游开发中，素材是讲故事的基础，创意是讲故事的核心，营销是讲故事的关键。策划师应竭尽全力保护、搜集、挖掘各类素材，善于发现各类素材的独特价值；将素材进行创造性处理、合理化配置，努力让故事情景交融、扣人心弦；细分游客需求，雕琢故事细节，做好故事宣传。

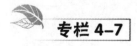

专栏4-7

讲故事的策略与技巧

在文旅融合的语境中，根据"让文物说话，让历史说话，让文化说话"的要求，各地在旅游业发展中"讲好××故事"的提法层出不穷，如"讲好红色故事，激励红色担当"

"讲好绍兴故事,赋能文旅融合""讲好文旅故事,打造欢乐保亭"等。要讲好故事,需要在掌握叙事学、传播学、心理学理论的基础上,讲究策略与技巧。

安妮特·西蒙斯在《故事思维》中提供了每个人都应该学会的六个故事,分别是"我是谁""为什么我在这里""愿景""教学""行动价值""我知道你们在想什么"的故事。李光斗认为,故事因母题而永恒,有史以来故事的母题不断被重复,与人的情感有关,指向人类的终极关怀,如爱情、生命、美德、尊重、个性等。

杨照在《故事效应:创意与创价》中写道:精彩的故事让人可以迅速掌握关键重点,好的故事几乎都拥有某种异质生命的对照效果,传奇故事可以帮助我们快速分辨出谁跟我们同类、谁不是,能够长久流传的故事必然有其闪亮如钻石的核心部分。吴燕妮在《故事营销》中指出,高明的故事需要具备一些基本条件:"真实",包含"承诺",可以被信赖,含蓄委婉,能一语动人心,诉诸感觉。

(三)找借口

"找借口"就是注重文化营销,给游客找到前去旅行的充分理由,这是旅游营销策划的最高境界。在绍兴旅游发展过程中,出现过多次富有创意的宣传营销策划。例如,早期以宣传造势,在上海开展"上海人游绍兴,绍兴人看上海"大型活动,到江苏、广东、福建叫响"看绍兴景,听绍兴戏,尝绍兴菜",推出的"三百工程"更是在全国旅游界引起了广泛关注。所谓"三百工程",即指招聘全国各地 100 名旅游人才到绍兴工作、邀请全国 100 名旅行社经理到绍兴踩线、邀请全国 100 名新闻界老总到绍兴采风,这既是招聘的过程,又是宣传的过程,可谓一举两得。

近年来,绍兴利用语文课本中与自己相关的文章,主要面向学生市场推出了"跟着课本游绍兴"这一研学旅行产品,提出了"跟着课本,伴随记忆,尽情遨游于课本里的绍兴"的营销口号,引起了较好的社会反响。例如,结合《从百草园到三味书屋》设计了"到三味书屋读书去"的口号,设计了"走进台门,聆听故事""私塾旧校,亲身感受""绍兴黄酒,我描我绘""户外课堂,尽情玩耍"四个板块的活动。

专栏 4-8

给你去贵州旅游的 9 个理由

美国有线电视新闻网刊发了一篇题为《到中国下一个重要的旅游目的地——贵州旅游的 9 个理由》,指出:作为中国发展速度最快的省份之一,贵州正在稳步升级其市场供给品,现在是最具发展潜力的旅游目的地之一。以下是你应该抢在别人之前去贵州的 9 个理由。

• 创纪录的洞穴:经过数十年的勘探,长达 238 千米的双河溶洞摘取了亚洲最长溶洞的桂冠。科学家已经发现了数量众多的罕见化石、地下地貌特征以及众多穴居动物物种。

• 世界上最大的单碟射电望远镜:尽管建造 500 米口径球面射电望远镜不是为了寻找

域外生命，但极大的体积和高度的灵敏性意味着它很可能是地球上与外星人接触的地点。

- 中国国酒的酿造者：茅台被认为是事实上的国酒，数十年来一直是官方宴会的饮料选择。茅台镇有以白酒为主题的景点，包括介绍这款名酒文化和历史的酒文化展馆。
- 中国最著名的瀑布：黄果树瀑布是世界上最大和最壮观的瀑布之一，落差达 70 米，宽度达 101 米。
- 世界上最高的桥：连接起两座悬崖峭壁的北盘江特大桥现在是世界上最高的大桥，离江面有 1854 英尺高，大约相当于一座 200 层摩天大楼的高度。
- 世界上最大的天然杜鹃花森林：每年春天，数以百万计的游客来到毕节只为了一个"色彩斑斓"的原因：杜鹃花盛开了。景区超过 130 平方千米，被称为世界上最大的杜鹃花森林。
- 震撼的樱花林：贵州声称是世界上樱花种植面积最大的地方。每年 3 月，70 万棵盛开的樱花树像地毯一样覆盖着贵安平坝樱花园，吸引超过 100 万游客前来参观粉红色的海洋。
- 被列入世界自然遗产名录的喀斯特地貌：中国南方喀斯特地貌面积达 176228 公顷，贵州有高耸的圆锥形喀斯特和塔状喀斯特，甚至被认为是锥状喀斯特的世界级参考地。
- 大数据中心和虚拟现实主题公园：美国苹果公司把贵州作为其首个中国数据中心的所在地，游客还可以参观中国第一个虚拟现实主题公园——贵阳东方科幻谷。

来源：玛吉·黄，陈一. 到中国下一个重要的旅游目的地——贵州旅游的 9 个理由[EB/OL]. https://go.huanqiu.com/article/9CaKrnK8lve（2018-05-08）.

三、旅游策划中的三点、三法与三题

（一）亮点、卖点与支点

针对旅游市场的痛点，结合旅游资源赋存、创新能力和社会经济支持系统，提炼旅游项目（产品）的亮点、卖点和支点。

1. 亮点

"巧妇难为无米之炊"，没有亮点的东西同样难以策划。这里的亮点指的是最能拿得出手、经得起看的东西，是事物的特点、优点、妙点，也是创新的意识、潜在的需求点、隐性的发展点。任何事物都有其隐性潜在的亮点，关键在于人们有没有去发现，将它显现出来。发掘亮点必须坚持务实性、前瞻性、创新性"三性"原则，在看得见、摸得着、学得到的要求内进行，重视内容与形式创新，着眼全局，顾及长远，切忌舍本逐末、短期行为。在策划实践中，旅游亮点的挖掘和营造法则有三：第一，积暗成明、聚沙成塔，即自主培育型，指不断积累，由小（亮）点到中（亮）点到大（亮）点；第二，精心包装、全力打造，即外部包装型，指在产品本身基本不变的前提下，通过包装和形象设计等系列举措，形成亮点；第三，定点爆破、重点聚焦，即定点爆破型，指对于东西太多、亮点分散的旅游地可以通过做减法的原则，突出重点，聚焦形成亮点。

2. 卖点

所谓卖点是能够吸引消费者眼球的独特利益点，即商品具备了前所未有、别出心裁或与众不同的特色、特点。卖点一方面是产品与生俱来的，另一方面更多是通过营销策划人的想象力、创造力来无中生有的。旅游卖点到底卖什么？

有人以旅游资源为卖点，有人以旅游产品为卖点，有人甚至以时尚和文化为卖点。事实上，卖点更多的是营销概念，更重要的是卖概念、卖心智。一个优秀的旅游卖点大都有五层境界：一是悠扬悦耳，即好听的名字、好玩的概念，激发旅游动机，属于宣传诱惑层次；二是简单动人，即真的好听、好看、好玩、好吃，属于浅层次的基础直观感觉；三是触动心灵，即实实在在对旅游者的心智带来震撼和触动，获得心灵的共鸣；四是意犹未尽，留有遗憾，长久让人回味；五是几近痴迷，即容易让旅游消费者达到痴迷的程度。旅游卖点的三大营造法则是拿、借、造。自己就有的资源，拿来用即可；自己没有的资源，巧借别人的资源；自己没有又不能借的，就要无中生有、依靠创造。

3. 支点

阿基米德曾说：给我一个支点，我就能撬起整个地球。这对旅游策划有两点启示：第一，主题需要旅游项目支撑，策划中应结合项目带动战略，提出若干旅游项目或行动计划，否则容易停留在概念层面而对委托方失去指导意义和应用价值；第二，注重寻求切入点、引爆点，以尽量低的成本实现旅游地发展中的突变，为委托方为推进旅游策划落地指明具体方向、寻找现实抓手，解决"老虎吃天，何处下口"的问题。例如，在推进资源枯竭型城市转型中，枣庄市经过反复论证，科学决策，把重点和突破口放在发展旅游业上，并策划了系列项目。在众多的旅游项目中，又以知名度最高、拓展空间最强、与城市结合最紧密、综合效益最明显的台儿庄运河古城为支点，谱写了旅游推进资源枯竭型城市转型发展的新篇章。

（二）加法、减法与乘法

1. 加法

考虑将策划对象的体积、面积、长度、宽度、空间等扩大，是加法的第一种应用，各地出现的"天下第一大火锅""天下第一大佛""天下第一高观光电梯"就是这方面的例子。从添加、增加、加长、加宽、附加、组合等角度考虑，是加法的第二种体现。最早诞生于云南的歌舞伴餐的基本思路就是餐饮加上娱乐（歌舞欣赏），风行于各地公园的双人自行车也是加法的结果，旅游护照也是把各地旅游区及服务企业组合在一起、采用折扣价向游客推出而产生的。第三种是产业跨界与旅游赋能，如"旅游+""互联网+""文创+"等。在"旅游+""+旅游"中就涉及养老、花卉、公路、高铁、诗词、摄影、乡愁、方言、非遗、气象、公益、"双创"、书店、智慧、动漫、电竞、综艺、中医药、马拉松、演唱会、地理标志等方向。第四种是附加值思维，让策划对象在本体价值之外具有多种使用价值，并拥有情感、地位、个性等方面的价值，提升其附加值。在旅游策划中，做加法是必不可少的，例如完善基础设施、新建接待设施、增加新型景观、推出体验活动，但要正确处理新建人工建筑与自然景观、历史陈迹、原有人工建筑的关系。

2. 减法

对原事物从删除、减少、减轻、拆散、去掉等角度考虑，使之出现新事物。例如，经济型饭店是在传统旅游饭店的基础上减少一些设施和服务的结果，"纯玩团"的创意最初产生于减少备受游客抱怨的购物环节，九寨沟限制游客人数、黄山主要景点实行定期封闭"轮休"也体现了这一方法。第二种情况是从减小、缩短、缩小等角度考虑。以深圳世界之窗和荷兰小人国为代表的缩微景观、以米雕和埃菲尔铁塔模型纪念品为代表的旅游纪念品、以迷你餐厅和胶囊旅馆为代表的服务设施都是运用这种方法的典型代表。第三种情况是果断舍弃部分虽具有一定知名度但不具备卖点价值的旅游资源、与主题无关的旅游项目，如江苏盱眙放弃第一山森林公园、水下泗州古城和明代陵墓。第四种情况是新生活理念影响下旅游业态与产品策划，主要是"慢生活""轻生活""裸生活""简朴生活"等。此外，旅游地环境综合整治与创建A级景区策划中也常用这种方法。

3. 乘法

旅游是"酵母"产业，可以通过乘数效应带动相关产业和区域经济发展。王衍用认为，"旅游×"体现了旅游业在社会经济发展中的全新地位，以引领的角色出现在与其他产业的融合与贯通中，是生活方式与经济发展变革的引擎。旅游策划应立足旅游业涉及面广、关联度高、带动性强的优势，树立大旅游甚至泛旅游的理念，结合策划对象和所在区域的实际，注重与相关产业的融合发展，发挥旅游业的乘数效应，放大旅游业的综合效益。例如，笔者在寻甸县旅游项目策划中提出，在少数民族产业文化园、万亩药材基地、农产品加工园区、花石头风电场等项目规划与建设中融入旅游功能，建设成为阿拉丁旅游文化创意产业园、中药养生休闲观光园、特色旅游商品研发生产基地、花石头风电工业旅游点。

（三）小题、旧题与他题

1. 小题大做

"小题大做"出自方东树《昭昧詹言》卷二十："（山谷诗）《云涛石》全是以实形虚，小题大做，极远大之势，可谓奇想高妙"，意指拿小题目做大文章。旅游策划应敢于小题大做，善于小题大做，以小见大，以小博大。云南罗平就凭借小小油菜花做了一篇县域旅游的大文章，宜良结合旅游餐饮把烤鸭做成了一个大产业，蒙自依托米线提升城市旅游形象，都是小题大做的案例。说是小题，但并不等于随随便便哪个题都能成为旅游产品，选题的眼光在于四个方面：特（有不可替代的独到之处）、重（涉及内容或拓展空间重大）、新（通过创意可以做出新意）、巧（巧妙、有引人入胜的潜力）。当然，除了题材本身，还要综合考量某一选题开发的条件、时机与成本核算。"大做"主要应在六个方面下功夫：产品设计、创意营销、资金组织、科学管理、配套设施、综合服务。

2. 旧题新做

我国旅游产业已经走过了40余年的发展历程，绝大多数特色鲜明的旅游资源都早已进入开发环节，各种类型的旅游产品也基本上都已经出现在旅游市场上。现阶段和以后的旅游策划多数都是利用熟悉的旅游资源类型开发相对新颖的旅游产品，或者对传统旅游地进行提升和创新策划，其基本思路就是旧题新做，利用创意、科技、资本对自身质量不高的传统旅游资源进行补偿，以期能够平中见奇、推陈出新甚至一鸣惊人。以梅帅元为首的创意三剑客运用现代科技手段重新包装和展示古老的壮族非物质文化遗产《刘三姐》，就是利用科技手段实现旧题新做；张家界在《阿凡达》全球播映之后将南天一柱改名为哈利路亚山，则是利用新机遇创新营销方式。当然，创新无止境，任何时候、任何旅游地都存在旧题新做的任务，所以旧题新做是个永恒的话题。随着时间的推进，旧题新做对创意的要求也越来越高，所以策划人必须敢于突破、善于创意。

3. 他题我做

所谓他题我做，是指抢占先机，开发利用区域共享型旅游资源，或者填补空白，利用其他强势旅游地尚未注意到的市场机会。在贵州省内各地为夜郎归属争夺的时候，湖南新晃在充分准备之后一举打出了夜郎旅游牌，运用的就是他题我做。新晃通过夜郎古国、夜郎大峡谷、燕来寺、舞水长廊四大旅游项目集群，向游客描摹了一种全新的旅游生活方式：离开自己生活的城市进入新晃，领一份夜郎古国的通关文牒，兑换夜郎币，开始"夜郎国里的慢生活"。游客可以到农耕文明园种半天地，去黄牛休闲山庄放半天牛，去夜郎大峡谷探半天险，去十里长街斗半天鸟或鸡，去燕来寺烧半天香，去侗族村落与侗家姑娘对半天歌，去夜郎温泉沐浴半天，进入夜郎王城通过竞选去做半天王，最终禅让王位离开新晃。运用该法需注意下列问题：一是敢于借题，特别是表面看来原本属于其他地区或行业的题目和素材；二是善于选题，综合权衡题目的影响力、拓展性以及与本地资源和产业嫁接的适宜性；三是精于破题，找到截然不同的切入点和利用方式，形成较高的门槛和独特的竞争力，使对方无力回天、望洋兴叹。旅游策划中的其他题目与做法如表4-6所示。

表4-6 旅游策划中的其他题目与做法

序号	名称	含义
1	歪题正做	剑走偏锋，歪打正着
2	假题真做	言过其实，名至实归
3	虚题实做	故弄玄虚，虚张声势
4	远题近做	舍近求远，远交近攻
5	大题深做	大文化选题可以深做、长做
6	快题慢做	快文化的内容可以用慢文化的节奏表现出来
7	同题异做	同样的选题可以做出不同的旅游体验来
8	老题巧做	山水画廊是老题，加入文化的点缀，便有了与众不同的个性
9	中题洋做	东方的文化题材可以借鉴西方的表现手法
10	洋题中做	国外旅游项目可以引进国内来

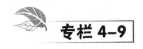 **专栏 4-9**

其他可以借鉴参考的旅游策划方法

• 周作明在《旅游策划新论》中提出的旅游策划十法：原创性运用法、三脉策划法、多方面策划法、条件策划法、移植策划法、结构策划法、逻辑分析策划法、善变策划法、大旅游策划法、出奇制胜法。

• 江金波、舒伯阳、黄伟钊等人在《旅游策划原理与实务》中提出的旅游策划主要方法：头脑风暴、因势策划、时空贯通、三脉协整（三脉即人脉、地脉、文脉）、虚实结合、换位变通（含要素加减、上下变通、大小变通、古今中外变通法等）。

• 王平、王昆强在《旅游策划实务》中归纳的旅游策划七法：创意激励法（头脑风暴法＋德尔菲法）、逆向思维法、资源—环境定位法、另辟蹊径法、重点突破法、串联法（主题/空间/时间串联法）。

• 王衍用、曹诗图在《旅游策划理论与实务》中提出的十二种方法与方略：头脑风暴法、策划树法、逆向策划法（反面求索策划法）、纲举目张法、"跳出地球看地球"法、珍珠串联法、另辟蹊径法、衍生法、四重奏法、重点击破法、精神打包法、文化包装法。

• 刘嘉龙在《休闲活动策划与管理》中总结了休闲活动策划的十种创新方法：深入挖掘法、外部借鉴法、理性预测法、规划整合法、抽样调查法、网络调查法、头脑风暴法、德尔菲法、过程决策程序图法、系统分析策划法。

 拓展阅读

[1] 周作明. 旅游策划学新论[M]. 上海：上海文化出版社，2015：106-122.
[2] 刘玉平. 文化产业策划学[M]. 济南：山东人民出版社，2018：52-75.
[3] 朱敏，熊海峰. 互联网时代旅游的新玩法[M]. 北京：知识产权出版社，2016：37-174.
[4] 孙玉才. 创意策划之诠释与经典案例[M]. 济南：山东人民出版社，2010：39-76.
[5] 杨力民. 创意旅游[M]. 北京：中国旅游出版社，2009：49-59.
[6] 周培玉. 策划思维与创意方法[M]. 北京：中国经济出版社，2007：1-23.
[7] 梁良良，黄牧怡. 走进思维的新区[M]. 北京：中央编译出版社，2001：201-246.
[8] 北京达沃斯巅峰旅游规划设计院. 智绘峰景[M]. 北京：旅游教育出版社，2012：46-111.
[9] 郑耀星，凌坤育. 仿生思维在旅游创意策划中的应用[J]. 资源开发与市场，2016，10.
[10] 邓昭明，王甫园，向文雅. 从"功夫熊猫"看旅游策划的混搭风[N]. 中国旅游报，2016-03-23.

创意语录

知识,百科全书可以替代,可是考虑出新思想、新方案,却是任何东西也替代不了的。

——川上正光

创意是一份全职的工作,而且需要良好的工作习惯。

——特怀拉·萨普

不管市场上有多少产品,永远有改进的空间。

——唐尼·多伊奇

一个新的想法是非常脆弱的,他可能被一声耻笑或一个呵欠扼杀,可能被一句嘲讽刺中身亡,或者因某位权威人士皱一下眉便郁郁而终。

——查尔斯·布劳尔

想象力能带领我们超越以往范围的把握和视野。

——安东尼·罗宾斯

如果您忙得连吃午饭的时间都没有的话,也别太指望会有什么创意产生了。

——西蒙·马杰罗

第五章 旅游策划的创意生成

【学习导引】

按照让·鲍德里亚的观点，消费社会是一个更加关注意义的社会。随着知识经济的深入发展，创意已经成为拥堵的市场中打开竞争优势之门的钥匙、21世纪社会和经济变革的主要推动力、现代社会最重要的财富来源。旅游策划属于创意产业，创意是旅游策划的关键。国内旅游开发中还存在老街千城一面、纪念品千篇一律、游乐项目千形一貌的现象，患上了严重的创意匮乏症。对于不少旅游地来说，最大的短板不在于资源赋存、交通条件、建设资金，而在于创意。在多数旅游策划中，旅游主题创意是旅游策划核心工作环节的起点，项目创意、要素创意、产品创新、营销创意、运作创意是旅游策划的基本关注点，创意的新颖独特程度是人们评价旅游策划水平的重要标准。在创意经济勃兴的背景下，创意与旅游产业发展的各个方面都有着非常密切的联系。有鉴于此，本书专门将旅游策划的创意生成独立成章，围绕"旅游策划的创意是如何孕生的"这一核心问题进行详细阐述，主要内容包括：旅游策划创意的内涵与特征、原理与机制、过程与方法。在理解相关原理的基础上，熟练掌握并运用"三部曲"工作法，对于提高旅游策划效率与质量至关重要。自觉运用文化原型、文化符号、文化基因、文化生态等相关理论，赋予策划对象以原来并不存在、被市场认可的意义，是旅游创意的最高境界。

【教学目标】

1. 理解旅游策划创意的内涵与特征；
2. 了解旅游策划创意生成的三种相关学说；
3. 掌握旅游策划创意的基本原理与内在机制；
4. 熟悉旅游策划创意四个阶段中的相关要求；
5. 熟练运用三部曲工作法形成旅游策划创意。

【学习重点】

1. 旅游策划创意的基本特征；
2. 旅游策划创意生成的基本原理；
3. 旅游策划创意的三部曲。

阿尔文·托夫勒曾站在全球经济与社会发展的高度预言：谁占领了创新的制高点谁就能控制全球！主宰21世纪商业命脉的将是创意！创意！创意！除了创意还是创意！国内业

界理论与实践工作者刘建平、张小可、厉无畏、齐子鹏等人认为，创意是旅游业的生命、旅游产业科学发展的根基，创意是开启旅游价值蓝海的钥匙、中国旅游经济增长的新动力。具体到创意与策划的关系上，则有创意是旅游策划的起点（杨振之）、创意和创新是旅游策划的关键（杨力民）的观点。就时下备受关注的文创赋能来说，文创的根基在"文"（文化），关键在"创"（创意），目标在"新"（优秀文化的创造性转化和创新性发展）。我们认为，在多数旅游策划中，主题创意是旅游策划核心工作环节的起点，创意的新颖独特程度是人们评价旅游策划水平的重要标准。因此，要想全面而深入地把握旅游策划，创意是必不可少的内容和环节，除了阐述清楚旅游策划创意的基本原理，最重要的是能够总结出一套切实可行的工作方法。

本章主要从旅游策划创意的基本概念与特征入手，在借鉴相关学科知识和总结实践案例的基础上，阐述了旅游策划创意的基本原理与内在机制，并结合旅游策划创意过程的分析首次提出了"三部曲"工作法。如果策划师能在深刻理解鲍德里亚的消费社会理论、罗兰·巴特的神话理论、布迪厄的文化再生产理论、皮尔斯的符号互动理论、霍尔的编码—解码理论、德赛图的拼贴理论、巴赫金的狂欢化理论、菲斯克的大众文化快感理论及其他相关理论的前提下，熟练掌握并结合实际情况灵活运用上述方法，将会促进工作效率和质量的提高，有利于解决以"花海木屋玻璃桥，悬崖秋千水滑道，地产演艺马拉松，模仿山寨一阵风"为代表的旅游创意匮乏症。

第一节　旅游策划创意的内涵

一、旅游策划创意的内涵与外延

从 1999 年起，以冯若梅为代表的国内学者开始关注到创意在旅游策划、规划、开发、服务、管理、营销中的特殊意义，在期刊、专著、会议演讲、个人博客中发表自己对旅游创意的看法（如表 5-1 所示）。这些看法虽多属于描述性解释，不构成严格定义，但涉及旅游创意的价值表现、基本要求和内在本质，提供了认识旅游创意的多重视角，具有重要的启发意义。

表 5-1　国内学者对"旅游创意"一词的不同认识

序号	代表人物	基本观点
1	冯若梅	开发旅游新产品的设想
2	田　里	资源向产品转化的点金术，旧元素＋新组合
3	杨振之	它的意义在于提出了一个新问题，更多地依赖个人知识、经验、感受和经历
4	漆　浩	在平淡中出神奇，在一般中突出个性，在全面中显出优势
5	周作明	对旅游项目的构思、畅想和创造性谋划
6	李　烨	创意元素与旅游元素融合产生的具有市场价值并富有创造性的主意

续表

序号	代表人物	基 本 观 点
7	马 勇	人无我有，人有我优，人优我新
8	庄志民	在顿悟和发现中生成，输入端乞援于艺术，输出端依赖于科学
9	李晓琴	凭借自身的经验、知识、信息和策划技能，对旅游项目的内容、形式等进行创造性构思
10	鲁 勇	在一定程度上摆脱资源的束缚，综合各种因素包括资源、环境、市场、社会背景等多方面进行创造

在批判吸收前人相关观点的基础上，本书认为，旅游创意是指主要基于个人的观念、情感、梦想、审美、知识、经验、信息、技能，通过创造性思维产生的，以旅游产品符号价值生产、营销与消费为中心的独特意念和新颖构思，同时也用作动词表述为这一活动过程。从外在形式而言，旅游创意表现为不同形态的既有元素之间的重新搭配，即异态混搭；从基本途径而言，旅游创意主要通过创造性思维生成；从内在本质而言，旅游创意则表现为企业或游客创造出原来并不存在的价值，即价值创新；就关键环节而言，是意义的赋予和符号的生产。

一个科学的概念必须有其内涵与外延。旅游创意的内涵主要体现在以下五个方面：第一，旅游创意的主要依托和基础是个人的观念、知识、经验、信息和技能，也与团队合作创意相关；第二，旅游创意的思维方法和内在机制是创造性思维，与创造力密不可分；第三，旅游创意的核心对象是旅游产品符号价值生产、营销与消费，同时也涉及与此相关的其他领域；第四，旅游创意的表现形式是独特意念和新颖构思，有待细化为具体概念和策划方案；第五，旅游创意具有静态（名词）和动态（动词）两种属性，可以用来描述结果或活动（过程）。旅游创意的外延较为广泛，围绕旅游产品符号价值生产、营销与消费但又不仅局限于这个范围，涉及的主要领域如表5-2所示。

表5-2 旅游创意的主要对象与领域

序号	主要对象	涉及领域	案例
1	旅游发展战略创意	区域旅游发展方向、主题、定位、布局	"中甸"更名"香格里拉"、滇西北旅游规划会议
2	旅游资源开发创意	旅游资源转化为常态体验场所的方式、路径	迪庆普达措、丽江玉水寨、昆明西游洞
3	新型旅游吸引物创意	非传统型旅游景观、活动空间、体验场所	石林台创园、新平褚橙庄园、弥勒东风韵小镇
4	旅游服务与设施创意	游客餐饮、住宿、娱乐、购物、养生、交通设施与服务项目	建水蚁工坊、野象谷"象餐"、墨江紫金宾馆双胞房
5	旅游体验活动创意	游客浸入场景、参与互动的体验活动	瑞丽南菇河"淘宝"、沧源"摸你黑"、丽江老君山飞拉达
6	旅游规划策划创意	旅游概念规划、区域旅游发展规划、详细规划、旅游策划	昆玉红旅游文化经济带总体规划、云南十大历史文化旅游项目策划

续表

序号	主要对象	涉及领域	案例
7	旅游线路产品创意	各类旅游线路、专题旅游产品	澜沧古茶回家之旅、沿着女王的足迹访华、高黎贡山观鸟之旅
8	旅游市场营销创意	旅游形象口号、营销推广、市场开发、信息传播	"马帮进京""艳遇之都""让我听懂你的语言"
9	旅游企业经营创意	各类旅游企业业务开拓、市场营销等经营活动	松赞度假酒店、东巴谷生态文化旅游公司、勐巴拉娜西旅游服务公司
10	旅游管理创意	各类旅游机构的计划、组织、协调、控制、激励活动	一部手机游云南、丽江古城智慧化管理、"旅游啄木鸟"

为了更加全面、准确地把握旅游创意的内涵与外延，必须认清三个问题。第一，构成旅游创意的两个条件是生成新构想、创造新价值。其中，前者是表面形式，后者是内在本质，两者必须同时具备、缺一不可。第二，旅游创意有两类组织形式：基于个人的创意、基于团队合作的创意。前者是旅游创意的基本依托，后者因团队成员相互激发、凝聚集体智慧而独具优势，后者建立在前者基础之上。第三，旅游创意的两种功能指向是生产符号价值、满足精神需求。旅游产品的功能价值可以借助现代科技通过机器设备产生，以满足游客的生理、安全需求，但要想满足游客对更高的层次需要（对应的是符号价值、象征意义与精神文化）的追寻，只有借助于创意才能完成。

专栏 5-1

业界人士对"创意"一词的"另类"解读

魏小安曾利用谐音法对"创意"一词作出发散性解释：①创异——标新立异；②创议——创出争议；③创艺——品味之中见品格；④创亦——空间弹性、不断变化；⑤创翼——心有灵犀、灵动飞翔；⑥创忆——形成记忆、强化回忆；⑦创义——培育仁义氛围、防控商业化；⑧创遗——创造未来的文化遗产；⑨创毅——咬牙才见真功夫；⑩创益——创造效益；⑪创弈——博弈、竞争；⑫创亦——亦此亦彼看变化。

无独有偶，原群也提出了创意"十六字"箴言，对旅游创意策划实践具有丰富的启示。

①创义——挖掘文化内涵、深化并升华文化主题；②创绎——重在演绎、延伸和扩展；③创仪——注重多样化和差异化、力争仪态万千；④创异——讲究新、奇、特、异；⑤创一——做第一、抢唯一；⑥创疑——疑则生议、引发争鸣；⑦创忆——神秘莫测、耐人寻味、唤起回忆；⑧创易——硬件必须完善、方便旅途生活、易于产业联动；⑨创宜——宜游宜旅、宜居宜乐；⑩创夷——吃购安全、行住安心、游乐安闲；⑪创颐——修身养性、健体康疗、颐养天年；⑫创逸——闲情逸致、逸兴云飞、超然自逸；⑬创怡——陶冶性情、怡

然自乐；⑭创翼——旅以游生、亦文亦商；⑮创益——创造效益；⑯创遗——让遗迹熠熠生辉、让新景遗泽后世、创建未来的文化遗产。

来源：魏小安. 新时期中国旅游发展战略研究[M]. 北京：中国旅游出版社，2010：298-301. 原群. 旅游规划与策划：创新与思辨[M]. 北京：旅游教育出版社，2014：90-91.

二、旅游策划创意相关概念辨析

（一）旅游创意与点子、策划

点子是指经过思维产生的解决问题的主意、方法。点子的范畴大于创意，创意是点子中新颖、独特的部分，旅游创意仅是其中与旅游相关的部分。旅游策划需要创意，旅游创意是策划的起点和关键。旅游创意可以脱离旅游策划而独立存在，而旅游策划则是涉及其他众多因素的系统工程。

（二）旅游创意与概念、主题

概念意为人们对事物本质的认识或是反映事物本质属性的思维产物，旅游规划、策划、设计中的概念有相对清晰的表述，且能够规定整体的形式、功能和目的。据此，创意要转化为概念才能被其他人理解，并被评估和实施。主题原指文学艺术作品中所蕴含的中心思想。在体验经济时代，旅游语境下的主题指旅游地提供的核心价值。主题的形成需要创意，但创意不一定只针对主题本身。

（三）旅游创意与创新、创造

在旅游领域，"创造"一词主要与"思维"组合使用，如钱炜编著的《创造性思维与旅游业》。因此，本文主要探讨旅游创意与创新的关系。旅游创意是初步构想，而旅游创新往往意味着后续过程甚至结果；创意来源广泛，创新须经过企业家；创意主要用于与文化、艺术、社会相关的方面，创新则较多地用于经济、管理、技术等领域，包括产品、过程、信息处理、管理、制度、理念、体制、机制创新等。当然，旅游创意与创新的本质是相同的，且旅游创意是创新的源头。因此，创造（新）领域的理论可供旅游创意研究借鉴。

（四）旅游创意与创意旅游

国外学者理查德和雷蒙德指出，创意旅游包含一些旅游者自身的知识增长，强调旅游者的收获和体验。周钧等强调创意旅游是指以旅游者与目的地之间的创意性互动为核心要素的旅游产品。厉无畏等则认为创意旅游指运用创意产业的思维方式和发展模式来重新整合旅游资源、创新旅游产品。据此，创意旅游主要作为一种旅游发展战略、旅游产品类型、旅游活动理念而存在，与旅游创意有本质上的不同。同时，二者之间具有密切联系，创意旅游实质上是旅游创意应用到旅游产业发展中的产物，是旅游创意产业化的重要体现。

专栏 5-2

关于"意义"的若干论述

- 格尔茨：文化的本质是用语言探求意义的过程，而不是科学论证的过程。
- 索绪尔：意义是由围绕它的成分决定的。
- 霍尔：意义并不内在于事物之中，它是人为地生产出来的。事物"自身"几乎从不会有一个单一的、固定的、不可改变的意义。
- 罗兰·巴特：没有什么东西能够逃脱意义。意义永远是一种文化现象，一种文化产物。意义的占有是消费的主要内容。
- 布迪厄：在经济意义上，消费是消费者追求效用最大化的过程；同时，消费又是一个"意义"建构的过程，能够区分趣味、文化及社会关系的过程。
- 王宁：人对意义的需要有两种情况。一是对终极意义的需要，表现为某种信仰、价值和理想。二是精神性产品的需要，包括文学、艺术、娱乐、民俗、教育等等方面的需要。
- 弗兰克尔：人性的基本理念由第一个"三个主题"，即意志自由、意义自由和生命意义组成；生命意义由第二个"三个主题"即创造的价值、体验的价值和态度的价值组成；人类存在的悲剧由第三个"三个主题"即痛苦、罪疚和死亡组成。
- 贝格尔：艺术创意作为一种商品，其符号意义通过作为最终接受者的消费者，与作为符号意义的创造或诠释者的广告和传媒系统之间，以及消费者与消费者之间，进行协商建构，因而更具有社会建构性。

三、旅游策划创意的基本特征

通过对国内外旅游策划创意实践经典案例的归纳，并与以旅游规划为代表的旅游智力成果和以图书出版为代表的其他领域创意进行比较，可以发现，旅游创意具有创造性、内隐性、关联性、体验性、增值性五大特征。

（一）创造性

旅游创意的创造性也称原创性、新颖性、独特性，是指旅游创意必须产生新颖性的构想。创意是金，贵在出新。创造性是旅游创意区别于一般旅游发展构想的根本特征，是旅游创意的灵魂和生命，也是判定旅游创意水平的首要指标。这包括三层含义：旅游创意的生成需要借助创造性思维方法，旅游创意的活动过程因人、因事、因时、因地而异，旅游创意具有新颖、独特、奇异等共同特征。"跟着课本游绍兴"堪称创意，与之相比，"跟着课本游九江""跟着诗文游江西""跟着课文去旅行"（望天树）就不够独特和新颖。

（二）内隐性

旅游创意的内隐性是指旅游创意活动的核心环节是一种表面上看不见、摸不着的内在心理活动，是一个思维活动过程，不同于旅游设施建设、服务提供与管理行为。这一特征为描述创意过程和揭示创意规律带来困难，使创意活动受到思维方法和心理因素影响，使创意过程管理具有灵活、多样、宽容等特征。良好的办公环境可以激发策划师更多的灵感和创意，也能让工作更加轻松和高效。

（三）关联性

与其他创意一样，旅游创意是元素重组或异态混搭。这就是说，旅游创意必须与多种要素相互关联。同时，因为旅游产业的无边界特征和旅游需求的多元化趋势，与其他类型创意相比，旅游创意具有更为突出的综合性。旅游创意的关联性主要表现在：旅游创意与知识、经验、信息密切相关，与文化、科技、生态紧密关联，与资源、需求、社区联系密切。大型历史舞剧《长恨歌》就是以唐代诗人白居易的同名诗歌为素材，运用了国内第一个水中升降舞台、瑞士超高亮度大型影像投影机、意大利香气扩散效果系统，以及美国拉斯维加斯火海技术、LED可折叠软屏技术，创造了当时国内旅游文化演出的若干个第一。

（四）体验性

体验性又称为象征性、符号性，是指经由创意生产出的旅游产品（旅游创意终极对象）不同于惯常环境中的日常用品，它可以创生丰富而独特的旅游体验，具有象征意义和符号价值，能够吸引游客的"眼球"。这一特征主要体现在：旅游创意生成异于日常生活的特殊体验，提供超出功能价值的象征意义，吸引游客足够的注意力。敦煌研究院与腾讯共同打造的敦煌动画剧，运用公益、游戏、音乐、动漫、影视等数字创意方式，创造性地实现了敦煌文化资源向体验式数字文创产品的转化。

（五）增值性

旅游创意可以无中生有，可以变废为宝，可以点石成金，可以锦上添花，可以化腐朽为神奇，可以变梦想为现实，大大推进旅游资源价值实现过程，提高旅游产品的价值和旅游企业的效益。这就是旅游创意的增值性。旅游创意能够转化产品，创造差异，形成旅游地的独特卖点；能够促成销售，提升品牌，增加旅游地的无形资产；能够整合资源，提升功能，提高旅游企业综合效益。

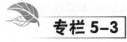

专栏 5-3

那些改变云南旅游版图的创意

- 1986年，英国女王伊丽莎白二世访问云南，旅行社随后推出"女王之路"。

- 1990年，木霁虹等提出"茶马古道"这一学术概念，后成为文化产业品牌。
- 1993年，胡道昌发现了会泽大地缝等新旅游资源点，创作了大量油画作品。
- 1999年，罗平首届油菜花旅游节拉开帷幕，改变了滇东无旅游的格局。
- 2000年，杨丽萍在双廊玉几岛村落户，太阳宫让清净的小渔村变得热闹起来。
- 2001年，王亚军发起申报的剑川沙溪寺登街区入选世界纪念性建筑遗产保护名录。
- 2003年，大番茄传媒机构编写的《丽江的柔软时光》出版，"艳遇之都"不胫而走。
- 2004年，沧源县策划举办佤族司岗里摸你黑狂欢节，成为少数民族节庆创新的代表。
- 2005年，墨江县举办北回归线国际双胞胎节，昆曼大通道上的新兴旅游地开始崛起。
- 2009年，电视连续剧《我的团长我的团》开播，腾冲挖掘多年的滇西抗战文化引起关注。
- 2013年，湖南卫视《爸爸去哪儿》外景拍摄地选在丘北，开发多年的普者黑景区走向全国。
- 2014年，罗旭开始在弥勒长塘子创作"万花筒"，后来成为弥勒万花筒艺术庄园的"地标"。
- 2018年，金飞豹策划发起"七彩云南·秘境百马"美丽乡村马拉松系列赛事，推进体育旅游创新。

第二节 旅游策划创意的机理

一、旅游策划创意生成的相关学说

（一）创造学的相关原理

从本质属性上分析，旅游创意属于广义创造学的范畴。早在20世纪40年代，伟大教育家陶行知先生在《创造宣言》中就提出了"天天是创造之时，处处是创造之地，人人是创造之人"的著名论断。2003年以来，庄寿强、沈明焕、刘文明、何建刚等提出了创造学的一些基本原理，如表5-3所示。

表5-3 国内学者对创造原理的认识

序号	提出者	名称	基本含义
1	沈明焕	可拓原理	创造力人人皆有，并可以通过后天学习训练得到提高
		臻美原理	创造让现存的东西变得更完善、催生原来没有的东西
		简约原理	越简单的方法创造力越大
2	刘文明	超越原理	创造是对历史和现实的超越
		求异原理	求异存在于创造过程的始终
		障碍原理	创造的过程就是排除障碍的过程

续表

序号	提出者	名称	基本含义
2	刘文明	沟通原理	创造就是沟通
		开发原理	创造是开发人与物的潜能的实践活动
		实用原理	实用性是创造和创造学赖以生存和发展的基础
3	何建刚	动力原理	创造无人不需
		主体原理	创造无人不会
		时间原理	创造无时不有
		空间原理	创造无处不在
		普适原理	创造无事不能

在国外，创造力研究已经取得了不少成果，代表性观点如表 5-4 所示。这些观点对于认识旅游创意活动的内在规律都具有重要的启示意义。旅游创意其实也是一种以实用为导向、重视求异思维、改进现有产品、开发旅游资源新功能的创新性活动，个体的创意水平与创造力具有非常密切的关系。

表 5-4　国外学者创造研究代表性成果

序号	提出者	基本含义
1	斯滕伯格（Sternberg R. J）	三维模型理论：创造力与智力、智力方式、人格等一些心理特征密切相关
		投资理论：创造力是智慧、知识、思考风格、人格、动机和环境的汇合
2	阿迈布丽（Amible Terese M）	综合作用理论：创造力是工作动机领域相关技能与创造技能的汇合，环境因素会促进或阻碍创造力
3	吉尔福特（J.P.Guilford）	4P 理论个人（person）、产品（product）、过程（process）、地点（place）
4	蒂娜·齐莉格（Tina Seelig）	六要素：知识（knowledge）、想象力（imagination）、态度（attitude）、资源（resources）、环境（habitat）、文化（culture）

（二）广告学的相关理论

由于广告设计对创意具有高度依赖性，因此广告学是较早对创意进行研究的学科之一，其代表学说主要有魔岛说和组合说，代表人物是美国广告大师詹姆斯·韦伯·扬（James Webb Young）和现代广告泰斗大卫·奥格威（David Ogilvy）。

魔岛说起源于古代水手的传说。魔岛是水手们对大海上突然出现、不可捉摸的小岛的称呼，其实这些小岛是珊瑚礁。魔岛说用比喻的形式揭示出创意活动的基本过程：创意需要经过长期积累和思考，常以灵感的形式在瞬间闪现，需要及时捕捉和记录。该学说指出灵感突现是前期积累的结果，对破除创意神秘论、认识创意过程具有重要意义。

组合说又称元素组合论，该理论认为创意就是旧元素的新组合。大卫·奥格威和詹姆斯·韦伯·扬都曾提出过类似观点，其中后者在广告学名著《产生创意的方法》中直接指出，创意完全是旧元素的新组合。组合说的心理运作历程包括把熟悉的事物陌生化、使新奇的事物变得熟悉两种情况。该学说总结归纳了创意的形式特征，具有普遍适用性。

（三）心理学的相关解释

心理学是关注创意过程和机制的重要学科，很多学者都对创意产生的原理采用观察、实验等方法得出了许多结论，其中最具代表性的是天才说和迁移说。

天才说认为，创意并不需要苦苦求索，天才的策划家天生就有这方面的突出才能，也就是说，创意来自遗传。天才说无限制地夸大了遗传因素的作用，忽视了后天环境影响的作用和意义，是片面的、不确切的。

迁移说认为，创意是一种迁移。所谓迁移，就是用观察此事物的办法去观察彼事物，就是用不同的眼光去观察同一个现象，就是采取移动视角的办法来分析问题。通过视角的迁移，人们可以很简单地创造出众多新鲜的、交叉的、融合的、异化的、裂变的、创新的事物。在心理学中，迁移理论主要包括概括化理论、共同要素说、图式理论，各自在一定程度上说明了不同领域的知识、技能之间产生迁移的原因。

此外，还有人提出了创意的变通说。这种理论认为，改变用途、结构、原料等等是创意的重要源泉。在创意领域有着广泛适用性的和田12法中的加一加、减一减、扩一扩、缩一缩、搬一搬、代一代、变一变、改一改、反一反等都是变通思维的体现。

专栏 5-4

来自 100 位世界上最伟大的思想家的创新思维策略

迈克尔·米哈尔科（Michael Michalko）分析了100位世界上最伟大的思想家，发现创造力与智商并无直接联系，关键是要有生产型的思维方式，也就是创新思维方式。他从研究中总结出9种类简单易行的创新思维策略，合称米哈尔科创意思维九大法则。

- 看了又看（多角度来看待问题）。
- 画出你的想法（用图解的方式进行思考）。
- 一百个烂点子里总有一个好点子。
- "混搭"也能出惊喜。
- 有意识的"随机"碰撞思想的火花。
- 看到另一面（转换某一行业或领域中普遍的想法）。
- 跨界跨出好想法。
- 擦亮你发现创新的眼睛。
- 让合作成长为一种热情。

来源：[美]迈克尔·米哈尔科. 米哈尔科创意思维9法则[M]. 曲云, 译. 北京：中国人民大学出版社, 2010.

二、旅游策划创意生成的基本原理

旅游创意可视为创新性解决问题的过程，这一过程是通过拓展项目要素并实施变换的过程，也是通过创造性思维实现价值创新的过程。据此，旅游项目创意的基本原理可以归结为：问题解决策略——创新论、项目要素拓展——变换论、旅游创意现象——本质论，三者之间的关系及其在旅游项目创意活动中的应用如图 5-1 所示。

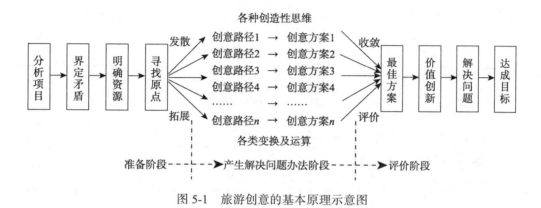

图 5-1　旅游创意的基本原理示意图

（一）问题解决策略——创新论

从问题解决理论的角度看，旅游项目创意可以看作是在特定的约束条件下，创新性地提出旅游项目构思，以解决问题（旅游经营资源、投入与旅游体验需求、效益之间的矛盾）的过程。因此，问题解决策略、创新理论在一定程度上揭示了旅游项目创意的实质和过程。

1. 问题解决理论

问题解决是人类的基本认知能力，联想主义理论家、格式塔心理学家和信息加工论代表人物对问题解决的过程、机理和策略进行了研究，提出了问题解决理论。该理论认为，问题解决行为即一系列有目的指向的认知加工序列，加工的组合方式不同，就可以解决不同的问题。解决一个复杂问题的过程就是一个将基本加工组合再结合直至问题解决的过程；问题解决可以分为三个阶段（如图 5-1 所示）。常用的问题解决策略有搜索策略、目的—手段分析策略、爬山法、类比迁移、顿悟等。改进问题解决的策略有扩展问题空间、转换问题表征方法、适当借助已有经验、增强思维灵活性（如具体化、"爆炸"技术、侧向思维）等。

2. 各领域的创新理论

创意是金，贵在出新。创新性是旅游项目创意区别于一般旅游发展构想的根本特征，是旅游项目创意的灵魂和生命，也是判定旅游项目创意水平的首要指标。创新是个体根据一定的目的和任务，运用一切已知的条件，产生出新颖、有价值的成果的认知和行为活动。在经济学中，熊彼特认为创新就是要建立一种新的生产函数，包括产品创新、技术创新、市场创新、资源配置创新、组织创新。在管理学领域,德鲁克指出了创新机遇的七个来源,即意外事件、不协调的事件、程序需要、产业和市场结构、人口统计数据、认知的变化、新知识。这为识别旅游项目创意机遇、拓展创意领域提供了理论指导。

3. 问题解决的创新策略

问题解决的创新策略就是指创新性地提出问题、分析问题和解决问题。问题解决的创新策略模式包括四个部分,如表 5-5 所示。这对解释旅游项目创意内在心理过程、影响因素及提升策略十分重要。

表 5-5 问题解决的创新策略模式

序号	名称	具体名称
1	创新过程	提出问题、寻找资料、弄清问题、生成方案、寻找标准、选择方案、接收方案、实施方案、回顾总结
2	创新的心理操作	发散加工和收敛加工
3	创新的非认知调控	激励创新动机、调动创新情绪、培养开放性、重视独立性、保持严谨性
4	创新障碍及其克服	认知障碍、情绪与动机障碍、文化环境障碍及其克服

(二)项目要素拓展——变换论

一般而言,旅游项目是基于旅游资源与需求,旨在向游客提供旅游吸引物、活动、设施、服务,创造经济、社会、生态效益的载体。根据可拓学的思想、理论与方法,界定问题、进行拓展和实施变换可以为旅游项目创意生成提供重要思路。具体运用步骤如表 5-6 所示。

表 5-6 运用可拓学原理生成旅游项目创意过程及示例

序号	步骤名称	具体内容列举
1	调查某种需要	自己拍照、自己设计……
2	发现该需要不满足的原因	摄影师拍照
3	变换上述原因	置换"摄影师拍照"为"自己拍照"
4	确定初步方案	自我造像
5	拓展	自己化妆、自己设计、自己选景……
6	变换	自我照相,自己设计+自我照相,自己化妆+自己设计+自我照相,自我照相+摄影师协助……
7	评价	"自己设计+自我照相"优度最高
8	确定最优创意	自我造像馆(自己设计+自我照相)

1. 界定矛盾问题

矛盾是普遍存在的,同时又是相互转化的。在旅游项目创意中也存在各种各样的矛盾问题，大致可以分为三类，即主客观矛盾问题（又称不相容问题）、主观矛盾问题（又称对立问题）、客观矛盾问题。借助可拓学的理论与方法，从界定、分析、解决矛盾问题入手，采用可拓模型表达矛盾问题，借助可拓学提出的各种矛盾问题处理工具，运用形式化的方法生成解决矛盾问题的方案，据此形成各种创意。

2. 进行多种拓展

可拓学认为，事物是可以无限拓展的。旅游开发实践证明，旅游资源、需求、产品等都具有可拓性。旅游项目创意中的拓展包括两个方面，一是资源拓展，二是目标或条件拓展。项目资源拓展是指除了可控资源，还要积极利用虽不为项目所有但可为项目所用的外部资源。目标或条件拓展是指，列出问题的目标和条件后，通过发散树、相关网、蕴含系、分合链四类方法对目标或条件进行拓展，即拓展对象、拓展特征、拓展量值、拓展规则、拓展对象所在领域、拓展对象所处环境。拓展可以从一个对象出发，得到许多能够被使用的事物。

3. 实施各类变换

当采用一般的路径无法直接解决问题时，可以考虑通过变换的方法寻找另外的解决方案，涉及变换目标、变换条件、同时变换目标和条件三种情况。具体而言，通过五种基本变换（置换、删除、扩缩、组分、复制）和四种基本运算（与、或、积、逆）把原有的对象、特征、量值、规则、领域、环境进行变换，就可以得到不同的创意方案，如表 5-6 所示。例如，对观赏野象地点实施变换，就可以得到空中观象走廊、树上观象台等创意；把观赏野象规则实施变换，就可以得到树上旅馆、观象餐厅等创意。

专栏 5-5

简单实用的物元变换模型

建立物元模型，通过各种变换去寻求事物的解是可拓学解决不相容问题的一般方法。这一模型可以表达为：$R=(N,c,v)$。其中，N 为策划对象或策划系统中某一事物的名称，c 为某一方面的特征（如高度、温度、距离、面积、颜色、主题、功能等），v 为某一特征的量值（如温度的变化值 22℃、0℃、–5℃等）。

以特色住宿场所为例，选择"价格"特征，变换量值可以得到不同档次的酒店，如奢华酒店、高级酒店、中档酒店、经济型酒店等。如果选取"位置"这一特征，可以改变表述为"距离地面的位置"，以便量化。若量值设置为 0 米，则为一般酒店；若量值变为 200 米，可能是悬崖酒店、起重机酒店或其他形式的空中酒店；若量值变为 3 米，可能是树上旅馆（树屋酒店）；若量值变为–90 米，就变为深坑酒店、洞穴酒店或矿洞酒店了。以此类推，可以产生无数关于特色住宿场所的创意。

来源：蔡文. 创意的革命[M]. 北京：科学出版社，2010：79-80. 有改动。

(三)旅游创意现象—本质论

从表面现象或外在形式上来看,旅游创意表现为不同形态的既有元素之间的重新搭配,即异态混搭;从基本路径而言,旅游创意主要通过创造性思维生成;从内在本质而言,旅游创意则表现为价值转化与创新。

1. 异态元素混搭

从外在形式而言,旅游创意表现为不同形态的既有元素之间的重新搭配,即异态混搭。"既有元素"指原来存在的事物,既包括旅游资源和产业要素,也包括与旅游没有直接联系的事物,这些元素越多,产生创意的概率就越大。"重新搭配"是指根据旅游需求将创意对象与其他要素借助科技、工程与其他手段创新性地组合在一起,产生新的功能和体验。一般而言,搭配的方式包括多角度、多途径的搭配,超时空的搭配,跨学科、跨领域的搭配,看似不合逻辑的搭配。同时,搭配中应强调文化、科技与生态三个维度,如表 5-7 所示。例如将普通的秋千与音乐、LED 灯光混搭在一起,可以让使用者在摇摆的同时感受到不同的视听享受。"共振灯森林"则是将 LED 灯具、传感器混搭在一起,将几千个穆拉诺玻璃制成的 LED 灯具悬挂在空中,灯上的传感器会随着人们的行为而产生感应、发出绚烂的光线,摄人心魄。

表 5-7 旅游创意中"异态混搭"的三个维度

序号	名称	含 义	列 举
1	文化维度	考虑历史文化、民俗风情、社会传统	湖北恩施腾龙洞策划土家族歌舞表演《夷水丽川》
2	科技维度	充分利用现代科技手段增强游客体验	山东沂水借助科技建设雪山彩虹谷景区
3	生态维度	注重生态环境的特殊属性与多元功能	云南金平利用独特生态环境开发蝴蝶谷

2. 创造性思维

创造性思维是人们在创造过程中所特有的、高层次的、复杂的思维活动,是旅游创意内在过程的奥秘所在。关于旅游创意过程中的创造性思维,主要观点如表 5-8 所示。

表 5-8 旅游策划中创造性思维的四种学说

序号	名称	核 心 要 点
1	完形—结构说	创造思维"和整体特征密切相关的,随着整体特征而运算,由情境结构上的实际需要所决定";"组合、定出中心、重新组织"等要素起主要作用
2	发散—集中说	创造性思维的核心是发散思维。发散思维与收敛思维之间的相关性极高,创造性思维过程包括二者相互衔接或交替的阶段
3	综摄—重组说	综合就是创造。没有综合化,就不会产生伟大的文化和伟大的人物
4	灵感—突变说	光靠形象思维和抽象思维不能创造,不能突破,要创造突破就得有灵感

3. 价值转化与创新

价值转化与价值创新是两个既有联系又有区别的概念,与旅游项目创意有着密切关系。

价值转化是指将没有价值或者价值低的东西转变为有价值或者价值高的东西，也包括某从一事物原有价值拓展出其他方面的衍生价值。变废为宝、点石成金就是对价值转化的形象描述。价值创新是指通过对现有行业模式概念的根本性改变以及重建现有的市场边界来创造显著的客户价值并实现企业的高速成长。企业家对影响顾客价值的因素从战略的高度进行思考，总结出一些基本方法以创造出一种更优越的价值曲线，如表 5-9 所示。

表 5-9　旅游策划中价值曲线创新的四种形式

序号	名称	关注焦点	列举
1	消除	本行业认为理所当然的要素中哪些应该被消除掉	经济型酒店
2	增加	哪些本行业从未有过但游客需要的因素应该被创造出来	夜间旅游演艺
3	提高	哪些因素应该提高到旅游行业平均水平之上	航班上的餐食
4	降低	哪些因素可以降低到旅游行业平均水平之下	非必要配套服务

三、旅游策划创意的内在机制

旅游创意是一个复杂的维过程，既受到个体智力、知识、思维风格、人格特质、动机的影响，又受到外界环境诸要素的制约。旅游创意生成的内在机制可以表述为如图 5-2 所示。

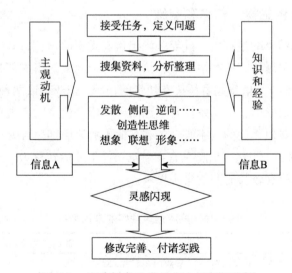

图 5-2　旅游创意生成的内在机制示意图

（一）旅游创意的前提：主观动机

旅游创意的主观动机是创意活动的动力因素，它能推动与激励个体投入和维持创意活动。正确、高尚的创意动机能够推动人们克服各种障碍，充分调动创造性思维，孜孜不倦地进行思考和探索。强烈的责任感、事业心、求知欲、好奇心是树立高尚的创意动机的必要条件,适度的物质刺激和精神激励是形成创意动机的外部因素,适当的压力对于创意动机的形成具有一定的促进作用。

(二)旅游创意的基础:知识和经验

旅游创意从本质上来说是各种与旅游相关的旧元素的新组合。所谓旧元素实质上是创意的原料和素材,而新组合则是建立联系的过程。古人云:巧妇难为无米之炊。旧元素的数量和质量不但意味着原料和素材的多少和好坏,而且直接影响着和其他元素建立联系的数量和水平,因而在很大程度上决定着创意活动的成败。通常而言,个体的知识越渊博,经验越丰富,视野越开阔,创意活动的成果也就越多。

(三)旅游创意的方法:创造性思维

如果说旧元素是通过知识、经验、实地考察、查阅资料来获取的,那么新组合则是通过创造性思维来完成的。从这个意义上说,旅游创意是创造性思维的产物,是个体运用创造性思维方法进行一段时间的集中思考、智能聚焦之后产生并通过各种形式表现出来的。这里提到的创造性思维是指新颖、开放、求异、灵活、积极、主动的思维方式和方法,以发散思维,包括联想、想象、知觉、灵感、顿悟、类比、逆向、侧向思维为代表。应该指出的是,产生合理、可行的旅游创意的创造性思维是建立在逻辑思维基础之上的。

(四)旅游创意的触媒:信息和刺激

在旧元素建立新组合的过程中,外界刺激担负着重要的角色,其中的典型代表信息被誉为旅游创意产生的引爆器。有些情形下,信息作为旧元素的组成部分起着原料和素材的作用;在另外一些情形下,信息起着桥梁和纽带的作用,把两种或两种以上的旧元素联系、组合在一起;在少数情形下,信息发挥着上述两种作用。信息的表现形态多样,与创意对象相关的资料、表面看似无关的文字媒介、和其他人的谈话都蕴含着可能触发创意的重要信息(如表 5-10 所示)。当然,信息只有在一定条件下才能转化为创意的触媒,其条件就是较为强烈的创意动机和较长时间的集中思考。

表 5-10 旅游创意触媒的来源列举

序号	案例	触媒类型及来源
1	张善久将四门洞升级为地下荧光湖	参观山东农业大学标本馆
2	叶文智为黄龙洞内的石头买保险	保险推销员与门卫的对话
3	饶文云开发"一寨两国"景区	"出境一日游"停办、游客不出国就能体验异国风情的隐性需求出现
4	美术设计师夏一栋研发"盐城礼物"	受到无锡惠山泥人的启发
5	李向宇设计 Q 版兵马俑秦 BB	与兵马俑"亲密接触",借鉴自己的脸型
6	永嘉陈友日在村子里搞"婚纱摄影"	在家中与开影楼的朋友之间的闲聊

（五）旅游创意的规则：六条规则

在满足上述基本条件的基础上，旅游创意活动中表现出一些具有普遍意义的规则，主要有超越定式、多元思维、诱导激发、万物全息、信息交合、衍生裂变，合称旅游策划创意的六大规则，具体含义如表 5-11 所示。

表 5-11 旅游策划创意的六大规则

序号	名　称	基本含义
1	超越定式	克服来自书本、行业权威、原有经验等方面的思维定式
2	多元思维	综合运用多种思维方式和逻辑方法
3	诱导激发	旅游创意需要一种触发机制来诱导和激发
4	万物全息	宇宙万象之间是相互映像、相互包含的，联想相干、组合变化会产生新构思
5	信息交合	两位以上的人员相互交换信息、交流思想，会促进新点子的产生
6	衍生裂变	创意可以像原子弹爆炸裂变出无数个中子那样衍生出无穷个新创意

在实践中，旅游策划创意的产生经常是多种因素综合作用的结果，既有触媒信息的激发，又有某种社会经济的需求背景，也离不开创意人物的个人努力。2012 年，美国迈阿密发生的"食脸案"在全球范围产生极大反响，许多人都认为这名食人脸的男子就是传说中的"食脸僵尸"。但警察调查后发现，他很有可能是在吸食毒品后才做出这种异常举动的。事件过去后，人们却依然津津乐道，"僵尸"话题又大热起来，许多人甚至为了即将到来的"僵尸末日"而做准备。受到这股僵尸热的启发，日渐衰落的工业城市底特律市希望建立"僵尸公园"，重振经济。自从受到经济危机的重创以来，底特律汽车工业一蹶不振，市内的工业区形成独特的荒凉景观。对此，他们想出一个妙招开发废墟，利用这些萧条的景观打造"僵尸世界"。实际上，主办方是想将底特律某小区改装成僵尸横行的样子，成为一个超现实的主题公园。如果办起来，它或许可以成为底特律的一个特色景点，制造更多的旅游需求和就业机会[①]。

专栏 5-6

"邪派"高手叶文智与音乐家谭盾的一次思想碰撞

有一次，谭盾从美国回来，约着几个朋友一起吃饭。席间酒到微酣处，谭盾突然提到想在老家长沙建设一所"中国稻田原生态艺术基地"。这个想法的灵感来自飞机快降落时，从窗外看到了黄花机场旁的稻田，那种自然之美引发了这位艺术家无限遐思。话题一抛出来，朋友们就开始你一句我一句地聊开了。奇怪的是，平时话多的叶文智却假装没听见一样，半天没吱声。

---

① 陈周. "鬼"生意[J]. 晚报文萃，2013（15）：72.

就在筵席将散之时，叶文智开话了："我觉得这'稻田原生态艺术基地'不但可以搞，而且还能大做文章。比如，这稻田就可以选择在望城雷锋纪念馆附近啊，那里不仅有更漂亮更原生态的稻田，还有很深远的纪念意义，而且前期可以借用雷锋纪念馆的旅游资源优势，人气旺了后，优势可以互补。稻田里要种什么稻子？那也是学问。可以考虑建个'水稻之父'袁隆平馆，稻田里就种隆平高科技培育出来的水稻。基地建起来后，可以举办一年一度的'国际乡村音乐节'，借谭盾兄在国际的影响力和人脉，把国际乡村音乐的舞台搬到这里来，也是一个很好的中西方文化交流平台。另外，还可以办一家艺术学院，但必须引进国际品牌，这样在造知名度和培养人才上会要少走一些弯路。能想象那个场景不——'每株稻穗上都飘着音符'。"

来源：茅以宁. "邪派"叶文智[J]. 信息产业报道，2006（5）：34-36.

第三节　旅游策划创意的过程

一、旅游策划创意过程的相关学说

关于创意产生的过程，国内外无数专家进行了研究，总结出了不少观点，为探索、旅游策划创意的形成过程提供了启示。

（一）米哈尔科的创意五步骤论

迈克尔·米哈尔科认为，创意有时会在不经意时突然出现。现代科学早就认识了这种现象，但是不能解释它发生的原因。创意的五个步骤分别是：确认挑战、前期准备、心理指引、酝酿、豁然开朗。酝酿有助于克服自我设置的障碍，你的思维会更有条理，更能处理概念、模式，甚至荒谬想法的组合。

（二）大卫的成功创意六步法则

大卫·科得·默里认为，创意是新的有用的点子，几乎每个新点子都是用旧点子构建出来的，新的创意需要聪明地借鉴他人的原有思想和已有的成果。在此基础上，他提出了成功创意的六步法则，即界定、借用、组合、酝酿、评判、增强。

（三）斯滕伯格的创意大师十步曲

罗伯特·斯滕伯格和陶德·陆伯特总结具有创造力的人所采取的基本步骤，提出了"创意大师十步曲"，即：①重新定义问题；②寻找他人没有看到的东西；③学会区分好主意和坏主意；④不要认为一定要在某领域知道一切事情，才能做出创造性贡献；⑤培养整体思维风格；⑥在障碍面前坚持努力，不盲目冒险；⑦发现并利用你的内在动机；⑧发现或创造一种能够奖赏你喜欢做的事情的环；⑨创意所需资源是交互的而不是附加的；⑩做出能够培养创意生活方式的决定。

（四）霍金斯的五大环节论

"创意经济之父"约翰·霍金斯认为，创意包括五个环节，可以表述为 RIDER，即回顾（review）、孵化（incubation）、梦想（dreams）、兴奋（excitement）、现实检测（reality checks）。

 专栏 5-7

创意战略直觉：把握未来创意发展方向

创意战略是创意者和应用者为了提高创意产品和服务的市场竞争能力，围绕创意产生过程制定的一系列长期的、带有根本性的总体发展规划和行动方案。促成创意战略的产生，常常不是准确无误的构想或奇迹般的推理，而是多年实践经验的积累、多次头脑风暴讨论会的思想碰撞以及面临挑战把多种事物随机联系到的突破性的创新。这种创新性的对未来创意发展方向的把握被称为创意战略直觉。

创意战略直觉的产生可以分为三个步骤。第一，勾勒轮廓。在脑海中勾勒出某个特定的、真实存在、没有明确解决方法的战略挑战，知道需要解决什么问题，强化创新意识。第二，寻找方法。尽可能多地找出解决相关问题的先例，列出"解决方法清单"。清单越详细，就越有可能包含那些与突破性创新相联系的关键点。第三，智能重组。在"解决方法清单"的基础上列出"见解矩阵"，在第一列列出战略挑战中需要解决的各个问题，第一行则列出适用于这些问题的公司和先例。设立一个正确的框架，把挑战分解成几个组成部分，然后把创意思维与具体情景相结合，激活创意战略直觉，产生像坎德尔教授所阐述的情形：大脑在记忆库中搜索到了相关记录，这些记忆与新刺激物相结合，然后灵光一闪——"我找到了"，一个新奇的想法就突然诞生了。

来源：生奇志，单承斌，徐佳佳. 创意学[M]. 北京：清华大学出版社，2016：69.

二、旅游策划创意过程的四阶段论

从表面上看起来，创意似乎是"眉头一皱，计上心来"，但在实际上，创意是一个"十月怀胎，一朝分娩"的复杂思维过程，可以将其分为准备期、酝酿期、豁朗期、完善期。

（一）准备期

创意不是空中楼阁，也不是闭门造车，而是充分准备基础上的妙手偶得。策划人在接受策划任务之后，在创意之前，往往有一个充分准备的过程。准备期的主要任务是界定问题、明确目标、搜集信息。在这一阶段，策划人往往围绕策划主题，根据相关度由远及近、由粗及细，大量收集浏览相关的知识和资料，收集并分析研究同类问题创意的经验与教训。

在准备期，需要注意三个问题：信息储备多多益善，不要急于求成，出现灵感时及时记录。

（二）酝酿期

在充分收集了大量相关资料信息后，策划人大脑中已经储备了大量的创意素材，对策划主题也有了一个比较全面的认识，此时，就可以进入创意的第二个阶段——酝酿期。酝酿期需要对所要解决的问题进行周密的、多角度的、反复的思考。这一阶段，就可以把上一阶段记录的那些零星的思维火花，进行逐个分析。这些思维的火花有可能是谬误，有的可能是不现实的，有的在解决问题方面可能实际价值不大。因此，策划人往往要经过较长的酝酿期。在这一时期可能需要花费相当大的劳动，但仍然百思不得其解，处于停滞状态。人们的思维在探索、在多方寻找解决问题的新思路，苏联心理学家巴甫洛夫把这种现象称为相互诱导。这一时期应注意讨论与交流，详细记录取舍理由，改进源创意产生新创意。

（三）豁朗期

在经过长时间的充分酝酿后，策划人员就策划主题重新进行全面思考或审视，或者暂时把它放下来进行别的活动甚至休息、放松之后，创意在不经意间闪现刺激，使人眼前一亮、豁然开朗、令人振奋，百思不得其解的问题一举突破。豁朗期的到来，也可以说是一种科学意义的灵感和直觉作用的结果。在豁朗期，旅游策划人员应注意适当安排休息或娱乐活动，重视直觉或灵感的作用，及时将创意记录下来。

（四）完善期

完善期是对豁朗期所提出的创意进行验证补充和修正完善，使之趋于合理可行。完善的方法主要有两种。一种是直接验证，即通过实践来验证，看这种创意是否有效，然后进行修改、完善。直接验证虽然可靠，但局限性很大，有些创意不可能或不允许进行直接验证。另一种是间接完善，一般是由策划人头脑中用推论的方式进行的，通过推论，淘汰错误的成分，保留合理的成分，形成最合理的创意。在此阶段需要注意的问题有以下三个方面：尽可能形成创意链，推论尽可能周密，尽量多听取其他人员的意见。

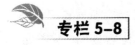

旅游策划团队作业中的创意管理

在旅游智力与创意服务机构中，为了提高质量和效率，创意策划项目一般都是团队合作完成的。为了更好地促进创意的涌现、提高创意的质量、增强组织的创意能力，部分企业专门设立了首席创意官（chief creative officer，简称CCO）。下面列出的是有关创意管理的一些基本观点。

- 创意管理的四个目标：激发全体员工的创新意识，充分利用集体智慧；让全体员工得到尊重，发挥更高的积极性；迅速将创意应用到实际工作中；促使创意管理持续。
- 创意管理的八大法则：树立目标，勇于向前；掌握信息，力求主动；有效领导，追求效益；尊重人才，容忍失误；积极"狂热"，敢想敢干；培植"知产"，轮调培才；品管质优，注重声誉；营销有道，拓展顾客。
- 狄西蒙创意管理九训：放飞梦想，共享专长，重视新品，高调表彰，及早说"不"，轮调海外，增加研发经费，自我节制。
- 创意团队管理的四大关键：百花齐放，有差异才有火花；"煽风点火"，先求广再求精；去芜存菁，精心挑选创意；与时俱进，适时安排创意课程。

来源：王珉. 创意学理论与案例分析[M]. 杭州：浙江工商大学出版社，2012：71-77.

三、旅游策划创意的三部工作法

在以上各种方法基础上，结合多年的实践与反思，提出一种具有操作性的综合方法，那就是破（突破）—连（连接）—选（优选）旅游创意三部曲。图5-3以陆良沙林的"沙"为例，说明了这一过程。

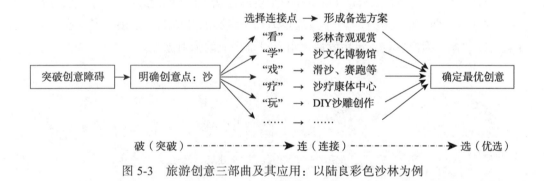

图5-3　旅游创意三部曲及其应用：以陆良彩色沙林为例

（一）破：突破

"破"是旅游创意的第一步，只有突破现状、跳出原有框架才可能产生新的构想，正所谓不破不立。

在旅游创意中，"破"主要表现在突破思维定式、传统认知和项目资源现状三个方面。思维定式是存在于人脑习惯使用的工具和程序，其形式化的结构和强大的惯性容易导致遇到问题时头脑的自我应答，是旅游创意的最大障碍。传统认知包括既有的知识与经验，往往束缚着新构想的产生，是创意的重要制约因素。项目资源现状与开发条件容易限制创意人员对未来发展的想象，影响着创者的激情与意志。例如提到溶洞就想起钟乳石、石笋、石柱，说起水库旅游就想起水源地保护政策的限制，看到开发条件不好、发展陷入困境的旅游区就受制于现状而不敢大胆进行创意。

旅游创意人员应不断强化自己的创新意识，自觉弱化书本、经验、权威、从众、非理性定式，培养敢于质疑的精神，勇于挑战既有的规则。一般而言，"破"有两种基本思路：改变事物的原有定义、活动的原有规则、关系的原有属性，分解对象的客观结构、活动的基本环节、关系的构成要素。

在"破"的过程中，除了动机、兴趣、激情、情绪、意志等非智力因素以外，旅游创意人员的视角泛化起着十分重要的作用。所谓旅游创意视角泛化，就是指借助头脑本身具有的转换认知框架的能力，从非同寻常的角度去观察旅游项目的建设条件、资源依托、发展前景与要素设计，使事物显现出以前尚未发现的不寻常属性，以促进创意的产生。

（二）连：连接

"连"是旅游创意的第二步，只有与其他领域的事物连接、搭配、组合，才有可能产生新功能或新事物。根据前面的异态元素混搭说、综摄—重组说等理论，旅游创意就是旅游项目元素与其他领域不同元素之间的混合搭配、重新组合。例如，云南民族村是云南各地不同民族村寨景观与文化活动的组合，桂林夜游旅游项目是环境整治、景观亮化、乘船游览的连接，四川大英死海项目就是盐卤、漂浮、康体、娱乐的搭配。

一般而言，"连"包括一个点与另外一个点的连接（即单线连接）、一个点与另外千百个点的连接（即辐射连接）、一个点通过另外一点影响其他点的连接（多维连接）。图5-4就是以"禅"为出发点，运用发散、组合思维形成的辐射连接。

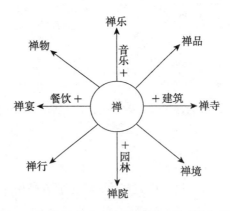

图 5-4　旅游创意中连接的应用：以"禅"为例

在旅游创意实践中，"连"可以分为两个不同的环节，即发散和连接。其中，前者提供关联要素的来源，回答了"和谁相连"的问题；后者则说明连接的方式，解决"如何连接"的问题。发散体现的是创意人员思维的广度，可以扩大联想的范围和数量，提供尽可能多的备选连接对象，因此被称为旅游创意的关键。作为一种思维方法，发散应坚持"怎么都行""禁止批评""推迟判断"原则，寻求尽可能多且方向各异的新信息。可拓学采用基元模型这一形式化的方法为创意人员提供了发散思维工具，指明了发散的方向，提高了思维效率和质量。

对于连接而言，其方式可以大致分为如下四种：多角度、多途径的连接，超越时间、空间的连接，跨学科、跨领域的连接，看似荒谬、不合逻辑的连接。在旅游创意中，多数都是综合使用上述连接方式，以提高创意的新颖性、独特性，如笔者为中国普洱茶文化城（普洱古府）提出的"知府"迎宾（城门）、"知府"茶宴（城楼）、"知府"问茶（衙署）、茶企品牌展示（会馆）、茶工艺品街（城墙内部）等。

（三）选：优选

在经历了"破"和"连"之后，会同时产生数量不等的创意备选方案，这时就进入"选"这一环节，从中选出最佳创意。因为旅游项目类型多样，创意遴选的标准也有所不同。不过，一般而言，遴选项目创意的主要标准包括新颖独特程度、游客体验指数、技术难度、实施成本四个方面。除了上述基本标准，优秀的旅游项目创意还应考虑与文化原型的契合度，以便在最大程度上获得认同。

在创意优选阶段，关键工作就是确定理想方案的标准，尽量采用科学的方法评估各方案，在此基础上选出最佳方案。为了提高这一工作的科学性、避免个人主观臆断，不同的学科提供了自己的方法。在心理学领域，人们关注到了直觉在创意方案遴选过程中的特殊作用。当然，这里的直觉是以一定的知识和经验为基础的潜意识心理思考的结果，并且，如果时间允许，最好在直觉判断的基础上有所验证。在思维科学中，倡导水平思考的英国学者爱德华·德·博诺（Edward de Bono）提出的"六顶思考帽"从六个不同的方向对方案进行全面评估，有利于克服创意遴选中的片面性（如表5-12所示）。可拓学则突破了定性评价的弊端，采用数学的思想，提出了根据社会、经济、技术及可行性等方面标准，赋予不同的权重，进行定量评价，根据优度确定最佳方案的方法。

表5-12 爱德华·德·博诺的"六顶思考帽"

序号	名称	基本含义	戴帽人的职责
1	白（客观帽）	事实和资讯	关注客观事实和数据
2	红（情感帽）	感觉、直觉和预感	表现自己的情绪，表达直觉、感受、预感等方面的看法
3	黄（乐观帽）	价值与肯定，正面观点	从正面考虑问题，表达乐观的、满怀希望的、建设性的观点
4	黑（谨慎帽）	警示与批判，否定和质疑	合乎逻辑地进行批判，尽情发表负面意见，找出错误
5	绿（创造帽）	创造力和想象力	发挥创造性思考、头脑风暴、求异思维等功能
6	蓝（指挥帽）	控制和调节	控制各种思考帽的使用顺序，管理整个思考过程并做出结论

上述方法各有优劣，在实际工作中往往根据实际情况将其两两结合起来使用。在遴选创意的过程中，除了评估方案之外，还应树立一种理念，那就是：对方案的积极评价比简单的排除更重要，每一种创意方案都有可取之处，吸收各创意方案的长处、对遴选出的方案进行改进，可以得到更优秀的创意。

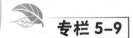

专栏 5-9

旅游项目创意扑克牌

为了帮助初学者提高旅游项目创意的效率和质量,笔者设计了一副"创意扑克牌"。在旅游项目主题概念暨创意发散点确定之后,可以依次与扑克牌中的任何一张所代表的事物或意义进行连接,看看可以催生哪些点子。

- 梅花 1~13:分别代表食、住、行、游、购、娱、康、体、思、教、修、创、投,涉及的是旅游活动六大要素和一些新要素。其中,新要素可以根据需要自行替换。
- 方片 1~13:分别代表亭、台、楼、阁、廊、馆、堂、院、村、园、谷、街、场,涉及的是旅游项目的常见物质表现形态。
- 黑桃 1~13:分别代表古老、民族、文艺、真实、原始、自然、美丽、神圣、宗教、诗意、科技、时尚、绿色,涉及的是受欢迎的旅游项目普遍具备的一些气质。
- 红桃 1~13:分别代表逃避、回归、放松、健康、情感、交往、求知、探索、挑战、商务、声望、地位、自我实现,涉及的是常见的旅游动机。

当然,使用者也可以根据需要自行赋予每张扑克牌以不同的内容或意义,或者对其中某张进行细化(如将艺术分解为音乐、舞蹈、雕塑、书法、绘画、影视、文学等),也可以形成二副甚至更多的创意扑克牌。

四、旅游策划创意优化的策略

在旅游策划实践中,创意产生之后多数会经历一个不断优化、改进和完善的过程,以更加符合独特新颖、价值创新、意义强烈的要求。从意义赋予这一本质上看,创意应对目标市场具有明确而强烈的意义。策划师可以参照史蒂夫·迪勒(Steve Tiller)、内森·谢佐夫(Nathan Shedroff)、达雷尔·雷亚(Darrell Rhea)在《意义建构》一书中列出的意义清单,对旅游创意进行提升。他们指出,人们越来越看重的意义主要包括 15 种。①成就:实现目标并取得成功,一种由生产率、专注、天赋或地位带来的满足。②美丽:能带来感官或精神愉悦的非凡外表。③群体:一种与周边人和谐融洽的感觉和整体联系。④创造力:生产了某种新的、原创的产品以及在这一过程中所作的持续贡献。⑤责任:对一种职责的履行意愿。⑥启迪:通过逻辑或灵感得到清晰的想法。⑦自由:生活不受限制的感觉。⑧和谐:从整体上保持稳定、愉悦的关系,不论是在自然界、社会上还是人群中。⑨公正:获得平等和无偏见的对待。⑩统一:与周边事物的整体感。⑪拯救:对过去的失败进行弥补或挽救。⑫安全:从对损失的担心中解脱。⑬诚实:正直、坦率。⑭认可:被认为是值得尊重的、有价值的人。⑮惊奇:对超越常规的创造物的敬畏。此外,Wong PTP 提出了一份西方国家的个人意义清单(如表 5-13 所示),亦具有一定的参考价值。

表 5-13　Wong PTP 的西方国家个人意义清单

序号	分类	具体表现
1	成就建树	喜欢有挑战的事情；各个方面积极主动；坚持不懈并机智地追求目标
2	人际关系	有很多好朋友；受人信任；受人喜爱
3	灵性信仰	服从上天冥冥中的指引；感恩上天的福泽并让它惠及更多人；相信个人和上天冥冥中会有联系
4	自我超越	相信自己可以让世界有所不同；自己努力让世界变得更好；对社会有所贡献
5	自我接纳	承认自己是有局限性的；承认有些事情已无法改变；学会如何在困境中生活并从中获得意义
6	亲密关系	可以跟亲人、朋友、恋人一起分享亲密的感觉；与家人、恋人等彼此相爱；找到自己深爱的人
7	公平待遇	感觉生活对自己很公平；能得到别人公平地对待；能公平地获得机会和回报

斯坦福大学商学院组织行为学教授奇普·希思（Chip Heath）和丹·希思（Dan Heath）从用户黏性的角度提出了优化创意的一些原则。他们认为，能让人们过目不忘的事情往往具有"黏性"，例如克林顿竞选总统时的口号、好莱坞大片跌宕起伏的情节设计、治疗胃溃疡新药的有效推广。只要掌握了这些原则，不管创造力如何，只要付出努力，自己的观点都能紧紧粘住别人的心。这些让创意更有黏性的原则包括六个方面：①简单，精炼核心信息；②意外，吸引维持注意；③具体，帮人理解记忆；④可信，让人愿意相信；⑤情感，使人关心在乎；⑥故事，促人起而行动。

迪士尼公司则从创意产品化的角度提出了创意产品被付诸实施应满足的十条法则，简称"米奇十诫"。①了解受众需要并想要什么：确定自己产品的宣传和销售对象是谁。②穿顾客的鞋子：通过感同身受完善细节。③给创意一个内生逻辑：能让游客沉浸在满足体验当中的无缝的内在逻辑。④创造一根"维也纳香肠"：可以引导游客获得逻辑清晰的体验的视觉目标（创造出核心吸引物）。⑤视觉素养交流：利用所有非语言工具，应用非语言（颜色、形状和纹理）的途径进行交流，将信息高效地传递给受众。⑥明确唤醒点，避免瞌睡点：了解项目的背景或主题，循序渐进向受众展示（背景或主题），避免繁杂的信息造成刺激过载。⑦一次一个：画出清晰的故事线，乐园里的每一个项目只代表一个主题。⑧避免复杂体验：保持设定和故事的一致性，建筑的规划与设计要与周围的环境相符、不能显得突兀。⑨一分教育要携带十分快乐：乐园的主要功能是提供乐趣。⑩高级体验离不开高效维护：娱乐设施需要高效维护①。

专栏 5-10

"×××重庆分×"的爆款创意是怎么产生的

2020 年 5 月 10 日，重庆"85 后"小伙子庞柯的朋友发了一个拍摄来福士旁边沙滩的

---

① [美]马蒂·斯克拉. 卖创意[M]. 易伊，施红慧，译. 广州：广东人民出版社，2016：19-70.

抖音视频来交流。疫情期间一直在家，蓝天白云的图片激起了自己对阳光和沙滩的渴望。"当时正好我也在朋友圈看到一张别人拍的这里的照片，蓝天白云很漂亮，比视频效果更好，就转发了给对方"。为了更有趣，他加了"马尔代夫重庆分夫"几个字，"之前刷抖音看到很多人用过这个梗，比如'白素贞杭州分贞'之类，于是顺便用手机给图片加了几个字，然后自己也发了朋友圈。"后来他回忆说，"其实当时没有特别的想法。"

当天，庞柯的朋友圈里回复和点赞并不多，一共四个点赞、十来条回复。但随着时间的推移，这个照片突然就火了。"隔了大概五天，有人突然私聊我，说我的创意火了。"打开朋友圈，果然除了"马尔代夫分夫"，越来越多的再创作随之爆发。"×××重庆分×"的创意不断被网友用在重庆的其他景点上，网友们也在等待下一个景点的出现：会有新的分舵吗？

"创意得到这么多人的认可，蛮开心的。"庞柯在定制旅游公司UP私享旅行会负责营销策划，"以前为了爆款绞尽脑汁，没想到这次无心插柳反而成了爆款。以前的创意从来没有这么火过。"平时，他通过看公众号、微博和抖音的评论来收集灵感和创意，也会对很多热点进行评论。对于好的创意，庞柯表示"我觉得只有我自己觉得好玩了，别人才会觉得好玩"。

在此之前，云南省德宏州芒市遮放镇芒丙村和遮冒村附近的龙江沙滩因与马尔代夫有些相似，被当地人称为"遮尔代夫"，2016年经过附近村民开发后成为芒市旅游的新亮点，在当地及周边地区拥有一定的知名度和影响力。

来源：根据《"马尔代夫重庆分夫"爆款创意来自85后重庆土著》（包靖，http://www.chinanews.com/sh/2020/05-18/9187096.shtml）等改编。

拓展阅读

[1] [美]马蒂·斯克拉. 卖创意[M]. 易伊，施红慧，译. 广州：广东人民出版社，2016：17-122.

[2] [日]北川富朗. 乡土再造之力：大地艺术节的10种创想[M]. 欧小林，译. 北京：清华大学出版社，2015：52-111.

[3] 兰世秋，胡勇，黄光红. 最新经典旅游创意案例集[M]. 重庆：重庆大学出版社，2011：1-191.

[4] 陈世才. 玩家创意：旅游产品的设计与创新[M]. 北京：北京理工大学出版社，2010：1-162.

[5] 吕志墉. 中国旅游策划创意攻略[M]. 上海：文汇出版社，2009：3-63.

[6] 张浩，张志宇. 文化创意方法与技巧[M]. 北京：中国经济出版社，2010：94-197.

[7] 厉无畏. 创意改变中国[M]. 北京：新华出版社，2009：143-215.

[8] 彭国梁. 大智奇才：为商界领袖们做创意[M]. 长沙：湖南人民出版社，2008：269-297.

[9] 吕文艺，李庆雷，王峰，等. 基于可拓学理论的旅游创意生成机制研究[J]. 北京：北京第二外国语学院学报，2011，9.

[10] 范周，谭雅静. 文化创意赋能文化旅游产业发展[J]. 出版广角，2020，6.

 **创意语录**

　　创意是最重要的自然资源，也是拥有最高价值的经济产品；在新时期，最有价值的通货不是金钱，而是无形的、变动性极大的创意和知识产权。　　　　——约翰·霍金斯

　　人类的创意在我们的经济和社会生活中扮演重要角色，是最重要的经济驱动力……创意精神建立在自律、专注和辛勤努力的基础上之上。　　　　——理查德·佛罗里达

　　创意具有裂变效应，一盎司创意带来无以数计的商业利益、商业奇迹。

——比尔·盖茨

　　一个人必须自尊自重才能寻求到新的创意，并且不受别人批评的干扰，在不断犯错误的过程中最终实现其目标。　　　　——玛格丽特·博登

　　创意偏爱那些经验丰富且视野宽广的头脑，与丰富的知识和兴趣的多样性有关。

——迪安·基思·西蒙顿

　　所谓创造其实只不过是在串联事物。当你问那些有创意的人是怎么做到的，他们都会感到些许罪恶感，因为他们并没有凭空创造什么，只不过是发现了它们而已。

——史蒂文·乔布斯

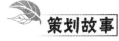

第六章 旅游战略定位策划

【学习导引】

"战略为王"是在策划界曾产生深远影响的基本理念,一针见血地揭示了战略策划在旅游策划体系中的重要地位。对于旅游地而言,战略失误是最大的失误;对于旅游策划而言,战略策划是最重要的策划。诚然,战略管理思想来自现代管理科学,旅游发展战略被列为旅游规划中的重要内容,这些事实都体现了战略的科学性特征。但是,旅游产业的特殊性使旅游发展战略除了重视科学分析与综合之外,还特别强调创新性、灵活性与艺术性,具有强烈的策划色彩。旅游战略策划主要解决发展方向与策略问题,核心任务在于以低成本、短时间、快速度、高效率地实现策划对象的"突变"。学完本章,应能够独立提出某旅游地(项目)的主题、定位、战略策划要点。

【教学目标】

1. 理解旅游战略策划的意义,掌握其重点内容与常用方法;
2. 熟悉宏观层次旅游定位策划的内容,掌握微观层次定位策划的方法;
3. 掌握旅游主题选择、概念表达与展现手法;
4. 综合运用旅游战略、定位、主题策划的知识解决实际问题。

【学习重点】

1. 旅游战略策划的内容与方法;
2. 旅游定位策划的方法与技巧;
3. 旅游主题的选择与表达。

在现代,"战略"一词从军事领域被引申至政治和经济领域,其含义演变为统领性的、全局性的、左右胜败的方略,广泛应用于各类组织与活动之中。在策划中,战略是备受重视的内容,有人甚至提出了"战略为王"的策划理念。在旅游策划过程中,发展战略选择与策略设计有着举足轻重的作用,其主要任务是策划人员在充分了解策划对象发展条件与环境、市场需求与竞争状况的前提下提出统领大局的方向性建议。

本章根据战略管理理论要求和实际工作需要,分为旅游战略策划、旅游定位策划、旅游主题策划三个板块进行讲述。其中,旅游战略策划主要关注发展路径选择与策略设计,定位策划解决发展方向与重点问题,主题策划则重在确定产品特色与体验差异问题。三个板块组成一个有机整体,指明了旅游地或其他策划对象的发展方向、重点与策略,统领其他专项旅游策划。

第一节　旅游战略策划

一、旅游战略策划概述

（一）旅游战略策划的重要意义

古语云："人无远虑，必有近忧。""远虑"就是战略。在瞬息万变的市场环境中，旅游企业、目的地也需要思考长远发展方向与举措问题。通常意义上，"战略"表达了未雨绸缪、知危图安、高瞻远瞩、深思远虑、秉轴持钧、纲举目张等意思。旅游发展战略是在对旅游发展环境、旅游资源、旅游市场、旅游发展现状分析的基础上，对旅游发展的目标体系、重点领域、时空布局、行动举措等进行高层次、全局性的宏观谋划，是指导或决定区域旅游业发展方向与全局的策略。它具有整体性、长远性、基本性、谋略性。正是因为旅游发展战略的这种重要地位，通常而言，人们更多的是强调它的科学性，旅游发展战略也因此成为旅游发展规划和旅游区总体规划中必备的重要内容。但同时也应看到，与其他产业不同，旅游业与人的终极需求、社会文化的关系更为密切，旅游发展战略还具有谋略性、创新性、艺术性，因此需要科学分析与创意策划的有机结合。例如，云南省大滇西旅游环线、昆玉红旅游文化经济带、中甸县更名为香格里拉市、碧塔海与属都湖整合成为普达措国家公园，这些绝不是仅仅依靠科学分析和理论推导就可以得出的旅游发展战略，其中更闪耀着创意策划的灵性光辉。旅游发展战略体系如图6-1所示。

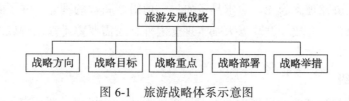

图6-1　旅游战略体系示意图

旅游战略策划的思维模型

在众多策划思维模型中，WBSA开发的"硬读格式"（the general survey）别具一格，它不仅可以帮助我们在最短阅幅内了解策划思维全貌，而且也为旅游战略策划提供了一种可资借鉴的思维模型。这一模型的文字表达是："做_____事，关键在于_____。针对_____，鉴于_____的形势，发挥_____的优势，本着_____的原则，运用_____方法创新，通过_____等步骤，经过_____时间努力，实现

_____的目标。"其中十个空格分别对应的要素为：策划任务、核心问题、对象（策划系统中的关键要素）、环境（外部机遇或挑战）、优势（内部的有利条件）、基本原则、创新方法、步骤（环节）、时间（或阶段）、目标（定性目标或定量指标）。

来源：http://www.wbsa.com.cn/news/index_txt.asp?index=3117.（有修改）

（二）旅游发展的普适性战略

要进行旅游战略策划，就必须首先熟悉区域旅游发展的普适性战略。经过三十多年的发展，各地积极探索并实践了不同的旅游发展战略，极大地促进旅游经济的发展，为旅游战略策划的研究与实战积累了宝贵的经验。总结起来，具有普遍指导意义和借鉴价值的旅游发展战略主要包括：政府推进、市场运作、企业主体、社会参与、体制创新、依法治旅，部门联动、合力兴旅、服务大局、顺势而为、资源整合、产业融合、规划先行、策划辅助，适当超前、跨越发展、多元驱动、综合开发、突出特色、差异发展、强化主题、塑造体验，产品升级、推陈出新、扩容提质、上档增效、建设精品、打造卖点、文化为魂、丰富内涵，形象制胜、树立品牌、市场辐射、科学定位、突出重点、全域布局、互通互联、深化合作，完善要素、优化结构、项目带动、集群发展、招商引智、借力发展、科技兴旅、人才强旅，分期建设、滚动发展、以人为本、服务提升、节庆拉动、整合营销、创新驱动、提质增效，以评促建、整体提升、构筑平台、丰富载体、社区参与、利益平衡、共建共享、服务民生，保护优先、持续发展、效益平衡、和谐发展、改革推进、创新发展。

（三）旅游战略策划的理念准备

对于旅游策划人员来讲，理念也是生产力。有什么样的理念，就有什么样的策划方案。因此，旅游策划讲究理念为先，力求具备先进、前沿、新颖的理念。除了全面深入地理解创新、协调、绿色、开放、共享五大基本理念之外，还需要熟悉涉旅领域的新理念，突破传统认识。

1. 转型升级

时至今日，旅游产业的发展也面临着许多新形势、新机遇、新要求，是策划人员进行旅游发展战略策划应该把握的。这些新形势、新机遇、新要求主要表现在八个方面：①创新旅游发展理念，转变发展方式；②创新旅游产业格局，促进集群发展；③创新旅游经营业态，打造特色品牌；④创新旅游企业机制，增强竞争能力；⑤创新旅游投资机制，完善服务设施；⑥创新人才培养机制，提高旅游队伍素质；⑦创新营销方式，健全营销网络；⑧创新旅游区域合作，推动国际化发展。

2. 全域旅游

在现阶段，推进全域旅游是我国新阶段旅游发展战略的再定位，是一场具有深远意义的变革，具体要实现九大转变：①从单一景点景区建设和管理向综合目的地统筹发展转变；②从门票经济向产业经济转变；③从导游必须由旅行社委派的封闭式管理体制向导游依法自由有序流动的开放式管理转变；④从粗放低效旅游向精细高效旅游转变；⑤从封闭的旅游自循环向开放的"旅游+"融合发展方式转变；⑥从旅游企业单打独享向社会共建共享转变；⑦从景点景区围墙内的"民团式"治安管理、社会管理向全域旅游依法治理转变；⑧从部门行为向党政统筹推进转变；⑨从仅是景点景区接待国际游客和狭窄的国际合作向全域接待国际游客、全方位、多层次国际交流合作转变。这与旅游转型升级、提质增效的方向和要求是一致的。旅游筹划应树立全域旅游的体制观、资源观、产品观、业态观、发展观，因地制宜地构建全域打造、全业融合、全景建设、全民参与、全要素提升的旅游发展格局，推进全要素、全结构、全年候、全流程、全龄化、全方位、全体系旅游开发，打造全时、全季、全业、全景、全域旅游产品体系。

3. 旅游高质量发展

在新旧动能转换、供给侧改革、生态文明、文化自信、幸福产业、美好生活等新语境下，优质旅游与旅游业高质量发展成为重要趋势。优质旅游是能够很好满足人民日益增长的美好生活需要的旅游，是充分体现"创新、协调、绿色、开放、共享"发展理念的旅游，是能够推动旅游业发展方式转变、产品结构优化、增长动力转换的旅游。推动从高速增长旅游向优质旅游发展转变、实现旅游业高质量发展，应坚持走中国特色内涵式旅游发展、高渗透融合发展、依法治旅、科技创新发展、全方位开放开拓之路。旅游业高质量发展具体体现在十个方面：①高起点的策划规划与顶层设计；②高效能的公共服务与社会治理；③高水平的要素保障与创新能力；④高标准的基础设施与生态支撑；⑤高层次的平台载体与市场主体；⑥高品质的业态产品与消费环境；⑦高端化的科技创意与文化品牌；⑧高规格的质量标准和监管机制；⑨高质量的客源群体与全域体验；⑩高增长的溢出效应与综合效益。

专栏6-2

旅游业服务国家战略的五个方向

在近期国家部署的一系列重大战略任务中，旅游业大有可为、可以全面助力。其中，笔者认为重点应该关注以下五个战略方向和着力点。

• **旅游促进乡村振兴战略。** 旅游是促进乡村振兴的重要渠道和动力，对实施乡村振兴战略，构建现代农业新体系，促进农村一二三产业融合发展，农民就业创业拓宽增收渠道，健全现代乡村治理体系等可发挥特殊作用。随着打工者和大学生返乡创业浪潮到来，乡村旅游成为新的主战场和主渠道之一。

• **旅游促进现代经济体系建设战略。** 发展旅游有利于促进区域协调发展，促进革命老区、民族地区、边疆地区、贫困地区加快发展；在促进西部大开发、中部地区崛起、加快东北等老工业基地振兴、创新引领率先实现东部地区优化发展等方面发挥特殊作用；在推动京津冀协同发展、建设雄安新区、推动长江经济带发展等方面注入动力源、发挥纽带桥梁作用；在加快边疆发展，推进陆海统筹，加快建设海洋强国等方面发挥特殊优势。

- **文化旅游融合及旅游外交战略**。旅游在加强对外文化交流、推动中华文化走出去等方面发挥特殊重要的作用，在推进"一带一路"建设、形成全面开放新格局、构建人类命运共同体方面发挥高架桥的独特作用，在铸牢中华民族共同体意识、加强各民族交往交流交融方面发挥旅游的融合作用，可以推进国际传播能力建设，提高国家文化软实力。

- **红色旅游发展与优秀传统文化传承创新战略**。充分发挥旅游在践行和传播社会主义核心价值观中的独特作用，把社会主义核心价值观融入旅游生活之中，深入挖掘和传承传播中华优秀传统文化，让中华文化展现出永久魅力和时代风采。

- **旅游促进全面小康社会建设、健康中国、美丽中国等战略**。充分发挥旅游在促进就业创业、促进扶贫致富、改善民生水平、创新社会治理等方面的优势，提升人民幸福感。要充分发挥旅游在促进健康中国和美丽中国建设中的独特作用，构建幸福导向型产业体系。

来源：石培华，张毓利，申军波，等. 新时代中国旅游发展战略方位方向[N]. 中国旅游报，2018-10-30. 有改动。

二、旅游战略策划的重点内容

旅游营销策划专家谭小芳曾指出，旅游战略策划就是帮助旅游地（企业）回答一些关键的、带有方向性的重点问题，例如，"我是谁""我从哪里来""我将到哪里去""我将如何去"。旅游发展战略思想是制定旅游发展战略的指导思想，是旅游资源、旅游产品开发和旅游企业经营的导向和应坚持的原则。旅游战略策划一般涉及旅游资源开发、产品组织、功能定位、空间方向、市场拓展、要素供给、重大举措、龙头项目等方面。

（一）旅游资源开发

旅游资源开发方面的战略思想是旅游资源开发的导向，包括重点开发哪类旅游资源、哪些旅游资源。例如，西双版纳确定的"边""热""水""傣"四大重点，丽江市的"两山""一城""一湖""一江""一文化""一风情"，红河州遴选出的"千年哈尼梯田""千年临安古城""千年建水紫陶""百年云锡矿业""百年滇越铁路""百年开埠通商""百年过桥米线"七张名片。在旅游资源开发建设中，应强调旅游发展的经济效益、社会效益和环境效益的高度统一，要充分挖掘本地独有的、具有垄断性质的资源；发挥本地区旅游资源和区位优势，坚持大旅游、大网络、大手笔的旅游网络建设方针；走区域旅游合作的路子等。各地可依自身旅游发展目标而定。

（二）旅游产品组织

旅游产品组织方面战略主要回答"开发哪些旅游产品""以什么为主打产品"等问题。例如，攀枝花推出的阳光康养之旅、保山策划的健康之旅、克拉玛依组织的荒野之旅、承德创意的帝王之旅（帝王生活体验之旅）等。旅游产品战略思想包括突出产品的地方特色，做到人无我有、人有我新、人新我换，开发唯我独尊的拳头产品；展示旅游产品的高文化内涵、高起点和高品位；根据客源市场的需求和变化，提高和完善旅游产品的品质和结构等。

（三）旅游功能定位

旅游地未来一段时间的整体发展方向、主导性旅游功能、独特卖点，有时体现着旅游策划对象的发展愿景与目标。例如，海南省的"国际旅游岛"、博鳌片区的"国际医疗旅游先行区"就体现了总体方向与主导功能。再如，贵州省在内陆开放式扶贫试验区、生态文明试验区基础上确定的"生态文化旅游创新区""山地户外运动大省"。笔者为大理市苍洱片区提出的"两山理论"试验区和乡愁经济示范区，也是旅游功能定位的体现。

（四）旅游空间方向

旅游地未来重点向哪个方位发展、生产要素向哪个空间集中投放、东西南北四个方向的发展导向是什么，都涉及旅游空间布局问题。例如，杭州市在城市旅游发展中提出的西进战略，就是指以"三江（新安江、富春江、钱塘江）、两湖（西湖、千岛湖）、一山（天目山）"为基础，整合和优化配置旅游等各类资源，分小西进（西湖西进）、中西进（杭州近郊西进）、大西进（远郊西进）三个层次，构筑杭州市 1.5 小时旅游圈。

（五）旅游市场开拓

旅游市场方面的战略思想主要是处理好发展国际旅游与国内旅游的关系，即确定不同阶段旅游发展的侧重点是发展国际旅游还是国内旅游，或者国际、国内旅游两手抓。浙江省坚持"一手抓国际，一手抓国内"，在热点地区先发展国际旅游，在温冷地区发展国内旅游，以国内旅游带动国际旅游，以国际旅游促进和提高国内旅游。

（六）旅游要素供给

这部分涉及旅游发展必需的人才、资金、土地、技术、信息、创意的来源和供给路径问题。随着城市蔓延式扩张、非农产业发展步伐的加快，国土资源与生态环境约束越来突出，旅游建设用地供给及相关问题需要突破传统思路。在旅游高质量发展时代，技术、信息、创意等产业要素来源问题也愈发重要。例如，旅游投融资战略思想主要包含以下三种：一是以国家为投资方，主要负责旅游基础设施与公共服务体系；二是国家、地方、部门、集体、个人共同投资；三是自力更生并利用外资。各地可依实际情况而定。

（七）涉旅重大举措

为了贯彻时空部署、落实重点任务、实现发展目标而采取的具有全局性的措施，有时也包括工作抓手、实施载体、政策创新等。例如，四川阿坝为加快建设国家全域旅游示范区而将"三态"（生态、业态、文态）融合和"三微"（微景观、微田园、微环境）联动作为切入点,湖北实施以"旅游名城、旅游名景、旅游名镇、旅游名村、旅游名店"为核心的"五极联创"工程,贵州则通过召开全省旅游产业大会推出新兴旅游目的地。

(八)龙头文旅项目

重大重点项目是旅游业的顶梁柱,项目建设是旅游工作的定海神针。以项目集聚生产要素,以项目传导发展压力,以项目促进旅游发展,这是推进旅游产业发展的基本做法。旅游战略策划中应围绕空间布局,谋划旅游资源品位具有明显比较优势、对周边资源具有整合功能、对旅游线路建设具有支撑作用、对旅游产品结构优化和开发具有推动作用、对区域旅游具有辐射带动功能的重大项目,培植区域旅游经济发展的龙头、增长极或中心地,推动宏观架构的形成。

在实践中,旅游发展战略通常与基本思路、总体定位融合在一起,其表达方式也是多种多样的。例如,云南省保山市在旅游业高质量发展行动计划中提出的战略思路为:围绕"高站位、夯基础、优空间、抓项目、强供给、促融合、提质效"的发展思路,发挥保山气候资源库、地质信息库、民族文化库、物种基因库"四库"和大山(高黎贡山)、大江(澜沧江+怒江+伊洛瓦底江)、大颐(天+地+泉)、大爱(战争与和平)的四大世界级旅游资源优势,紧扣"哀牢故国,养生王国"文化主题,打响"世界高黎贡山,世界自然遗产"旅游品牌,通过世界温泉旅游朝圣地、大滇西旅游环线体验地、全季旅居首选地、文化旅游打卡地、智慧旅游致富示范地的"5D"战略,破解缺品牌影响广度、缺产品开发深度、缺融合发展宽度、缺配套设施密度以及缺市场流量热度的"五缺"短板,实施基础产品建设、主力产品打造、新兴业态培育、要素产品补强、公共服务完善、智慧旅游升级、市场治理巩固、客源市场拓展、项目招商强化"九大行动",着力打造"世界康养旅游目的地"。

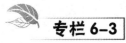

专栏6-3

王志纲工作室的旅游战略策划及实施要领

战略就是生存,就是预见,就是定位,就是差异,就是颠覆,就是理念,就是航海图,就是聚焦,就是找魂,就是竞合,就是超越,就是破局,就是突破,就是转折。

- "一枝独秀"的战略产品:找"魂"之后,聚焦于"让魂附体",打造体现自身战略定位的拳头产品。聚集优势资源寻求突破,高举高打,一战定江山。
- "两场统筹"的战略运营:强化政府与企业之间战略协作关系,将企业项目的"棋子"放到政府的"棋盘"上,获得投资价值的最大化。
- "三方满意"的战略关系:让产业人群、原住民与游客三方同时获得应有的收益,构建和谐共生、多元共荣的产业生态圈。
- "四度协调"的战略策划:高度——抢占制高点、把控前瞻性;广度——扩大辐射力、提升影响力；深度——围绕主题深度挖掘、精细开发；关联度——跨界整合多种资源、形成自我中心化的价值体系。

- "五出效益"的战略价值：出成果、出机制、出品牌、出人才、出网络，形成利润增长、团队成长、模式成型、品牌提升、协作共生的综合效应。

来源：王志纲. 玩出来的产业——王志纲谈旅游[M]. 厦门：鹭江出版社，2014：4-5.

三、旅游战略策划的常用方法

在对发展条件与环境进行科学分析的基础上，旅游发展战略策划更加强调创新性、灵活性和艺术性，提出高效率、低成本推进旅游地实现超常规、跨越式发展的突变道路。战略研究与管理的基本方法仍然适用，如SWOT分析法、PEEST法、波特钻石模型、波士顿矩阵模型等。我国古代谋略思想也有用武之地，例如《鬼谷子》《六韬》《三略》《三十六计》等。一般而言，对于旅游发展战略策划具有重要指导意义的方法主要有：三力法和三看法。

（一）三力法

根据王志纲工作室对碧桂园、世博会、武夷山、法门寺、呼伦贝尔等策划案例的总结，战略就是生存，就是预见，就是定位，就是差异，就是颠覆，就是理念，就是航海图，就是聚焦，就是找魂，就是竞合，就是超越，就是破局，就是突破，就是转折。对于战略策划而言，最重要的三大要素是预见力、创新力、整合力，这对于旅游战略策划也是适用的。

1. 预见力：把握大势

预见是旅游发展战略策划的源泉。创新不是凭空想象，而是建立在对旅游发展规律的把握，以及对未来趋势准确判断的基础之上的。没有对旅游发展大势的预见，旅游发展战略创新就是无源之水、无本之木。所谓大势，主要体现在产业经济、社会文化、生态环境、科学技术四个方面，如城市化、工业化、信息化、智能化、生态化、老龄化等。浙江乌镇管理层在旅游开发初期就预见到控制古镇物业产权的重要性，提前采取措施，为妥善处理社区居民关系、合理配置旅游业态、防控过度商业化奠定了基础。云南省富民县旅游资源类型较丰富但特色不鲜明，当地旅游部门顺应养生休闲崛起、旅游转型升级、昆明城市扩张三大机遇，整合农业资源，挖掘自然资源和文化内涵，提出建设乡村养生旅游试验区战略和"宜居田园城市、休闲养生富民"主题，找到了适合自身实际又区别于其他县区的旅游发展道路。

2. 创新力：理念创新

创新是旅游发展战略策划的灵魂。在这个一切都过剩的时代，创新思维是最稀缺的资源。凡是可以克隆的价值都是有限的，创新的背后是观念或理念，策划的意义最终在于改变人的观念。常州旅游从无中生有到有声有色，依靠的就是理念创新。1996年，国家地质矿产部决定新建一座恐龙化石陈列馆。嗅觉灵敏的常州及时出击，争取到恐龙落户"龙城"。秉持开拓创新的理念，中华恐龙馆突破了传统博物馆建设模式，馆体外形运用了仿生建筑手法，展馆运用了情景营造手段，化石陈列应用了高科技手段和声光电技术，一举成为集博物、科普、观赏、游乐为一体的现代新型恐龙博物馆。近年来，恐龙园开始了新时期的二次创业，由龙城旅游控股集团牵头组建的恐龙创意产业联盟在常州创意产业基地悄然成立，意在让动漫成为撬动常州创意旅游的新支点。

3. 整合力：资源整合

整合力是旅游发展战略策划的血脉。旅游地的资源分为两类：一类是自身拥有、可以根据需要进行处置、总量有限的资源，即可控资源；另一类是外部拥有、可以通过变换为己所用、近似无限的资源，即可拓资源。旅游战略策划中应树立新型资源观，通过内部资源整合来组织产品、树立品牌，通过内外资源整合来加快开发、提高名气。昆明市官渡古镇古代建筑众多，民间文化绚丽，但长期以来人气不足。当地政府以四座寺庙的经营为突破口，经过与少林寺谈判，决定引入少林寺来托管寺院，将少林武术、中医中药及其运作经验输入古镇，提高了古镇的资源影响力和市场知名度，可谓资源整合的经典。

（二）三看法

根据多年策划工作经验，旅游战略策划应重视时空思维和文化挖掘，坚持区域分析和空间结构研究，注重所在地区及周边区域未来发展前景预测，关注文化内涵的挖掘、整理和提炼，可以概括为看大抓小、看远抓近、看虚抓实，简称"三看法"。这既适用于旅游地产项目策划，也适用于各类旅游区策划研究。

1. 看大抓小

"小"指策划对象即某一特定项目，"大"是指项目所在区域的主导功能与发展格局，"看大抓小"就是正确看待部分与整体的关系，树立新型区域空间观，把策划对象看成开放的空间、流动的空间、创新的空间，跳出"就对象论策划"的框框，从整个区域发展态势的高度来综合判断策划对象的功能定位、发展战略与前景。这要求策划人员熟练运用区域分析方法，对整个区域的位置、自然条件、历史沿革、经济基础、城镇发展、社会与科技发展水平、生态建设与环境保护状况、旅游产业布局与发育状态进行全面而深入的分析。例如，丽江市提出建设大香格里拉门户、培育大香格里拉中心城市的发展战略，就是基于自身旅游产业竞争力，从大香格里拉生态旅游区整体格局认识自己的结果。

2. 看远抓近

"远"是指策划对象或所在区域的远期发展前景，"近"是指近期行动计划，"看远抓近"就是在准确预测发展前景的前提下提前做好相关准备工作。这要求策划人员应准确把握社会发展趋势，深入研究策划对象或所在区域的发展动向，从中寻找项目生存机遇和发展空间。德宏州芒市提出了"中国距印度洋最近的城市"的口号，这是深度把握"桥头堡"建设战略和陆疆开放政策，对芒市乃至整个德宏州发展远景进行研究的产物；以国际旅游城为代表的旅游项目则是近期行动计划。

3. 看虚抓实

"虚"指的是区域文化、文化品牌，"实"指的是落地项目。在日益激烈的市场竞争和区域竞争中，文化常常可以起到化腐朽为神奇的作用。文化是旅游的灵魂，未来的竞争是文化的竞争。谁能把握每个项目背后的文化底蕴，谁就能掌握竞争的主动权。旅游战略策划中应注意捕捉特定的历史文化浸淫下形成的区域文化个性与社会经济结构及消费者偏好，巧妙地将区域文化底蕴注入项目的理念开发及市场推广策划之中，容易获得厚积薄发、石破天惊之效。王志纲工作室为武夷山提出的"千载儒释道，万古山水茶"就是如此，"问道青城山，拜水都江堰"也充分发挥了文化的力量。同时，在旅游战略策划中还应布置可以落地的具体项目，作为区域文化的支撑。

专栏 6-4

泰国旅游发展战略镜鉴

泰国是对国际游客颇具吸引力的目的地，"全球100个热点旅游城市排行榜"中就有3个城市入榜，2019年外国游客到访量为3970万人次。近年来，泰国为发展旅游产业采取的主要战略包括以下几方面。

- **亚洲航空中心**。依托泰国位于亚洲各经济体中心、距离柬老缅越四国只需一个小时飞行时间的地理位置优势，以及泰航、泰微笑、皇雀、亚航、亚航远程、泰国狮航、曼谷航空、鸟酷、泰国越捷等航空公司，加快推进乌达抛国际机场、乌达抛航空维修中心、连接三大机场的高铁项目建设，打造亚洲航空中心。

- **世界的厨房**。依托大米种植、食品加工、水产养殖、海洋渔业，以及别具一格的烹饪技艺、源远流长的饮食文化，实施全程管理控制，提高科技含量，保障食品安全，加大食品开发和深加工能力，整合农业、金融、餐饮服务等行业的力量，宣传泰国料理、泰国餐厅形象，"泰精选 Thai Select"认证标志，将泰餐推向全球。

- **东盟国家创意产业枢纽**。以本身多元的文化为基础，发展文化创意、时尚产业，积极推动以创意经济的概念，提高产业附加价值，并培养民众设计美学，拉近文化创意与消费者生活之间的距离。强调以知识与创造力为基础，将文化创意视为国家与社会发展的关键，将创意经济列入优先发展项目，借由创意与设计来推动产业升级转型。

- **世界级的医疗旅游中心**。以曼谷、清迈、清莱、华欣、苏梅岛、芭提雅和普吉岛为重点，依托一流的医疗技术和设备、低廉的价格、丰富的旅游资源、便利的交通，突出牙科、眼科、心脏、整容、体检、SPA养生等医疗与健康管理服务项目，制定新的医疗旅游签证政策，大力推动医疗和旅游融合发展，吸引全球各地的病患。

第二节 旅游定位策划

一、旅游定位策划概述

定位是旅游预测、策划与决策的统一,是利用市场及技术预测的结果,通过资源整合及策略创新等策划手段,形成的具有充分可操作性、可控制性的旅游发展决定。定位是旅游策划的一个重要内容。旅游者年龄、身份、工作和生活习惯等不同,决定着他们的旅游需求、旅游动机以及旅游心理的不同。旅游策划者应该根据旅游者的不同需求,对不同的旅游产品进行定位策划,使各种产品都能对应相应的消费群体。旅游策划者不光可以针对消费者的需求进行定位,还可以针对产品的个性特点进行定位,或者针对旅游者的旅游观念进行定位。

根据实际工作的需要,旅游定位策划可以分为两个层次:宏观旅游定位策划和微观旅游定位策划。其中,宏观旅游定位策划一般包括性质定位、产品定位、市场定位、形象定位、产业定位、区域定位,共同组成宏观旅游定位策划体系,指导旅游地持续、快速、健康发展。微观旅游定位策划主要适用于具体旅游项目或产品,是对现有旅游资源的有效利用和整合、重新认识与发掘,并根据市场需求,采取有别于他人、优于他人的竞争策略,寻找产品、市场、形象方面的差异点、创新点和兴奋点。

二、宏观旅游定位策划

对于旅游地而言,宏观旅游定位主要涉及性质定位、产品定位、市场定位、形象定位、产业定位、区域定位六个方面,它们之间具有密切关联。

(一)性质定位

主要说明策划对象的总体特色与主要功能,即发展成为什么性质的旅游地、主要具有哪些功能,如湖滨型休闲度假旅游地、民族村寨依托型文化休闲旅游地、古镇型开放式旅游景区。有时,还需进一步说明主题,如青海西宁——夏都、广东清远——珠三角后花园、重庆彭水——爱情治愈圣地。其思维方式与表达模型为"一个××的地方",如东营——黄河与大海相约的地方、怒江——心灵呼吸的地方、盈江苏典勐劈——幸福不会消失的地方、赤水河——红军书写传奇的地方、成都——一座来了就不想离开的城市等。

(二)产品定位

主要说明策划对象的旅游产品在产品谱中的位置,包括旅游产品的类型、特色及主打产品。例如,浙东新昌、天台、仙居、临海四地联合策划推出的新天仙配之旅,温州继经济探秘游之后推出的山水诗之旅,丽江近年来提出的以"来丽江住一段时间"为宣传口号的旅居度假产品等。笔者策划的柳州市柳江区"全景柳江·鲜美之旅"、鲁甸县龙头山"龙头高昂·震撼之旅"、西南联大遗址公园"无问西东·大师之旅"也是对旅游产品定位的表述。

（三）市场定位

主要确定旅游地客源市场的地域、职业或相关特征，通常要按照地域确定一级市场、二级市场和机会市场，有时还要根据需要确定按照职业或其他相关特征细分的目标市场（如表 6-1 所示）。如"江苏人游江苏"、湖北利川的"我靠重庆"、四川资阳借助许黄玉吸引韩国游客等。

表 6-1　八种重要的旅游细分市场

序号	名称	含义与特征
1	亲子家庭市场	以孩子为中心、家庭成员同时出游、巩固家庭成员情感、偏重休闲度假型产品
2	青少年研学市场	重视求知和拓展、教育培训机构组织为主、支付方和消费方分离、暑假寒假形成高峰期
3	大学生市场	精力充沛、思想活跃、求知欲强、敢于尝试新鲜事物、注重产品性价比、背包客占比高
4	都市白领市场	经济独立、愿意花钱尝试特色玩法、追求高品质体验、关注减压类产品、伴随异地办公
5	奖励旅游市场	公司支付费用、选择目的地、安排活动，通常集体出行、伴随企业年会等活动
6	事务性旅游市场	时间灵活性差、价格敏感度低、选择自由度小、有时与公务商务结合在一起
7	活力老年市场	离开工作岗位、没有家庭拖累、健康状况良好、支付能力强、关注养生养老
8	小众趣缘市场	拥有小众化的兴趣爱好和"圈子"、追求自我实现、愿为自己的兴趣爱好付出时间和金钱

（四）形象定位

确定旅游地的旅游形象，用鲜明、凝练的语言概括出来，在公众心目中树立起独特的形象风格。旅游形象定位与性质定位的区别在于，后者可以用朴实的语言来表达，如健康、快乐、生态等，但前者必须讲究生动、形象、趣味，强调吸引力、感召力和竞争力。在品牌经济背景下，有些旅游地也会从战略高度提出自己的品牌定位，如巴黎的"浪漫之都"、维也纳的"音乐之都"、杭州的"休闲之都"、昆明的"体验之都"等。对于旅游品牌定位，谭小芳总结出了"六脉神剑"（如表 6-2 所示），可供策划人员参考。

表 6-2　旅游品牌定位的六种方式

序号	名称	含义及案例
1	市场缝隙定位法	填补旅游市场空白，找到其他地方无法提供的利益点，如拉斯维加斯的"赌城"
2	发展定位法	在城市与区域经济发展中找到自身可以扮演的独特角色，如香港的"亚洲国际都会"
3	比附定位法	通过与竞争品牌的比较来"借船出海"、确定自身市场地位，如苏州乐园"东方迪士尼"
4	情感定位法	从目标群体的情感需求、归属与认同出发，寻找策划对象的定位，如"情人的弗吉尼亚"
5	资源定位法	在与其他旅游资源的比较中突显出自己的特色与优势，如"精彩深圳"
6	更名定位法	通过重新命名来凸显比较优势和独特卖点，提高知名度和影响力，如厄瓜多尔加拉巴哥群岛更名达尔文岛

（五）产业定位

主要指明旅游在社会经济发展中的地位，以及旅游在推动社会经济发展中的作用。产业地位主要根据旅游业对当地国民经济发展的贡献率来确定，主要指标是旅游收入占当地GDP的比重。旅游业在国民经济中的地位，主要有支柱产业、重点产业、龙头产业、新增长点、战略性产业等。例如，大理州提出把旅游业培育成为全州经济社会发展的主导型支柱产业，临沧市意欲将旅游业培育成为富民强市的战略性支柱产业和现代服务业，玉溪市则力争促使旅游业成为拉动经济增长的新引擎。

（六）区域定位

主要确定旅游地在更大区域范围旅游空间体系内的地位，意在提高旅游策划对象的能级。在旅游策划中，主要是解决策划对象在更大区域内的格局占位问题。例如，在滇藏旅游大格局中审视丽江，将西双版纳置于中老泰高铁经济带中来看待，放眼孟中印缅经济走廊来思考德宏，在南亚与东南亚的地缘格局中定位云南。笔者为陇川县提出的"腾冲下一站，瑞丽后花园""德宏厨房，滇西衣柜""大滇西旅游圈与印度洋旅游的'路由器'"就是区域定位。

在旅游策划实践中，尤其是在策划初期阶段，有时仅需要提出总体定位，以明确策划对象的总体发展方向。实际上，总体定位是上述六类定位的统帅，更有全局性和决定性，如云南省红河州对各县（市、区）的总体定位（见表6-3）。除此之外，有人也会提出卖点定位等新型定位表述。

表6-3 红河州各县（市、区）的旅游总体定位

序号	名称	主题理念	旅游总体定位
1	蒙自、开远、个旧	都市风	滇南中心城市旅游区，红河州全域旅游服务中心和滇南国际旅游集散中心
2	弥勒、泸西	福地灵	康体休闲度假区，温泉度假、红酒养生、高原体育三大主题国际生态旅游度假区
3	建水、石屏	古城韵	古城文化旅游区，"一湖两城"古城文化休闲旅游目的地
4	元阳、红河、绿春	梯田魂	哈尼梯田文化生态旅游区，哈尼梯田世界遗产旅游目的地
5	河口、金平、屏边	异域情	中越边境旅游区，中国通往越南、连接东盟国家陆港无障碍跨境自游行试验示范区

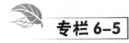

专栏6-5

昆明旅游卖什么

对于微观旅游策划来说，有时还需要思考卖点定位的问题。一个旅游地通常都会有多种资源，但究竟面向目标市场主要卖什么无疑是值得深思的问题。旅游地可以卖名声、卖

风景、卖生态、卖生活、卖感受、卖记忆、卖情怀、卖欢乐、卖梦想、卖震撼、卖感动、卖刺激等,究竟哪个适合自己,需要具体问题具体分析。

2000年,昆明在全国首开城市形象宣传先河,在中央电视台第一套节目的黄金广告时段打出了反映昆明旅游特色的城市形象广告——"昆明天天是春天"。从2008年春节开始,昆明市旅游形象广告在中央电视台国际频道《中国新闻》栏目隆重播出,以"走进春城昆明,阅尽人间春色"为主题,拉开了"奥运年"昆明城市旅游宣传攻势。这一阶段的核心是向外推介昆明得天独厚的气候资源,吸引更多游客来到昆明。

2015年9月,《昆明日报》组织了一次城市形象广告语征集活动,就昆明市旅游卖点进行讨论。曾经担任过昆明市旅游局局长、云南省文化厅副厅长,并在1999年策划了昆明城市形象广告片的花泽飞认为:"以前是卖气候,现在要卖文化。但在新的形势下,城市形象广告语应赋予昆明以文化内涵和国际视野。"他指出,仅仅向外界推介昆明的气候优势已远远不够,昆明还应该成为时尚之都、靓丽之都、美景之都、美食之都、休闲之都。

2016年,《昆明市旅游业"十三五"发展规划》编制过程中,这一问题再次受到关注。北京巅峰智业旅游文化创意股份有限公司专家认为,昆明未来应建设成为面向南亚东南亚的区域性国际旅游中心城市、中国全季度假旅游目的地、世界春城和民族文化展示窗口与交流体验中心,打造"卖气候、卖休养、卖研学、卖花卉"的"中国春城·丝路花都"。

2017年10月,昆明市政府印发《昆明市建设区域性国际中心城市实施纲要》,要求全面提升"世界春城花都""历史文化名城""中国健康之城"三大城市品牌。在"中国健康之城"品牌影响力提升方面,要求加快培育候鸟式养生养老中心、高原健体运动中心、民族健康文化中心、高端医疗服务中心。

三、微观旅游定位策划

国内著名旅游策划理论专家沈祖祥先生根据多年实践经验,总结出了旅游定位策划的一些理论和方法,主要包括金三角定位理论、三元定位方法、五位定位思想。

(一)金三角定位理论

基于"知己知彼,百战不殆"的理念和市场导向的原则,对旅游地发展的三大影响因素进行分析,从而确立自己的功能定位与发展方向(见图6-2)。首先,分析旅游者,应了解他们最迫切的需求是什么、对他们来说最有价值的产品是什么、哪些客群值得去吸引。其次,分析竞争者,具体包括策划对象有哪些竞争对手、他们的弱点是什么、市场是否存在空缺、这样的空缺消费者是否喜欢、消费者的喜欢会达到哪种程度等。最后,分析合作者,如合作者有哪些、合作者的发展战略是什么、自身可以整合哪些资源、是否可以实施借鸡生蛋等策略。

图 6-2 金三角定位理论示意图

（二）三元定位方法

即在定向和定魂的基础上，进一步明确定位（见图 6-3）。一元定向，即确定大方向。这是定位的基础和前提，例如生态旅游、农家乐、江南特色便是定位前的定向。二元定魂，即寻找可以作为产品灵魂的概念。以发展乡村旅游为例，一般策划者往往在定向后就进行功能、目标等的具体定位，并且事实上相当多的旅游策划者压根就没有"定魂"的概念。如果不进一步定魂，产品的个性、特色及发展战略根本无法体现。在浙江长兴乡村旅游的策划中，先定方向，以乡村旅游为定向，再定灵魂，提出了"江南农家大院"这样的产品概念，使其有了灵魂和统率。三元定位，即明确具体位置。有了上述两个方面的基础，定位才有了切实的针对性。

图 6-3 三元定位法示意图

（三）五维定位思想

五维定位思想即从立位、抢位、定位、出位、落位五个方面思考旅游策划对象的定位体系（见图 6-4）。立位一定要高，即高起点、高标准，立得高，方能看得远。抢位一定要

图 6-4 五维旅游定位体系示意图

快,即占领产品市场的空缺,需要抓住机遇。定位一定要准,即产品的方向一定要把握好,这是成功的前提。出位一定要狠,即面对竞争者,一定要出狠招。落位一定要实,即产品一定要落于实处,不然一切都是空谈。

(四)"六以四位"策略

旅游项目定位是最大化发现地块价值、创造项目价值的过程,需要站在区域运营、城市经营的角度,研判项目所处的区位格局,尽量升华项目的显性价值、挖掘项目的潜在价值。对于旅游项目定位来说,可以考虑六个方面的依据,灵活选用四种定位策略。"六以"以战略定位为先导、以价值突破为目标、以区域资源为基础、以市场需求为导向、以自身比较优势为突破、以发展趋势为前瞻。在定位模式上,可以根据实际情况从占位性策略、错位性策略、共生性策略、补缺性策略中选择(如表6-4所示)。

表6-4 旅游项目定位的四种策略

序号	名称	含义	列举
1	占位性策略	分析自身优势和资源,确定在区域格局、产业链条、行业态势中战略性、独特性、权威性、主导性的位置与价值	四川阆中:中国风水文化旅游观光目的地
2	错位性策略	寻找大背景相同之下的差异化竞争优势,以寻求最有利的发展空间和路径,具体体现在产业、时间周期、空间、技术先进程度等方面	杭州西溪:首个国家湿地公园
3	共生性策略	坚持一盘棋思想,相辅相成、协同发展,形成集群效应,在大产品格局中寻找自己的位置	成都锦里:民俗风情街
4	补缺性策略	发现并填补市场空白,或对本区域缺失的旅游功能进行弥补,主要包括时间补缺、空间补缺、主题补缺三种方式	墨江:昆明至西双版纳旅游带的中点站

在旅游策划实践中,旅游地性质定位、产品定位、形象定位是密切相关的,与发展目标有逻辑上的关联。山西红豆峡原来定位于"天下第一情峡",由于缺乏个性,很快淹没于纷繁复杂的媒体资讯中,经过河南交广传媒营销策划机构的调研,将其重新定位为"中国第一抗癌防癌疗养胜地"。在这一案例中,"情峡""抗癌防癌疗养胜地"既体现了性质定位,也反映了产品定位,又影响着形象与品牌定位。西双版纳野象国家公园提出立足保护和修复西双版纳热带雨林生态系统,充分考虑亚洲象等重要物种保护和繁衍需要,将现有自然保护区及周边天然林、公益林区连通起来,统筹考虑自然生态系统的完整性和周边经济社会发展需要,努力将其建成中国生态建设名片、生态系统保护样本、野生动物天堂、生态科普教育基地。最后一句是总体定位,也可以理解为发展目标。

在旅游策划文案中,可以根据FABE法则对策划定位进行阐述。首先,通过区域对比、同类比较、地方性评估等方法分析旅游策划对象的特征(features),找出其与众不同之处、稀缺产业要素、潜在垄断资源。其次,明确旅游策划对象的优点(advantages),即遴选出具有比较优势、可以利用的方面。再次,界定旅游策划对象可以为目标客群提供的利益(benefits),包括拥有的功能、解决的问题、带来的好处。最后,提供具有权威性的证据(evidence),涉及专业机构的证明、政府的背书、游客的反馈等。

> **专栏 6-6**
>
> ### 旅游定位策划中的"指鹿为马"
>
> "指鹿为马"这一成语,出自《史记·秦始皇本纪》,本意是赵高指着献给秦二世的鹿说是马,以测试群臣对自己的态度。后来,人们用这一成语比喻故意颠倒黑白,混淆是非。在定位策划实践中,"指鹿为马"则是一种具有特殊意义的策略。麦当劳前总裁曾专门强调:"记住,我们不属于餐饮业,我们属于娱乐业。"众所周知,麦当劳是现代快餐生产和服务企业,但前总裁却说自己的企业属于娱乐业,这不就是现代版的"指鹿为马"吗?实际上,这种现象并不仅仅发生在麦当劳身上。诚品书店苏州分店名字是"书店",却提出要打造跨界综效性的创意平台。华侨城集团以主题公园和旅游地产发家,却标榜自己是"优质生活创想家"。"不到长城非好汉"没有宣扬长城作为防御工程的古老与坚固,而是暗示人们到那里去当"好汉"。"幸福在哪里,版纳告诉你"则隐晦地告诉受众,西双版纳卖的不是风景,而是幸福。
>
> 除了这些案例,日常生活中一些"指鹿为×"的常用语也给了我们许多启发。例如,"姐喝的不是酒,是心情""姐吃的不是西餐,是浪漫""姐看的不是电影,是情怀""哥唱的不是歌,是寂寞""哥玩的不是滑板,是炫酷""哥骑的不是哈雷,是自由"……在旅游定位策划中,一要寻找、创造自身的特色,放大、强化与众不同之处,实现差异化定位;二要明确自己能够为消费者创造的利益,宣扬物质形态背后的精神价值,将无形价值可视化。"看山就是山""看山不是山""看山还是山",青原行思的《三重境界》值得旅游策划师认真领悟。

第三节 旅游主题策划

一、旅游主题概述

主题是旅游策划的灵魂,是贯穿旅游策划方案始终的一条主线,统率着整个旅游策划的创意、构想、方案、形象等要素。旅游策划只有先搞好"主题行动",才能不战而胜,并且充满活力。然而,在旅游策划的具体实践过程中,不遵循主题原则的旅游策划比比皆是,具体表现如下:缺少主题,主题不突出,主题缺乏新意,多主题和主题重复,主题缺少层次结构,主题定位不准确。这种现状又使得旅游策划人员必须重视旅游主题策划。面对这种情况,林智理等专家提出了旅游地主题化 RMIP 策划模式,即旅游资源(resource)→市场需求(market)→主题形象(image)→旅游产品(product)。根据这一模式,旅游地依据明确的主题定位和提炼,以主题为立足点,在特色鲜明的主题的支配下,从多方面、全方位对旅游资源进行评价，并以资源为基础、市场为导向，在顺应市场发展趋势的前提下，合理划分与拓展其客源市场。

近年来，由于体验经济的兴起，各界对于旅游体验主题的关注程度日益提高，出现了一些关于旅游主题的观点。例如，马克·戈特迪纳（Mark Gottdiener）认为，有意义的旅游主题包括地位和身份、热带天堂、荒芜西部、古典文明、乡愁、阿拉伯狂想、都市情调、堡垒建筑和警戒、现代主义与进步、无法展现的展现（如越战军人纪念碑）。邹统钎则提出了十大旅游主题，分别是教育展览、珍奇异兽、植物园林、原野丛林、外国文化、历史陈列、河流历险、生活娱乐、水上公园、动物表演和花卉展览。伯恩德·施密特（Bemd H. Schmitt）也提出了体验主题的十大来源，并进行了简要说明（如表6-5所示）。

表6-5 旅游主题素材领域与来源

序号	素材领域	主要素材来源	实际案例
1	实体世界	我们能够看到的周围的一切	深圳世界之窗
2	哲学	哲学关于时间和空间的定义，不同道德观念下的生活状态和后果	纽邦德的旧式农场
3	心理学	人存在的深层次原因	抽取观众亲临现场
4	宗教、政治、历史	神话传说、价值观、习惯、权力概念	圣诞节狂欢晚会
5	艺术	视觉、听觉形象库、小说、戏剧、电影	绍兴咸亨酒店
6	时尚和大众文化	很多顾客在日常生活中渴望做出但出于条件限制而无法做出的事情	腾讯网络聊天室

二、旅游主题的选择方法

旅游主题是指旅游项目的核心内容和基本思想，主题选择是对旅游项目核心内容和基本思想的确定。旅游主题遴选是创造性思维的智慧结晶，需要紧密结合旅游地的地脉和文脉，旅游发展环境以及旅游资源的性质、规模和特点，根据项目策划目标和相关政策法规，分析旅游市场的需求变化，动态把握旅游者的旅游动机和市场需求变化趋势，熟悉同一区域内旅游项目的主题与卖点。对于原赋资源匮乏型旅游地，则应采取市场导向型策划思路，通过创意赋予一个明确、独特、有意义的主题。

（一）旅游主题遴选的一大法宝

主题定位是旅游策划中影响面广、难度较大、容易引起争议的内容之一，经常出现"公说公有理，婆说婆有理"的情形。这种现象与策划者的视角、出发点、专业背景、从业经验不同有关。为了让自己提出的主题更有说服力和认同度，策划者必须从资源赋存、客源市场、行业标杆、成功模式等方面寻找依据。除此之外，还有一个诀窍就是充分借助人类历史上影响深远的原型。

魔法是传说中的神秘力量，经常出现在游戏、动漫、电影等文艺作品之中。《魔法师大全》作者雷蒙德·巴克兰（Raymond Buckland）指出：数千年以来，魔法一直是深深吸引世人、令人着迷的主题。一说到魔法，大家都会想到哈利波特、爱丽丝梦游仙境、加勒比海盗等深入人心的作品。在国外，以魔法为题材的作品非常多，久负盛名，后来流传到国内，满足了无数人们的幻想，打开了一个全新的世界。例如，美国好莱坞环球影城的哈利波特魔法世界主题乐园、俄勒冈州的魔法森林、英国康沃尔的黑魔法博物馆以及郑州的法莉兰魔法王国项目、西安的魔法未来游乐园、秦皇岛的魔法主题乐园等。再如，欧洲近年来兴起举办灯光节的热潮，已经形成品牌效应。阿姆斯特丹灯光节可以让游客一边泛舟一边欣赏，柏林灯光节是以灯光唤醒了老建筑，卢米埃尔灯光节则是从小城市走出、走进大城市伦敦的活动，里昂灯光节是改造了当地居民点燃蜡烛祈祷的传统节日。其实，这些事物在我国都能够找到原型，比如火把节泛舟赏灯、元宵灯会、清代冰灯等，只是缺少挖掘整理和创新利用。

（二）旅游主题提炼的四性法则

"四性"即独特性、丰富性、实际性、市场性。独特性是取舍主题概念的主要标准。如果达不到这个要求，宁可舍弃，也不勉强使用。其次，主题应内涵丰富、易于展开，具有演绎空间，能充分展现项目的优势和卖点。有些主题概念内涵狭小，展开时支持点不够，不利于主题概念的体现与贯彻。再次，主题应符合自身情况、与本项目的要求相吻合，那些脱离项目实际情况的主题概念是不可取的。最后，主题应迎合市场买家及目标顾客的需求，不能激起旅游者兴趣的主题概念最终会断送项目的前途。

（三）旅游主题遴选的五大标准

五大标准即身临其境、情感体验、寓教于乐、穿越时空和营造梦想。第一，身临其境。旅游项目主题应为游客创造一种身临其境的氛围、沉浸式互动的体验，如迪士尼乐园中的探险岛和宝藏湾。第二，情感体验。具有诱惑力的主题必须调整人们的现实感受，旅游主题体验必须提供或是强化人们所欠缺但渴望拥有的现实感受，如幸福、浪漫、梦幻。第三，寓教于乐。旅游项目主题应该而且可能将娱乐和教育结合在一起，让教育的体验充满快乐，混成词 edutainment（education+entertainment）表达的就是这一理念。第四，穿越时空。旅游项目的主题最好能够通过影响游客对空间、时间和事物的体验，彻底改变游客对现实的感觉。第五，营造梦想。梦想体现着未满足的深层次需求，每个人内心深处都有逃避现实、追求美好生活、实现自我的渴望。

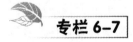

从特色小镇的名称看其旅游主题

- 浙江：西湖云栖小镇、乐清雁荡山月光小镇、湖州太湖健康蜜月小镇、柯桥兰亭书法小镇、上虞伞艺小镇、安吉影视小镇、平湖九龙山航空运动小镇、余杭梦栖小镇、磐安江南药镇、柯岩酷玩小镇、莲都古堰画乡小镇、天子岭静脉小镇等。

• **云南**：寻甸凤龙湾阿拉丁小镇、大理双廊艺术小镇、鹤庆新华银器小镇、芒市后谷咖啡小镇、建水紫陶小镇、弥勒太平湖森林小镇、东风韵小镇、德钦梅里雪山摄影小镇、沧源翁丁葫芦小镇、碧色寨滇越铁路小镇、那柯里茶马古道小镇、隆阳永子小镇、遮放贡米小镇、勐海勐巴拉雨林小镇等。

• **国外**：英国海伊旧书小镇、法国格拉斯香水小镇、依云矿泉小镇、沙木尼冰雪体育小镇、西班牙胡斯卡蓝精灵小镇、新西兰特卡波星空小镇、奥地利瓦腾斯水晶小镇、德国罗腾堡童话小镇、土耳其格雷梅热气球小镇、澳大利亚谢菲尔德壁画小镇、突尼斯蓝白小镇、美国好时巧克力小镇、马耳他大力水手镇、日本柯南动漫小镇等。

三、旅游主题的概念表达

一般而言，旅游主题只是旅游策划对象发展的大致方向，有时仍然无法准确表达出它的个性与特色。例如，将某地旅游主题确定为乡村休闲，但吸引力、感受力和震撼力仍不足，在一个更大的区域范围内来看，也难免与其他地方重复。这时就需要寻找一个概念，来进一步细化主题，更准确地表达主题。例如，六盘水明确了夏天气温比较优势和避暑发展方向之后，使用了"凉都"这一概念和"19℃的夏天""享受19℃的夏天，释放360度的激情"等口号来表达。其他如"中国漂城，浪花之旅""中国红都，初心之旅"也具有借鉴意义。

（一）旅游主题概念的"三气"理论

"三气"是指旅游主题概念的秀气、大气、霸气。其中，秀气即需要好听的名称，吸引游客前来游赏；大气即支撑广阔的市场，具有广泛的游客基础；霸气即产品的竞争力在市场中的地位应该具有独霸性。云南东川大牯牛山和小牯牛山之间有条裂谷，当地人称其为深沟，由于植被较其他地方茂密，又被称为深沟森林公园，是本地居民晨练和日常休闲的重要场所。笔者在为其进行旅游总体策划时，通过对地貌特征的考察、与本地居民的访谈和旅游市场的调研，发现该地地磁强度大，不少居民的慢性疾病都被治愈或缓解，对于现代都市亚健康和高压人群具有一定吸引力，因此提出"磁疗养生"的主题和"神磁谷"的概念，以及磁疗标志雕塑、中华磁疗文化长廊、磁疗健康步道、磁疗宫（含各类磁疗馆）、地磁乐园、磁疗产品展示厅、国际磁疗大会等策划构想。

（二）旅游主题概念的五大标准

优秀的旅游主题概念一定要符合以下五条标准，缺一不可。一是排他性，力求不可重复、不可模仿，与众不同，出奇制胜。二是概括性，最好具有高度的概括力，言简意赅地表达了旅游产品的意境和内容。三是延展性，来自旅游产品的生命源，具备拓展生存和发展空间的能力，落实方式形散而神不散。四是诱惑性，对游客具有吸引力，能带来视觉或心理冲击力，激发前往游览的兴趣。五是文化性，赋以某种文化，具有明确的文化主题、浓厚的文化色彩。例如，"昆明天天是春天"采用了夸张的修辞手法对昆明的"春城"传统名片进行了新的表达，"太阳转身的地方"形象地描述了墨江县地处北回归线的区位特征，"三朵鲜花一个饼"则从数量上突出了嘉华鲜花饼的品质。

四、旅游主题的展现手法

旅游主题确定之后，通常还要考虑选择一些具体的线索进行演绎，通过项目进行支撑，通过一些手法进行展现，否则主题就是一具空壳，失去应有的意义。策划者应认真研究叙事学，借鉴文学主题学、景观叙事学及相关学科研究成果，积极探索旅游主题的展现手法。

（一）旅游主题的支撑方式

1. 链式结合法

很多旅游项目的主题是根据旅游资源特色提炼而成的，主题往往具有延展性，围绕主题的发挥又可以进行一系列的项目设计。在这一方式中，旅游项目设计分别从主题的形成（上游）、展示、发挥（下游）方面进行，如图 6-5 所示。

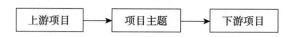

图 6-5　旅游项目主题和内容的链式结合法

2. 支撑式（伞状）结合法

部分旅游项目的主题具有包容性，文化内涵非常丰富。要完整地展示项目主题，必须从项目主题文化内涵的不同侧面进行项目设计。在这一方式中，从项目主题的不同侧面出发进行项目设计，形成不同的子项目，如图 6-6 所示。

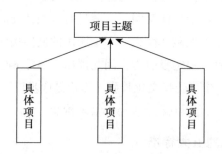

图 6-6　旅游项目主题和内容的支撑式结合法

3. 集聚式结合法（情景模拟法）

某些旅游地以叙事、描写为主题，对应的项目策划往往围绕模拟叙述的情景进行，通过景观塑造、场地表演等手段，提供给旅游者一个梦幻般的环境。在这一方式下，旅游项目往往依据主题叙述的空间和时间的逻辑关系进行设计和布局，如图6-7所示。

图6-7 旅游项目主题和内容的集聚式结合法

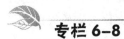

以"盐"文化为核心的主题游乐项目设计

河南叶县是国内最大的井盐生产基地之一，盐是他们的主要文化特色之一。奇创机构参与南叶县旅游开发项目策划规划时，就顺理成章地将"盐"作为主题，围绕盐文化设计策划了盐主题公园旅游项目。其中，水上的游乐项目体现了盐物理性质方面的应用（如盐魔方、不沉海、风暴滩等），陆地上的项目则更多地运用了盐的文化背景（如盐矿山、晒盐场、航海码头等）。

陆上项目的主线就是采矿冒险的游乐主题，由一条采矿盐的冒险旅程串联起来的，通过对采矿的系列演绎过程把游乐项目融入里面。

首先是入口部分的盐矿街。这条街是一条西部小镇商业街，商业街里面有餐饮、购物、表演的功能，是探险采矿的开始。

盐矿山实际上是一个大型的急流勇进项目。外观是一座盐矿山，内部则设置了一个矿工休息主题餐厅和一个盐矿购物商店，在这个商店里可以买到盐矿灯、小矿车、矿灯帽等很多与"盐"密切相关的产品。

"急流勇进"中水滑道的设计别具匠心，用采矿车作为载客工具，游客顺着采矿通道飞驰而下，在感受飞速刺激和水花四溅的快感以后，矿车又会进入一条矿洞奇妙探险旅程。

晒盐场的设计延续"盐"文化主题，展现的是一个矿盐的提取过程，主要包含大摆锤和转转杯两个项目。景观设计与盐文化密切相关，层叠的盐山加上洁白的盐沙，给人的感受就是一个户外晒盐场。

"过山车"项目给人感觉就是一个盐的加工厂。木质厂房是他的机械调度室，钢铁的连廊连接入口和乘车点，再加上钢铁的烟囱予以装饰，一个盐的加工厂就很自然地展现出来了，而且每个部分都有它的功能所在。

"航海码头"设有海盗船主题餐厅、观光灯塔,还有一些码头小景观,演绎了盐的运输、出口贸易过程。

来源:王倩. 盐文化在主题公园设计中的应用[N]. 中国旅游报,2012-04-11. 有修改。

(二)旅游主题的展现方式

旅游主题策划除了线索演绎与项目支撑外,还依赖于丰富、有效、生动的主题展现方式。根据绿维创景规划设计院的研究,可以通过编撰故事、情境再现、策划节事等方式展现旅游主题。

1. 编撰故事

叶明桂指出,在这个时代,要卖的不只是商品,更是洞察人性的故事。天下湖泊数不清,但英国尼斯湖和新疆喀纳斯湖尤其吸睛,这与"湖怪"的故事不无干系。为了吸引更多游客,喀纳斯又把图瓦人的神秘信仰编进故事中。这说明景区有无文化内涵始终是牵引市场的焦点。编撰故事不是胡编乱造,而是围绕景区主题,梳理景区文脉,达到转化文化资源、提高产品品位、增加景区文化内涵的目的。绿维创景在宁夏沙坡头南区设计方案中,通过挖掘当地民间传说的桂王城故事、民间信仰的白马将军,以编撰桂王城故事为中心,展现沙坡头的大漠文化的主题。策划者可以从旅游地的神话、童话、梦话中发现并领悟人深层次的内心需求,围绕生命、爱情、美德、尊重、信仰、自由、成长、探索等母题,讲述与旅游地名字由来、景观景物、旅游企业品牌、名人有关的故事,并通过微信、微博、微电影等渠道进行创意传播。故事讲述通常应遵循 7C 策略,即利用好奇心(curiosity)、叙述背景(circumstance)、人物(characters)、对话(conversation)、冲突(conflict)、高潮(climax)、结论(conclusion)。

2. 情境再现

特定时期文化情境的再现,对渲染景区文化氛围,突出景区主题,激发旅游者情感想象和参与活动具有重要作用。情境体现不是单纯新建、复建古建筑,营造环境氛围,重要的是将文化意境(历史文化、民俗文化、民间信仰)表现在其中,最重要的是人(包括游客、原住民等)的参与活动。如西安大唐芙蓉园、杭州宋城、开封清明上河园采用的就是情境体现的方法来突出景区主题。根据派恩二世的体验经济理论,旅游地开发的理想状态是成为一处能够为游客塑造四类体验、提供五种感官愉悦的"快乐剧场"。厉无畏将秀出主题链、以文化创意创造旅游新价值作为创意旅游发展和旅游产业转型的基本模式。他认为,在体验经济时代,"秀"(show)成为产品和服务的表现形式之一,成为吸引注意力的营销手段,也是吸引旅游者参与和体验的新创意。

3. 策划节事

节事活动是放大当地文化的窗口,通过节事活动可以达到突出主题、丰富内涵、吸引眼球、促进文化交流、提升品牌影响力的目的。旅游地利用节事进行主题营销和扩大品牌形象,一般可以考虑五类活动。一是传统节庆活动,如传统节日端午节、七夕等,重在处理好传统与创新之间的关系。二是民间习俗活动,如河南洛阳的关林庙会、云南陇川的目瑙纵歌,少数民族地区活动资源尤为丰富。三是艺术性事事,如四川雅安的国际熊猫·动物与自然电影周、广东长隆引进的草莓音乐节。四是旅游地的文化推广事件,如江西景德镇策划的明清御窑点火复烧、湖南凤凰举办的南方长城中韩围棋赛等。五是主题比赛事件,如云南东川的国际汽车泥石流越野赛、石林的"牛王"争霸赛等。六是新兴的节事活动,如贵州的黄果树瀑布节、泰国华富里的猴子节等。随着节事活动越来越多,节事主题提炼、活动内容创新、衍生产品开发、市场运作方式成为需要考虑的重要问题。

专栏 6-9

英国小镇新奇有趣的赛事活动

- 砸椰子比赛。这项比赛通常在乡村户外游乐会这样的日子举行,其历史可以追溯到19世纪末。在柱子上放上一排椰子,参赛者用木球投向椰子,如果砸中就可以将椰子据为己有,或接受其他奖励。
- 滚奶酪比赛。最初是由布罗克沃思(Brockworth)的村民想出来的,每到春季公共假日就会在格洛斯特附近的库伯山举行。来自世界各地的参赛者追着4公斤重的圆形格洛斯特双料硬干酪滚下山坡,第一个到达终点的人赢得奶酪。比赛中往往会有不少人受伤。
- 甩啤酒布比赛。根据迈克尔·本廷(Michael Bentine)作品中的情节创制的赛事,最早开始于1965年的利兹(Leeds),现在每年都会在不同的乡村酒吧举行。一组队员围成一圈跳舞,另一组的一名队员进入圈中,并试图用浸透了啤酒的布把对方队员弄湿。
- 肉汁摔跤比赛。开始于2007年,是在兰开夏郡(Lancashire)的斯坦科斯代兹(Stacksteads)举办的食品节活动之一。参赛者进入一个充满黏稠棕色液体(不明液体,并非真的肉汁)的池子,努力将对方摔倒。
- 沼泽潜泳比赛。在威尔士拉努蒂德韦尔斯(Lanwrtyd Wells)附近的威恩里德(Waen Rhydd)泥炭沼泽举行。参赛者在两条长55米、灌满泥浆的水渠里进行比赛。他们必须穿戴水下呼吸管和脚蹼,整个赛程只能通过脚蹼推动身体前行,往往搞得满身泥浆。

来源:克莱尔·高格蒂. 英国小镇秘境之旅——90个英国小镇的前世今生[M]. 任艳,丁立群,译. 武汉:华中科技大学出版社,2019:22-23.

拓展阅读

[1] 邵春. 产品建设笺与窍[M]. 北京:中国旅游出版社,2019:156-176.
[2] 雷万里. 大型旅游项目策划[M]. 北京:化学工业出版社,2016:70-109.
[3] 保继刚. 湖北"一江两山"旅游区开发策划[M]. 广州:广东旅游出版社,2004:166-185.
[4] 房晓. 大旅游时代:中国旅游战略大变局[M]. 北京:九州出版社,2011:215-254.

[5] 魏小安,厉新建,吕宁. 新时期中国旅游发展战略研究[M]. 北京:中国旅游出版社,2010:100-183.

[6] 屈波. 王志纲工作室战略策划10年实录[M]. 北京:东方出版社,2006:164-207.

[7] 段培君. 战略思维理论和方法[M]. 北京:中共中央党校出版社,2011:26-78.

[8] 李钰. 旅游体验设计原理与方法[M]. 北京:中国旅游出版社,2012:53-78.

[9] 余达忠,陆燕. 故事讲述:旅游时代的地方再造——旅游开发中创作的"舞台的真实"[J]. 创新,2019,2.

[10] 石培华,张毓利,徐彤. 借助战略地图管理工具,发展国际旅游消费中心[J]. 宏观经济管理,2020,3.

创意语录

天才只不过是一种以非惯常方式感知事物的才能。　　　　　　　　——威廉·詹姆斯

想出新办法的人在他的办法没有成功以前,人家总说他是异想天开。

——马克·吐温

创新就是把各种事物整合到一起。有创意的人只是看到了一些联系,然后总能看出各种事物之间的联系,再整合形成新的东西。　　　　　　　　　　——史蒂夫·乔布斯

聆听他人的原始想法,不管它最初听起来多么荒唐可笑。如果你禁锢人们的思想,你会得到很多盲从者。给他们自由发挥的空间。　　　　　　　——威廉·麦克奈特

欢笑声不会停,想象力不会老,梦想永不停歇。　　　　　　　　　——华特·迪士尼

创意是源源不绝的,你用得越多,就拥有得越多。　　　　　　　——马娅·安杰卢

第七章 旅游资源开发策划

【学习导引】

虽然现代旅游业中已经出现以人造景观和无景点旅游为代表的新模式，但毋庸讳言，对于绝大多数地区来说，旅游资源仍是旅游业发展的重要依托。旅游资源开发是旅游经济发展的基础工作，旅游资源开发策划是旅游策划的基本内容，掌握旅游资源开发策划方法与技巧是策划人员胜任实际工作的必备能力。旅游资源开发的本质是遵循体验经济和符号经济原理，为旅游资源本体赋予特定的意义，构建旅游市场认可的旅游世界或非惯常环境。根据策划工作实际，本章将旅游资源开发分为资源—旅游化、剧场—体验化、框限—神圣化、复制—社会化四个核心环节进行介绍，并分门别类地阐述了自然景观类、历史遗产类、民族风情类、区域文化类、产业融合类旅游资源开发策划要点，最后补充旅游景区景点开发与景观建设策划问题。

【教学目标】

1. 理解资源和旅游化，掌握旅游资源发现和命名技巧；
2. 理解快乐剧场的构成要素，能够旅游剧场构建的方法；
3. 理解符号学基本原理，掌握框限和神圣化的一般策略；
4. 理解旅游资源社会化的重要意义，掌握基本思路；
5. 掌握各类旅游资源开发策划要点；
6. 掌握景点策划方法、构景策略、造景手法；
7. 能够综合运用本章知识，提出旅游资源开发策划方案。

【学习重点】

1. 旅游资源的命名方法；
2. 旅游资源神圣化的基本手段；
3. 旅游资源社会化的一般思路；
4. 旅游景点策划要领。

旅游资源是自然界和人类社会能对旅游者产生吸引力，可以为旅游业开发利用，并可产生经济效益、社会效益和环境效益的各种事物和因素，是旅游吸引物、旅游产品的原材料。它具有自在性、多用性、关联性、可拓性、嵌生性、可重复利用性、不可逆性等特征。

随着现代科技的进步和消费观念的变化，旅游资源已经不再是决定一个地区旅游业发展状况的唯一因素，但旅游资源作为旅游业发展基础的地位仍没有改变，旅游资源开发仍然是旅游开发和旅游经济发展中最重要的基础性工作。杨振之指出，旅游策划的过程就是不断发现新资源，挖掘有价值、有特色的旅游资源，对各类旅游资源要素进行巧妙整合的过程。在实践中，旅游资源开发策划是各类策划的基础，没有旅游资源开发形成旅游吸引物，其他诸如服务要素策划、产品组织策划、市场营销策划都没有任何意义。因此，本书将旅游资源开发策划单列出来进行探讨。

本章从策划的特征和实际工作的要求出发，打破根据旅游资源类型阐述开发思路或按照旅游资源调查—评价—开发技术路线来撰写的传统思路，将旅游资源开发分为资源—旅游化、剧场—体验化、框限—神圣化、复制—社会化四个核心环节，基于资源理论、旅游化理论、景观神圣化、体验经济、快乐剧场理论等，来探讨旅游资源开发利用的一般化策略。在此基础上，介绍了不同类型旅游资源开发策划要点和景区景点建设策划要领。此外，本章的学习中应充分联系原来开设的旅游资源方面的课程，将旅游资源开发的科学理论、技术方法与创意策划有机结合起来。

第一节　旅游资源开发概说

一、旅游资源观的演变

纵观改革开放以来中国旅游发展史，可以发现：我国对旅游资源的认识经历了一个长期的发展过程。以各领域的重大事件为标志，可以将我国旅游资源观的演化历程划分为不同的阶段。

（一）传统旅游资源二元结构论

在旅游业发展初期，旅游资源被分为自然和人文两大类型。这种二元论主要是受传统山水文化观的浸染、建设部门和文物部门设置的影响。在这种观念下，旅游资源开发表现出"有什么就开发什么"的倾向，甚至演变为资源决定论。名山大川和名胜古迹构成当时旅游资源开发的主要内容，建设部门和文物部门推出的风景名胜区、文物保护单位及历史文化名城在早期旅游发展中发挥了重要作用，在当时向海外市场推出的代表性旅游线路中占据主角。直到现在，这种观念仍不同程度地影响着政府官员、开发商和旅游者的思维，山水风光、历史名胜仍是开发商投资和游客出游的首选。各地申报成功的世界遗产，仍以这两种类型居多，在民族文化资源丰富的西南地区尤是如此。

（二）影视拍摄催生人造景观

1983—1984年，为拍摄电视剧《红楼梦》，北京、河北分别修建了大观园和荣国府。1984年，河北正定西游记宫开业并迅速收回投资。随后，全国各地出现大批以小型鬼府神宫为代表的娱乐项目，多为以声、光、电为技术支持的立体连环画式的简单人造景观，虽有专业化娱乐设施，但规模较小、娱乐活动性差、缺乏可持续性，后来逐渐被淘汰。它突破了"二老"型旅游资源边界和单纯利用的观念，开始利用智慧去创造原来并不存在的旅游吸引物，堪称旅游资源理念的一次革命。正如魏小安所言：自然遗产是上天恩赐人类的，文化遗产是老祖宗留下来的，我们当代人的历史责任何在？……在满足当代人直接物质需求的同时，能不能创造更多的文化、形成未来的文化遗产？

（三）沿海城市公共设施观光化

改革开放以来，东部沿海地区城市建设中新型建筑不断涌现，并因其代表了经济发展成就、城市地标地位、较佳观景位置而被赋予观光功能，成为著名旅游景点，以上海东方明珠、金茂大厦、杨浦大桥等为代表。例如，1994年10月1日建成的东方明珠广播电视塔融入观景、餐饮与休闲功能，2001年初被评为首批4A景区。后来，大连、青岛等城市也将公共设施与观光休闲功能有机结合，成为城市旅游吸引物。这一现象率先在沿海城市出现，主要原因有三：经济实力雄厚，城市历史较长；海洋文明文化影响，善于吸收国外经验；历史上已有城市规划的影响。

（四）重大活动事件景观物化

在人们的传统意识中，重大活动事件一般都具有短时性，去过之后就只留在记忆之中。但是，昆明世博会（1999年）的举办改变了人们的传统认识，因为这次世博会留下了宝贵的遗产——世界园艺博览园，至今仍是昆明市区的重要景区。其实，这种创意早已出现，埃菲尔铁塔就是当年巴黎世博会的产物；在国内，北京亚运村也一度成为抵京旅游团队的必游之处。与这些创意相比，昆明世博园的新颖独特之处在于保留了相对完整、专门用于接待游客的旅游区。

（五）工农业景观的旅游利用

温州经济探秘游（1987年）、上海宝钢工业旅游（1997年）、富阳新沙岛一日游（1986年）、成都郫县农家乐（1987年）为人们认识工业、农业的旅游价值发挥了先遣队和试验田的作用。2005年初，国家旅游局公布首批工农业旅游示范点名单，标志着对旅游资源的认识有了新突破，开始关注到传统产业资源的旅游利用。与城市公共设施观光化相比，这种理念创新影响范围更加广泛，突破了沿海发达城市的局限，走向全国各地城乡，并且具备了稳定的制度支撑，即旅游部门主导的工农业旅游示范点评定。

（六）社会资源旅游产品化

2004年12月，杭州市旅游委员会宣布实施社会资源整合工程，将城市公共服务设施、工农业旅游示范点、社会文化、社会政治、市民生活、节庆会展以访问点的形式向海外旅游团队推出，100个访问点包括了工厂、学校、医院、渔村、农贸市场、居民社区，以及作为政府权力部门的法院和派出所。它突破了社会资源向产品转化的现实难题，创新了社会资源的旅游利用方式，并进行了相应的制度创新。

（七）城市更新中的休闲旅游导向

在市场经济体制建立的过程中，部分老工业城市由于资源枯竭、经营困难和政策限制等因素，开始谋求转型之路，如贵州六盘水。同时，随着产业结构升级、城市功能优化和用地布局调整，传统工业厂房搬离市中心，择址重建。在这种背景下，城市更新逐渐被提上多数城市管理者的议事日程，并特别重视改善人居环境、完善城市功能、发展休闲旅游。城市更新中的休闲旅游导向鲜明地体现在以下领域：创意产业园区、传统街区改造、文化遗址恢复、特殊区域重新利用、城市河流整治、城市中央公园建设。

（八）休闲度假环境资源化

21世纪是休闲世纪，人们的休闲观念也日益加强。同时，随着城市化进程的加快，在SARS事件的冲击下，人们对于生活质量、回归自然、健康养生愈发重视。在这种背景下，绿水青山、蓝天白云、明媚阳光、温泉矿泥、负氧离子、植物精气、富硒土壤、紫色食材、康乐气候等日益受到重视，其功能被重新发现和利用。

时至今日，旅游资源的范畴越来越宽泛，城市中轴线、地理标志物、废弃厂矿、教育遗产、灾害遗址、地下空间等都有开发利用的潜力。策划人员不能放过任何既存的事物，尤其需要注意那些无形、微量、地处偏远的资源，如磁场异常、长寿现象、区域经济发展模式等。同时，应注重查找方志、传记、逸闻等文献资料，从区位条件、地质地貌、水文现象、生态系统、天文气象、人口特征、民间习俗、生活方式、历史过程、区域文化、艺术创作、基础设施、城乡建设、公共服务、社会治理、产业体系、节事活动、地方精神等方面挖掘非传统旅游资源。在国外，旅游资源几乎无孔不入，部门和行业的划分没有对资源的旅游化造成什么障碍。例如，韩国京畿道坡州的出版城（出版文化信息产业园区）、文化村、美容城、英语村、大型购物城甚至军事分界线都成了旅游资源，被编排设计成旅游线路并向市场推介。

专栏7-1

未来需要引起重视的旅游资源

王衍用在《广义旅游学》中提出了广义旅游资源分类方案：①景观资源——养眼；②环境资源——养身；③社会资源——养心；④精神资源——养神；⑤产业资源——养业；⑥品牌资源——养名。他认为，不能开发成为旅游产品的资源不是旅游资源，具有竞争力的资源才算旅游资源，差异就是旅游资源，环境是最优最好的旅游资源。

金准在《广义旅游学》中呼吁要把握战略性文化旅游资源，涉及以下五个方面：①礼——秩序与核心价值观（重人、重群、重心、重和）；②文——文字（汉字）；③物——物质文化（物质不是单纯的物件，物质裹挟情感，承载历史记忆，附带民族的美学评价，与文化生活紧密相关）；④艺——非物质文化；⑤网——社会网络。

驴妈妈集团副总裁任国才指出，时代在变，旅游需求发生了巨大的变化，中国的旅游资源也在悄然发生变化：从第一代的"2L"资源（即"老天爷"留下的自然资源和"老祖宗"留下的人文资源），到第二代的"3S"资源（即阳光、海水和沙滩），再到第三代的"4Q"资源。4Q是4个"Qi"（气）的首字母缩写，分别是：清洁的空气、宜人的天气、洁净的水气、传统的地气。

近年来，在各地报纸上出现了传播新旅游资源观的一类文章，其题目格式为《×××也是旅游资源》，如《璀璨星光也是旅游资源》。该类文章涉及的旅游资源包括：美好生态、空气指数、热情好客、诚信、善意善行、淳朴民风、旅游文明、服务、方言、摄影、夜色、稻田、风味佳肴、废弃工厂、海派文化、科技魅力等。与此同时，数字文创与场景旅游也在不断更新着我们对旅游资源赋存的认识，数字化资源正在成为文化旅游领域新的战略资源。

二、旅游资源开发的传统认知

从人类历史的长河中来看，审美活动和以审美为目的的景观建设由来已久。泰山、西湖、醉翁亭、岳阳楼等风景名胜都不是近代才开始开发的，总结传统风景名胜的孕生机理，可以更好地理解旅游资源开发的真谛。苏东坡曾作过一首《琴诗》，诗曰："若言琴上有琴声，放在匣中何不鸣？若言声在指头上，何不于君指上听。"从这首诗的隐喻来分析旅游资源开发，前提是客体的存在，关键在于主体的努力。

我国古代旅游文化中有重人的传统，认为：名胜之为名胜，其美主要在人文，而不在自然。山因有大贤而称誉于世，境因有名人而彪炳志乘。《望庐山瀑布》《岳阳楼记》《醉翁亭记》《大观楼长联》等都是"山水藉文章以显，文章亦凭山水以传"的典范。在唐代文学家柳宗元的游记中，我们不难发现人与自然关系的重要命题："美不自美，因人而彰"。意思是说，自然美不能自彰其美，经由人的发现与创造，才可能真正获得美的意义。元朝著名学者、诗人兼政治家王恽在《游山东记》中写道："山以贤称，境缘人胜。赤壁断岸也，苏子再赋而秀发江山；岘首瘴岭也，羊公一登而名垂宇宙。"对此，明代文学家钟惺在《蜀中名胜记》的序文中有更深刻的表述："游蜀者，不必其入山水也。舟车所至，云烟朝暮，竹柏阴晴，凡高者皆可以为山，深者皆可以为水也""一切高深，可以为山水，而山水反不能自为胜；一切山水，可以高深，而山水之胜反不能自为名。山水者，有待而名胜者也：曰事，曰诗，曰文。三者，山水之眼也……"在他看来，四川的山水有两个特点，一是随处皆胜，二是山水本身无所谓名胜。事、诗、文三者方为"山水之眼"，高人逸士故事的流传、遗迹的留存、诗文（包括绘画、音乐等）的映衬才是自然山水成为风景名胜的关键。揭开名人效应和口碑效应的表象，诗词歌赋为自然景物创造的意义、阐释的美感、抒发的情怀、传达的哲理才是让山水成为名胜的关键。

"山不在高，有仙则名。水不在深，有龙则灵。"山与水是自然存在的物象，仙和龙则是后天人文活动的隐喻。由是观之，古代名胜的孕生过程中，人的主观能动是第一位的，人文活动尤其是引领社会审美风潮的士大夫群体的文学艺术创作活动起到了关键作用。实际上，直至今日，诗文、绘画与各种记载的流传对景区（点）的宣传推介作用仍是不可或缺的。除了诗词歌赋之外，古代还有不少景观营造活动，集中体现在各地从"八景"为代表的景观体系之中。例如，"砀山八景"中的"秋池邀月"，本源于汉梁孝王的宴池，后来修筑亭台，唐代李白泛舟于此，宋代增刻石，元代建谯楼，后来这些都属于为提升景观吸引力和游览便利性而进行的开发建设。在这一过程中，以物赋形、以形呈象、以象表意成为重要法则。

不仅国内如此，国外知名旅游吸引物的促长因素也表现出同样的规律。英格兰湖区的名声就离不开以华兹华斯为领袖的湖畔诗人们的努力。他们让更多人通过他们的诗作看到了湖区的魅力：延绵的山峦、整齐的田庄、清澈的小溪、蔚蓝的湖水、袅袅升起的炊烟，让湖区的价值从单纯的自然景观之美上升到了更高的回归自然、洗涤心灵的层面。华兹华斯的《湖区指南》主题鲜明、立意深远，且重视"喜欢风景之人的审美趣味的提升"，即他希望通过在书中介绍湖区美丽的风光，传递出蕴含其间的自然之美。

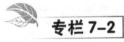

专栏 7-2

文化视野中的旅游资源开发

旅游旺地往往以历史人文景观著称，即使是名山胜水也已经过文化传统的一次次赋形和解释，因此，成熟的旅游市场无不以文化为支撑。但旅游不但依赖文化，而且组织文化、建设文化，也就是说发展旅游必须准确判断当代文化心理以重组已有资源。用"组织"而不用"开发"，意在强调旅游建设的历史主义。

- **整理甚至重建旅游资源**。不少地方旅游资源比较分散，需要政府和旅游公司基于一定的旅游理念将分散的景点组织成完整的对象。同时，传统旅游资源很少是完整无缺的，需要发掘、修复和完善，有时还需要大规模重建。这两种行为都以对历史资源的理解和解释为基础，都是释放蕴含在遗产中的文化内涵，使过去与当代连接起来。

- **解释以及表现人文传统**。在很多景区，文化遗产或残破不堪或依稀难辨，没有东西可看可听，需要以现代文化生产使其寓意再现。在创造新产品的过程中，现代史学研究、文学、建筑、工艺美术、园林、服装设计以及音乐、书法、绘画、雕塑、装潢等专业人员都可以发挥巨大作用，现代科技手段也全面进入文化遗产的复原。

- **再造或虚构新景观**。旅游需要资源，但现代社会拥有的资本力量和技术手段完全可以无中生有，大量的旅游节庆或主题公园就是如此。旅游作为一种产业，其特点在于它必须提供一整套由统一主题串联起来的景观、行为、产品和服务，因此就有一个造什么、如何造的问题。

• **概括或提示旅游景点**。旅游是休闲，无论从中分析出多少意义和价值，就旅游者而言，需要的是简单、明了，这就有了数字化概括的问题，如"云南十八怪""大理四景""羊城八景"等就是如此。

来源：单世联. 论文化观念与文化生产[M]. 北京：新星出版社，2014：326-329. 有修改。

三、旅游资源开发的理论探索

在国内理论界，人们主要运用 RMP 理论、旅游化理论、空间生产理论、奇石画布理论、体验经济理论、快乐剧场理论、比较优势理论、羡余理论、显性化理论、活化理论、价值转化理论、非优区理论、生态位理论、增长极理论、产业融合理论、生命周期理论、人地关系理论、可持续发展理论等来指导旅游资源开发。在此基础上，紧扣旅游资源开发的核心问题，本书提出旅游资源原料论、旅游景观形神论、旅游创意核心论，以更好地指导旅游资源开发策划。

（一）旅游资源原料论

该理论认为，旅游资源只是开发成为对游客具有现实吸引力的旅游吸引物的基础，是旅游景区或目的地开发建设的必要非充分条件。旅游资源开发必须经过人类的加工和创造，加工创造水平高会弥补旅游资源缺陷，反之则会制约旅游资源潜力的发挥。缺乏旅游资源的地区可以通过恢复、挖掘、创造等方式来进行旅游开发、发展旅游产业。早在 1993 年，原国家旅游局综合司司长李海瑞就曾指出，将原材料制成产品，需要按总体设计进行筛选、剪裁、加工、改造和科学的组合，完成这一过程，需要资金，更需要"点子"。在新时期旅游开发中，必须自觉克服唯资源论、资源决定论等陈旧理念，积极探索 5Z 开发模式。所谓 5Z，指的是资源、资本、知识、智能、制度五个在新时期旅游资源开发中具有决定意义的要素。

在实践中，旅游资源作为一种原料，在旅游资源开发与产品生产中起到的作用是不一样的，就像土豆可以做成烤土豆、炸薯条、老奶洋芋、醋熘土豆丝、地三鲜、土豆炖牛肉、大盘鸡、土豆沙拉等不同菜肴一样。借鉴烹饪学的基本原理，对这一原料的处理可以分为三种具体情况（如表 7-1 所示）。不管哪种情况，唯有依靠心灵聪慧、手艺工巧的厨师，方能烹制出色、香、味、形、器、声、意俱佳的美味佳肴。

表 7-1 基于旅游资源原料论的三种开发处理方式

序号	开发方式	开发重点	案例
1	主料模式	创新，添油加醋	平遥古城
2	辅料模式	创造、创新，寻找主题、主线和主料	乌镇东栅
3	佐料模式	创意、创造、创新，寻找主料与辅料	晋宁石寨山

第一种是旅游资源成为主料。旅游资源在旅游吸引物中占有绝对主导地位，是体验对象和游览内容的主要支撑，其形态与特质、内容与意义在开发前后不发生重大变化，以原真性或原生态为卖点。例如，纳木错、望天树、布达拉宫、和顺古镇、勐景来傣寨等都是主料型开发模式。采用这一模式开发的旅游资源，一般应符合游憩价值高、形态基本完好、意义穿越时空等基本条件。既然主料已经明确，那么这类旅游资源开发的重心就在于合理添加"辅料"或"佐料"，简而言之就是"添油加醋"。

第二种是旅游资源被用作辅料。旅游资源在旅游吸引物中属于配角，服务于其他旅游吸引要素。由于先天不足、后天不良、不能与时俱进，或处于优质旅游资源集群之中，无法担任主料的重任，但又具有不可遗弃的存在价值。经过开发之后，旅游资源的形态、功能或意义没有实质变化，但往往"偏居一隅"、成为整体旅游吸引物的组成部分之一，或者作为承载新兴内容与意义的舞台，即常说的"旧瓶装新酒"。大理"三塔"与恢复重建的崇圣寺、晋宁石寨山与古滇名城、乌镇东栅与西栅及其他片区就是这一模式的典型代表。该模式对创造、创新的要求有所提高，最大的挑战来自重新寻找主题、主线和主料，一般会涉及扩大面积、新建景观、健全设施、完善功能、更新意义。伴随着旅游地升级改造与资源整合，这种模式的应用范围日渐扩大。

第三种是旅游资源承担佐料的角色。旅游资源成了开发之后形成的旅游吸引物中微不足道的部分，重要性与贡献度很低。开发前后相比，旅游资源本体已经发生较大变化，有时"面目全非"，几乎丧失了存在感。例如，昆明市郊区的天生桥洞，在开发中已经更名"西游洞"，逐渐增加空中溜索、高山滑道、丛林漂流、5D玻璃桥、悬崖秋千、鬼国天宫、西游印象大舞台等项目，发育成为西游文化主题游乐公园。这一模式的难度最大，基本属于小题大做、另辟蹊径、改头换面，需要寻找主料和配料，对创意（意义赋予）、创造（无中生有）、创新（推陈出新）都提出了更高的挑战。

（二）旅游景观形神论

该理论认为，旅游资源经过开发之后，形成对人们有吸引力的旅游景观。旅游者表面上欣赏的是形式（物质、实物），实际上消费的是意义（精神、寓意）。从载体与内容、外表与内涵的关系来看，旅游景观的最高要求是形神兼备。"形神兼备"一词本来用于评价书法和雕塑、绘画作品，指的是不仅形态美妙，而且富有神韵。这里的"形"，指的是外在形态，包括材质、大小、形状、颜色、位置等，是产生感官刺激、吸引注意力、形成第一印象的重要因素。如果上述因子形状奇特、体量非凡、视觉冲击力强，就可能因"颜值"取悦游客。这里的"神"，指的是内在神态，涉及历史事件、传说故事、文艺成就、情怀意蕴等，是引起心理共鸣、促进心灵升华、满足精神需求的关键方面。如果这些因子底蕴深厚、内涵鲜明、意义突出，就能够以"气质"打动游客。

为了实现形神兼备的效果，旅游资源开发中就要内外兼修，力争"颜值"与"气质"齐头并进，相得益彰。在实践中，根据两者的不同情况及其组合，存在四种不同的情形（如表7-2所示）。第一种情形是形态、神态皆为上乘。多数是"老天爷造就""老祖宗留下"

的自然与文化遗产,天生丽质、风姿绰约。按照旅游业发展初期的开发模式,可拦起门来收门票。这类旅游资源开发的任务,主要是完善旅游接待设施、设计体验活动项目、提高服务管理质量,并与时俱进地创新内容与表现形式。第二种情形是形态优但神态差。生态环境优良,自然风光优美,但"面无表情""眼神空洞",新发现的自然旅游资源多数是这类情形。这类旅游资源开发的重点是采取文脉挖掘或创意再造的方式,丰富文化内涵,赋予象征意义,提炼文创符号,通过信息传播与社会复制手段使之深入受众人心。第三种情形是形态差但神态优。历史上曾辉煌一时但后来"灰飞烟灭"的人文旅游资源,以及先天不足或后天受损的自然旅游资源,多属此类。应在保持原有意境的前提下,适当考虑受众的感知特征,恢复昔日盛景、活化历史场景、创新表现形式、强化感官刺激,在景观恢复、修葺、美化、亮化方面下功夫。最后一种情形是形态和神态均不理想。这就需要"两手抓",一手抓外在景观建设,一手抓内在文化建设,并且两手都要硬。

表 7-2 旅游资源开发的四种情形

序号	资源情形	开发重点	案 例
1	形态优、神态优	完善接待设施、设计体验项目、提高服务质量	黄山、西湖、北京故宫博物院
2	形态优、神态差	丰富文化内涵、赋予象征意义、扩大影响群体	荔波、崀山、神农架林区
3	形态差、神态优	复现盛景百态、创新表现形式、强化感官刺激	良渚遗址、梁山、西南联大旧址
4	形态差、神态差	提高景观美感、塑造文化意境、完善服务设施、扩大普适群体	采石场、废弃矿山、垃圾填埋场

(三)旅游创意核心论

该理论认为,人是寻求意义的动物,现代旅游活动是典型的补偿性意义消费,游客寻求的是旅游地隐喻的某些意义。综合对云南省玉龙县玉水寨、香格里拉市普达措、瑞丽市"一寨两国"、南涧县樱花谷等地案例的考察,不难发现,旅游资源开发的具体内容虽然繁杂多样,但都是围绕意义生产这条主线进行的,即意义的发现/赋予、描述/阐释、评估/鉴定、表达/呈现、传播/解读、创新/再生产。其中,四个核心环节分别为:创意、表意、传意、解意(如图 7-1 所示)。借由这些环节,人们把外在世界的物象纳入自己的心灵版图,在无可把握的物质世界中获得生活的意义和精神的满足。

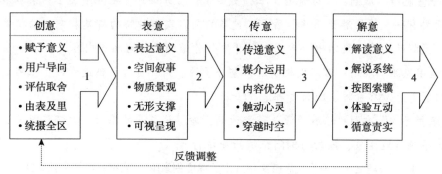

图 7-1 创意视角下旅游资源开发流程示意图

在这四个环节中,创意即意义的赋予,为旅游地赋予一个符合自身资源禀赋和社会需求的意义,这个意义通常是原来所不具备的,或者虽有蛛丝马迹却未被完整、明确地提出。该环节与旅游地主题策划、总体定位、命名(更名)密切相关,有赖于创意者丰富的知识、阅历和经验,对社会需求的准确把握,以及发现新事物的独特视角。表意即某一既定意义的表达与呈现,即通过氛围/环境、景观/景点、活动/仪式、设施/设备、名称/故事等途径表现出来,以供游客循意觅实。该环节最为关键的是意义的可视化和体验化,包括核心吸引物、解说系统、形象识别体系的建设,以及旅游体验活动的策划与组织。传意就是将既定的意义传达给异地的目标客源群体,使其形成认知并产生旅游动机。传意一般借助图书、报纸、杂志、电视、网络、专题片、微电影、户外广告等媒介来完成,经常与形象传播、市场促销与品牌推广活动结合在一起。解意就是游客到达旅游地之后,借助各类设施和服务进行消费,结合个人的知识、情感和阅历,对旅游地既定的意义进行解读,作出个性化理解和评价。

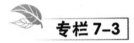

专栏7-3

旅游策划中的资源思维准则

旅游策划中需要牢记五大旅游资源思维准则,充分发挥对旅游资源的深入了解能力、独特发掘能力、准确提炼能力、高度集中能力、巧妙升华能力、全面整合能力,使潜在的"无效资源"成为可供开发或营销的"有效资本"。

- "功能思维"准则:资源需要资讯(产业策划)→资讯提升资本(品牌形象与开发营销项目)→资本吸引资金(开发经营资金与游客消费资金)→资金形成资产(固定资产与流动资产)。
- "市场思维"准则:旅游开发必须在丰富的资源基础上面向市场、分析市场、适应并开拓市场,以市场需求为导向对资源进行筛选、加工甚至创造,否则结果充其量是昙花一现后"门前冷落鞍马稀"。
- "含量思维"准则:三分资源(三分史学),七分策划(七分演义)。旅游地开发与营销必须要有一定的旅游资源作后盾,但更多的则是发挥独特的智慧、充分的想象、奇异的构思、大胆的创造,策划出一系列可供开发与营销的旅游空间与内容。
- "运用思维"准则:可以发掘资源、整合资源、强化资源、创造资源,但不能剽窃资源、滥用资源、破坏资源、毁灭资源。
- "保护思维"准则:旅游资源是旅游地的生命、旅游业的银行,破坏与毁灭资源就是残害与扼杀旅游地生命、抢劫与倒闭旅游产业银行。

来源:海洋.灵魂之光——当代旅游文化开发的深度创意[M].成都:巴蜀书社,2007:19-21.

第二节 旅游资源开发策划的核心任务

一、自在事物的资源—旅游化

（一）旅游资源本体的自在性

绝大多数旅游资源具有自在性。旅游资源包括本体和附体，前者是指其客观存在、物理属性，后者强调其无形部分、文化属性。旅游资源的本体存在与旅游、旅游业是不相干的，它们是先于旅游和旅游业而存在的，因此被称为自在事物。例如，北京故宫的原初功能是皇帝行政居住的地方，丽江古城是纳西人的生活空间，黄山则是天造地设之物，它们与旅游本无关系。套用地理学家奇摩尔曼的话，旅游资源本来并不是旅游资源，它们只是在特定的条件下"成为"了旅游资源。那么，自然界的要素（如喀斯特地貌和花岗岩山体）、社会现象（如泼水节和民族村寨）是如何实现华丽转身、成为旅游资源的？这一过程耐人寻味。实际上，这就是旅游资源的发现问题，是旅游资源开发的前提。

发现旅游资源、将其纳入旅游开发客体的范畴，或者是将自然界和人类社会中存在事物进行资源化与旅游化，认定其旅游意义与开发价值，方可进入旅游资源开发的后续环节。发现，是认识，是比较，是追寻，是感动，包含对于事物意义的追寻（杜一力，2018）。旅游策划人员须具备强烈的使命感、敏锐的观察力、渊博的知识、丰富的经验、独特的视角、发现的眼光，能够综合运用信息检索、访谈座谈、线索追踪、实地踏勘、同类对比甚至无人机拍摄、专家鉴定等具体工作方法，方能胜任这一工作。在这一过程中，发现的眼光起着关键作用，这要求策划人员将自己当作"他者"，用"第三只眼"审视某一区域的自然事物与社会现象，于平凡处发现亮点，将弱势变成优势，把"贫瘠之地"视为"风水宝地"。在策划实践中存在这样一个普遍的规律：旅游地缺少的不是旅游资源，而是发现的眼光。

（二）旅游资源的发现

旅游资源的发现，本质上是发现了原本存在于自然界或人类社会中的某一事物、现象或因素的旅游意义与功能。发现首先指亲历现场、亲自指出、亲眼确认，其次指评估并确认其美学价值、科学价值、历史价值、游憩功能，还包括以文字、摄影、视频等渠道将旅游资源传达给社会公众，并得到社会的广泛认可。甘肃张掖七彩丹霞的发现与成名，就与喜欢摄影的军人郑复新密不可分。他对山川地貌有着独特的敏感性和洞察力，见多识广，业余时间爱好摄影，善于捕捉大自然的奇妙之处。2002年10月，他偶然路过临泽县南部梨园河一带，被眼前五彩斑斓的丘陵景观所吸引，直到挥霍完手中的所有胶卷。从那时起到2003年8月，他数次深入此地进行了全方位拍摄，并专门请教了兰州大学研究地质学的王乃昂教授，确认了该景观为丹霞地貌。同年10月，《兰州晚报》以《那种美令人炫目——

张掖丹霞地貌揭秘》为题，首次发表了郑复新的多幅摄影作品，介绍了七彩丹霞的发现过程。可以说，郑复新凭借对地形地貌和色彩景观超乎寻常的敏感，唤醒了沉睡千百万年的张掖丹霞。

在实践中，旅游资源的发现可以分为两种情况。一种是发现了原先未被人所知、旅游功能明显、开发利用价值较高的事物，这些旅游资源往往地处偏远、交通不便而"藏在深山人未识"，后来被探险爱好者、摄影发烧友、国土资源调查人员等发现。另一种是发现某一众所周知的事物的旅游意蕴，或赋予它独特的旅游意义，从而判别出其旅游开发利用价值。旅游开发利用价值通常包括观赏价值、游憩价值、历史价值、文化价值、科学价值、艺术价值和其他使用价值，这些价值的评估可以采取专家打分、公众意见征询、比较研究等渠道，但有时取决于发现者第一时间的直觉，如张贤亮对镇北堡文化旅游价值的认定。为了鼓励人们发现旅游资源，应推广旅游景观发现权公证工作，探索景观发现权的保护工作。

（三）旅游资源的命名

与旅游资源的发现如影相随的，是旅游资源的命名。"名"是人在社会生活中为了相互区别事物和联系而制定的称呼代号，包括正名、别称、荣誉称号等。适宜的名字与称号不仅昭示着旅游资源的特色和吸引力，而且有利于传播和记忆。命名是在考察、考据、鉴定的基础上评估旅游资源价值并给予合适的称号，是反映旅游资源本质和特征的一种艺术性的言语创造。它实质上包括了两个过程与层次：评估与命名。其中，命名是结果也是表象，评估是过程也是实质。从这个意义上讲，命名是发现特色、赋予意义、评估价值、明确定位的过程，其重要意义就在于将新发现的旅游资源与类似旅游资源区别开来。受"顾名思义"等大众心理的影响，命名有时甚至决定了旅游资源的开发方向、性质定位和建设内容。

通常而言，旅游资源的名称应具有排他性、指位性和导示性，命名应坚持政策性、科学性、单一性、确定性、文雅性等基本原则，应统筹考虑资源整合、产品支撑、市场营销、品牌建设等相关问题，避免"缘名失实"等导致游客满意度下降的现象。例如，2016年5月，贵州省有色地质勘查局地质矿产勘查院梁琼工程师到荔波县开展旅游资源普查工作，前期通过问卷调查和卫星影像资料进行分析，在佳荣镇坤地村发现了一处旅游资源。他先后三次顺利进入峡谷，在攀爬滚石、过河涉水之后，终于发现了由桫椤沟、威滩瀑布群、七彩河三段景观组成的风景资源，并将其命名为"七彩桫椤沟"，从颜色（七彩）、资源亮点（桫椤）、景观概貌（沟）三个方面凸显了该旅游资源的特殊性，隐含了丰富、美丽、珍稀、古老等多重意义，决定了该旅游资源的开发方向、旅游产品的市场卖点。

二、旅游资源的框限—神圣化

旅游资源的框限—神圣化是通过各种手段确立边界、体现其与周边地区的差异、明确比较优势、提升其神圣化程度，以让自在事物更好地体现文化规训、进入人类的视野，成为游客精神需求的合意性客体，并为明晰产权、编制总体规划、划定功能分区、布局重点项目奠定基础。

（一）旅游资源的框限

框限的本意是指明确旅游资源的外部边界，确定范围与规模，有时会因为运用不同材质的框架、笼罩、基架、围栏等手段而实际上起到指示和强化景物价值的作用，如卢浮宫内用玻璃框着的油画《蒙娜丽莎》。一般来说，框限意在区分景物与背景、生活世界与神圣世界，有利于景物保护和游客对标志性景物的感知。通常而言，界定旅游资源范围的方式有扩张和保护两种，前者是指在原来基础上通过新建、扩建使其范围不断扩大，后者则是通过一定的法律规章制度使其范围固定化（马秋芳，2009）。在古代，佛教寺院就是通过围墙和山门来进行框限，特别是山门，被视为滚滚尘世与庄严法界的分界。名山大川一般不设明确边界，而是用牌坊这种传统建筑小品提醒游客要进入游览区了。在现代旅游资源管理中，文物保护单位石碑在命名的同时起到了框限的作用，在石碑上面明确标明了文物保护单位的"四至"。目前，国内旅游地一般都有相对明确的边界，利用大门、广场、界桩、提示牌等形式加以强化；有的还会专门设立景前区为代表的引景空间，起到过渡、营造氛围、心理准备等方面的作用。

除了外部确界之外，现代旅游资源开发中的框限还应包括明确内部不同功能区之间的界限。这种做法在古代帝王陵墓设计与建造中已具备雏形，这种陵园一般分为神道、祭祀准备区、祭祀建筑群、护陵监，除护陵监外的各部分之间使用牌楼（坊）、园墙加以分隔。在国际通行惯例中，自然保护区被划分为实验区、缓冲区、核心区，三类区域在进入许可、活动类型、设施建设等方面的要求各不相同。为了强化各片区不同的功能、避免相互干扰的作用，现代旅游资源开发与规划中比较重视功能分区工作。一般是在功能主导、相对独立、协调发展、综合平衡等原则的指导下，把一个相对完整而典型的旅游区划分为入口引导区、综合服务区、观光览胜区、文化体验区、康体养生区、休闲度假区、预留发展区。此外，在某些特殊类型的旅游资源开发中，框限还可能包括确定帷幕、前台、后台之间的边界，或者开放区域与非开放区域之间的界限。

（二）旅游资源的神圣化

"山不在高，有仙则名。水不在深，有龙则灵。"神圣化中的"神圣"不仅限于宗教意义，也不仅指超自然或神秘的力量，而是泛指赋予我们灵魂以生命力、应对世俗世界弊端的所有东西。神圣化除了指提高景物的神圣程度，还具有符号化、标志化的含义。作为神圣空间形成的核心环节，神圣化在旅游资源开发中居于关键地位。它是马克思所说的"自然的人化"的体现，是自然事物发展成为风景名胜的"密码"。在实践中，将自其定位为"圣地"、凸显神圣性的旅游地比比皆是，突出地体现在旅游形象口号与传播话语体系当中，如四川黄龙的"圣地仙境·人间瑶池"、安徽九华山的"神奇灵秀地·天下九华山"、江苏连云港花果山的"大圣故里·神话仙境"、广西阳朔世外桃源的"遗落在人间的仙境"、黑龙江五大连池的"壮美火山·神奇矿泉"、广东清远地下河的"神秘瑰丽的地下银河"、云南丽江玉水寨的"世界遗产·东巴圣地·丽江之源"、云南迪庆普达措国家公园的"心灵圣境·梦里天堂"、福建湄洲岛国家旅游度假区的"妈祖故里·度假天堂"等。

总体而言,自然类旅游资源的神圣化主要由物理因素或形态学上的因素而引起,在象形山石中应用广泛,如长江三峡神女峰、张家界黄龙洞定海神针、怒江大峡谷石月亮等。文化遗产类旅游资源神圣化过程则与景点相关的社会历史活动及相关因素密切相关,特别是该资源或景点在社会、经济、文化、科技等某一领域中的地位,如爨宝子碑、遵义会议旧址、赵州桥等。例如,雍和宫通过"龙潜禁地""高僧驻锡地""宫闱秘闻发生地""藏文化窗口"四个方面完成了神圣化过程(席建超,2006);兵马俑则通过符号的横纵聚合,转变为与"秦文化""中国文明""怀古圣地"等完美结合的化身和代表(席建超,2006)。在旅游资源开发策划实践中,常用的神圣化策略体现在名称阐释、解说叙事、体验项目、服务程序、管理策略等方面,包括但不限于下列15种:引经据典、附会神仙、编织"神话"、权威论证、名人效应、设置门槛、举行仪式、凸显风水、故弄"玄虚"、奉祀秘藏、制造氛围、使用敬语、彰显威力、加封卫冕、祈福还愿。

三、旅游资源的剧场—体验化

在体验经济的视阈中,旅游资源只是为游客塑造体验的原材料,不等于旅游体验本身。它必须经过"添油加醋""移花接木""雕镂藻绘""画龙点睛"等加工创造环节,转化成为剧场,才能为游客提供独特、丰富、深刻的体验,留下难忘的印象,起到启迪思想、纯化魂魄、滋养心灵的目的。

1959年,美国社会学家戈夫曼(Erving Goffman)在人际交往形式的研究中首次提出了"拟剧论"。他认为,日常生活中的社会情景就是剧场,互动过程就是表演,人的所有社会性活动和互动行为都是某种类似舞台上的表演行为。美国戏剧导演兼理论家理查德·谢克纳(Richard Schechner)提出了理解舞台设定的四个关键,即戏剧、剧本、剧场和表演。1983年,格莱夫(Grove S.J.)与费斯克(Fisk R.P.)将剧场表演的观点引入到服务业当中,提出了服务剧场模型,以此来描述顾客和服务人员的接触情景与关系。在剧场理论场理论的指导下,旅游资源体验化剧场建设体系的基本要素如表7-3所示。

根据剧场理论,旅游资源开发中应综合采用体验(experience)、情境(environment)、事件(event)、融入(engaging)、印象(effect)、延展(expand)的"6E"策略。其中,体验策略要求旅游策划人员找到各种体验类型的连接点,在连接点上进行体验的扩充组合,形成一个完整的体验谱,产生丰富、独特、深刻的体验。张贤亮发现、创意、建设、经营的镇北堡西部影视城就是一个典型的例子。他通过"荒凉之美"这一资源特质,引入电影文化主题,镇北堡为游客塑造了审美、遁世、娱乐、教育等丰富的体验,成功实现了废墟向景区的转化。在后物欲时代,人们喜欢的不是产品本身,而是产品所处的场景以及场景中自己浸润的情感。商品不再是作为传统的物品,而更多是发轫于场景的体验。杨健鹰

表 7-3　旅游资源体验化开发的剧场模型构成要素

序号	剧场要素	服务要素	释义
1	编剧（screenwriter）	旅游策划规划人员	景区内设企划部工作人员或外聘专业机构的工作人员，负责主题创意、策划包装、编制剧本、确定程序、讲述故事
2	导演（regisseur）	管理人员	剧场表演现场的管理人员，负责统筹安排、后台服务、应急问题处理
3	演员（actor）	服务人员	景区工作人员，涉及仪容仪表、服务态度与承诺、专业技能与经验、行为表现等
4	观众（audience）	顾客	旅游者，涉及参观游览态度、配合和参与行为、顾客之间的互动等
5	舞台（stage）	提供服务的实体环境	景区的设施、景观与环境，涉及清洁卫生、场所布置、空间设计、氛围营造等
6	表演（perform）	顾客与服务人员的互动	景区工作人员的表演及旅游者的互动，涉及剧本策划、流程设计、表演质量、现场互动、应急问题处理、服务失误补救等

曾指出，所谓旅游策划，就是以造景的手段，创造一个当下人们可以安放心灵、激发情感的感应场、消费场。情境策略要求旅游策划人员提升信息解译、文化创意、科技运用为主的创意能力，结合资源特质和社会需求，整合五类感官刺激，创设旅游者喜闻乐见的情境，让旅游者在情境消费中创造属于自己的意义。事件原指为顾客设定的一系列表演程序，该策略要求旅游策划人员考虑"乐趣导向消费"的趋势和深度体验的要求，科学制定游客参观游览线路，合理设置游戏项目，策划举办节事活动。融入策略又称浸入策略，要求在角色设计中使旅游者不再仅仅是一名作为旁观者的观众，也要成为走上舞台的演员，主动融入环境而不是被动吸收信息，同时贡献自己的知识、技能和创意，获取额外的产品信息、功能、荣誉，实现价值共创。印象策略是对印象进行管理和再利用的策略，其目的在于不断唤起游客对已有印象的回忆和情感共鸣，引发重复购买，提高顾客的忠诚度和产品的黏性。延展策略则要求旅游策划人员积极推动研究和保护成果的创造性转化，跨界开发系列产品，让旅游资源蕴含的价值融入现代人的生活。

四、旅游资源的复制—社会化

复制包括机械复制和社会复制，实质上是旅游资源与景物的信息传播和社会化的过程。这个阶段之所以必要，一是因为经由命名、架构、提升阶段而形成的景物借此建立与消费者的关系，成为旅游者的选择和凝视的对象；二是景区借此成为社会生活的重要组成部分，形成关于该景物重要性的观念或消费传统。

（一）旅游资源的机械复制

机械复制阶段是以印刷品、照片、图像纪念等形式使旅游资源的社会影响力不断扩大的过程。"机械复制"一词源于瓦尔特·本雅明（Walter Benjamin）在 1935 年出版的《机械复制时代的艺术作品》，书中指出，随着木刻、铜版刻、蚀刻、印刷术、石印术等复制技术的不断进步，艺术品得以大量生产，并以日新月异的造型投入市场；至 1900 年前后，复制技术已不仅能复制一切传世的艺术品，还能对公众施以影响并引起最深刻的变化（席建超，2006）。在旅游资源开发中，机械复制强调通过现代技术力量将旅游景观特别是标志景物进行广泛传播。在机械复制的过程中，传播者可以借助一定技巧对旅游景物进行创造性的摹仿，有的摹本因此具有一定的艺术含量而被博物馆收藏或作为纪念品被游客带往四面八方。旅游景物具有不可移动性，但是摹本克服了时空局限，可以被带到景物无法达到的地方，创造了便于欣赏的可能性。日积月累，不断丰富的传播手段使旅游资源逐渐为旅游者所认可，产生强烈的旅游冲动，旅游资源在此过程中也在被不断"放大"（席建超，2006）。正是对旅游资源机械复制的不断强化，使其形象更为真实，游客克服了时空距离，对该景物产生强烈的旅游动机。

在实践中，机械复制主要依靠文本、影印资料、口头等方式，相应的传播手段涉及报纸、杂志、电视、电影、网络、手机等众多媒介。在机械复制的过程中，先锋游客、新媒体和创意的力量不可低估。在云南，东川红土地、罗平油菜花海、元阳梯田就是通过众多摄影爱好者的作品而进入大众游客视野的。同时，由于现代科技的不断进步，几乎任何一个物体都可以成为机械复制的载体，上海金茂大厦墙体、黄浦江游船船体等非传统传播媒介都已变为景区进行广告宣传的重要选择。在激烈的竞争中，独特新颖的创意可以更好地吸引公众的注意力、提高机械复制与传播的效果，张家界就是其中的典型，它通过设立国际森林保护节、黄龙洞定海神针亿元投保、飞机穿越天门洞、推出卡通市长与民歌书记、易程天下自由行、中外高空钢丝极限对决、佛祖舍利"安家"天门山寺、拍摄《虹猫蓝兔七侠传》、"南天一柱"改名"哈里路亚山"、出售"空气罐头"、张家界地貌国际认证等事件加快了张家界景观的复制与传播。

（二）旅游资源的社会复制

社会复制是指旅游资源周边的地区或机构开始以景物（区）的名字命名过程，被认为是旅游资源形成的最后阶段。与机械复制不同，"社会复制"一词并无明确的出处，应为模仿前者进行应用和翻译的结果。社会复制又可译为"社会再生产"，强调的是旅游景物的社会化过程，即旅游景物成为社会观念、社会生活的组成部分，对消费产生重要影响。基于这一原因，本书将其直接称为社会化。社会复制过程在国内外诸多旅游资源开发建设中都得到广泛应用，如在国内出现的旅游地更名热潮中，福建崇安市、湖南省大庸市、云南省路南县分别更名为武夷山市、张家界市、石林彝族自治县。还有些旅游景物的社会复制历史较早，如北京市雍和宫，从目前诸多以"雍和宫"命名的道路、车站、胡同、市场可以推断，其社会复制已经历了相当长的历史时期；北京地铁雍和宫站设立后，巨大的人流大大提高雍和宫在全国乃至在全世界的知名度（席建超，2006）。

除了公共场所与资源的命名，一些企业或者个人也会借用景物（区）的名字所包含的巨大品牌价值进行社会复制，国内知名度较高的有泰山、香格里拉、长城等。作为历史文化名山，泰山在世界华人中文化圈影响深远，"泰山"也随之成为中国驰名商标，涉及饮料、食品、机械、建材等众多行业，与此相关的"东岳""岱宗""泰岳"等商标也被广泛运用。此外，由于景区自身的营销努力，学术研讨会议、传统节庆活动、体育赛事往往也被冠以景物（区）名称，成为社会复制的第三条途径。社会复制的极端表现为旅游吸引物被凸显，成为文化群体、城市或特定区域的标志，具有难以撼动的社会影响力。例如，石林成为云南省旅游景观的代言，丽江古城成为现代都市小资的天堂，桂林、黄山、张家界、九寨沟成为我国山水景观的标志，长城、泰山、黄河、兵马俑成为中华民族文化与精神的象征。经由这一过程，旅游吸引物被社会化地确定了下来。对游客而言，这既指引了游览的方向，也带来了一种无形的心理压力，如"不到九乡、枉游云南"就是如此。

专栏7-4

摄影：开辟旅游资源的重要手段

19世纪末、20世纪初，美国摄影家蒂莫西·亨利·奥沙利文、爱德华·韦斯顿、安塞尔·亚当斯等对美国西部的拍摄影响甚大。奥沙利文的风景摄影作品为推动美国西部的开发产生了积极的影响和间接的推动作用，而韦斯顿、亚当斯以探究摄影语汇为要务的拍摄及其环保者的身份，间接促进了不少国家公园的设立。时至今日，依然有不少人沿着当年韦斯顿、亚当斯等人拍过照片的地方"朝圣"。

优秀的专业摄影师通常具有超越常人的胆魄和视角，成为许多旅游目的地的最初的访问者和传播者。可以说，很大一部分的旅游地最初都是摄影师慧眼识珠，使之成为旅游的热门场所。对于某些已经成为热点地区的旅游目的地，专业摄影师的到来常常能够发掘那些被人们忽略掉的"不寻常的风景"，而业余摄影爱好者的光临则能够提高整个景区的文化内涵。与散文、诗歌、音乐不同，摄影是直观、形象的视觉语言，向人们传达的信息十分容易被接受。正因如此，摄影能够在旅游资源的开辟、开发利用中发挥重要作用。

目前，中国人均拥有1.1部手机，业内人士推论全国具有摄影条件的人已达6亿之多。在全民摄影时代，各地旅游部门也十分注重行摄经济的发展，如山东泰山对中国摄影家协会及山东省摄影家协会会员实施免票优惠、安徽黄山推出不同类型的148个摄影点、云南大理自2009以来持续举办国际影会、福建惠安"惠女风情园"民俗摄影创作基地成为知名景点。

来源：张敬云. 摄影：开辟旅游资源的重要手段[N]. 中国摄影报，2017-05-05. 吴铎思. 当摄影成为一种旅游资源[N]. 工人日报，2018-09-05. 整理改编。

第三节　不同类型旅游资源开发策划要点

一、自然景观类旅游资源开发策划

自然景观类旅游资源是最基本的旅游资源类型，也是历史最悠久的旅游资源。这类吸引物一般依托于自然旅游资源，包括地文景观、水文景观、天文景观、生物景观，涉及山峰、峡谷、溪涧、泉瀑、海洋、江河、湖泊、星空、荒野、草原、森林、动物等。比较而言，山水景观类资源的策划与开发是难度较低的，只要有必要的基础设施和接待条件，就可以对外展示。自然景观类旅游资源开发利用后的常见形态有国家公园、森林公园、风景名胜区、湿地公园、沙漠公园、石漠公园、海洋公园、地质公园、矿山公园、气象公园、风景道、垂钓基地、滑雪场、攀岩基地，以及暗夜公园、自然公园、野生动物园、植物园、中央公园、郊野公园、旅游度假区等，满足相应条件的可申请A级景区、环境教育基地、科普教育基地等。在旅游开发日趋深入、市场竞争日趋激烈的背景下，自然景观类旅游资源也面临着如何凸现特色、提高层次、丰富产品等问题。为此，自然景观类旅游资源开发策划中应注意以下五个要点。

（一）强化景观特色

为了凸现景观价值，自然景观类吸引物策划中必须想方设法强化自然景观某一方面的特色，形成具有市场影响力的独特卖点。旅游策划人员可以根据策划对象的实际情况，综合考虑采取突出差异法、地脉强化法、借题发挥法、另辟蹊径法。例如，沂水县雪山彩虹谷的资源依托状况非常一般，但景区采用现代科技手段策划出"雨中胜境、彩虹环绕"的全天候景观，吸引了大量游客前来欣赏彩虹奇观，让这条本来景色普通的山谷身价陡增。

（二）注入文化内涵

为了丰富自然景观类吸引物的内涵，策划中应注意梳理当地文脉，挖掘民间文化，展示文化特质，丰富文化内涵，提升文化品位。阿诗玛为石林添彩，刘三姐为桂林山水增色。如果石林没有阿诗玛、桂林山水没有刘三姐，这些自然奇观也将逊色不少。此外，丰富多彩的自然物象已被人类打上文化的烙印，赋予各种不同的意义（如表7-4所示）。旅游策划人员可以考虑运用文化包装法、借物立意法、内涵充实法来为自然景观类吸引物注入文化内涵。

表7-4 自然景观类旅游资源的原型象征意义列举

序号	物象名称	象征意义
1	石头	出生与灵魂归宿，灵性、神性、启蒙、神秘力量，孤独、坚定、执着，原始、本真，转化与永恒，垫脚石与绊脚石
2	洞穴	秘密空间，人世与神界的通道，子宫、母体、生命建构力量，仪式性死亡与精神性新生
3	山谷	和平、安全、庇护，母性、肥沃、女性、原始冲动，归隐、心灵依托之地，逍遥、虚无、玄理
4	星星	向导与守护神，神灵的眼镜，命运与宇宙能量，希望、智慧、光明和喜悦
5	森林	黑暗、未知的领域，远离喧嚣尘世的世外桃源，等待开拓又令人感到不安的地带
6	草原	宽阔的胸怀，绿色的生命力，自由、无拘无束，母性力量、宁静、纯洁、故园
7	泉水	无意识深层的力量，精神的净化、纯洁的灵魂，新生、活力、旺盛，精神宁静、乐观积极的生活态度
8	海洋	流动性、融合性、溶解性、连贯性、博大、不可知、神秘生物、不具任何形状的潜在力量，母性、诞生和再生

（三）丰富游憩活动

游憩活动是创造愉悦经历、丰富旅游体验的重要方式，是旅游资源的价值得以实现的重要途径，也是景区提高综合收入的重要手段。因此，自然景观类吸引物策划中应注意结合依托资源的性质设计多元化的游憩方式，实现静态化景区向动态化景区的转变。例如，鄂尔多斯响沙湾景区策划了丰富多彩的活动，一是惊险刺激的沙漠体验活动（包括滑沙、沙漠卡丁车、沙漠冲浪、骑骆驼、跳伞、牵引伞等），二是丰富多彩的民族文化体验活动（包括住蒙古包、吃手扒肉、品尝鲜奶和马奶酒、聆听民歌、观赏传统婚礼表演）。

（四）展示内在价值

某些自然旅游资源具有较高的科普科考价值，这类资源以地质公园、自然保护区、世界自然遗产为代表。但是，由于多种因素的综合作用，这些科学价值一般很难为不具备专业知识的大众旅游者所识别，如一般游客很难通过常规旅游活动感受到自然保护区的生物多样性。因此，旅游策划人员需要灵活运用虚体物化、集聚再造、科技创新等策划方法，采取各种展示手段，生动形象地将这些自然景观所蕴含的内在价值展示给游客。例如，西溪国家湿地公园专门策划了由三个展厅、一个室外采样池组成的科普教育中心。

（五）加强资源保育

在生态文明理念日渐深入人心的时代，自然景观类旅游资源开发应强化对自然资源尤其是生态敏感型区域的保护，以实现永续发展。在具体项目策划中，应视依托资源的类型与利用方向，践行反规划、碳中和、无痕山林、自然农法、动物权利等理念，利用预约参观、容量控制、游客分流、景区轮休等管理手段，强化环境教育设施与活动策划，运用科学研究成果与先进技术，发挥游客的积极性、主动性与创造性，辟建生态文明教育基地、"两山"理论实践基地，将旅游可持续发展理念落到实处。

专栏 7-5

自然景观类旅游资源开发的经典案例

- **黄山国家气象公园**：把优秀的古老气象文化应用于公园创意中，以古老的人文情怀和智慧，谋划高山气象博物馆功能建设，讲好气象故事，诠释气象景观，表述气象过程，发展气象经济。
- **重庆梦幻奥陶纪崖主题公园**：有供怂货练胆的玻璃天梯、高空荡桥、高空漫步、七彩流星滑，还有供发烧友体验的云端廊桥、恐怖秋千、悬崖云梯、跳崖机、悬崖狂呼等项目。
- **广州长隆野生动物世界 AR 濒危动物园**：基于 LBS 技术和 QQ-AR 技术，游客通过手机 QQ "扫一扫"即可观看不同濒危动物在真实自然环境下的生存情况并与其进行互动。

- 泰国安帕瓦水上萤火虫森林：安帕瓦白天是水上市场，有数不清的美食；晚上有一片萤火虫森林，萤火虫在林间飞舞，远远望去，犹如置身仙境。
- 卢旺达火山国家公园大猩猩宝宝命名仪式：非洲建立的第一个国家公园、山地大猩猩栖息地，大猩猩看护人为当年出生的山地大猩猩提出几个名字，由"命名人"最终作出选择。
- Wanas Konst荒野艺术公园：灵感源于当地的历史风貌和自然景色，强调艺术审美与所处环境间保持平衡的重要性，70余件艺术品散落在树丛之中，长满苔藓的原木随处可见。

二、历史遗产类旅游资源开发策划

历史遗产类旅游资源策划的资源依托一般包括各类文化遗址、古城镇与古村落、礼制性建筑、纪念性景观、宗教活动场所、传统游憩空间，以及其他类型的文物保护单位。由于多方面的原因，多数历史遗产现在的存在形态已经无法与其鼎盛时期相提并论，很难直接满足游客的观赏与体验需求。同时，部分历史遗产的主题也很难与现代旅游者的需求实现直接对接。此外，历史遗产的旅游开发与利用投资较大，还要受到文物与遗产保护相关法律、法规、公约、条例的制约。因此，在众多类型的旅游资源中，历史遗产类的旅游资源开发策划难度相对较高，面临处理传统与现代、内容与形式、保护与利用关系的挑战。在这一过程中，策划者需要在研究的基础上进行提炼、概括和浓缩，需要寻找适宜的载体和表现形式，需要解决活化难题，开发年轻态产品，需要注意避免雷同化、过度商业化倾向。历史遗产类旅游资源开发利用后的常见形态有世界文化遗产地、文化线路、文化遗产廊道、国家文化公园、国家纪念地（纪念公园）、考古遗址公园、历史文化名城（名镇、名村）、历史文化街区、国家传统村落、文物保护单位、博物馆、纪念馆、名人故居、文化线路、国际和平公园等，有些兼具爱国主义教育基地、党性教育基地、国防教育基地、研学旅行基地、廉政教育基地、红色文化教育基地、水利枢纽文化教育基地等功能，可以根据需要申报或创建国家文物保护利用示范区等品牌。历史遗产类旅游资源开发策划中应注意以下五个方面。

（一）体验场景塑造

在历史发展进程中，受天灾人祸和自然规律的影响，很多历史遗产或者灰飞烟灭、不复存在，或者受损严重、只留下断壁残垣，或者外观保存完好但内部已经空空如也。在旅游发展中，只有品位很高的少数景点能够以满足部分游客寻古、探幽、怀旧的需求而存在，故意保存原来或破败、或没落、或荒凉的原貌，如圆明园。除此之外，绝大部分景区都要考虑根据历史原貌和游客需求进行场景重现，为游客的参观、游览活动创设体验空间。在体验场景塑造策划中，恢复重建法、复原陈列法、有机更新法是常用的方法。推进数字经济与文化创意的融合，创设旅游消费新场景，是新时期体验场境塑造的重要方向。

（二）文化内涵展示

历史遗产类吸引物的最大特点在于其文化性，同时这也是开发利用中的一大难题。这是因为文化具有内隐性的特点，需要通过策划借助各种手段展示出来，才能成为游客的观赏和游览对象。文化内涵的展示既要考虑文化遗产的类型与性质，又要考虑游客的需求特点与行为规律。总体而言，文化内涵展示手段有静态展示法和动态展演法两种类型，在实践中经常结合使用。为了展示封禅文化，岱庙管理部门在天贶殿东环廊北侧布置了封禅蜡像陈列，将东御座恢复了乾隆行宫的风貌。在进行静态展示的同时，还策划、推出了大型帝王封禅仪式表演，展现当时宋真宗祭拜东岳大帝的场面。历史遗产类旅游资源的原型象征意义如表7-5所示。

表7-5 历史遗产类旅游资源的原型象征意义列举

序号	物象名称	象征意义
1	岩画	神秘、古拙、粗犷、抽象、凝练、意味无穷、文明密码
2	房屋	家、温暖、归属、安全感、生活价值、心灵、情绪、内心世界
3	长城	意志、勇气、力量、勤劳、智慧、百折不挠、众志成城
4	牌坊	功勋、科第、德政、忠孝节义、纪念、传承、边界、区隔、提示
5	桥梁	征服、跨越、创造力、沟通、联系、和平、友谊、爱情、身份及状态转换、别离、漂泊、乡愁
6	城堡	寻求逃避、保护、封闭、隔离、自我防御、权力、地位、财富、古老、神秘、高贵、美好事物、抽象理想
7	宝塔	信仰、功德、光辉、圣洁、希望、镇压妖邪、改善风水、登高望远、文运昌盛、功成名就
8	火车	现代工业文明、力量、霸道、敬畏、紧张、冒险、时间流逝、怀旧、离别、等待、邂逅

（三）游客活动设计

《阿姆斯特丹宣言》指出，当文化遗产与当下生活发生互动时，其所蕴含的文化要素能创造出巨大的社会价值。为了实现历史遗产与游客需求的对接，历史遗产类吸引物策划中必须关注游客活动的设计，通过参与性活动来加深游客对文化遗产内在价值的认知，丰富游客的游览内容，彻底改变"走马观光"的游览方式，如乌镇戏剧节、洛阳神都探案局等。内乡县衙请文化馆馆长李茗公先生策划、创作了《偷银案》《地契案》《瞎子讹布》等知县大堂审案节目，推出了"知县迎宾""知县宣讲圣谕""正月十六看太太"等表演性节目，受到游客喜爱。在参观县衙之余，游客还可以到宛梆戏曲茶社内品一碗清茗，听一段宛梆名曲唱段。与之相应的，是文化旅游空间的业态管控与招商引资问题。

（四）文化资本运作

在历史遗产类旅游资源的策划中，应结合吸引物所在地文化产业发展、城市功能完善、地方品牌塑造的需要，通过商业运作和经营，将遗产空间转化为休闲空间，把无形资产变为有形资产，将文化资源变为文化品牌，让文化遗产在更多领域和更高层面上发挥更大的潜在能量。例如，古隆中所在地襄阳市借举办"诸葛亮文化旅游节暨诸葛亮出山大型纪念活动"之际，开拓系列以"隆中"为标志和商标的产品，把"隆中"作为商品品牌和服务品牌，以及地名、校名、交通专线名等使用，形成规模效应。

（五）优化运营模式

历史遗产类旅游资源尤其是历史文化街区与遗产空间涉及利益主体多种多样，产权关系复杂，应以建立激励补偿机制为根本出发点，优化开发运营模式。目前来看，相关的开发运营有三种模式。一是建立容积率转移或奖励制度，实施街区与其他区域捆绑式开发，以容积率移入区较高的经济回报来弥补移入区较低的收益。二是采取产权入股、产权托管、产权租赁等方式，实施政府、居民和社会资本产权合作开发，解决权属复杂及其导致的收益分配问题。三是成立文化遗产保护基金会，吸纳企业、社会团体和个人等社会资金，实施非盈利性开发，保证历史文化遗产保护的公益性。香港特区的"活化历史建筑伙伴计划"、台湾省的《古迹土地容积率转移办法》、日本的奈良社区营造中心、法国的文化遗产保护协会等都积累了可资借鉴的经验。

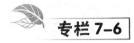
专栏 7-6

历史遗产类旅游资源开发的经典案例

- **敦煌数字供养人计划**：用户通过 H5 点击互动，能通过视频了解"供养人"文化，随机获得"智慧锦囊"，并可点击"0.9 元守护敦煌"按钮为莫高窟数字化保护项目进行捐助。
- **景德镇古代瓷窑复烧**：成功修复已经停烧多年并已坏损的镇窑，举行隆重的复烧和开窑仪式，让窑火千年不息，让技艺世代传承，探索"在保护中生产，在生产中保护"模式。
- **阳朔秘密花园乡村遗产酒店**：来自南非的建筑师伊恩·汉密尔顿利用旧村的老房子翻修而成，既保持了传统农村民居的含蓄古典美，又融入了西方现代的舒适和整洁。
- **巴斯的"BATH"品牌计划**：将文化遗产精髓解读为"快乐与健康的生活、创意的生活遗产、美丽优雅的城市风貌"，面向全球旅游市场推广"健康休憩地"形象，传播全新的生活理念。
- **墨尔本白夜节**：地处 CBD 的市政厅、图书馆、展览馆、博物馆等标志性建筑成为创造魔法影像的画布，呈现出一个个充满故事的画面，向人们讲述着这些建筑的前世今生。
- **赖特故居博物馆纪念品商店**：以赖特设计的建筑物为基础开发的纪念品就有上千

种。建筑外观图案被用在雨伞、小夜灯灯罩、风铃、挂钟、杯垫、笔筒、名片盒、手机壳、金属书签、明信片、钱包、首饰、T恤衫、丝巾、手绢、购物袋之上，商品达近百种。

三、民族风情类旅游资源开发策划

民族风情类旅游资源策划的主要资源依托是各种类型的民族文化旅游资源，包括饮食习俗、服饰装束、婚姻生活、礼仪民俗、岁时节令、工艺特产品、居住民俗、游艺竞技、生产民俗、社会风尚，既包括了物质文明，也涉及了精神文明。这类旅游资源是多民族聚居省份最具特色的旅游资源，也是备受游客青睐的旅游资源，它的策划与开发在很大程度上决定着民族旅游地的发展速度和质量。民族风情类旅游资源策划的关键在于民族文化旅游资源如何向体验式旅游产品转化，同时要注意调控旅游活动对民族文化可能产生的负面影响。与自然景观类旅游资源长期依赖观光型产品不同，民族风情类旅游资源开发伊始就探索了观光+体验型产品的开发道路。时至今日，应在原来的基础上，继续探索开发休闲度假、文化创意、主题研学型旅游产品，让游客有机会深度体验少数民族生活方式，提升自己的创造力。民族风情类旅游资源开发利用的常见形态有主题公园（民俗村）、旅游演艺、少数民族特色村寨、文化（创意）产业园区、非物质遗产公园、手工业遗址公园、特色旅游小镇、国际旅游访问点等，有些同时也是民族团结进步教育基地。在这类开发策划中，旅游策划人员要注意以下五个问题。

（一）独特卖点培育

少数民族居住地相对集中，这一特点使民族文化旅游资源在特定区域内呈现出普遍性的特点，同时，区内各地之间民族文化特征基本相同。比如，在西双版纳傣族自治州，傣族村寨遍布景洪市、勐腊县、勐海县的各个乡镇，傣族文化要素及其表现形式基本相同。因此，民族风情类旅游资源策划中必须树立差异开发、错位竞争的理念，寻找自己的资源亮点，打造成为独特卖点。鹤庆新华白族村发挥银器制作传统工艺这一优势，发展成为银器工艺品加工村，形成了与其他白族旅游村寨优势互补、差异化发展的格局。

（二）文化内涵挖掘

在民族风情类旅游资源策划中，除了通过雅俗共赏的形式展示一些表象性风情之外，策划人员还应注意对民族文化旅游资源进行深度开发，深入挖掘民族文化的内涵，并考虑适当的表现载体和形式。随着东巴文化引起了各界关注，丽江市出现了东巴宫、东巴文化博物馆、玉水寨、东巴谷、东巴万神园等展示东巴文化、进行旅游接待的场所，其中具有代表性的是东巴文化博物馆和玉水寨。在东巴文化博物馆，游客可以了解纳西族的发展、东巴的象形文字、东巴画，看到用模型展示的纳西族祭天、祭署、祭风等古老仪式。民族风情类旅游资源的原型象征意义如表7-6所示。

表 7-6　民族风情类旅游资源的原型象征意义列举

序号	物象名称	象征意义
1	火塘	温饱、祥和、家庭、火神、祖先、信仰、光明、幸福、吉祥
2	敖包	神灵所居、享祭之地，祈祷丰收、平安
3	扎染	天然、古朴、清雅、美好、艺术、创造
4	铜鼓	炊具、乐器、礼器、神力、图腾、权力、财富
5	哈达	纯洁、吉利、敬意、祝愿、友谊、和谐、善良、安康
6	傩面具	神鬼灵魂、超自然力量、身份转换、傩文化的标志
7	长街宴	庆祝丰收、美好愿望、团圆和美、同心合力、绵延历史
8	泼水节	净化、纯洁、健康、激情、狂欢、宣泄、吉祥、祝福、快乐

（三）体验方式创新

为了解决民族文化旅游产品开发形式单一的问题，旅游策划人员应积极从体验环境、体验内容、体验形式等方面推进体验方式的创新，也可以考虑体验方式与内容的组合创新。例如，由杨丽萍策划并导演的《云南映象》采取了原生态民族歌舞的艺术形式，开创了游客夜间文化娱乐项目的新模式；由张艺谋、王潮歌、樊跃导演，梅帅元策划的《印象·刘三姐》则提出了"山水实景剧"的新概念，开创了新型民族文化旅游体验方式；凤凰县廖家桥镇凤凰之窗、山江镇山江苗寨策划推出的《苗寨故事》《巫傩神歌》则探索出了"小而美"的乡村旅游演艺发展之路。

（四）民族文化传承

在城市化、现代化、全球化的冲击下，部分民族文化面临着异化的挑战。西双版纳傣族园异化建筑的出现给我们敲响了警钟，景洪市城中村曼景兰傣族村寨的变迁更是留下了惨痛的教训。旅游策划人员应注意民族文化保护与旅游影响调控问题，结合民族文化的传承、保护与发展来创意旅游项目，如民族文化传习馆、民族文化生态博物馆、民族文化艺术创作基地、非物质遗产生产性保护基地等。

（五）优化组织形式

民族风情型旅游资源开发除了博物馆、主题公园、文创街区、封闭式景区等空间形态之外，大量的以民族村寨形式存在于山林之间。从长远来看，这是更具文化原生性与文明互鉴价值的宝贵资源，但受专业人才、交通条件、接待设施、民众意识等因素的制约，目前利用程度较低。在乡村振兴战略深入实施的背景下，策划人员应积极探索原生态民族村寨旅游开发的新型组织形式，发挥社会企业、公益机构、村集体、社区精英、文化创客的创造性，培育内生发展道路。

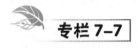
专栏 7-7

民族风情型旅游资源开发的经典案例

- **老达保"快乐拉祜"**：依托国家级非物质文化遗产《牡帕密帕》，成立了演艺有限公司，推出拉祜风情实景演出项目《快乐拉祜》，带动社区参与和文化旅游产业发展。
- **大理双廊古渔村**：吸引杨丽萍、赵青、苏童、许崧、张扬等创意人士前来生活、创作与交流，赋予洱海东北角的普通渔村以"文艺范""慢生活"等意义，成为热点旅游目的地。
- **丽江玉水寨景区**：建有自然神广场、和合院和世界记忆遗产纪念碑，对东巴文化进行静态展示和动态传承保护，成为以"东巴圣地•丽江之源"为卖点的无中生有型 4A 旅游景区。
- **西藏文化旅游创意园区**：与布达拉宫隔河相望，涵盖博物馆群、民族演艺、文化休闲、文化创意、精品酒店、特色街区、艺术村落、民俗旅游、藏医藏药、公共服务等。
- **清迈博桑伞村**：家庭式手工制伞产业已有 200 多年的历史，展示捞纸、雕刻伞柄、伞骨、组合、晾晒、绘图等制伞流程，他们还可以帮游客在衣服、提包等任何物件上作画。
- **新墨西哥州陶斯印第安村**：唯一一个被联合国教科文组织认定为世界遗产和美国国家历史地标的美国原住民社区，包括一系列的居民点和仪式中心，仍保留着自己的传统。

四、区域文化类旅游资源开发策划

区域文化类旅游资源策划的资源依托是区域性文化，也就是在一定的地域范围内形成的特定的物质文化和精神文化。世界的文化大体可以分为东方、欧洲和美洲—大洋洲—非洲三大区域类型，中华大地上有齐鲁文化、中原文化、燕赵文化、关中文化、巴蜀文化、荆楚文化、吴越文化、岭南文化、滇黔文化、闽台文化、藏族文化、蒙古族草原文化、松辽文化等各种区域文化。区域文化内涵丰富，外延宽广，知名度高，影响面广，渗透力强，关联度大，该区域内的人群对其具有较强的认同感，区域外的人群则对其具有新鲜感。策划人员应充分利用丰富的素材，抓住难得的机遇，运用创意的力量将区域文化转化为可观赏、可参与、可体验甚至可品尝、可购买的旅游产品。区域文化类旅游资源开发利用的常见形态有景区、文化公园、主题公园、特色街区、特色小镇、旅游演艺、影视基地、文化（创意）产业园区等，符合条件的可申请慢城、创意之都等国际品牌。区域文化类旅游资源开发策划中应注意以下五个方面的问题。

（一）寻找文化载体

区域文化类旅游资源策划的资源依托主要包括物质文化和精神文化两种类型，其原来的存在形态和表现形式不符合游客的体验需求。策划人员必须为区域文化寻求一个既能体现其本质属性又符合游客体验要求的物化载体和表现形式。夜郎文化是历史悠久、影响深远的区域文化，但长期以来无法找到合适的载体，培育出具有市场吸引了和竞争力的项目，直到后来湖南省新晃县推出了夜郎谷漂流、八江口（夜郎王）温泉、水上夜郎、夜郎古乐城、夜郎寨，超越了贵州。区域文化类旅游资源的典型符号如表7-7所示。

表7-7　区域文化类旅游资源的典型符号列举

序号	文化名称	典型符号
1	游牧文化	草原、蒙古包、敖包、马/骆驼、狗、奶食、手抓羊肉等
2	江南文化	水乡、古桥、乌篷船、毡帽、黄酒、社戏、才子、丝绸等
3	夜郎文化	竹图腾、生殖崇拜、洪水神话、铜鼓、悬棺、龟裂文等
4	良渚文化	玉琮、玉璧、圈足陶器、三足陶器、籼稻、粳稻、石犁等
5	海派文化	石库门、旗袍、百乐门、南京路、豫园、城隍庙、张爱玲等
6	武夷文化	九曲溪、悬棺葬、朱熹、白玉蟾、蛇灯舞、大红袍、建盏等
7	儒家文化	孔子、论语、六艺、私塾、文庙、儒服、状元、杏坛等
8	古滇文化	蛇、牛、虎、铜柱、骑士、贮贝器、滇王之印、杆栏式建筑等

（二）利用文化影响

某种特定类型的区域文化一般都在文学、历史学、考古学、人类学、社会学、民族学、民俗学等相关领域具有较为广泛的影响。适当策划以区域文化为题材的旅游事件，借助相关专业、行业与领域的专家、学者、教师、学生、行政管理人员、企业经营人员、从业人员的力量造势，引起媒体关注和公众参与，也是区域文化类旅游资源策划的重要内容与途径。潍坊国际风筝节、阿卡国际研讨会、运河文化旅游节都是这方面的代表。

（三）借力文化产业

区域文化不仅是重要的旅游资源，也是文化产业发展的重要凭借。近年来，各地政府出台了一系列政策，采取积极措施，加快文化产业基地和区域性特色文化产业群建设，培育文化市场主体，推动文化产业的发展。区域文化类旅游资源的策划过程中应注意抓住这一机遇，整合文化产业资源，推进区域文化类旅游吸引物的落地、生根和发芽。

（四）获取轮次收入

一般而言，区域文化的外延较为宽泛，与其他行业与部门的关联度较高。旅游策划人员应充分利用区域文化的这一特点和优势，延伸产业链条，形成轮次收入，提升区域文化的综合效益。在这个方面，美国迪士尼、日本系列动漫、英国哈利·波特积累了丰富的经验，堪称延伸产业链条、获取轮次收入的模范，如图7-2所示。例如，对于河南陈式太极拳，可以策划出太极拳第一村、图书、音像、电影、服装、主题餐饮、养生用品、旅游纪念品、培训学校、文化展演等，提升太极拳的影响力与综合效益。

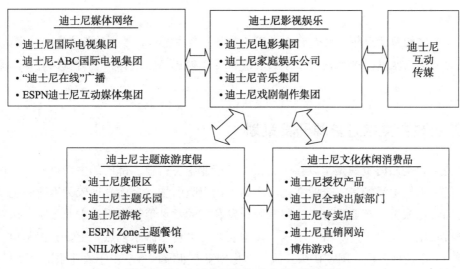

图 7-2 迪士尼公司轮次收入模式示意图

（五）保护知识产权

区域文化型旅游资源多数具有跨界共生特征，并不专属于个人、村组、乡镇甚至县市。对于率先采取措施进行利用、开发成有形或无形旅游产品的，应想方设法通过商标注册等方式保护知识产权，以激发创意人士、策划团队与开发主体的积极性，防控后来者的抄袭。在实践中，利用名人效应、植入个人化故事、借助垄断性生产要素等方法都取得了不错的效果，值得策划人员研习。

专栏 7-8

区域文化型旅游资源开发的经典案例

- **盐城海盐雕艺术展**：将海盐与雕塑艺术完美融合，发明出"海盐雕"的艺术形式，成立了盐城雕塑家协会，举办了盐城海盐雕艺术展，策划盐像馆，打造盐城的城市名片。
- **吾屯热贡文化艺术村**：热贡艺术的发祥地，因擅长绘制唐卡而被称为"唐卡村"，4个自然村中98%的农户从事热贡艺术品业，被评为国家文化产业示范基地。
- **建水紫陶街**：现代与传统建筑结合的典范，保留着原工艺美术陶厂曾使用过的大烟囱以及一座推板窑，集建水紫陶、特色美食、休闲娱乐等内容为一体，文化氛围浓厚。
- **安仁博物馆小镇**：依托国内最大的民间博物馆群——建川博物馆聚落，配套建设博物展览、情景体验、文化娱乐、休闲度假等设施，打造迄今为止唯一以文博为核心价值理念的旅游小镇。
- **瑞诗凯诗"瑜伽之都"**：地处恒河上游，有很多瑜伽学校静修馆，提供各种权威认证的培训课程，每年举行国际瑜伽节，吸引无数瑜伽爱好者来此游学，但对穿着和行为有严格规定。

- 日本柯南动漫小镇：大街小巷都可以看到柯南的身影，路上的标志牌、浮雕、铜像、井盖全以柯南为主题，开发设计出系列动漫衍生文创商品，还推出"名侦探竞赛"等体验活动。

五、产业融合类旅游资源开发策划

产业融合类旅游资源是指以第一、二、三产业中各行业、部门的生产过程、生产场所风貌、员工工作生活场景、企业文化、产品为代表吸引物，目前发展较为迅速的主要是工业旅游和农业旅游。产业融合类旅游资源开发利用的常见形态有国家农业公园、田园综合体、都市农庄、观光工厂、特色小镇、休闲农业与乡村旅游示范点、工业旅游基地、产业博物馆、工业遗址公园、国家矿山公园、文化创意产业园区等。由于农业旅游与乡村旅游、环城游憩带关系密切，发展历史较长，策划难度相对较低，因此这里以工业旅游为重点进行说明。工业企业要想具备现实的旅游功能，必须通过旅游化过程进行必要的改变。产业发展类旅游资源的策划的关键就是将原来企业生产空间转化为休闲游憩空间的途径。为此，策划人员要注意下列问题。

（一）完善旅游功能

策划人员要从旅游角度认识工业旅游、开展工业旅游，使工业旅游景点具备完善的旅游功能，从景观、设施、环境、服务、安全等方面体现工业企业作为旅游场所的性质和特征。青岛啤酒股份有限公司将中国最早的德式啤酒厂房按照景区要求改造为青岛啤酒博物馆，开发了青岛啤酒藏画馆、百年青啤创业展，建立了专门的参观长廊，提供新鲜的啤酒供游客品尝，设计开发了既有时尚元素又凸显青岛啤酒特色的系列旅游纪念品。

（二）游程创意设计

游程设计好比一场演出的剧本，通过遴选景点、安排顺序、控制时间为塑造体验奠定基础。游程设计属于微观层次的旅游线路设计，应坚持主题鲜明、内容丰富、顺序合理、节奏适当、时间节约、设施配套等基本原则。海尔集团根据不同游客群体的需求特点策划出了6条旅游线路，其中经典参观线路为：海尔工业园→中心大楼→生产线→海尔大学→海尔科技馆，集中了代表性的生产与管理场所。

（三）企业产品推广

工业旅游在发达国家由来已久，一些大企业，如德国的西门子、美国的通用，利用自己的品牌效应吸引游客，同时也使自己的产品家喻户晓。在精心设计旅游线路、全天候展示企业形象与文化的同时，大量游客的到来也为企业带来了可观的综合效益和人气活力。在烟台张裕葡萄酿酒公司，游客可以参观张裕酒文化博物馆，了解张裕公司100余年的辉煌历史和企业文化,参观号称亚洲第一大酒窖,了解葡萄酒酿造的过程,品尝、购买葡萄酒,体验张裕的经营管理和产品质量。

(四)发挥遗产效应

在工业旅游景观中,还有一类带有遗产价值的吸引物,那就是以废弃厂矿为代表的闲置生产场所。相比较而言,对废弃厂矿进行创意和改造的空间更大,并且不用像一般工业旅游那样担心影响生产,更由于凝聚在这些厂矿上面的时代特征与文化内涵,以废弃厂矿为载体进行工业遗产旅游和创意经济旅游策划正逐渐成为一个重要的领域。《国家工业遗产管理暂行办法》鼓励利用国家工业遗产资源,建设工业文化产业园区、特色小镇(街区)、创新创业基地等,培育工业设计、工艺美术、工业创意等业态。对于大城市周边的厂区建筑,完全可以在其中注入旅游业、商业、休闲服务业、艺术、会展等概念,突出时尚、怀旧的元素,改造成符合都市人群需求的商业休闲与文化创意空间。对于那些规模宏大的工业遗址,可以改造为工业遗产主题公园,或作为物质文化遗产来保护和开发。对于暂时无法实施再造的工厂,开发城市废墟探险也是不错的选择。工业遗产类旅游资源的文化内涵如表7-8所示。

表7-8 工业遗产类旅游资源的文化内涵列举

序号	遗产名称	文化内涵
1	古代矿冶	尊重科学、开放兼收、开拓进取、薪火不息的"矿冶文化"
2	洋务运动	师夷长技以制夷、富国强兵、思想启蒙
3	民国民族工业	反帝爱国、实业救国、提倡国货
4	原苏联援助工业项目	国际主义、"兄弟友谊"、独立自主、"争口气"
5	三线建设	艰苦创业、无私奉献、团结协作、勇于创新的"三线精神"
6	现代企业	中国智造、敬业钻业、精益求精、追求卓越、工匠精神

(五)促进产业共生

从理论上看,任何母体资源都可以叠加旅游功能,从而实现向旅游资源的转化,但旅游功能叠加适宜程度和旅游资源转化质量却存在高低之分。同时,并非所有的母体资源都可以通过叠加旅游功能实现价值提升。有些母体资源在嵌入旅游功能以后,可能会引发与本初功能的矛盾与冲突,从而维持原资源属性而未能作为旅游资源加以利用。在这背后,往往体现着相关部门和产业之间的资源争夺和利益竞争。策划人员应根据策划对象实际妥善处理相关产业之间的关系,最大限度地实现产业共生。

专栏7-9

产业融合类旅游资源开发的经典案例

- 《巅峰震撼-西游归来》:利用张家口下花园发电厂三座冷却塔,以下花园故事为载体，以西游故事进行包装，策划打造的水塔激光秀实景演出。

- **三亚水稻国家公园**：建设推出了田野狂欢大型山水实景演出、稻田盛宴大型餐饮系统、海棠稻乡共享农庄线下展销体验基地、稻田温泉景观区、稻田艺术画等特色项目。
- **日本 Mokumoku 农场**：以亲子教育为出发点，以"自然、农业、猪"为主题的农场，由农户养猪的经营联合体发展而成，形成密切关联的农旅产业链，被誉为第六产业化最成功的农场。
- **德国鲁尔工业区**：采用"景点+博物馆+城镇"与体验互动项目相结合的形式，以废弃工厂改造的大型工业观光、科普、体验博物馆为主要卖点，打造工业旅游的"鲁尔"品牌。
- **芝加哥科学与工业博物馆 Snoozeum 活动**：包括闭馆后探索博物馆的展品，参加特别的科学活动、制作自己的科学玩具，寻宝游戏，与波音727飞机相伴入眠等。
- **洛杉矶 Descanso garden**：位于城郊，占地150英亩，在可食地景设计师 Fritz Haeg 的影响和推动下，打造了独特的"可食居所展示园"和美丽的"可食花园"。

第四节　旅游景区（点）建设策划

一、不同利用导向景点的策划要点

根据景点的开发利用导向，可以将其分为保护型景点、修饰型景点、强化型景点、创造型景点。按照陈永贵、张景群、刘晓明的观点，这四类景点的策划理念、方向和内容各有不同。

（一）保护型景点策划

对于美学特征突出、科研价值高，有着深刻的文化内涵和重大历史价值的景物，按照原有的形态、内容及环境条件完整地、绝对地加以保护，供世世代代的人们观赏、考察研究。主要涉及世界遗产地、文物保护单位、自然保护区、地质公园等，如北京故宫、秦兵马俑、石林阿诗玛化身石、苏州拙政园等景区内的绝大多数景点。在景点策划、规划设计中，应明确保护范围、内容和具体措施，并依据一定的规定和规划进行严格的管理。

（二）修饰型景点策划

对于重要景物，为了保护和强化它的形象，通过人工手段适当地加以修饰和点缀，以起到画龙点睛的作用。如将裸露在野外的碑文、文物放在与之相协调的建筑物中，既可以起到保护作用，又可以引导游客游览和考察；在山水型景区的某些地段，选择观景的最佳位置，开辟人行道和修建一定的景观建筑，将美好的画面展现在游客面前，既有利于旅游者观赏,又丰富了风景内容;在天然植被中,调整或培育部分林相,使景观更加丰富多彩。

(三)强化型景点策划

利用强化手段,烘托和优化原有景物的形象,创造新的空间,以便更集中、更典型地表现区域旅游特色。譬如,在海滨地带建立海洋公园,使游客能在较小的范围、较短的时间内,观赏到海洋中各种鱼类,到海洋中去"探险",参加各种体育和游乐项目。再如,在森林中建立森林旅游城,可以在一定范围内看到典型的森林植物和动物,并能够在保障安全的前提下实地观看甚至接触各种野生动物;对飞瀑、流泉、深潭、小溪等水资源的强化利用,常常是景区水上项目建设的主要手段。

(四)创造型景点策划

根据区域的客源条件、区位和环境状况,利用现代材料和科技手段,将人间神话、故事幻想变成现实景点,或者设计仿古园、微塑景观、人造园林等。溶洞的灯光设计、度假村夜景的灯光效应、大草原上的包房、景区的大门等均可采用这一手法。

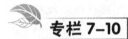

专栏 7-10

新疆喀纳斯景区"三湾"景点设计

• 月亮湾:依照"奥曲型景观特质""静观型游览性质""隐秘灵异型景点"设置,挖掘原始示教文化并关照当地古老的蒙古族图瓦人的崇拜和信仰,设计相关的拜祭物、祭祀活动和相关景点,将原始拜物意识和宗教文化融入景点设计,构建观月台,发展现已形成风俗的圣泉祭拜活动,引导游客感受自然、内观自我精神。

• 神仙湾:结合其名,组织仙境体验,以"神话再现"为主题,突出"仙"的特色。布局以天宫地图为依据,针对游客的不同需要,分别设置相对便捷的游线和曲折悠长的游线。在项目设置上,突出以游人亲临仙境的感受为主,安排众多参与性的游憩活动,主要概括为"观""闻""嗅""触""尝""舞""拜"七字。此外,考虑到喀纳斯河漂流至此结束,结合仙人渡设置漂流接待站,使游线得以延续,同时为漂流者提供休息场所。

• 卧龙湾:以"龙文化"为观光特色,着重再现成吉思汗当年风采。特色游线为神龙出游,体现卧龙湾的神秘色彩。沿着游线设置一些神秘石刻,引出古老传说。主要观景、留影点有呼云台、唤雨台等。另有龙门、双龙戏珠、龙凤呈祥的图腾柱、龙麟滩(在草场中撒置象形石)等。结合原有景物进行有意识的命名,如"龙珠夕照"(小岛)、"龙潭涵碧"(河湾水景)、"石镜清流"(巨石)等。卧龙湾主要以天然形成的草原平台为主要活动场地,并相应设立多个观景平台,以观看卧龙湾美景。草原平台沿林缘设有马道和散步道,马道和散步道边多重的栏杆构成具有浪漫气息的大尺度的草原景观。

来源：刘滨谊，范家驹，王敏，等. 自然原始景观与旅游规划设计——新疆喀纳斯湖[M]. 南京：东南大学出版社，2002：122-125.

二、旅游景区常见的构景策略

构景指在不同地理环境中布置不同的风景建筑，达到人工美与自然美密切结合，反映有突出个性的风景特色。风景构景应坚持的指导思想和基本原则包括：人文构景要以自然景观为主体，"意在笔先"的预想与触景生情的效果有机结合，人文风景各要素应按其功能和美学要求布置，定位后的风景建筑应独具匠心、"因境而成"。根据陈述林的研究，旅游景区构景主要有三种常见处理方法。

（一）提炼主题，重在立意

一般思路有三种。一是利用地形，融入自然。风景建筑环境极力保持其自然风景的脉理，顺应自然，形成自然之势与天然之趣。利用高差，以建筑"跨骑"地势突变处，壮大形象，如峨眉山纯阳殿。或紧贴崖壁，争取空间，挤出院落，如镇江金山寺塔院。抑或因山随势，重叠构筑，丰富构景，如重庆忠县石宝寨。二是融入自然，浑然一体。风景建筑在体量、尺度、形象上与人相亲相宜，形成轻松愉快的气氛，又与自然景观协调和谐。这要求体量合宜（如昆明西山龙门的太真宫）、造型得体（如峨眉山古山道旁的三角形梳妆台）、格调素雅（如青城山后山的各种山亭）。三是点染自然，突出意境。旅游景区中用人工对自然风景进行加工，更能激发游客对风景美的强烈感受，让人从有限的景色中体味到景外无限的意境。首先是以建筑自身的美感来衬托风景意境，如青城山的息心亭。其次是通过强调风景主题来深化风景意境，如位于三江交汇处的乐山大佛寺。最后是以传统文化艺术和宗教手段来渲染风景意境，如石林的阿诗玛化身石。

（二）点景引人，强化景色

一般思路有两种。首先，以少胜多，控制全局。主要是从点、线、面、体四个方面进行控制。以建筑和自然景观构成的景点是控制环境空间的基本单元，成为周围环境中游客视线的吸引中心，同时作为对周围风景的观赏点，让游客视线所及之处构成周围环境的空间，如青城山上的山亭。各景点之间以道路串联，散点布置风景建筑，形成游览线，该线所控制的道路周围的环境空间，就是线的控制范围，如苏州灵岩寺前若干山亭和佛塔构成的游览线。多个景点、多条游览线组成的点线结合，就形成了面的景观控制。在风景环境中，面的控制范围较集中，景观建筑相对密集，往往成为多种旅游活动的重心，如青城山的上清宫。在环境空间容量更大的风景胜地，常由几个或多个以寺庙为核心的风景面，按自然地势的高低起伏，分布在不同标高上，控制住了整座山体的风景全貌。其次，抓住要害，占据各点。用点、线、面、体来控制风景全局，其关键在于抓住要害，占据地形的制高点、道路的转折点、风景的特异点和景观空白点（如表7-9所示）。

表 7-9　旅游景点策划中的特殊点位

序号	名称	位置特征	策划要点
1	制高点	地势突出，通常位于山口崖畔或山林主峰	以小筑占取制高点，既构成突出的景观，成为风景中心，又可极目四野，一览周边风光，如青城山"天然图画"、峨眉山金顶
2	转折点	交通要叉、道路转折、行进方向突变之处	利用建筑构景，借取各路的景观，吸引各方的视线，造就各道的对景，成为游客歇息之处，如昆明西山龙门每条道路的转折处
3	特异点	景观与地貌的特异点，有清奇新异之感	以得体的风景建筑占据构图中心，用人工点缀烘托自然美，使其突出醒目，如峨眉山清音阁附近修建的牛心亭
4	空白点	行程过长、景观单调贫乏、薄弱环节	以风景建筑占据空白点，打破其景色的单调感，使风景意趣产生延续性，如青城山游道两侧的山亭

（三）精心剪裁，丰富内容

一般可以采取三种思路。第一，改造边角地段，变"死眼"为"活眼"。重视边角的经营，尽量少对地形大兴土木，略以建筑和小品点缀稍加改造，常能变"死眼"为"活眼"，为风景全局增色，如四川乐山乌尤寺罗汉堂左侧点缀的旷怡亭、尔雅台和听涛轩。第二，控制观赏视线，改变风景质量。以夹墙竹林形成甬道划分景区，或采用视线的转折和引导方法，达到摒俗收佳、改变同一地方不同点位风景质量相去甚远状况的效果，如青城山天师洞景区的五洞天大门。第三，调整空间关系，改善空间状态。采用调整改善空间状态的办法，改变地形条件所致的空间狭小、景观单调、建筑咄咄逼人等不利状态，打破沉闷和闭塞，以利风景和建筑的展开，如青城山清溪旁的步桥雨亭。

三、旅游景区造景手法

旅游景区造景法无定法，因其功能要求、环境条件、地理位置、历史因素、传统技法、运用材料、欣赏角度而有差异。张述林在《风景地理学原理》中指出，这些手法归纳起来主要有创意境、分宾主、求统一、排层次、定调子五种。

（一）创意境

所谓意境就是思想性问题。一处风景，必须有深厚的意境，才算得上是佳景。一般在布置之先就应有意境设想，力求有新的形式、新的内容、新的境界、新的思想表现出来。意境的创造是多方面的，主要追求境界的高深，思想的深邃，产生一种精神满足。

（二）分宾主

景物有主副之分，造景时要处理好其间的宾主关系。主要景物应在形状、大小、高低、色泽、位置等方面都较显著，且布置位置应放在游人注意的集中点，或作为风景线的终点景物。在规则式圆形线方形布局中,往往在中央的焦点上。主景的安排非常重要,但属于副景性质的客景或配景,也不容忽视,否则将直接影响到主景的表现。客景的衬托宜安排在形状、色彩、组织、装饰繁简、分布聚散疏密等方面进行。主宾关系的处理,要简明扼要,切忌拖泥带水。

(三)求统一

自然景色是真山真水的景色,人工景色是对自然景色的模拟再造,或是建筑、构筑物的造型和空间组织之美。造景一般多为自然景色和人工景色的综合布置。大的风景区,应突出真山真水的艺术价值,较小的园林或大风景区的局部,可以人工风景为主。但两者必须加以统一,即自然美与人工美的统一。

(四)排层次

层次指景物前后远近出现的次序,是风景呈现出不同于图画平面表现的特点。造景必须发挥这个特点,在风景层次安排上下功夫,可使立体感更为突出,表现出悦目的进深和风景丰富的内容及变化。在具体运用上,一是调整各风景位置。可以对景物的远近作位置上的安排,调整好它的前后左右的距离。二是穿插布置其他景物。在景物之间穿插布置其他景物,以进一步加强层次感。三是掩映的运用。在布置风景时,使一些景物的一些部分互相遮掩,或者种植树木以掩闭轩阁、山丘、湖泊的一隅,也可以有效地呈现或加强层次感。

(五)定调子

在动态观赏中,景物不断变换,应找出贯穿其中的主体调子,以便把整个风景的景观统一起来。在静态观赏中,景物有主景、背景、配景之分。主景突出,背景以对比形式来烘托主景,配景则以调和手法来陪衬主景。把静态观赏的静态构图发展为可连续观赏的连续构图,连续的主景构成主调,连续背景构成基调,连续配景构成配调。主调、基调必须自始至终贯穿整个构图,配调则有一定变化。当然,主调并非完全不变,因此会出现"转调"的问题,又有急转、缓转之分。急转对比强烈,印象鲜明;缓转情调温和,引人入胜。

除了上述手法之外,古典园林设计与建设中积累的造景智慧,值得旅游策划人员认真研习。园林设计常将山林、水体、建筑、地面、声响、天象和气象等因素作为素材,巧运匠心、反复推敲,组织成为优美的园林,这种美景的设计过程,称为造景。我国古典园林的造景手法主要涉及叠山、理水、花木配置、建筑设计、路桥、铺地等。与此同时,园林设计者经常运用多种手段来表现自然,以求达到渐入佳境、小中见大、步移景异的理想境界,以及自然、淡泊、恬静、含蓄的艺术效果。在微观处理中,通常有以下造景手段:抑景、扬景、对景、添景、夹景、框景、漏景、分景、障景、隔景、题景、引景。在造景中还应妥善处理主景与配景、实景与虚景、前景与背景、俯景与仰景、内景与借景之间的关系,以达到"虽由人作,宛自天开"的目标。

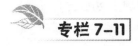

专栏 7-11

传统"八景"文化的启示

魏晋以来,寄情山水的士大夫具备了"栖清旷于山川""造自然之神丽""尽高栖之意得"的思想境界,并用行云流水般的语言描绘自然景物的形状、质感、色调、氛围,很多自然景致因之凸显出来,注入了人文思想的内涵,以新的形象融进了人们的生活,形成了"八景"文化,以致鲁迅曾论述道:"我们中国的许多人……大抵患有一种'十景病',至少是'八景病'。""八景"文化隐含着从没有人工雕琢痕迹的纯自然生态景致到富有诗情画意的人文胜景的演化规律,可以看作是一种景观(景点)塑造文化模式,广泛影响了艺术、文学和传统园林领域,对旅游策划人员启发甚大,具有方法论的意义。

"八景"的生成过程可以按照美术作品的一般创作规律,大致可分为观景入画(viewing & creationg)与成名阐释(naming & interpretation)两个环节。首先是敏锐捕捉触发欣赏者超常感悟的景物,大致相当于摄影中的取景与构图,在文学审美层次上对事件主题萃取提炼,再用充满格律之美的诗意语篇呈现,便有了"平沙落雁""远浦归帆""烟寺晚钟""渔村落照""洞庭秋月""潇湘夜雨""江天暮雪""山市晴岚"这套不断被复制、剪裁、拼接、变形加工的经典景观命名范式。在"八景"中,较为常见的景物有晓月、夕照、夜雨、秋风、残雪、春云、烟树、寒林、断桥、古渡、古寺、晚钟、渔帆(船)、落雁等,相应的意境多具有或淡雅、朦胧,或寂寥、凄切,或幽远、疏阔,或宁静、祥和的美学特征。当然,"八景"多是不同类型景观的多元融合,表现出时间变化、空间转换、动静交替、五感统筹。此外,偶数景点、四字短语且平仄交错的四平八稳的表达方式,不仅是对传统诗歌格律的模仿,也是对"和谐圆满"传统观念的响应。

来源:任唤麟. 八景文化的旅游学分析[J]. 旅游学刊,2012,7. 黄金葵."潇湘八景"何以经典[J]. 徐州工程学院学报,2019,3. 有修改。

 拓展阅读

[1] [美]艾伦·韦斯曼. 加维奥塔斯:改变世界的村庄[M]. 赵舒静,译. 上海:上海科学技术文献出版社,2009:62-138.

[2] 徐红,朱伟. 乡村旅游创意开发[M]. 北京:中国农业大学出版社,2019:107-174.

[3] 田里,陈述云. 云南十大历史文化旅游项目策划[M]. 昆明:云南大学出版社,2016:110-132.

[4] 罗长江. 神话与绝唱:张家界[M]. 北京:中国青年出版社,2008:11-70.

[5] 马耀峰,宋保平,白凯. 旅游资源开发及管理[M]. 北京:高等教育出版社,2010:226-278.

[6] 王君正. 区域旅游创新[M]. 昆明:云南人民出版社,2009:123-170.

[7] 李庆雷,赵红梅. 旅游资源的可拓性及其认识论意义[J]. 人文地理,2012,3.

[8] 席建超,葛全胜,成升魁,等. 符号吸引理论与旅游资源发展模式的实证分析——以雍和宫为例[J]. 资源科学,2006,3.

[9] 马秋芳,孙根年. 基于符号学的秦俑馆名牌景点形成研究[J]. 旅游学刊,2009,8.

[10] 王盈. 会津:日本国内以战争伤痕开发旅游资源的案例[N]. 文汇报,2019-07-05(W08).

创造力就是发明、做实验、成长、冒险、破坏规则、犯错误以及娱乐。——玛丽·库克

独创性并不是首次观察某种新事物,而是把旧的、很早就是已知的,或者是人人都视而不见的事物当新事物观察,这才证明是有真正的独创头脑。——尼采

在人类的创新史中,大多数好创意都是在散步时想出来的,类似的情形也常见于长时间的淋浴或泡浴中。——史蒂文·约翰逊

像设计师一样思考,不止能改变开发产品、服务与流程的做法,甚至能改变构思策略的方式设计思维依赖于人的各种能力:直觉能力、辨别模式的能力、构建既具有功能性又能体现情感意义的创意的能力,以及运用各种媒介而非文字或符号来表达自己的能力。——蒂姆·凯利

创意精英具有多领域的能力,经常将前沿技术、商业头脑及奇思妙想集合在一起。——埃里克·斯密特

人脑对待一个新创意就像身体对待一种陌生的蛋白质一样,它会选择拒绝。——P.B.梅达沃

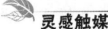

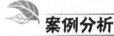

第八章 旅游服务要素策划

【学习导引】

　　服务是由物质消费向体验消费转变的关键。旅游活动的开展除了吸引物之外，还需要向游客提供各类服务，最基本的就是行、食、住、游、购、娱。因此，本章承接前面一章，讲述各类旅游服务要素策划的内容、方法与技巧。需要指出的是，上述六个方面除了是旅游活动的必备条件之外，还是旅游产业的基本支撑、旅游业态的主要构件，承担着既满足游客需求又创造经济效益的重任。同时，这六类旅游服务要素可以成为相对独立、单项委托的旅游策划任务，在旅游策划中占有重要地位。此外，旅游业态创新是旅游转型升级的基本要求，本章对此已有较为充分的体现，但还要强调平时应深入把握美好生活的要求、注意全要素整合的发展趋势、关注旅游产业的最新态势，并利用所学知识与方法思考旅游业态创新的相关问题。对于这些要素的组合创新，就可以形成特色涉旅产业的构想（如婚庆产业、温泉康养产业、冰雪产业），构建旅游地的个性化发展模式（如中华恐龙园科普与娱乐联姻的5+2发展模式，即主题展示＋主题游乐＋主题演出＋主题商品＋主题环艺＋配套服务＋管理维护设施）。

【教学目标】

1. 理解旅游服务要素策划的基本任务与高阶要求；
2. 熟悉各类旅游服务要素策划的常用素材与实作要点；
3. 熟悉旅游服务要素策划的生态、文化、科技维度；
4. 熟悉各类旅游服务要素的行业标杆与成功经验；
5. 了解旅游服务要素的发展趋势与最新动态；
6. 能够熟练运用上述知识，提出综合型旅游项目的策划思路。

【学习重点】

1. 旅游交通策划的素材与要点；
2. 旅游购物策划的素材与要点；
3. 旅游新兴要素策划的素材与要点。

　　旅游即生活，但旅游生活高于日常居家生活（蔡家成）。旅游业是具有服务性的综合产业，近年来被越来越多的地方作为现代服务业的龙头加以培育。交通、餐饮、住宿、游览、购物、娱乐是旅游产业最基本也是最重要的支撑，在体验经济、创意经济、符号经济的背景下，从服务项目的角度出发，阐述这六大要素的策划，是保证旅游活动顺利进行的需要，是旅游业提质增效和转型升级的要求。在旅游策划实践中，六大要素策划是综合型旅游项目策划不可或缺的内容，同时，关于六大要素的单项策划也时有出现。按照王衍用教授的说法，旅游策划要力争把六要素都打造成旅游吸引物。因此，本章专门阐述旅游服务项目策划的知识、方法与技巧。

本章沿用传统旅游产业六大要素的观点，依次介绍旅游交通、餐饮、住宿、游览、购物、娱乐策划的基本知识。在各类要素策划中，在分析其特性的基础上，还特意增加了对相关策划素材的介绍，以及策划要点、经典案例，以帮助读者迅速打开思路、进行相关技能训练，同时完成策划工作所需的知识与经验积累。应该注意的是，在全面把握本章基本知识的基础上，还应举一反三，思考新兴旅游活动要素安（安全）、信（信息）、交（交往）、思（思考）、学（学习）、创（创造）"新六要素"的策划问题，同时探索新兴旅游业态如自驾车营地、旅游地产、邮轮（游艇）、旅游演艺的创新策划问题。此外，服务要素是旅游供给的基础，新时期的旅游供给要科学化、品质化、特色化、个性化和有文化，需要应用新技术、新工艺、新设备、新方式等全面提高旅游供给质量。策划人员借助 3D 打印、VR、全息投影等新技术，可以创意出 VR 酒店、全息餐桌、VR 交互式漫游、5G+VR 全景直播、5D 魔幻光影剧场等新项目，为游客塑造沉浸式旅游体验。

第一节　旅游交通策划

一、概述

旅游交通是实现游客由客源地向目的地转移和在目的地内部转移的需要，是旅游业产生和发展的前提条件，是旅游综合收入和货币回笼的重要渠道。在某些情况下，交通本身也是旅游体验的重要组成部分，史蒂芬·佩吉和乔·康奈尔就曾指出：交通本身就是旅游。莫斯卡多和皮尔斯也同意交通能在旅游中扮演很多角色的观点。"旅短游长"是旅行、游览二者之间关系的形象描述，安全、方便、快捷、舒适是游客对于旅游交通的基本要求。根据系统论的观点，旅游交通是由交通工具、站点、附属设施、路线、服务、功能等要素组成的，其中，交通工具的基本类型和相关业态如表 8-1 所示。随着旅游需求的升级，如何为交通运输设施赋予旅游功能，在节省时间的同时丰富游程体验、增加旅游综合收入，成为旅游交通服务策划的中心任务。2017 年 3 月，交通运输部、原国家旅游局等部门出台了《关于促进交通运输与旅游融合发展的若干意见》，完善旅游交通网络设施，创新旅游交通产品，提升旅游交通服务品质。

表 8-1　旅游交通工具的基本类型一览表

序号	类　型	基本类型
1	自然交通	帆船、冰帆、溜索、荡索、滑道、漂流艇、滑翔伞、蹦极、其他自然力交通工具
2	畜力交通	马（车）、牛（车）、大象、骆驼、毛驴、兽力雪橇、其他畜力交通工具
3	人力交通	徒步、自行车、竹（木）排（筏）、划船、皮筏、水底观光走廊、坑道、栈道、人力桥、滑竿、轿子、其他人力交通工具
4	机动交通	摩托车、汽车、电车、火车、轻轨、小火车、地铁、缆车（椅）、索道、升降梯、电瓶车、太阳能车、飞机、直升机、水上飞机、水上摩托、水上橡皮艇、蒸汽机船、客轮、游艇、游轮、太阳能船、气垫船、潜水艇、水下观光船、飞艇、热气球、水陆两栖船（巴士、摩托车）、便携式代步电动车、可折叠电动滑板车、机器人拉车、喷气背包、其他机动交通工具

二、策划素材

旅游交通服务策划的素材广泛存在于跟位移、流动、运输有关的事物、习俗、事件之中。在策划实践中，旅游策划人员可以从交通工具、设施、服务、功能、文化等方面寻找素材，并延伸到交通遗产、工业旅游、车展赛事、旅游物流、临港经济、公路服务区等领域，做好交通站场与周边土地的整合开发。

（一）交通工具

对于交通工具本身而言，策划素材主要包括五个方面。第一，历史内涵与怀旧格调，如仿古马车、蒸汽机车、欧洲东方快车；第二，区域特性与民俗特征，如花轿、牛车、骆驼；第三，科技含量与先进性能，如直升机、磁悬浮列车、张家界观光电梯；第四，独特体验与新奇感受，如溜索、漂流船、热气球等；第五，生态与环保，如自行车、太阳能电瓶车等。

（二）交通设施

交通设施包括游客等候场所、交通站点、道路、桥梁、隧道、港口、码头、灯塔、公路服务区、附属设施。部分交通设施具有一定的历史价值、美学价值、科考价值和游憩价值，因而成为策划素材，如褒斜栈道、茶马古道、红河谷世界第一高桥、滇越铁路碧色寨车站等。旅游策划人员也可以利用传统交通设施中的某些元素，运用现代艺术手法，去策划新的交通设施。媒体评出的全球十大最美公路就是将公路作为景观进行策划、设计、建设的案例，如法国阿尔卑斯大道、挪威大西洋公路、新西兰43号国道（"遗忘的世界之路"）、越南海云通道（"被遗弃的完美彩虹"）。

（三）交通服务

飞机、轮船、火车等交通工具上为乘客提供相应的服务，专门的旅游交通工具上的服务则更为完善。如果这种服务具有某种特色或特殊价值，就可以成为吸引游客的重要因素。

泰国航空公司、新加坡航空公司的出色服务为其带来了无数客源和利润。美国西南航空公司掌门人——赫布·凯莱赫提倡"笑着赚钱"的企业文化理念，通过轻松愉快的活动把企业精神溶化在员工灵魂之中，乘务员时常像他们的老板一样在复活节的晚会上穿着小兔服装、在感恩节穿着火鸡服装、在圣诞节戴着驯鹿角，打造愉快的工作场所并为乘客营造愉快的旅途体验。这使得旅途服务如同喜剧表演，乘客可以感受到其员工高度的幽默感。

（四）交通功能

旅游交通除了解决位移问题之外，还具有其他功能，这些功能的挖掘与充分利用也是策划的重要素材。旅游交通可以衍生出运动与赛事，如那达慕大会中的赛马、环青海湖自行车赛、东川泥石流汽车越野挑战赛、世界摩托车锦标赛、山地徒步大会；可以衍生出休闲与娱乐项目，如双人自行车、森林小火车；可以衍生出度假设施与项目，如豪华游轮；可以成为时尚与个性的象征，如徒步登山等；可以进行广告宣传，如黄浦江游船船体广告、张家界天门山飞机特技表演等。废弃的交通设施经过功能置换也可以被赋予文化旅游体验功能。对于旅游策划人员来说，还应考虑创新铁路旅游产品（如特色旅游列车、特种观光列车、旅馆列车等）、打造精品公路旅游产品（风景道、驾车房车旅游、汽车露营地等）、开发水上旅游产品（海上邮轮、内河游轮、邮轮港口与城市一体化）、发展低空飞行旅游产品（空中游览、航空体验、航空运动等）。

（五）交通文化

交通与人类社会发展息息相关，积累了丰富的传说故事、诗词歌赋、影视作品、遗址遗迹、节事活动和其他文化事项，体现了人们的审美观和价值观。绿皮火车、哈雷摩托、私人游艇、搭车旅游也都被赋予了特定的象征意义。驿道文化、铁路文化、航空文化、桥梁文化、船文化、运河文化、丝路文化等为我们提供了丰富的策划素材，为开发满足游客精神文化需求的旅游项目创造了条件。策划人员应加强对具有历史文化、精神价值等意义的铁路、公路、水路、空域交通遗产资源（如川盐入黔线路、滇蜀铜银古道、湘黔烟银特道、华北太行八陉、海上丝绸之路、湖南炎陵御祭道、陕西太白古道、新疆夏特古道、乌江古纤道、泰山秦汉封禅古道、杭州上香古道等）的挖掘和研究，完善旅游线路与展示平台，打造交通旅游产品。

（六）交通区位

交通区位指某一旅游地在区域立体交通网络中的位置。某些旅游地地处交通枢纽、属于游客必经之地、与客源城市或旅游中心城市之间的交通成本很低而具有交通区位优势，旅游开发中应注意开放合作、借船出来、连"网"发展、借路留客，做好通道经济、路域经济文章，将交通区位优势转化为客源优势、产品优势和经济优势。"中国西北游，出发在兰州""怒江兰坪——三江之门"就是将交通区位作为宣传亮点的，西安的"丝绸之路起点碑""丝绸之路群雕"则是将交通区位优势物化为旅游景观的典型案例。新加坡充分利用"世界十字路口""亚洲海上枢纽"的交通优势、大力建设人造景观、从无到有迅速发展成为亚洲乃至世界重要的旅游目的地，探索出了一条资源匮乏地区发展旅游业的新路子。

三、策划要点

旅游交通服务策划应立足于方便、舒适、快捷地解决游客位移问题，让游客"进得来，散得开，出得去"。在此基础上，根据价值工程原则，结合策划对象实际，挖掘交通服务的内涵、营造旅游景观、提供独特体验、串联旅游景点，实现一物多用。为此，策划人员应熟悉立体交通、绿色交通、智慧交通等理念，洞察徒步、骑行、自驾等不同细分市场的旅游需求，把握景观公路、公路产业、路域经济发展趋势，注意以下六个方面的问题。

（一）完善交通体系

旅游交通策划应坚持系统观，健全交通服务设施旅游服务功能，统筹考虑交通、游憩、娱乐、购物等旅游要素和旅游资源开发，着力构建体验式综合型旅游交通服务体系。依托高速铁路、城际铁路、民航、高等级公路等构建"快进"交通网络，建设集吃、住、行、游、购、娱于一体的"慢游"交通网络。旅游地内部交通体系包括路桥隧港、交通工具、停靠站点、集散中心、换乘场所、沿途景观、休憩设施、慢行步道、交通服务、安全管理等要素，构成了旅游交通服务策划的基本内容。将"修一条路、造一片景"的理念贯穿于交通规划、设计、建设、运营、管理全过程，培育生态路、景观路、文化路、旅游路、产业路。旅游交通服务策划的基本目标是解决游客的位移问题。在此基础上，策划人员应同时为游客塑造一种独特的旅途体验，这是中级目标。若能因地制宜地拓展其他功能，策划专题旅游产品，那就达到了最高目标。除此之外，有些旅游区面积较大，地形变化较大，可以考虑各种交通工具的组合使用，缓解旅途疲劳，避免行程单调，提供多个欣赏景观的角度，为游客创造更加丰富的旅游体验。

（二）塑造特色体验

西北大漠的骆驼、内蒙古草原的骏马、东北雪原的雪橇、曲阜的仿古马车、峨眉山的滑竿、绍兴的乌篷船、武夷山的竹筏、怒江大峡谷的溜索、西双版纳热带雨林中的空中走廊、普达措国家公园中的栈道、香港的天星小轮、威尼斯的贡多拉、曼谷昭披耶河上的快速轮船、印度德里老城的黄包车、葡萄牙里斯本28路电车等交通工具与设施不仅体现了地方特色，而且把原本枯燥无味的行程变成了一种独特体验，还为游客提供了另外一种观赏风光的角度，成为特色游乐项目。

（三）拓展相关功能

旅游交通工具与设施除了解决游客位移、塑造游乐体验以外，还具有其他多种功能，如住宿服务、陈列展览、宣传营销、文化体验、创意旅游、产业融合等功能。旅游策划人员要结合策划对象的实际情况,灵活运用,开发具有通达、游憩、体验、运动、健身、文化、教育等复合功能的旅游项目。例如,废弃的火车头可以发挥下列功能:①科普文化教育;②休闲娱乐:利用火车厢可以开设咖啡厅、酒吧、餐厅、茶厅等休闲娱乐项目;③历史纪念与怀旧:保留蒸汽时代的历史,回顾工业革命的历史;④别墅、高档小区装饰;⑤观赏游览:发挥火车独特景观价值,让游人领略和欣赏不同形式的火车头;⑥儿童游戏;⑦文娱活动;⑧影视基地的拍摄场景道具。

(四)策划专题活动

依托交通设施、交通工具、交通文化,整合沿线旅游资源,可以策划出各类旅游专题活动。例如,浙江省旅游局和浙江省交通运输厅合作举办的"美丽乡村·环浙骑游"活动,以竞速骑行、健身骑游、环浙骑游博览会等为载体。积极探索都市旅游观光巴士、机场旅游专线、景区特需公交、旅游定制公交等新兴交旅融合出游方式,如重庆开发了多样化的主题旅游观光巴士线路产品。依托机场、高铁站等交通门户,结合都市景区景点布局,相关主城区政府、旅行社等单位紧密合作。例如,重庆开发了"桥都夜景游"等经典主题旅游观光巴士系列旅游产品,串联民国街、长江索道等主城区特色景区景点;以重庆母城为重点,依托景区景点,打造"旅游观光巴士+三峡博物馆"等旅游观光巴士+景区精品线路;依托凯旋路电梯、两路口皇冠大扶梯、轻轨 2 号线穿越 3D 魔幻地形,打造"旅游观光巴士+魔幻之旅"精品线路;依托长江索道,打造"旅游观光巴士+长江索道"明星景区。其他如"直升机游三江""湄公河黄金水道·一日游三国"也是交通主题旅游的典型案例。

(五)放大交通效应

在旅游策划中,应运用发散思维和组合思维,尽可能放大交通的关联带动效应,提升经济、社会和生态效益,如依托驼峰航线机场遗址策划建设低空旅游产业园、通航旅游小镇与飞行营地。在这方面,美国的奥索卡小径(The Ozark Highlands Trail)、韩国济州的偶来小路(Jeju Olle)、瑞士阿尔卑斯冰河列车、德国沃尔夫斯堡汽车主题公园、英国莱斯特郡 Mallory Park、澳大利亚 V8 国际超级房车赛堪称典范。在美国奥索卡起起伏伏的山林之间,一条小径蜿蜒而过,引向无数别开生面的景观。奥索卡旅游小径是 20 世纪 70 年代由大量志愿者修建并精心维护而形成的,处处贴合游览者的亲近荒野之心,被称作"手工完成的小径",数以百万计的美国游客在这个过程中享受了旅游和亲身打造旅游线路的快乐,并孕育出深入人心的节日——"小径日"。更为难能可贵的是,由这条旅游小径而衍生出服装、背包、帐篷等系列世界品牌。

(六)培育交通产业

在更宽广的视阈中,旅游交通策划应突破解决游客位移这一直接目的,从公路产业、临港经济、临空园区、高铁新城、装备制造等方面进行项目与业态创新,挖掘公路沿线、交通站场周边土地的价值潜力,培育新经济增长点和区域发展增长极。珠海(澳洲)游艇产业园、荣成东北亚房车智慧园区、天津自行车王国产业园、保定国际低空飞行产业园、三亚新机场临空产业园旅游产业园区、丹江口旅游港、上海宝山邮轮新城、汉中兴元湖高铁新城文化旅游区、亳州春雨汽车文化旅游特色小镇、建德航空小镇、武汉爱飞客航空综合体等项目都是具有旅游功能的交通产业综合体。

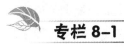
专栏8-1

国内外知名旅游交通景观、设施与活动

在国内，知名旅游交通景观、设施与活动主要有满洲里红色国际秘密交通线教育基地暨国门景区、辽源市交通体验公园、云南公路馆、沈阳航空博览园、呼伦贝尔扎兰屯吊桥公园、湘西州矮寨奇观（含矮寨大桥）、张北的草原天路（国家一号风景道）、承德的鼎盛哈雷俱乐部、南昌的小平小道、云阳三峡梯境、涪陵白鹤梁水下博物馆、湖北丹江口环库公路、太行山挂壁公路、塔里木沙漠公路、青岛栈桥公园、滇缅公路、晴隆24道拐抗战文化园、驼峰航线、珠江源景区9+2小道、建水古城至团山古村的小火车、赤水河谷红色骑行、厦门云顶路空中自行车快速道、台湾的平溪线（铁路）、香港天星小轮、西安的杜虎符交通卡、天津港国际邮轮母港、上海天马赛车城、凤凰磁浮文化旅游项目等。

在世界范围内，早在1968年美国就制定了《国家小径系统法案》（又称风景步道、风景道），设立并保护国家游憩小径、国家历史小径、国家风景小径、连接/边道小径。欧盟则于1987年提出"文化线路"（cultural routes）的概念，并成立了欧洲文化线路委员会，推进文化线路的保护和推广工作。在国际上有代表性的案例包括法国的米迪运河，荷兰的阿姆斯特丹防御战路，奥地利的塞默林铁路，印度的大吉岭铁路、德里老城黄包车，阿曼的乳香之路，日本的纪纪依山脉圣地和朝圣之路、贵志川线"猫咪铁路"、北海道铃兰号蒸汽火车、美瑛云霄飞车之路，以色列的香料之路，泰国的桂河铁路大桥，美国的奥索卡高地小径（Ozark）、美国新月列车、纽约罗斯福岛空中缆车、66号公路、阿拉斯加穿山火车和破冰船、纽约的高线公园（High Line Park），韩国济州岛的偶来小路（Jeju Olle），瑞士阿尔卑斯的冰河列车、瑞士交通博物馆，阿根廷萨尔塔云端火车，新西兰高山观光火车，土耳其博斯普鲁斯观光渡轮，澳大利亚印度太平洋号列车，加拿大落基山脉登山者号，意大利的"被遗忘的铁路纪念日"、水城威尼斯的"贡多拉"，西班牙"国王小路"，越南的胡志明小道，葡萄牙里斯本28路电车，英国伦敦的双层巴士，老挝万荣轮胎漂流，芬兰赫尔辛基的自然之旅无障碍休闲小径，新加坡樟宜机场垂直花园等。

四、案例鉴赏

乌拉圭的加尔松湖不仅风光优美，还有一座造型独特的桥梁。这座公路桥修建于加尔松湖中央，设计师还特意把圆形公路桥的圆径设计得非常大，让过往车辆在减速绕公路桥行驶时，还可以顺便欣赏到湖泊风光。不仅如此，公路桥内侧的圆形结构还设有专门的人行环道，方便自驾车游客停下车后，步行观赏湖中美景。

不为人知的是，最开始的设计方案并非如此。当设计师拉斐尔接到任务时，考虑了施工方的要求，曾想过设计一座传统的直形公路桥。后来，他实地考察了加尔松湖的风光，并得知修桥是为了让两侧的城市罗恰和马尔多纳多共享资源。于是，拉斐尔改变了原来的想法。在他看来，罗恰和马尔多纳多都属于海滨城市，有很多相似之处，这容易使外来游客产生厌倦心理。如果在两座城市的中间路段人为地设置一些"意外"美景，也许更容易让游客感到惊喜。于是，拉斐尔大胆地让加尔松湖上的风景成为罗恰和马尔多纳多中间的"美丽路障"。他不仅创造性地把公路桥改成环形设计，还贴心地在环形公路桥上设置了多处可供游客停下来观赏湖景和钓鱼休闲的地方。建好后的圆形公路桥不负众望，通行此路的游客变得越来越多，前往两座城市观光和投资的人数有增无减。

虽然建造圆形公路桥比直形公路桥增加了一些材料和施工费用，但对于两座城市的长期发展来说，这完全可以忽略不计。自2015年12月通车运营以来，拉古纳加尔松桥就凭借其非同寻常的造型吸睛无数，不仅减少了交通事故的发生频率和堵车现象，还成为闻名遐迩的一处景点。很多到乌拉圭的外国游客，不惜绕远路也要来圆形桥一游，为乌拉圭创造了无数收益[①]。

第二节 旅游住宿策划

一、概述

住宿是旅游活动中的重要环节，不仅可以帮助游客缓解疲劳、恢复精力，还可以提供具有地方特色的独特体验、融入当地人的生活。旅游住宿场所的基本类型、涉及业态如表8-2所示。随着旅游需求的提高，游客已经不满足于标准化的星级酒店住宿服务，越来越多地希望有机会体验各种特色住宿设施，各类非标准住宿业态成为投资"风口"。我国历史悠久的住宿形态、特色浓郁的民居建筑为住宿策划提供了丰富素材，产生了诸如陕北窑洞、湘西苗族吊脚楼、滇西景颇竹楼之类的特色住宿设施。住宿和其他服务要素与功能相互结合，又催生了一些新型旅游项目，如游船、豪华游轮、温泉度假村等。住宿场所早已突破睡眠这一基本功能，朝着微型体验旅游综合体的方向跃迁，为旅游策划人员提供了广阔的创新空间。在夜间经济勃兴的背景下，如何释放游客入住之后与睡眠之前这段时间的消费潜力，也是策划人员需要思考的新问题。

---

① 刘燕. 风景是最好的吸引力[J]. 思维与智慧, 2017, 15: 21.

表 8-2　旅游住宿场所基本类型一览表

序号	类　型	基本类型
1	常规旅馆	星级酒店、超五星酒店、精品酒店、青年旅馆、旅舍、公寓、别墅、汽车旅馆、野奢酒店、经济型酒店、乡村酒店等
2	旅途铺位	火车卧铺、汽车卧铺、轮船铺位、畜力运输铺位、房车等
3	度假村	湖滨度假村、海滨度假村、山地度假村、森林度假村、温泉度假村、空中度假屋、郊野度假村、田园度假村、疗养院、一般度假村等
4	乡土风情旅舍	穴居土著旅馆、巢居土著旅馆、生土建筑旅馆、水上客房、寺庙客舍、木（竹）屋（楼）、农家院、渔家乐、牧家乐、古镇客栈、家居旅馆、乡村民宿、精品民宿等
5	野营	睡袋、帐篷、房车营地、树上巢居、悬崖挂居、地下穴居、地面露营等
6	特异住所	监狱旅馆、冰雪酒店、地下坟墓/棺材客店、毡包旅舍、树上客房、空中酒店、胶囊酒店、无人酒店、共享酒店等

二、策划素材

旅游住宿策划的素材除了旅游住宿场所的基本类型之外，还涉及与住宿有关的所有事物与事件。这些素材基本可以划分为四种类型，即住宿环境、居住习俗、服务方式和功能组合。除此之外，主题也已成为现代住宿设施策划应该考虑的重要问题。

（一）住宿环境

住宿环境不仅包括了住宿场所的地理位置及其周边环境，还涉及建筑风格与内部装饰。现代交通和建筑技术的迅速发展以及旅游需求的多样化为住宿场所选址提供了更多选择，可以选择在繁华闹市、宁静乡村、特色小镇，也可以选择在险峻山地、辽阔草原、静谧湖滨，还可以选择在地下甚至空中。至于住宿场所的建筑风格与内部装饰，更是花样繁多，不胜枚举。

（二）居住习俗

由于居住的自然环境、气候条件、生产方式、传统文化不同，各个地方居住习俗也各具特色，如北方草原的蒙古包、黄土高原的窑洞、热带雨林的竹楼、北京四合院、上海石库门、广州骑楼、福建土楼、川西碉楼、湘西吊脚楼、彝族土掌房、哈尼族蘑菇房、纳西族木楞房等。这些居住习俗是地方风格与民族文化的重要体现，通常对外地游客具有较高的吸引力。

（三）服务方式

除了外部环境、内部装饰与区域文化，旅游住宿服务策划素材还包括住宿服务，这也是形成住宿体验差异的重要因素。住宿服务以"客人永远是对的"为准则，在常规化、标准化服务的基础上注重提供个性化、情感化服务。有些饭店为常客建立客史档案，在客房用品上用烫金字体印上客人的名字,遇上客人生日会送上慰问信、鲜花和蛋糕。

(四)技术运用

以技术驱动、以服务连接的创新战略思路,强调以客户体验为核心的管理模式,代表着住宿业的未来形态。阿里巴巴旗下的菲住布渴(FlyZoo Hotel)整合各种创新技术,为住客创建了智能身份、智能连接、智能服务等未来生活场景,全程刷脸入住和机器人服务让人耳目一新,同时也有利于解决同质化严重、人力成本高昂等行业痛点。

(五)功能组合

旅游住宿场所的基本功能是提供住宿服务,但是还可以结合游客需要将住宿服务与其他功能结合在一起。与文艺的组合催生了音乐酒店、动漫酒店、童话酒店,住宿与交通、停车的组合催生了房车、游艇、汽车旅馆、自驾车营地,与观景的组合催生了海景房、湖景房、山景房、林景房、漂浮酒店,与探险的组合催生了野营,与康乐、休闲、度假的组合催生了温泉度假村、森林小屋、乡村民宿、主题庄园等丰富多彩的住宿形式。

(六)运营模式

围绕住宿资源供给渠道、住客参与程度、盈利来源与利益分配方式,住宿业的经营方式逐渐多元化,如途家——让不动产增值、爱彼迎——高品质民宿短租预定平台。旅游住宿项目策划中可以组合运用传统售卖客房模式、分时度假模式、产权酒店模式、共享住宿模式、会员制社区模式、度假地产与度假住宿结合模式等。

三、策划要点

旅游住宿服务策划应充分利用住宿环境、居住习俗、服务方式、功能组合等方面的素材,着眼于提供以住宿为基础的复合体验,提高住宿场所的附加值。为此,策划人员应把握住宿业非标化、精品化、家居化、场景化、跨界化发展趋势,注意解决如下问题。

(一)熟悉新兴理念

随着社会的发展,住宿成为视觉、听觉、触觉、嗅觉、味觉等多感官于一体的行为,同时,住宿业新概念层出不穷,非标准住宿大行其道。策划人员应熟悉精品酒店、设计酒店、共享酒店等新事物。共享住宿在沙发客(couchsurfing)的基础上,催生出一个空间无限的新行业,产生了途家、爱彼迎等行业新秀。旅游营地适应了自驾车普及和亲近自然的需求,衍生为一种新业态。此外,策划人员还应关注行业标杆发展动态,如隐庐、玖树、隐居、七间房、自如友家、ARTEL雅途、海上凤凰、开元颐居、如家小镇、华侨城"途"系列等文旅住宿企业。

（二）利用周边景观

现代旅游住宿场所不仅要求舒适、安全、便利的服务设施，而且还要求具有优美的外部环境与氛围。旅游者行为具有亲景性特征，以获得最丰富、独特的体验。"借景"是古典园林常用的造景手法。这就要求策划人员运用现代环境艺术的理念，注重住宿场所的选址，充分利用周边景观，提供住宿、赏景、休闲、康乐等综合体验。在这方面，三亚南山文化旅游区内的夏威夷树屋堪称典范。此外，住宿可以与观赏景物、休闲、度假、探险等结合在一起，衍生出温泉度假村、农家旅舍、度假饭店、各式营地、主题饭店、分时度假等各类旅游项目，如丽江古城的各式休闲客栈、普洱国家公园小熊猫庄园、香格里拉的仁安藏村。毗邻丽江高美古天文台的双子天文庄园就是拓展住宿复合功能的例子，游客既可以在宁静的乡村安然入眠，还可以观赏璀璨夜空、开展天文科普活动。

（三）挖掘文化内涵

旅游住宿场所在满足游客生理需要的基础上，还应满足游客日益增长的精神生活需要。这要求策划人员全面把握住宿设施所在地的场所精神，深度挖掘区域文化、民族传统、民间习俗，并将这些文化内涵通过建筑造型、外部绿化、内部文化氛围营造、公共空间陈设、客房内部装修、酒店形象系统等方式体现出来。按照区域文化风格，可以策划出地中海风格酒店、非洲风格酒店、北美风格酒店、北欧风格酒店、中亚风格酒店、禅宗文化酒店、伊斯兰文化酒店、原始风格酒店、中世纪风格酒店等。贝聿铭设计的北京香山饭店和曲阜阙里宾舍为住宿场所挖掘、展示文化内涵提供了经验。文化主题酒店要想受到市场青睐，必须抓住以下几个关键，即立足建筑文化、居住文化、睡梦文化，构建物质文化、服务文化、管理文化、精神文化。

（四）凸显睡眠功能

在睡眠质量普遍降低的今天，不少游客都面临着失眠和缺觉的困扰。旅游住宿策划中应围绕健康睡眠、科学睡眠这一核心功能进行深度思考和创新，为住客提供促进酣睡和美梦的服务。日喀则乔穆朗宗大酒店的弥散供氧系统、莱佛士酒店的莱佛士睡眠仪式、威斯汀酒店的 Sleepwell 睡眠菜单、美国航空公司的 Calm APP（冥想应用程序）都值得借鉴。在酒店客房内提供助眠功能食品、音乐、寝具（如理疗枕、睡眠抱枕、按摩床）、相关设施（如足浴桶、香薰器、摇篮），都应该成为新时期住宿策划的内容。

（五）延伸旅行服务

旅游活动以空间移动为前提，住宿设施的布局除了考虑单体规模效益之外，还应考虑结合旅游流规律进行区域布局。在这种情况下，连锁酒店会串联起精品景区（城市），成为旅游线路。松赞精品山居创始人白玛多吉根据滇西北三江并流地区的交通状况和精品旅游资源分布特征，在香格里拉腹地选择德钦县奔子栏镇百仁村、德钦县燕门乡茨中村、德钦县升平镇各几农村、维西县塔城镇启别哈达村四个地点，分别建设了松赞奔子栏、松赞茨中、松赞梅里、松赞塔城系列酒店，和位于香格里拉市区的松赞绿谷（松赞香格里拉）一起，把迪庆州最有代表性的精品景区串联起来，创造出一条以香格里拉为轴心的旅游大环线。据此观之，松赞环线最大卖点不在于"酒店"，而在于"旅行"。

（六）发展睡眠经济

根据专业机构的研究，睡眠已经成为健康领域内继饮食和运动之后的第三大可催生高利润产品的领域，2030年我国睡眠产业市场规模将突破万亿元。利用酒店内部和外部空间，考虑母体集团的产业基础，因地制宜地开发睡眠产品与服务，发展睡眠经济，应该成为未来旅游住宿策划的方向。睡眠产业既涉及有形产品的生产，如理疗按摩设备、功能性食品、深度睡眠枕头、智能睡眠眼镜、智能床垫、玩具娃娃、眼罩、入眠耳机、止鼾器、智能手环（手表）、精油香薰、制氧机、足贴等，又涉及无形产品与服务的供给，如视频软件、咨询辅导、专题网课等。

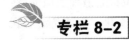

专栏 8-2

国内外知名旅游住宿景观、设施与活动

近年来，国内知名旅游住宿景观、设施与活动主要有：北京九华山庄、北京春晖园温泉度假村、天目湖御水温泉度假村、南京汤山颐尚温泉度假村、厦门日月谷温泉度假村、绵阳罗浮山浮生御度假村、阳江温泉度假村、云南柏联SPA温泉、杭州千岛湖开元度假村、莫干山裸心谷度假村、北京蟹岛度假村、丽江悦榕庄、深圳东部华侨城、安吉途家欢墅零碳星球度假营、拉萨瑞吉度假酒店、上海半岛酒店、杭州法云安缦酒店、阳朔阿丽拉糖舍、峨眉山红珠山宾馆、龙胜梯田理安山庄酒店、海口观澜湖度假酒店、长白山天域度假酒店、桂林香格里拉大酒店、德钦松赞绿谷酒店、大连一方城堡酒店、四川浮云度假酒店、腾冲"石头纪"温泉VILLA度假酒店、康藤系列高端营地、常州嬉戏谷云中部落树屋酒店、建德富春俱舍、北京长城脚下的公社、甘南诺尔丹营地、自由家黄山齐云营地树屋世界、北京云峰山童话树屋、长城脚下的公社、石家庄太行山杰明·云顶野奢营地、丽江双子天文庄园、苗栗三义卓也小屋、姥姥家民宿、爱彼迎、途家、阿里未来酒店、如家小镇、湖南"地球仓"自助式移动智能生态酒店、佛山里水源田睡眠文化博物馆、慕思全球睡眠文化之旅、广州国际健康睡眠科技产业博览会等。

住宿业是全球化程度很高的行业，国际上成立了世界酒店组织协会、世界一流酒店组织、金钥匙组织等，世界顶级奢侈品研究机构Robb Report等机构会定期公布全球顶级酒店排名。相比国内而言，国外旅游住宿景观、设施与活动更全面，更具有特色。主要包括：美国蒙太奇鹿谷度假村（Montage Deer Valley）、意大利Casta Diva Resort & Spa度假村、英国Coworth Park度假村、南非Delaire格拉芙度假村（Delaire Graff Estate）、墨西哥Imanta

Resort Punta de Mita 度假村、澳大利亚 Saffire Freycinet 度假酒店、曼谷索菲特特色酒店（Sofitel SoBangkok）、苏格兰伊顿洛克酒店（Eden Locke Hotel）、英国纳德酒店（The Ned）、瑞典六点酒店（At Six）、瑞典哈拉斯树屋酒店、马德里巴塞罗塔酒店、意大利卡萨弗洛拉酒店（Casa Flora）、法国科蒂快闪酒店（Koti）、芬兰冰雕酒店、迪拜水下酒店（Hydropolis）、土耳其洞穴酒店（Museum Hotel）、丹麦吊车酒店（The Krane）、美国安维尔汽车旅馆（Anvil Hotel）、吉隆坡集装箱酒店（Container Hotel）、墨西哥图伦树屋（Tulum Treehouse）、英国度假小屋（Finn Lough）、苏格兰北欧小屋（Comrie Croft）、挪威木头小屋（Eagle Brae）、南非 Pioneer Camp 1926 Londolozi 度假营地、土耳其马尔马拉安塔利亚旋转酒店、东京都睡眠咖啡厅等。

四、案例赏析

北港（Nordhavn）是丹麦哥本哈根附近的工业区，拥有两座起重机、粮食仓库及其他设施。在港口改造和向新兴城市社区转型的过程中，它没有像其他城市那样忽略历史中的吸引力，而是以过去为荣，并给予新的诠释。在充满激情的开发商 Klaus Kastbjerg 的主持下，粮仓变成了奢华公寓。后来，Kastbjerg 还请来了悉尼歌剧院的设计者伍重（Jørn Utzon）和他的儿子，把第一座起重机改成了名为"信号室"的会议室。

时隔十余年，北港另外一座曾被用作运输煤炭的起重机也得以重生。当时，伍重询问到能否将起重机移动到一个风景更美的场地中。在他的指挥下，起重机被移动了位置，并在建筑师 Mads Møller 手中变成了一座包括会议室和 SPA 的奢侈酒店。改造后的酒店名叫 The Krane，名称来自 Crane（起重机），旨在为住客打造浸入式的多感官体验之旅。酒店保留了起重机本身黑色的钢铁架构外观，内部装修则采用现代极简主义风格。整座酒店共有三层，每个区域都可以单独租用。第一层是接待台和有着玻璃幕墙的会议室（the glass box），第二层是 SPA 和露台，第三层是起居空间和客房（krane room）。

这种设计表达了丹麦人对于"少即是多"的尊崇，强调去繁存真。空间的每一处都是景观的一部分，其中的专注点在于感官体验的交融——视觉、听觉和通感。以会议室为例，这座酒店的会议室漂浮在水面上，有着极为壮丽的景色。黑色的桌椅和钢结构降低了视觉干扰，周围的光线和景色被放大，让人感觉与风光融为一体。Kastbjerg 说："在这里和我之前待过的那些沉闷的会议室完全不同，在这里你被水面包围，因此你的思绪也随之流动……"

第三节　旅游餐饮策划

一、概述

"民以食为天"。我国古代的开门七件事"柴、米、油、盐、酱、醋、茶"，无不与食物和餐饮有关。"最难风雨故人来,唯有美食暖人心""你吃什么就是什么人"……这些耳熟能详的语句告诉我们,食物除了满足人类的日常生理需求之外,还具有丰富的文化意义、情感价值和社会功能,关系到身体健康、心理愉悦、阶层区隔、族群认同、产业发展、区际交换、文化传播,是彰显地方特色、民众生活方式、文化创意的重要元素。品尝各地风味小吃,了解各地不同的风俗,体验其中的饮食文化,已经成为旅游者的重要动机。大力发展旅游餐饮,已经成为提高旅游综合收入、促进旅游就业、带动地方经济发展的重要途径。旅游餐饮方式与场所多种多样,其基本类型、相关业态如表 8-3 所示。食物,从田埂到市场、厨房、餐厅,连接着种植养殖、仓储物流、加工制造、文化创意、科技研发、餐饮服务、包装零售等环节,关系着食品安全、膳食伦理、遗产传承、乡愁遣发,经历了采集、游牧、农耕、工业、信息、创意社会的演化,隐喻着财富、权力、时尚、品位,创意策划的空间无限。

表 8-3 旅游餐饮的基本类型一览表

序号	类　型	基本类型
1	方便食品	即食食品(糕点、面包、馒头、油饼、麻花、汤圆、饺子、馄饨)、速冻食品(加热可食)、冲泡食品(方便面、方便米粉、方便米饭、速溶奶粉等)、罐头食品
2	快餐	现卖堂吃、现做堂吃、现做外卖、即时外卖等
3	风味小吃	特殊制作食品、特殊原料食品、特殊习俗食品等
4	自助餐	熟食、烧烤、蒸煮、火锅、肉食、蔬菜、水果、沙拉、饮料等,蛋糕 DIY、披萨 DIY 等
5	宴　席	历史文化宴席、民族风情宴席、地方特色宴席、演艺宴会等
6	冷餐会	地方酒席、异地风情酒席、异国风情酒席等
7	酒吧茶肆	酒吧(鸡尾酒、烈性酒、葡萄酒、啤酒、黄酒)、咖啡馆(厅)(屋)、茶馆、音乐茶座等
8	野　炊	烧烤、凉拌、火锅、汤涮、油炸、爆炒、蒸煮等
9	野　餐	林间野餐、草地野餐、水边野餐、山地野餐、阳伞野餐、桌凳野餐、席地野餐、随行野餐等
10	主题餐饮	历史文化主题餐饮、民族风情主题餐饮、自然风物主题餐饮、时尚艺术主题餐饮、美洲风味、高山珍味、冰雪餐厅、歌舞伴餐等

二、策划素材

凡是与饮食有关的事物、活动与习俗都可以成为旅游餐饮策划的素材。在策划实践中,应用较为广泛的素材主要包括以下六个方面。

(一)食品原料

原料是影响饮食的基本要素。各地自然地理条件不同,人们的饮食习惯不同,饮食的原料也复杂多样。"南人吃米,北人吃面"就是对饮食原料地域差异的形象描述。原料的选择和搭配是形成食品差异的重要原因,也是饮食创新的基本方式。近年来,食物里程这一概念逐渐受到重视,成为低碳消费与环保运动的新动向。此外,对于果蔬和肉类来说,食物里程越高则表示该食品越不新鲜。倡导在地消费，尽量采用当地的食材，不仅可以满足游客对独特体验的追寻，也有利于生态环境保护。

（二）加工过程

食品的加工方法多样。以面点为例，有京式、广式、苏式、南味、北味之别，有蒸、炸、煮、烤、煎、烙之分。对于某些特殊的食品来说，其制作过程本身可以称得上是一种艺术，具有较高的观赏性。从简单的拉面、刀削面、大薄片到复杂的点心加工、冷盘制作、食品雕刻，这些制作过程体现着厨师的高超技术、艺术构思和思想情感，构成独立的审美对象，成为重要的策划素材。西班牙兰萨罗特的 El Diablo 建在火山口上，被称为世界上最危险的餐厅，它的特色是利用活火山产生的热量来烤食物。最近几年，餐饮界逐渐开始推崇"裸烹"的理念。所谓裸烹，是指厨师在烹饪过程中不使用非天然、不安全的添加剂，而只用天然食材、调味品制作色、香、味俱全且营养健康的菜肴。

（三）用餐方法

旅游餐饮更加重视独特的体验，用餐程序与方式也是餐饮策划的重要素材。受礼制、宗法、习俗的影响，不同地区的用餐方法大相迥异，是地方风格的体现，也是游客追求新异的对象。例如，御膳讲究烦琐的程序和相应的寓意，自助餐体现了西方的自由精神，烧烤增加了游客的参与成分，三道茶折射出"一苦二甜三回味"人生哲理，手抓饭、转转酒体现了少数民族的不同习俗。1986年，欧洲兴起慢食运动（slow food movement），号召人们反对按标准化、规格化生产的汉堡等单调的快餐食品，提倡有个性、营养均衡的传统美食，通过保护美味佳肴来维护人类不可剥夺的享受快乐的权利，同时抵制快餐文化、超级市场对生活的冲击。

（四）服务艺术

热情周到、恰到好处的餐饮服务可以为精美的食品锦上添花，提升餐饮体验的质量。对于文化底蕴深厚的饮食和小吃而言，服务人员对相关典故和吃法的讲解可以丰富游客的知识，增加食欲、提高兴致。在我国各类传统饮食中，茶是最能体现服务艺术的，茶艺表演代表着我国传统餐饮服务艺术的成就。西双版纳等地推出的歌舞伴餐则采用移花接木、功能组合、感官刺激的方式为游客塑造了一种艺术性的综合餐饮体验。

（五）饮食文化

我国历史悠久，文化灿烂，烹饪流派众多，风味小吃无数，随之形成的饮食文化博大精深，影响深远。鲁菜、川菜、徽菜、闽菜、粤菜、湘菜、淮扬菜、秦菜、京菜、沪菜、西北菜、东北菜等各大菜系折射着不同的区域文化，御膳、孔府宴、红楼菜、谭家菜、寺庙素斋、民间菜、药膳等饮食门类渗透着深厚的文化内涵。此外，饮食还与名人、名胜、名著、传统店铺、诗词楹联、传说故事关系密切，共同组成了旅游餐饮文化策划的素材库。

《舌尖上的中国》介绍了中国特色食材以及与食物相关、构成美食特有气质的系列元素，展现了食物给中国人生活带来的仪式、伦理等方面的文化，是了解饮食文化的生动教材。

（六）节事活动

由于饮食是人类的基本生活需要，因此它与社会生活的其他方面息息相关，围绕着饮食而产生的各类活动就是其中的组成部分。在这些活动中，食材采摘、艺术创作、制作竞赛、质量评比、食客品尝、商品展销、传统节庆始终唱着主角。将这些活动作为素材，可以大大丰富旅游餐饮的形式，拓宽融资渠道，提高市场影响力与综合收益。

除了上述六类素材之外，还有很多相关事物可以作为餐饮策划素材，如就餐环境、席间游戏等，策划人员可以根据需要收集相关资料。印度的墓地餐厅、巴黎的黑暗餐厅、芬兰凯米的冰雪城堡餐厅、坦桑尼亚桑给巴尔 Michanvi Ringwe 海滩的岩石餐厅、比利时布鲁塞尔的空中餐厅就是依靠独特的就餐环境取胜的。

三、策划要点

对于单个菜肴来说，旅游策划人员应注意色（色彩及搭配）、香（香气）、味（味道）、形（形状与造型）、器（盛放器具）、声（声音）、名（名字）、养（营养）八大要素的设计。作为一个体验过程，旅游餐饮策划中应综合考虑各个相关要素，注重菜品质量、文化内涵、餐饮环境、服务艺术等方面的提升。将饮食作为一种旅游项目进行策划，策划人员应注意餐饮的下列拓展方向：节庆、展销、博览、表演、竞赛、创意消费等。此外，旅游餐饮策划中还应注意六个方面的问题。

（一）把握新兴理念

近年来，饮食领域不断出现一些新名词、新理念、新观点，体现了人们对食品问题的关注、对解决问题的探索，也预示着未来餐饮发展的趋势。除了有机食品之外，还有慢食运动等。慢食运动倡导保卫传统天然煮食方法，提供优良、洁净和公平的食物。素食主义宣扬回归自然和健康、保护动物和生态环境，不食用来自动物身上各部分所制成的食物。"食物里程"这一概念表明消费者与食物原产地之间的距离，食物里程远表明运输环境成本高、新鲜程度下降，因此日本倡导"地产地销"，鼓励游客消费当地或邻近产地的农产品。功能性食品指具有特定营养保健功能的食品，如有利于增强人体体质、调节身体节律的食品。共享餐厅则可以让游客有机会品尝到当地居民利用自家厨房、业余时间和烹饪技能做出的美食，增加深度体验机会。

（二）精心选择主题

为了形成更大的吸引力，塑造独特的餐饮体验，为游客留下深刻印象，策划人员中必须注重餐饮主题的选择。主题可以来自于饮食文化、历史遗产、传统习俗、民族特色、地方风格、艺术形式、时尚潮流、时空变化等各个领域，但应充分考虑游客的需求和原料的可得性。加拿大多伦多的哈利波特主题咖啡馆、新西兰霍比特人主题餐厅就是主题选择较成功的案例。美国密尔沃基的安全屋餐厅（safe house）以冷战与间谍为主题，是密室逃脱爱好者们的真爱。云南新平红河谷四季花开不断，在此居住的傣雅以花为食，笔者据此策划了红河谷·花腰傣鲜花盛宴，包括攀枝花炒腌肉、苦刺花烩面瓜鱼、珍珠菜汆石蹦、木通花炒兔肉丁、碎米花煎鸡蛋、密蒙花糯米饭，体现了地方风格和民族特色。

（三）提供独特环境

有了美味佳肴，还得有良好就餐环境。旅游策划人员必须审视目的地的自然环境条件，挖掘文化底蕴，做好外观设计和内部装饰，创设具有地方特色的就餐环境。近年来风行各地的主题餐厅借助特色的建筑设计和内部装饰来强化主题，让游客经过观察和联想，进入期望的主题情境，譬如"亲临"世界的另一端、重温某段历史、了解一种陌生的文化等。例如，上海老站餐厅就通过老式家居布置和火车改装，营造了怀旧和名人专列两个主题。肯尼亚的 Ali Barbour's Cave 洞穴餐厅一到晚上就点起千万支蜡烛，飘忽的烛光加上美丽的星空，让游客拥有一次奇妙的晚餐体验。俄罗斯的"双子星"餐厅也给游客创造独一无二的用餐体验，原因在于所有的服务生都是双胞胎。

（四）设计配套活动

在游客进餐过程中，讲解菜肴典故、示范某些菜肴的特殊吃法、欣赏现场表演能够为其留下深刻印象。将其他活动与餐饮有机融合在一起，可以提升游客的综合体验质量。曲水流觞是古代宴饮娱乐的典型代表。受兰亭集会的影响，"曲水流觞"的游戏广泛流传，催生了一大批宴会诗和诗序骈文。笔者在为高黎贡山脚下报浒村编制旅游服务型新农村建设规划时，就策划了"榕树下的傣族长街宴"项目，让游客在参加泼水狂欢、神树祭祀仪式后，在阴凉的大榕树下一边欣赏傣族歌舞表演，一边品尝富有傣族特色和地方风格的傣族长街宴。席间有傣族小卜哨前来唱歌祝酒，有兴致的游客还可与其对唱。

（五）创新餐饮业态

餐饮业态是指餐饮企业为满足不同的消费需求，根据经营商品的重点和提供服务方式的不同而采取的经营形态，如家常菜为主的大众餐馆、满足快节奏生活的快餐、满足商务宴请需要的高档正餐、依托星级饭店的饭店类餐饮、张扬个性的主题类餐饮、自由选择的自助类餐饮、浪漫轻松的休闲类餐饮、餐饮娱乐相结合的娱乐类餐饮、以规模取胜的餐饮街、移动消费的餐饮类。餐饮项目策划中应注意根据游客需要不断创新餐饮业态。例如，西安曲江文旅集团陆续打造了园林主题餐饮、唐文化主题餐饮、爱情主题餐饮、农业观光主题餐饮、曲江生态海鲜城，为多样化的餐饮业态增加了一抹亮色。此外，餐饮策划中还应因地制宜地培育智能餐厅、美食村、美食街、美食城、美食主题庄园、工业旅游示范点、旅游综合体等。

（六）融合其他元素

餐饮与"商""学""养""闲""情""奇"等新要素相互融合，会孕育出新的旅游项目。例如，将餐饮与研学、创意相结合，就产生了以泰国清迈的烹饪学校为代表的体验式旅游项目。泰国烹饪学校又称泰国料理厨艺学校、泰国菜烹饪教室，是专门面向外来游客、旨在传授泰国特色美食制作技艺的短期培训课程，一般包括到酒店迎接客人、到菜市场（或农场、家庭菜园）认识和采购原料、选择自己想做的菜品、学习制作香料和酱料、学习自选菜品的制作过程、品尝自己完成的菜品、赠送食谱、送客人回酒店等环节。由于项目经营者的理念和资源不同，加之厨艺教师的个性、阅历和技能各异，清迈的泰餐烹饪学校在上课地点、教学方式、延伸服务方面表现出不同的特色。

除了上述六个方面，旅游创意策划中还应考虑餐饮消费的空间载体、节事活动、主题产品甚至目的地总体定位问题。美食街、美食村、美食小镇、美食节、美食大赛、共享农场、洞藏酒窖、古茶银行、可食地景、有机庄园、食品博物馆、食物文化景观都可以成为独立的旅游项目，"美食之乡""美食之都"已经成为常态认证项目，美食旅游目的地甚至可以成为某些旅游地的发展定位，如蒙自——过桥米线的故乡。经过一段时间的培育，美食产业甚至可以成为地方经济的半壁江山。"小龙虾之都"江苏盱眙有十万人活跃在小龙虾苗种繁育、生态养殖、生产加工、餐饮消费、创意文化、资本运作六大环节，有十三香小龙虾、龙虾系列烹饪加工产品、国际龙虾节、"龙虾第一街"、虾稻共生产业园、龙虾小镇等可供游客参与的内容。

 专栏 8-3

国内外知名旅游餐饮景观、设施与服务项目

国内知名度较高的旅游餐饮景观、设施与服务项目有重庆周君记火锅食品工业旅游体验园、仁怀市中国酒文化城、蒙自"天下一碗"与过桥米线美食小镇、万州诗酒文化特色小镇、福建古早味闽王行军大锅饭自助式体验项目、"印象小密"包酒文化博览园、济南1953·茶文化创意产业园、景颇绿叶宴、厦门万致创意园美食街、武汉户部巷、湖北三友洞旁悬崖餐厅、深圳甘坑小镇艺术家厨房、北京木马童话黑暗餐厅、海底捞无人餐厅、SPACELAB失重餐厅、局气•德云社店、风波庄武侠主题餐厅、观宴·海鲜美学主题自助餐厅、陕西礼泉袁家村、西双版纳歌舞伴餐、怒江手抓饭与同心酒、泰山女儿茶茶道表演、大理游船三道茶表演、拉萨玛吉阿米餐厅、周庄纸箱王主题创意餐厅、"海南传说"创意菜、黄龙四绝主题宴、濮阳水秀宴、栾川老君山"一元餐饮"、万里茶道、丝绸之路（甘肃）国际美食经济带、柳州螺蛳粉小镇、浙江"百县千碗"工程等。

在国际上，食品与餐饮领域有雨林联盟、公平贸易、米其林餐厅、犹太洁食等认证制度。对旅游创意策划有启发意义的餐饮设施、景观与项目主要有：泰国树上餐厅、芬兰冰

窟餐厅、马尔代夫海底餐厅、意大利海岸悬崖洞穴餐厅、荷兰热气球餐厅、新西兰霍比特人主题餐厅、日本爱丽丝梦游奇境主题餐厅、日本"花舞印象"艺术感官餐厅、英国弹出式移动餐厅、肯尼亚长颈鹿餐厅、原始洞穴餐厅、法国大溪地博拉博拉岛海水餐厅、菲律宾瀑布餐厅、吉隆坡空中晚餐、美国剧院餐厅、新西兰红杉树屋、新西兰皇后镇天际餐厅、加拿大多伦多哈利波特主题咖啡馆、巴厘岛狮子餐厅、日本水泽乌冬面饮食文化遗产、香料之路等。

四、案例赏析

1987年,当时在云南省外办工作的张宝贵同志多次到泰国访问。他发现那里的旅游业相当红火,最吸引人的因素之一是绚丽多彩的民族文化。张宝贵由此联想到与泰国一衣带水的云南,完全可以借鉴泰国的经验。思路确定之后,张宝贵进一步考虑合适的切入点。经过反复比较,他觉得最适合移植的项目是歌舞餐厅。第二年,张宝贵回国,着手寻找"试验田"。他先后找了几家餐馆,都没有引起共鸣。一天,他到郊区找到正在筹建、以团队餐饮服务为主的南园饭店,与从旅游局辞职后承包饭店的翁总经理一拍即合。

两人说干就干。他们从专业文工团请来一位老师任艺术指导,从少数民族地区招收了十多名有文艺专长的年轻人,培训之后组建起了艺术团,利用餐厅里不足五平方米的空地搭起了简易舞台。每天晚上七点,在音乐的伴奏下,演出一个多小时的民族歌舞。这些歌舞根据旅游者的心理和习惯,把娱乐性、参与性放在首位,在此基础上追求艺术性和思想性。比如,在表演傣族青年婚恋习俗的过程中,由女演员向客人扔爱情信物——香包,泼洒象征吉祥的香水,请客人上台为"新郎""新娘"系同心结,共饮"婚宴喜酒",同跳民族舞蹈。在菜单编排上,他们尽量突出地方和民族特色。例如,他们把傣族群众喜爱的香茅草烤鱼、干巴菌、菠萝饭等食品改良成为正餐,辅之以过桥米线、汽锅鸡、火腿等地方名吃,形成餐饮与文化浑然一体的氛围。

南园饭店民族歌舞厅开业后,生意好得出人意料。1989年,国家旅游局旅行社饭店管理司文娱生活指导处的负责人考察后认为:在旅游文娱起步阶段,南园饭店歌舞厅开辟了一条方向正、品位高、投资省、见效快的路子,值得大力推广[①]。

第四节 观光游览策划

一、概述

"游"是旅游活动六大要素的核心环节,游憩方式策划是旅游策划中的重要内容。广义而言,游憩方式策划包括观赏方式与观赏线路设计、游乐设施选型与游乐内容策划、故事

---

① 钱炜. 创造性思维与旅游业[M]. 北京:旅游教育出版社,1998:146-148.

编撰与情境化场景布置设计、体验模式策划、游憩功能结构设计、服务要素策划等方面的内容,其核心内容涉及"游"和"娱"两个方面。为了与"娱"区分开来,本书把游览界定为旅游者在景区及其他涉旅场所内欣赏自然山水、历史遗迹和其他旅游景观的过程。游览服务一般是依托于旅游吸引物进行的,由于旅游吸引物策划已在第七章旅游资源开发部分进行了论述,本节主要阐述游览过程中相关服务的策划问题。"横看成岭侧成峰,远近高低各不同""不识庐山真面目,只缘身在此山中""会当凌绝顶,一览众山小"是古人的感悟,《观看之道》《行走的哲学》《旅行的艺术》则凝聚着现代人对游赏行为与质量的哲思。同样的景点,不同的游客采用不同的方式,游览效果大相径庭甚至有云泥之别。为了在有限的时间、金钱和精力之内收到最佳游览效果,同时起到带动地方经济发展的目的,需要对游览程序、体验项目、配套服务等进行策划,谋划适合不同细分市场的各种玩法,尤其是年轻态的新玩法。常见游览项目如表 8-4 所示。

表 8-4 旅游景区主要游赏项目一览表

序号	类 型	具体项目
1	审美欣赏	览胜、摄影、写生、寻幽、访古、寄情、鉴赏、品评、写作、创作等
2	野外游憩	消闲散步、郊游、徒步野游、登山攀岩、野营露营、探胜探险、自驾游、空中游、骑驭等
3	科技教育	考察、观测研究、科普、学习教育、采集、寻根回访、文博展览、纪念、宣传等
4	文化体验	民俗生活、特色文化、节庆活动、宗教礼仪、劳作体验、社交聚会等
5	娱乐休闲	游戏娱乐、拓展训练、演艺、水上水下活动、垂钓、冰雪活动、沙地活动、草地活动等
6	户外活动	健身、体育运动、特色赛事、其他体智技能运动等
7	康体度假	避暑、避寒、休养、疗养、温泉浴、海水浴、泥沙浴、日光浴、空气浴、森林浴等
8	其他	情景演艺、跳舞互动、购物商贸等

二、策划素材

游览服务策划素材是一个集合性的概念,既包括了游览配套设施,又涉及各类接待服务设施,还与各项游览服务过程有关。

(一)景观可参观性

景观是游客凝视的中心,景观的可参观性影响着游览效果。对同一旅游吸引物来说,不同的游览时机、观赏视角、解说方式、展演方式甚至同游群体都有可能影响体验质量,文化遗产类旅游吸引物尤其如此。策划人员应想方设法提高景观的可视化程度、丰富文化展演的方式、降低参观的知识门槛、遴选最佳体验路径。

(二)游览配套设施

为了让游客全方位地了解并欣赏旅游吸引物,通常需要一些配套设施,如多媒体演示场所、观景台、导览系统等。有些地方因特色突出而成为网红,如空中长廊、沉水走廊、仿生观鸟屋等。地质公园、自然保护区类的景区还要考虑如何将旅游吸引物的内在价值展示出来，以便于游客理解和接受。高首位度的必游型吸引物是游览服务策划的重要素材，让游客更好地认识、欣赏、体验吸引物是游览服务策划的核心任务。

（三）接待服务设施

游客中心、标识系统、通信设施、安全设施、医疗设施、公共卫生设施是保障游览活动顺利完成的必备设施。如何结合旅游吸引物的性质和旅游地的自然环境条件策划出既能满足游客游览需要又体现景区特色的服务设施，也是游览服务策划应考虑的重要问题。

（四）游览服务过程

为游客提供各种类型的游览服务是一项艺术性很强的工作，这为游览服务策划提供了充足的空间。游览服务策划应在满足游客基本游览需求的基础上，不断丰富游客的体验，提高游客满意度。

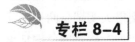

专栏 8-4

国内外知名游览服务设施与项目

近年来，国内涌现出杭州社会资源国际旅游访问点、北京周口店遗址博物馆"魔法卡片"角色扮演游戏、福州三坊七巷汉服体验活动、桂林两江四湖夜游、重庆丰都"夜游鬼城"、深圳欢乐谷跟踪式清扫、西藏阿里神山圣湖景区垃圾换纪念品、湖北黄陂木兰云雾山景区留念墙、镇北堡西部影城参与时尚短剧拍摄、北京世贸天阶电子梦幻天幕、西安城墙仿古迎宾服务、曲江寒窑遗址公园"寒窑·故事"高科技展示馆、大明宫遗址公园考古探索中心、敦煌莫高窟游客中心、新疆克拉玛依大油泡、重庆南山观景台、丘北普者黑天鹅湖候鸟放飞、腾冲北海湿地人工草排、元阳多依树梯阶式观景台、大理崇圣寺三塔公园倒影池、直升机游丽江、湖南"屈原之路"国际徒步旅行、徐霞客游线标志地等知名游览服务设施或项目。

在国际上，新加坡夜间动物园、苏格兰加洛韦森林暗夜公园、新加坡海底旅游城、冰岛蓝冰洞探秘（含冰教堂婚礼）、科罗拉多大峡谷马蹄形观景台、尼亚加拉瀑布直升机＋游船观光、芬兰罗瓦涅米小镇、日本旭山动物园企鹅巡游、东京轮胎公园（Tire Park）、瑞典斯德哥尔摩水果乐园（The Fruit and Scent Playground）、哥德堡蓝鲸公园（Plikta Park）、澳大利亚堪培拉橡果小木屋（Pod Playground）、普罗旺斯旅拍写真、圣地亚哥教堂屋顶游、日内瓦堡垒公园长凳、荷兰 Tij 鸟蛋形观鸟屋等游览服务设施或项目都具有学习借鉴价值。

三、策划要点

围绕为游客体验服务这一中心问题，提供平视、仰望、俯瞰等观赏视角，考虑白昼与夜晚、晴日与阴天、淡季与旺季等景观差异和欣赏效果问题，注重初级爱好者、发烧友、专业人士等特殊群体的需求。综合考虑与周边景观协调、凸现自身特色、建设投入合理、注重环境保护等问题，游览服务策划中应注意如下问题。

（一）完善配套设施

游览活动需要借助一定的服务设施才能更好地完成。这些设施主要包括游客中心、标识系统、通信设施、安全设施、旅游厕所、垃圾收集设施等。这些游览服务设施的布局、建筑造型、色彩、材质要具有该景区特色，与环境相协调。例如，石林的生态厕所以生态、环保为建设理念，建筑装饰材料选用本地的石材，厕所内摆放着鲜花和绿色植物，墙上镶有民族传统石雕，采用微生物处理技术，还设有残疾人设备、液晶显示器和休息椅。

（二）突出导游特色

景区按统一规定的游览项目内容、游览路线和游览解说词，为游客提供规范、优质服务。在此基础上，应结合实际推出具有特色的导游服务项目，如济南市大明湖公园根据乾隆皇帝游览大明湖与夏雨荷结下情缘的传说策划了"乾隆皇帝游大明湖"情景剧，就是集文化展演与导游讲解为一体的特色游览服务项目。导游人员还应通过一些简单易行的活动来加深游客对游览对象的认知和体验，如火山石漂浮试验、对山歌活动。在伦敦大英博物馆现场聆听学者讲解、从中华文明视角进行深度解读，已成为欧洲旅游新玩法。

（三）注重细节服务

服务重在细节，细节决定成败。深圳锦绣中华景区摒弃了红袖章、吹哨子、警告牌、罚款牌等阻吓式管理方式，采用跟踪式清扫，启动了游客的自律心理，丢弃杂物的游客日渐减少。晚上清场的广播音响起，管理人员陪着还没离去的游客边走边讲解景点，而不是吆喝着驱赶游客。这种陪游式清场以疏导代替防范，充分尊重了游客，创造了宽松、和谐的游览环境，化解了可能出现的纠纷，同时达到了管理的目的。

（四）创新游览方式

为了实现持续发展，景区应结合自身的资源类型、区位条件和发展目标，精心策划，大胆尝试，积极推进游览方式的创新，满足游客多方面的游览需求，充分发挥景区蕴含的多方面的价值，提高综合效益。为此，景区需要做好观景台、休憩亭、最佳摄影点、摄影道具、旅拍外景地的选址与策划，考虑地面、半空、高空等不同观赏角度及直升机、热气球等交通工具，挖掘不同时点、时段的特殊性发现特色。例如，雁荡山有"日景耐看、夜景销魂"之说，白天游客看到的是形态各异的象形山石，晚上可以去看美轮美奂的石影峰光。又如，为了让游客近距离观赏和拍摄鸟类，景区设置与周边环境协调、相对隐蔽的观鸟屋。

（五）增加留念记忆元素

旅游活动中的"有想头"不仅指旅游购物品，还包括以留影为代表的留念活动项目。"人过留名，雁过留声"，让景区管理者烦恼的游客乱刻乱画现象就与此有关。对于游客的这一需求，除了"堵"之外还可以谋划替代项目，除了留言簿、名片墙、纪念币、盖纪念章、颁发证书还可以推出种植纪念树、领养小动物等措施，为吸引回头客、提高重游率创造条件。在芬兰罗瓦涅米小镇，有一件游客必做的事情，那就是把双脚横跨在这条分界线的两侧、代表自己正跨过北极圈，然后拍照留影、接收"跨越北极圈"的证书作为具有纪念意义的礼物。同时，游客只要把收件人的地址和姓名写在一张预购单，然后缴7欧元的费用给柜台，就能收到来自圣诞老人亲笔写的圣诞卡片。

（六）瞬变景观体验补偿

瞬变型旅游资源是发生时间难以预测、形态在短时间内会发生急剧变化的旅游资源，主要涉及天象景观、野生动物、地质运动等类型。坐拥珍稀度高的旅游资源而无法让游客一饱眼福，成了某些旅游地的苦恼。大围山国家公园的屏边苏铁、多头桫椤、中华蜂猴、中华赤面猴合称"四绝"，反复出现在其官网和其他宣传材料中，但游客看到中华蜂猴和赤面猴的概率极低。景区应采取措施对无法如期看到瞬变型旅游景观的游客进行适当的补偿，基本思路是尽量实现瞬变型旅游资源的可视化、常态化、体验化，具体措施包括救助繁育、人工招引、驯养表演、天眼直播、影像展示、技术模拟等。

四、案例赏析

尼亚加拉瀑布（Niagara Falls）位于加拿大安大略省和美国纽约州的交界处，是世界第一大跨国瀑布。两国在瀑布两侧各建一座叫作尼亚加拉瀑布城的姐妹城，两城由彩虹桥连接，桥中央飘扬着美国、加拿大和联合国的旗帜。两座小城的旅游业极其发达，有"四多"的说法，即餐馆多、旅馆多、博物馆多、纪念品商店多[①]。

两国政府不约而同地否定了圈地设门收费的传统模式，创造了宽松的旅游环境，保障了游客欣赏天赐美景的权利，并通过丰富消费项目来增加旅游收入。加拿大人对大瀑布采用水、陆、空立体开发模式，游客可以通过选择适合自己的游览方式，从瀑布的前后、上下、里外等各种角度观赏瀑布，形成全方位的直观感受；有效利用了夜晚和淡季时段，开发了满足不同市场需求的活动项目。水中有"雾中少女号"和漩涡喷射船，陆地有前景观望台和瞭望塔，空中有西班牙式高空缆车、直升机和热气球。游客可以站在彩虹桥（"蜜月小径"）上看大瀑布正面全景，也可以沿着山边崎岖小路前往"风岩"，站在大瀑布的脚下仰视银瀑倾泻而下的景色，还可以参加"Journey Behind the Falls"（瀑布后之旅），在Table Rock House内入口处领取斗篷，然后搭乘电梯降到几十米深的地下，沿着两条隧道就来到突出的平台上体验仿佛置身于瀑布之中、伸手即可触摸到瀑布的感觉。尤其值得

---

① 刘思敏. 仿效美加尼亚加拉的成功范例中越联手打造德天国际瀑布城[N]. 中国旅游报，2005-02-18.

指出的是,加拿大利用科技手段延长了瀑布的观赏时间:瀑布白天气势如虹,晚上则在彩色射灯的照耀下如梦如幻。在夏季的每个星期五,尼亚加拉瀑布上空还有焰火表演。此外,尼亚加拉瀑布冬日的冰桥、冰柱、冰雕景观也很奇特。

不仅如此,有关方面还围绕着大瀑布,建起了瀑布城,开发了尼亚加拉瀑布博物馆、惊险的瀑布极限挑战、浪漫的蜜月之旅等旅游产品,形成了旅游城市和度假区,拥有大型娱乐休闲乐园、大量的餐饮住宿接待设施及大型的购物中心等,附近还开发了维多利亚公园百年紫丁香花园及花钟、格雷特峡谷、尼亚加拉古要塞等吸引物。

第五节 旅游购物策划

一、概述

购物是现代社会中消费活动的典型代表,也是旅游活动的六大要素之一。一个世纪以来,消费主义的大潮让人无法独善其身。购物不仅是普通民众实现"幸福"的重要途径,而且成为定义自我身份的方法。它真实而琐碎地存在于我们的日常生活中,隐藏于每个家庭的锅碗瓢盆里,潜伏于我们目光无法达及的晦暗幽深处。当人们身处异地、身份转换为旅游者时,购物也未曾消失,有时反而变本加厉,尤其是对女性游客而言。对于旅游经营管理人员而言,为游客提供纪念品是塑造旅游体验的重要方法,也是提高综合收入、提供就业机会的重要途径。旅游商品的繁荣发展是一个地区旅游业发展、社会经济发达的重要标志。旅游商品是旅游业的重要组成部分,在整个旅游收入中弹性最大,明显地高于传统的吃、住、行三个要素,具有很大的发展潜力。旅游市场的变化趋势也表明,旅游者的购物需求还将继续上升,游客对旅游商品的品类、质量、规格、包装和使用价值也提出了更高的要求。旅游购物品的种类很多,其基本类型和相关业态如表 8-5 所示。在"特产"界限日益模糊、旅游市场整治不断加强的背景下,旅游商品售卖企业应立足游客对美好生活的需求,加快转型升级步伐,摒弃传统的团队进店式经营理念,加强资源整合、产品研发创新、市场开拓能力,不断探索新模式、新业态、新产品。

表 8-5 旅游购物品基本类型一览表

序号	类型	基本类型
1	旅行游览用品	防晒用品、雨具、野营器材、摄影录像器材、运动设备、通信用品、服装鞋帽、旅游图书、音像制品、宗教用品、休闲食品等
2	土特产品	名优百货、菜系肴馔、名点饮品、山珍海味、干鲜果品、烟酒糖茶、中药材、日常用品等
3	工艺品	陶器、瓷器、漆器、木雕、石雕、竹制品、金属工艺品、布艺、编织、刺绣、文房四宝、盆景、书画作品等
4	纪念品	景区标志景观微缩、带有景区标志的旅游用品、记录游客活动的照片、体验性活动的 VCD 或 U 盘等
5	其他	民族服装、金银饰品、珠宝等

二、策划素材

旅游购物策划的素材十分广泛，主要来自于旅游购物品本身、旅游购物环境、旅游购物过程、旅游购物服务，以及旅游购物政策等方面。

（一）旅游购物品本身

旅游购物品本身主要是指旅游购物品在满足游客物质与精神需求方面的功能、购物品的象征意义与多个方面的价值，如美学价值（以工艺美术为代表）、实用价值（以土特产品为代表）、收藏价值（特殊类型的工艺品）、纪念价值（带有旅游地标志的纪念品）、礼品价值（涉及各种类型的购物品），以及这些价值的交叉组合。其他如购物品的原料来源、艺术风格、加工地点、制作方法等也蕴含着广阔的策划空间。

（二）旅游购物环境

随着需求层次的提高，旅游者对购物环境的要求也不断提高。环境优美、格调高雅、功能多样、地方特色突出的购物场所逐渐受到游客青睐。传统的民间庙会与集市、新兴的跳蚤市场与创意市集各有韵味。除了综合性超市、百货商场之外，星级酒店购物中心、景区购物点、旅游购物店、旅游购物街、大型旅游购物场所纷纷涌现，有些地方还出现了旅游购物中心的雏形。

（三）旅游购物过程

在体验经济迅速发展的今天，旅游购物过程也不再是简单的商品交易过程，而是越来越多地被注入各种知识、艺术和情感体验要素。了解旅游商品的相关知识、参观旅游商品的加工过程、体验旅游商品的制作程序、学习旅游商品生产厂家的企业文化也随之成为旅游购物过程中的重要环节。

（四）旅游购物服务

热情周到的服务是游客完成购物活动的必要条件。对于某些特殊的旅游购物品如翡翠珠宝、金银首饰、古玩字画而言，购物场所必须提供相应的鉴定服务；对于像琉璃、瓷器、土陶之类的易碎购物品，还必须提供包装服务；对不便携带的大件物品来说，物流服务是必需的。针对互联网环境中成长起来的新一代旅游者，电商成为重要的旅游购物服务平台。

（五）旅游购物政策

政府对旅游购物活动的相关税收政策是影响旅游购物活动的重要因素。世界上很多国家制定的旅游购物退税制度大大刺激了游客的购物动机，国际机场、车站、码头及边境地区的免税店也大大方便了游客的购物行为。因此，出台合理的购物政策、制定优惠的措施也是旅游购物策划的重要内容。

三、策划要点

旅游购物策划要综合考虑旅游纪念品、购物环境、配套服务，同时还要考虑纪念品的文化渊源、生产场所、加工制作过程、主要功用，深度挖掘旅游购物蕴含的相关功能。旅游购物策划中应全面了解旅游地的地方物产、手工艺术、优势产业、生产能力、消费习俗，立足自由、个性的新零售时代背景，理解体验式购物、无营业员超市、公平贸易（fair trade）、共益企业（benefit corporation）等新理念，用好大众创业、万众创新、文化创意政策，做好场景消费、情感消费、一站式消费的文章，谋划相关旅游项目。

（一）要素组合变换

归纳起来，旅游购物品之间的差异主要表现在原材料、制作工艺、表达主题、基本功能四个方面。旅游策划人员将以上四个要素中进行变化、组合，就可以形成新型旅游购物品的创意（如表8-6所示）。

表8-6 旅游购物品组合创意示例

序号	原料	工艺	主题	功能	旅游购物品创意生成的方式
1	√	—	—	—	原料变化：使用其他原料，采用原来的工艺去生产具有传统主题和功能的购物品
2	—	√	—	—	工艺变化：使用原来原料，采用新型工艺去生产具有传统主题和功能的购物品
3	—	—	√	—	主题变化：使用原来原料、工艺去生产不同主题、传统功能的购物品
4	—	—	—	√	功能变化：使用原来原料、工艺去生产原有主题、不同功能的购物品
5	√	√	—	—	原料和工艺同时变化：生产具有传统主题和功能的购物品
6	√	—	√	—	原料和主题同时变化：采用原来工艺生产具有传统功能的购物品
7	√	—	—	√	原料和功能同时变化：采用原来工艺生产具有传统主题的购物品

注：√表示变化；—表示不变。

（二）突出产品特色

旅游购物品要注重地方性、纪念性、实用性、便携性，当前需要解决的主要问题就是各地旅游购物品千篇一律、特色不够明显的问题。为此，旅游策划人员应深入挖掘当地历史、民族和传统文化、民俗民风、地理风貌、区域特产等素材，结合旅游者的购物需求，从商品类型、文化特色、工艺精巧程度、材质选取和包装设计入手，创意出构思巧妙、设计新颖、特色鲜明、工艺精湛、艺术感强、旅游属性突出，具有较高的观赏性、艺术性、纪念性和收藏价值的购物品种。例如，近年来，故宫文创产品不断推陈出新，将传统文化与创意及工艺巧妙地融合在一起，涌现出越来越多运用现代技术形式的新型文化创意产品系列，兼具历史性、艺术性、知识性、实用性、故事性和趣味性。

（三）注重产品包装

包装是吸引注意力、展示产品气质、形成第一印象的重要手段。台湾省的文创品牌喜欢"走心",在包装上的一个小小的细节和创意,让台湾的产品含有一种文化精神和内涵并能够传达出来,引发顾客的情感共鸣,让顾客惊喜、满意。有的采用原住民纺织的特色花布作为包装材质,可以让产品充满了浓浓的文化气息;有的用古朴的牛皮纸制成传统口袋状外形,搭配上纸藤封口手柄,或者配上白色棉纸以及传统书法文字撰写,便可传达出古朴自然的品牌形象;双人徐炸酱面则用极简的黑白风格来包装传统美食,以高品质的食材与独特的料理而闻名。

(四)设计参与活动

旅游策划人员要注意创造条件使旅游者能够参观纪念品的生产场所,感受生产过程,并参与到纪念品的设计和制作中来,体验制作过程的快乐。有些地方涌现出的前店后厂的布局方式突破了原来单一的销售功能,增加了生产加工过程的展示功能;丽江古城内边做边卖的各式小作坊更是将原料、加工工艺、制作过程充分展示了出来。某些具有历史意义、观赏价值、参与功能的生产场所可以考虑策划成为参观体验项目,这在工业旅游中较为常见。例如,景德镇旅游部门让游客自己动手设计和制造瓷器,受到游客欢迎;各地涌现出的采摘果园其实也是将采摘体验、品尝与购物融为一体的活动。

(五)创新购物方式

旅游购物方式必须与时俱进,才能够满足游客日益提高的旅游需求。这就要求旅游策划人员积极推进旅游购物方式的创新,除了超市、专卖店、旅游购物街之外,在购物环境、方式上推陈出新,如泰国曼谷的水上市场。为了促进旅游纪念品的销售,旅游购物策划中必须考虑为游客提供配套服务,包括讲解服务、包装服务、邮寄服务。某些特殊类型的购物品还应考虑提供鉴别(定)服务,如珠宝、古玩、字画等。有些旅游购物中心还设有邮局或托运代办机构,游客所购商品可以当场打包托运,不会因购物过多而影响旅游行程。

(六)培育新型业态

旅游购物与制造、物流、文创、服务、消费密切相关,连接着乡村、工厂、市场、城市,是新业态孵育的沃土。在全域旅游时代,应借鉴台湾省观光工厂经验,结合策划对象实际考虑培育体验工坊、无人超市、观光工厂、旅游创意市集、旅游物流基地、旅游商品产业园等新业态,发展体验式购物、工业旅游。笔者曾为丽江古城管委会提出振兴手工业、培育创意市集、举办国际手工大会的建议,依托滇西北地区手工传统,举办DIY创意手工展、国际手工创意博览会,在新时期不断提高丽江古城的创意化、体验化、国际化程度。

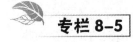
专栏 8-5

国内外知名旅游购物设施、产品与服务项目

在国内,具有启发意义的知名旅游购物设施、产品与服务项目有义乌国际商贸城、满洲里市中俄互市贸易区、成都熊猫屋、重庆观音桥商圈、青岛国际工艺品城、淄博周村古商城、潍坊昌乐宝石城、西安大唐西市文化景区、昆明斗南花市、鹤庆新华白族村、西双版纳磨憨中老国际赶摆场、瑞丽珠宝市场（赌石）、景洪市告庄小镇湄公河星光夜市、丽江古城东巴纸坊、东巴许愿风铃、昆明嘉华饼屋（鲜花饼）、建水紫陶街、瑞丽翡翠王朝 LIVE 直播基地、大理周城蓝续扎染坊、香格里拉手工艺品中心（云南山地遗产基金会）、故宫博物院文化产品专卖店、天坛工美大厦北京礼物示范店、厦门一封情酥、台北简单生活节、香港铜锣湾、杭州西溪印象城、深圳星河 COCO Park、威海市脑洞社区、"悦购烟台"旅游商品品牌、徐州马上游·乡村旅游后备厢工程示范点、甘南诺乐工坊等。

在国外，较为独特的旅游购物设施与服务项目包括泰国曼谷丹嫩沙多水上市场、Artbox 货柜箱市集、卡都卡周末市场、美功铁道市场（Maeklong）、清迈汽车后备厢集市、博桑伞村（OTOP）、罗勇府素帕他自助水果园（Rayongsuphattra Land）、迪拜购物中心（he Dubai Mall）、旧书小镇、英国诺丁山古董市场、伦敦考文特花园露天集市、意大利博洛尼亚农夫市集、墨尔本玫瑰街艺术家市集（Rose St. Artists' Market）、匈牙利布达佩斯 Ecseri Piac 跳蚤市场、韩国济州岛"石爷爷"、东京神保町书店街、伊斯坦布尔大巴扎、首尔广藏市场、艾米兰玛努埃尔二世长廊（Galleria Vittorio Emanuele II）、柏林墙公园跳蚤市场、墨尔本邮政总局购物商场（GPO）、加拿大蒙特利尔地下城欧文光谱中心（Irvine Spectrum Center）、西班牙马德里仙纳度（Madrid Xanadu）、日本国际手工工具展览会、韩国综艺节目《购物王》等。

四、案例鉴赏

自由女神像又称"自由照耀世界"，是法国为庆祝美国独立 100 周年而赠送的礼物。自由女神像以法国塞纳河的自由女神像为蓝本，由雕塑家巴托尔迪历时 10 年艰辛完成，雕像内部的钢铁支架由建筑师维雷柏杜克和工程师斯塔夫·埃菲尔设计。自由女神像被安放在纽约哈德逊河口附近，是自由岛重要的观光景点，也是"美国梦"的象征。

1974 年，美国政府给自由女神像翻新，产生了重达 2000 吨的废旧材料。处理这些废料成了政府头疼的事情。几经讨论，美国政府决定向社会广泛招标，希望有人能够帮助解决这个难题。但是，几个月过去了都没人前去应标。在这个尴尬的时刻，一位名叫斯塔克的小伙子在法国旅行途中听到了这个消息后，立即飞往纽约，看过自由女神下堆积如山的铜块、螺丝和木料之后，就签了字。听到这个消息后，许多人都笑话他愚蠢。接着，斯塔克组织工人将废料进行分类，然后用这些废料加工成各种产品。废铜熔化后被铸成小自由女神像，水泥块和木头被加工成底座，废铅、废铝则加工成纽约广场图案的钥匙型饰物，废铜皮被改铸成纪念币，从神像身上扫下的灰尘都被包了起来、出售给花店。不到 3 个月的时间，他将"100%自由女神像纪念品"销往世界各地，让一堆废料卖出了 350 万美元。

后来，伦敦设计师 Chris Godfrey 花了两个月时间游览和探索纽约。他想给亲朋好友带一些有感情色彩的礼物，但看到的是一堆批量生产的小物件和小饰品，最后决定自己动手设计。经过思考和尝试，Godfrey 将 30 多件自由女神像主题的小物件打碎，放在模具中，与透明树脂材料混合后放置了一天一夜。基座由石膏制成，与无机颜料混合在一起，直到理想的颜色出现。这样，一座透明的自由女神像就制成了。女神像的框架内混合了铅笔、iPhone 手机套和射击眼镜等，象征性地代表了这座城市最好的一面。

第六节　旅游娱乐策划

一、概述

娱乐是旅游活动六大要素之一。娱乐是人类物质文明与精神文明高度发展的结果，也是人们精神需求提高的必然要求。追求生命的旺盛与延展，是地球上一切生物的共同特性。娱乐活动最深厚的根源在于人的生物性。生命之河如果不能时刻掀起愉快的浪花，将是死水一潭。米切尔·沃尔夫在《娱乐经济》中指出，在今天，消费者不管买什么，都有在其中去寻求"娱乐"的成分。娱乐与游艺、休闲、运动、交织在一起，内容丰富多彩，形式复杂多样（如表 8-7 所示）。娱乐活动可以帮助游客缓解生理疲劳和精神压力，恢复身心健康，获得感官和心理愉悦，是提高参与程度、塑造快乐体验的重要方法。同时，健康、积极的娱乐活动还可以不断提高个人修养，增进人际交流，促进人的全面发展。此外，娱乐还是展示地方文化、强化景观特色、增进游客对地方文化了解的重要手段。策划地方特色鲜明、文化含量充足、导向积极健康的娱乐活动项目，是文化旅游业高质量发展的内在要求。

表 8-7　旅游娱乐活动基本类型一览表

序号	类型	基本类型
1	观赏娱乐	各种文化展演、动物表演、杂技、体育赛事、文艺表演、歌舞晚会、水幕电影、环幕电影、动感电影、5D 电影、实景演艺等
2	智力游戏	迷宫、猜谜、对歌、棋牌、电子游戏、虚拟现实、模拟仿真、其他智力娱乐、越野智力比赛、野外生存训练等
3	生产娱乐	狩猎、诱捕、网捕、渔猎、垂钓、放牧及饲养、农林种植收获、采撷、食品加工、纺织、锤炼打制、建造制作等
4	器械娱乐	飞艇、滑翔机、游览飞机、热气球、蹦极、汽车（快艇）拖曳跳伞、过山车、翻滚车、空中旋转（摇曳）器械、月球车、碰碰车、摩托车、越野车、摩托艇、碰碰船、科幻设施等
5	健身康体娱乐	风筝、滑翔、跳伞、游泳、人造波游泳、冲浪、潜水、帆板、帆船、滑水、滑沙、滑草、滑雪、滑车、滑板、划船、波浪车道、脚踏轨道车、水上自行车、多人自行车、跳跳自行车、雪橇、武术、体操、减肥、针灸、药膳、理疗浴、海水浴、沙浴、温泉浴、矿泉浴、森林浴、负氧离子浴、桑拿浴、蒸汽浴、冰水浴、泥浆浴等
6	体育竞技娱乐	赛马、赛艇、赛车、赛龙舟、射箭、击剑、摔跤、相扑、高尔夫球、保龄球、草地保龄球、网球、足球、篮球、排球、沙滩排球、乒乓球、羽毛球、桌球、门球、手球、马球、垒球、棒球、曲棍球、冰球、水球、射击等

二、策划素材

旅游娱乐活动策划的素材种类丰富,数量众多。归纳起来,这些素材可以划分为五类,即游艺传统文化、民俗游艺资源、休闲活动方式、现代科技娱乐、相关节庆赛事。

(一)游艺传统文化

我国历史发展的长河中蕴含着丰富的休闲、娱乐思想,并形成了丰富多彩的娱乐形式。老庄哲学中的大知闲闲、六朝的隐逸文化、唐宋兼收并蓄的休闲文化、明清休闲活动的勃兴、近代人文主义的闲适文化都为旅游娱乐策划提供了取之不尽、用之不竭的原料。例如,纪念屈原的龙舟比赛、唐朝文人喜爱的曲水流觞、宋朝流行娱乐活动蹴鞠都是其中的代表。

(二)民俗游艺资源

各个民族在长期的发展过程中,不仅创造了灿烂的文化,还创造了多姿多彩、民族特色浓郁的游艺活动,为旅游娱乐策划提供了丰富的素材。例如,壮族的抛绣球、抢花炮、丢包、对山歌,苗族的穿针赛跑、踢老虎、掷鸡毛球、跳芦笙,哈尼族的磨秋、车秋、荡秋、陀螺,傈僳族的沙滩埋情人、上刀山、下火海等。民族游艺资源不仅是参与性娱乐活动设计的灵感源泉,也是各类舞台剧、实景剧、意象剧的创作素材宝库。

(三)休闲活动方式

西方休闲思想历史悠久,"休闲学之父"亚里士多德把休闲誉为一些事物环绕的中心,认为恰当地利用闲暇是成为自由人的基础。在休闲思想的影响下,各种各样的休闲、娱乐、游戏形式随之产生。1948年12月10日,联合国大会通过《世界人权宣言》,直接影响了休闲运动的发展,并催生出了《休闲宪章》。21世纪,休闲产业已经成为推动全球经济发展的重要动力,并产生了更为丰富的休闲方式。由于休闲与娱乐的交叉性,旅游娱乐策划也可以从休闲运动与休闲产业发展中吸收丰富的营养。

(四)现代科技娱乐

现代科技的发展为娱乐活动创新开辟了广阔的空间,迪士尼、欢乐谷、苏州乐园、中华恐龙园等推出了各种现代娱乐活动,连同网游、电竞、动漫等新型娱乐项目一起,给现代都市人创造了惊险刺激的体验。例如,东京迪士尼推出"愤怒双神"云霄飞车,600米的轨道,360°的旋转,60千米的最高时速,刺激程度不言而喻。除了这些主题公园,各地的旅游区也可以利用高科技策划相关的娱乐活动,如唐山多玛乐园的高科技捕鱼项目。

(五)相关节庆赛事

除了单项的娱乐活动之外,各地还涌现出了以各种娱乐活动为主题的比赛与节庆活动。各种娱乐形式几乎都可以发展成为比赛,如赛龙舟、赛歌、赛陀螺等,这些比赛有的发展成为现代赛事,如国际风筝大赛。各地为数众多的节庆活动中,与娱乐活动密切相关的占相当比重,如蒙古族的那达慕大会、景颇族的目脑纵歌节、孟连县的神鱼节。这些也是娱乐策划的重要素材,将娱乐与节庆、赛事融合在一起是资源整合利用的有效形式。

三、策划要点

旅游娱乐服务策划应围绕为游客制造快乐、提供特别体验这个中心,利用丰富的素材,结合各地实际,考虑不同年龄层次游客的需求,设计丰富多彩的娱乐活动。在这一过程中,旅游策划人员应注意如下五个问题。

(一)体现地方特色

随着社会经济的不断发展和科学技术水平的提高,不同地域之间的交流更加频繁,游客的旅游消费也更加理性,只有反映地方文化、体现地域特色的娱乐活动才会吸引游客的目光。策划人员应认真研究策划对象所在地的地理、历史、民俗与风物,选择符合游客需求的题材并用适当的形式表现出来。趵突泉公园在传统灯会期间推出了情景喜剧《刘姥姥观灯》,对旅游娱乐策划具有较好的启示。

(二)重视体验设计

旅游娱乐活动在带给游客快乐、新奇、刺激等别样感受的同时,最好能与景区主题结合起来,成为烘托、强化旅游主题的一种手段。同时,旅游娱乐活动的场所、氛围、环境、规则等方面的设计都要渗透体验经济的基本理念,为游客塑造全方位的体验服务。广州塔推出的天梯、摩天轮、极速云霄就属于这类体验感较强的娱乐项目。

(三)提高参与程度

大多数旅游地逐渐意识到娱乐活动的重要性,积极采取措施改变"白天看庙,晚上睡觉"的局面。在各地推出的娱乐活动中,表演性质的文艺节目占比较大,参与互动性不足。旅游策划应有意识地增加互动的环节,活跃现场气氛,利用适度的物质刺激等手段来提高游客的参与热情,并适当策划以个人或小组为单位的团体性比赛。曼听公园策划的"澜沧江·湄公河之夜"将视觉盛宴、现场互动、游客活动有机结合起来,提高了游客的满意度。

(四)推进节目创新

无论游乐园、主题公园,还是景区文娱表演,从创意到实现手段和商业运作手段,一直到设计、建设、表演、经营各阶段,都应注重以大众市场、快乐体验为根本,力求雅俗共赏、老少皆宜,并努力形成回头客,吸引回头客,在不断创新中去适应发展和变化中的大众化市场的需求,进而刺激和强化这些要求。娱乐活动项目的创新包括更新硬件设施、改变环境氛围、增添新型项目、改进服务方式等。

（五）注重科技赋能

科技是人的延伸，是第一生产力。在新时期，现代科技是活化旅游资源、展示未来或过去场景、塑造遁世与娱乐体验的基本工具，会给游客带来全新的感受。基于智能手机、运动传感器、增强现实、5D成像、激光造型等现代技术，可以策划出多种竞技娱乐项目。德国老牌马戏团Circus Roncalli创新性地将全息投影技术融入马戏团，打造虚拟动物，为观众带来一场虚拟的科技视觉盛宴，既传承了马戏表演，又摒弃了虐待动物的陋习。

国内外知名旅游娱乐场所与服务项目

我国具有代表性的知名旅游娱乐场所与服务项目包括桂林的"印象·刘三姐"、天津滨海航母主题公园表演、大连老虎滩乐园、广州长隆欢乐世界、安徽芜湖方特旅游区、大连发现王国、宁波市凤凰山主题乐园、常州中华恐龙园、环球动漫嬉戏谷乐园、北京欢乐水魔方水上乐园、珠海长隆国际海洋度假区、青岛市奥帆中心、曲阜孔子六艺城、日照市刘家湾赶海园、南湾猴岛、瑞丽牛车选美、景洪市傣族园泼水广场、傣王御花园"澜沧江——湄公河之夜"、迪庆"藏民家访"、长影世纪城、昌黎国际滑沙中心、万达长白山滑雪场、大英死海、吴桥杂技大世界、上海马戏城、上海康桥酒店玻璃底游泳池、唐山多玛乐园、长隆欢乐世界、上海滑稽剧团、北京人民艺术剧院、天津滨海航母主题公园表演、那达慕大会、贵阳避暑季、大理彩虹滑道、临沂红色体育运动会、濮阳极限运动大会、乌镇戏剧节、莫干山Discovery探索极限公园等。

在世界范围内，加拿大太阳马戏团、泰国芭提雅人妖表演、虎园动物表演、伦敦千禧之眼、西班牙奔牛节、阿拉斯加博彩、迪拜越野冲沙、印度塔尔沙漠骆驼赛跑、日本富士急鬼屋和艺伎风情街、马来西亚云顶的水上乐园、美国瀑布飞船和巧克力主题电影院、丹麦天空之塔、瑞士马特宏峰冰川天堂轮胎滑雪、加拿大班夫冬季狂欢节、罗瓦涅米圣诞主题乐园、蒙特利尔巨型木偶表演、美国的"神奇王国"、普吉岛海钓、西班牙冒险港公园、俄罗斯130风情街、韩国Legend Heroes运动乐园、泥浆节、西班牙番茄大战等旅游娱乐场所与服务项目对旅游策划人员具有较为丰富的启示。

四、案例赏析

迪克兰生活在迈阿密的一个小村庄里，门前有一个大湖泊。流水在草丛中缓缓淌过，莲花在水中静静绽放，还有白鹭在耳边盘旋啁啾。酷爱游泳的迪克兰一有时间就会跳进水中畅游一番。有一次，一个想法突然从他的脑子里跳了出来：建造一个天然的水上乐园，让游客既能在水中畅游也能欣赏湿地美景。迪克兰可以享受到与众人分享快乐的愉悦，还能顺便赚点钱，可谓一举多得！经过了半年的筹备，水上乐园建了起来，一时游人如织。

没想到，接下来发生的一件事，让人感到了恐惧。原来，水上乐园只占了湖泊一角，湖中小岛上生活着一群鳄鱼。也许是游人热闹的喧嚣惊扰了它们，从未离开过小岛的鳄鱼却出人意料地闯入了水上乐园！幸运的是，鳄鱼只是惊鸿一现，没有造成人员伤亡。迪克兰陷入了深深的苦恼之中，懊悔当初没有对湖泊进行周全的考察。事已至此，难道眼睁睁地看着投入的大量资金白白打了水漂？

看着萎靡不振的迪克兰，他的妻子艾莉调皮地眨了眨眼睛说："亲爱的，我们可以让'鳄鱼'埋单。"迪克兰没好气地回敬道："都什么时候了，别开玩笑了。"艾莉听后正色道："我没开玩笑，这是上帝赐予我们的绝好的机会。"然后，艾莉便把自己的想法告诉了迪克兰，迪克兰听完后连声高叫，兴奋不已。原来，艾莉建议把"鳄鱼"作为水上乐园的最大特色，吸引更多爱好刺激、想要与鳄鱼亲密接触的游客，而且有了野生鳄鱼，更突出了水上乐园的原生态。当然，为了避免出现意外，他们在水上乐园四周设下了坚实的防护网。正是鳄鱼偶尔的"偷窥"，让迪克兰的水上乐园又一次火了起来，游客们在尖叫连连的同时也收获了满满的刺激和快感[①]。

第七节　新兴要素策划

一、商

在近年来提出的新六要素中，"商"是指商务旅游，包括商务旅游、会议会展、奖励旅游等新需求、新要素，具体包括商务考察（business）、会议（meeting）、奖励旅游（incentive）、大会（convention）、展览（exhibition）等组成部分，主要业态如表8-8所示。策划人员应充分利用特色产业、专业市场，结合总部经济发展，策划体验营销、产品发布、展销订货、文化交流等活动项目。例如，温州经济探秘、国际旅游交易会、旅行社渠道运营商年会、澜沧古茶"回家之旅"等。澜沧古茶有限公司提出"厂家、合作伙伴、茶友三者共赢"的理念，总结出"春日寻味问茶回家之旅，夏日浓情红五月，秋日爱在古茶飘香，冬日情暖万家和"的推广思路，其中"回家之旅"通过召集来自五湖四海的澜沧古茶经销商、代理商、资深茶友等具有不同身份地位的"家人"，走进古茶林、茶厂、村寨进行互动交流，举行专业培训、新品品鉴、古茶拍卖等活动，让茶商确认产品质量、了解新产品、认同品牌精神，让茶人与茶农、城市与茶园紧密联系在一起，传播"喝茶健康，喝健康茶，健康喝茶"观念，堪称茶界商旅结合的创新之作。浙江金华则把专业市场带来的巨大人流、物流、信息流、资金流转化为发展旅游的强大动力，形成了"旅游＋商贸""旅游＋购物""旅游＋会展"的联动发展格局。

---

① 张君燕. 让"鳄鱼"埋单[J]. 思维与智慧, 2015, 3: 43.

表 8-8　商务旅游的主要形态与载体

序号	名称	载体	例举
1	商务考察	明星企业、专业市场、招商项目、洽谈会等	温州经济探秘
2	会议	行业大会、新闻发布会、专题论坛等	水疗行业峰会
3	奖励旅游	行业"圣地"、度假城市、企业年会等	新加坡圣淘沙
4	商业展览	展销会、博览会、交易会等	广交会旅游商品展

二、学

"学"是指研学旅游，包括修学旅游、科考、培训、拓展训练、摄影、采风、各种夏令营与冬令营等活动。学习型旅游就是实现发展与享乐、求知与休闲、学习与旅游之融合，通过游乐学习化、学习游乐化来达至旅游服务价值最大化的新型旅游模式，其真谛和要义在于寓教于乐、寓修于休、寓训于巡、寓学于游。摄影、采风等则属于创意旅游，即游客在融入旅游地社区、参与文化活动过程中，深入了解当地传统文化与生活方式，开发自身创意潜力，促进自我发展的旅游形式。相关旅游业态如表 8-9 所示。策划人员应借鉴厦门集美研学基地、贵州天眼研学课程、"跟着课本游绍兴"和"去远乡学手艺"项目的经验，依托各类研学资源和研学旅行基地，开发研学课程，配置研学导师，因地制宜地设置学习、创作、科考、拓展等发挥游客创造性的活动项目。

表 8-9　研学旅游的基本形态与载体

序号	名称	载体	例举
1	主题游学	夏令营、冬令营、专题旅游线路	日本名校观光见学
2	研学旅游	景区、博物馆、科教设施、爱国主义教育基地、拓展训练基地、研学旅行基地等	集美研学旅行基地
3	创意旅游	民族村寨、非遗传习馆、工艺美术厂、艺术展馆、大师工作室、文创市集、创意产业园、专题博物馆、创作基地等	大理周城璞真染坊
4	学习旅游	登山学校、攀岩学校、帆船学校、滑雪学校、英语学校等	清迈烹饪学校

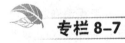

专栏 8-7

"思考全球学校"：在全球旅行中学习

2010 年，新西兰裔旅行摄影师乔发·麦克派克（Joann McPike）在纽约创办了一所名为"思考全球学校"（Think Global School）的高中，被称为"第一所旅行高中"。思考全球学校认为，地球才是最好的教室，应让学生们在环游世界的同时，接触并了解不同的文化体系，并亲身应对真实世界的挑战。在教育与生活世界之间建立牢不可破的联系，是思考全球学校办学的基本准则。在三年的学习过程中，学生将环游世界，并在数个国家进行学习交流，从而获得深刻而又丰富的生活体验。他们欣赏风景名胜、参观文化遗迹遗址，还要学习新技能，学会与具有不同背景的人友好相处，这些最终会形塑他们独特的价值观。

为了全方位培养学生，思考全球学校在开设传统课程之外，还开设了很多综合性课程，如环境与社会、文化人类学。另外，学校还为学生安排了多门极富挑战性的课程。"我们来探索"涉猎面广、形式多样，给学生提供了深度接触和了解其他文化的机会。这门课程主要依据各个旅行目的地城市的文化资源来设计，如在瑞典拉普兰地区研究萨米文化、在阿根廷米西奥兰斯讨论伊瓜苏瀑布的保护、在东京让学生们观看了相扑表演后讨论日本文化、在加拉帕戈斯群岛见识丰富多样的物种之后再来探讨生态系统。此时，学生们由于身临其境，会对所研究的问题产生强烈的求知欲和探索欲。思考全球学校的毕业生在评价他们的教育经历时对学校的教育方式给予了充分肯定。一名学生表示："旅行中的学习使我意识到什么是跨越不可能——当你爬上非洲最高峰，当你与蜚声全球的科学家交流时，你就会改变'不可能'的定义。"

来源：张征."思考全球学校"[J]. 上海教育，2017，12. 有修改。

三、养

"养"是指养生旅游，包括养生、养老、养心、体育健身等健康旅游新需求、新要素，大体上可以分为养生养老和康体运动两大类型，涉及旅游业态如表8-10所示。随着人们对生命质量的重视、生物医药与大健康产业的发展，养生旅游进入加速发展时期。旅游策划中应吸收南山养生谷、台湾长庚养生文化村、美国太阳城养老社区、泰国康民国际医院抗衰养生中心、瑞士雷曼纳抗衰老疗养中心、德国巴登巴登康养小镇、韩国坡州美容城、日本山梨保健农园、白俄罗斯洞穴疗法医院等养生旅游项目的成功经验，谋划生态养生、森林康体、食疗康养、美容医疗、温泉疗养、文化养生、乡村养老公寓等载体，推出登山、森林浴、高尔夫、整形、美容、SPA、中医理疗、盐疗、瑜伽、气功、禅修等养生旅游活动。大型养生旅游综合体除了养生环境、休闲氛围、生活方式以外，还应策划医疗康养项目、户外运动项目、休闲度假项目，以及前端健康服务体系、后续跟踪服务体系、度假生活服务体系、居住体系。

表8-10 养生旅游的类型、内涵与案例

序号	名称	基本内涵	例举
1	康体运动	具有促进人体机能恢复与提升功效的室内及户外运动	森林健康步道
2	康复疗养	病后休养恢复、辅助治疗，或面向职业病群体的疗养活动	五大连池疗养院
3	美容医疗	疾病治疗、外形矫正、延缓衰老、颜值提升等技术活动	印度班加罗尔
4	修心参悟	依托生命景观、宗教圣地、医药遗产进行的心灵修养活动	泰国乌隆禅修
5	异地养老	在长寿之乡、度假胜地、城郊乡村进行的养老活动	三亚候鸟村

专栏 8-8

100 种自然疗法

人类为了生存和健康，在长期与大自然相处中，发现、创造和积累了种种利用自然的方法来防治疾病、养生延年，形成了颇具特色、简便易行、方便实用、疗效确切的自然疗法。

- 针灸类：体针疗法、头针疗法、面针疗法、耳针疗法、脊背针疗法、腹针疗法、手针疗法、足针疗法、温针疗法、火针疗法、皮肤针疗法、三棱针疗法、点刺疗法、割治疗法、艾条灸疗法、隔姜灸疗法、隔蒜灸疗法、药饼灸疗法、电针疗法、拔罐疗法、走罐疗法、点穴疗法、耳压疗法。
- 推拿类：推拿疗法、自我按摩疗法、早晚按摩疗法、五脏自我按摩疗法、小儿推拿疗法、一指禅推拿疗法、捏脊疗法、指压疗法、摩腹疗法、脚踩疗法、拍击疗法。
- 外用类：热敷疗法、冷敷疗法、湿敷疗法、药熨疗法、敷贴疗法、膏药疗法、药膏疗法、敷脐疗法、熏洗疗法、熏蒸疗法、冲洗疗法、点眼疗法、滴耳疗法、吹耳疗法、塞鼻疗法、含漱疗法、喷雾疗法、吹喉法、灌肠疗法、药栓疗法、发泡疗法、刮痧疗法、撮痧疗法、包扎固定疗法。
- 内服类：汤液疗法、丸剂疗法、散剂疗法、膏滋疗法。
- 食疗药膳类：食物疗法、药膳疗法、药饭疗法、药粥疗法、饮茶疗法、药酒疗法、药茶疗法、食醋疗法。
- 体疗类：五禽戏疗法、八段锦疗法、太极拳疗法、健身球疗法、易筋经疗法、六字气诀疗法、散步疗法、足踩鹅卵石疗法、提肛疗法。
- 生活娱乐类：搓面疗法、梳头疗法、梳乳疗法、足部按摩疗法、泡足疗法、香佩疗法、药枕疗法、药衣疗法、蜂刺疗法、旅游疗法、泉水疗法、空气疗法、香气疗法、色彩疗法、森林疗法、岩洞疗法、日光疗法、泥沙疗法、宠物疗法、音乐疗法、舞蹈疗法。

来源：虞鹤鸣，谢英彪. 你不可不知的100种自然疗法[M]. 南京：江苏科学技术出版社，2017.

四、闲

"闲"是指休闲度假，包括乡村休闲、都市休闲、度假等在内的各类休闲旅游新产品和新要素，是未来旅游发展的方向和主体，其基本形态与载体如表8-11所示。杭州、成都、丽江古城、泰国清迈等旅游地在休闲业态培育方面积累了丰富经验，值得认真研究。策划实践中应注意发现策划对象的慢生活特质，全面提升人居环境，丰富茶楼、酒吧、网吧、影院、剧场、桑拿、迪厅、咖啡馆、游戏室、博物馆、艺术馆、公园、广场、步行街等载体，培育地方特色休闲业态。

表 8-11　休闲度假的基本形态与载体

序号	名称	载体	例举
1	城市休闲	现代都市的休闲设施与场所	成都
2	乡村休闲	乡村生态、生活、生产空间	浙江松阳民宿群
3	小镇休闲	小城镇的公共空间与旅游场所	贵州凯里且兰古镇
4	开放式景区休闲	大型开放式综合性旅游景区	杭州西湖
5	资源依托型休闲	温泉、森林、海滩型休闲度假场所	三亚亚龙湾度假区
6	殊异型休闲度假	以海洋巡游为代表的休闲度假形态	公主邮轮

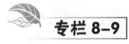

古代知识分子的33种休闲方式

明朝汤传楹在《闲馀笔话》中指出："一日之间，人各有有。有各有时，时各有宜。"他列举出了33种休闲方式，是我国古代饱受传统文化熏陶的知识分子休闲生活的重要代表。

- 风景篇：独立宜望山，闲吟宜倚楼，狂啸宜登台，爽致宜临风，愁怀宜伫月，倦游宜听雨，元悟宜对雪，辟寒宜映日，空累宜看云，探景宜携囊，淡味宜掬泉，幽寻宜籍草，涉趣宜观鱼。

- 文化篇：养德宜操琴，炼智宜弹棋，遣情宜赋诗，解事宜读史，得意宜临书，体物宜展画，适境宜按歌。

- 活动篇：辅气宜酌酒，静坐宜焚香，醒睡宜嚼茗，阅侯宜灌花，保形宜课药，隐心宜调鹤，孤况宜闻蛩，忘机宜饲雀，清淡宜剪烛，逸兴宜投壶，结想宜欹枕，息缘宜闭户，谈道宜访友。

五、情

"情"是指情感旅游，包括婚庆、婚恋、纪念日旅游、宗教朝觐等各类精神和情感的旅游新业态、新要素，如表8-12所示。为了表达、维护、增进、修复、见证、纪念、寻找与特定对象的情感关系而进行的旅游消费行为都可以列入情感旅游的范畴，如以海南三亚为目的地的婚纱拍摄之旅、以广西巴马为目的地的孝亲敬老游、以山东邹城为目的地的母教感恩游、以丹江口为目的地的饮水思源感恩游、以西藏为目的地的转山转水游、以云南丽江为目的地的爱情疗伤游、以山西洪洞大槐树为代表的祭祖寻根游、以南京大屠杀纪念馆和雨花台为代表的缅怀纪念游。情感旅游者重视象征意义，支付意愿和能力强，是高端旅游市场的重要组成部分。策划实践中应深入挖掘情感旅游资源，加强情感旅游载体建设，培育甜蜜经济，发展幸福事业。

表 8-12 情感旅游的类型、内涵与案例

序号	名称	内涵	例举
1	婚恋婚庆	以恋爱、相亲、婚礼、蜜月、纪念日等为主要内容的旅游活动	婚拍旅行、蜜月度假
2	情感治愈	以爱情故事发生地、情感宣泄地等为载体的治疗系旅游活动	浙东新天仙配
3	亲子伴老	以增强家庭凝聚力为目的,陪伴儿女、父母及其他亲属出行的旅游活动	亲子旅游
4	集体旅行	舍友、校友、工友、战友、笔友、车友、乡友等集体性旅游活动	毕业旅行、闺蜜旅行
5	信仰旅行	为了自己理念与信仰的需要而进行的旅游活动	湄洲岛、泰山香会
6	宗教朝觐	宗教信徒为朝拜圣地、进行修行、参加集会而进行的旅行活动	冈仁波齐转山

六、奇

"奇"是指探奇,包括探索、探险、探秘、游乐、新奇体验等探索性的旅游新产品、新要素,涉及业态如表 8-13 所示。实际上,奇峰怪石、奇花异草、奇光异彩、奇珍异宝、奇风异俗、奇装异服、奇形异状、奇思妙想、奇文瑰句、奇闻怪谈、奇才异能都是旅游吸引物,只要转化得当都可以为游客带来新奇体验,如贵州红石林奇观、湖北神农架的野人传说、泰国芭提雅的信不信由你博物馆等。旅游策划人员应注意发现奇异型旅游资源,作为宣传营销的素材,并将其转化为旅游吸引物。

表 8-13 探奇旅游的类型与载体

序号	名称	载体	例举
1	奇观览胜	另类、罕见、震撼的生态、生产、生活及其融合景观	东非动物大迁徙
2	奇迹探索	UFO 现身、重力失常、地磁异常、人类创造伟大工程之地	青海德令哈
3	奇境探秘	溶洞、峡谷、无人区、水下遗址、原始森林、地下空间等奇险之地	新疆罗布泊
4	奇俗体验	无法按照常规知识与经验理解的少数人群的生活习俗	新西兰毛利人村落
6	极限体验	具有高度刺激性、挑战生命极限的非惯常生活体验项目	高空跳伞

除了上述要素之外,旅游策划人员还应洞察社会发展和市场需求趋势,挖掘、探索、培育新要素,如服饰、信息、安全等。在策划实践中,还应擅长将两种或两种以上的要素进行组合,催生新业态。

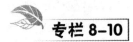

美好生活对旅游服务要素提出的新要求

安徒生曾经说过,旅行即生活。戴斌指出,景观之上是生活,我们现在的旅游不仅要看风景,还要体验异地的生活(大众旅游新时代,游客要看美丽的风景,更要分享美好的生活)。不少旅游地都从这一点出发,提出了自己的主张。例如,普者黑——"发现生活

本来的样子"，梅州——"休闲到梅州·享受慢生活"，周庄——"有一种生活叫周庄"，苏州——"品苏州味道·享苏式生活"。

美好生活体验和需要均与获得感、安全感和幸福感紧密相关。根据中国社会科学院社会学研究所社会心理学研究中心的调查统计，"美好生活"和"美好生活需要"联想词频最高的10个词分别是：幸福、快乐、健康、和谐、美满、开心、美好、自由、富裕和家庭。休闲旅游与上述10个词语关联紧密。戴斌认为，美好生活正在成为旅游资源开发和产品创新的全新动能。未来的旅游资源开发的重点也许不在于如何打造传统的旅游吸引物，而是如何重塑游客有感并能够亲身参与的美好生活。

陈向宏认为，我们旅游是为了寻找比平时更美好的生活。旅游消费要创造一个与日常的生活消费相类似但更高级、更有文化含量的场景。在第三届古村镇大会演讲中，他指出，旅游需要构建新生活，这种新生活包括：传统方式场景中的现代生活、可持续生态平衡的低碳生活、标签化的场景生活、小空间的单体生活、主客融洽的社区生活、契合出世价值观的文艺生活、体现精英需求的品质生活、充满人情关怀的细节生活、安放亲情的亲子生活、全天候全时段多场景的区间生活。这都对餐饮、住宿、交通、游览、娱乐、购物等要素的策划提出了新要求，策划师应准确把握需求升级的趋势和品质旅游的特征，满足旅游者对美好生活的需要。

拓展阅读

[1] 李良荣. 新时代、新期待：中国人民美好生活观调查报告[M]. 上海：复旦大学出版社，2019：1-37.

[2] [意]卡洛·佩特里尼. 慢食，慢生活[M]. 林欣怡，玉凤，袁媛，译. 北京：中信出版集团，2017：61-174.

[3] [美]丽贝卡·索尔尼. 走路的历史[M]. 刁筱华，译. 上海：上海三联书店，2019：62-98.

[4] 陈皮. 睡眠的革命——革新睡眠观[M]. 北京：经济管理出版社，2013.

[5] 马铂伦. 从"泛娱乐"到"新文创"：内容创业者的超级IP之路[M]. 北京：中国铁道出版社，2019.

[6] 余伟. 玩的格调——中国休闲文化全史趣谈[M]. 西安：陕西师范大学出版社，2011：26-83.

[7] 陈雪. 长寿湖旅游项目可拓策划研究[J]. 重庆师范大学学报(自然科学版)，2005，3.

[8] 刘嘉龙. 休闲活动策划与管理[M]. 上海：上海人民出版社，2011：20-69.

[9] 林光旭，唐建兵. 乡村旅游项目创意策划与实践[M]. 成都：电子科技大学出版社，2011：31-70.

[10] 张玉玲，尕玛多吉. "史上最贵演出"贵在哪里——藏文化大型史诗剧《文成公主》运营创新探秘[N]. 光明日报，2016-07-07（14）.

创意语录

概括起来，这是一个成功创意的清单：简约、意外、具体、可信、带有情感、故事。

——奇普·希恩

迪士尼乐园成功的秘密何在？成功源于多个要素。但如果非要强调某一个因素的话，那就是想象力——乐园的运营者不仅自己想象力丰富，还激发了花钱游玩的消费者的想象力。

——格兰德温·希尔

创意者必须能开创自己。　　　　　　　　　　　　　　　　　——约翰·济慈

如果用一个词来定义人生，那就是：生命就是创造。　　——克劳德·伯纳德

智慧是一种新型财产。　　　　　　　　　　　　　　　　——查尔斯·汉迪

从无到有自然是一种创造，但将已知的事物陌生化更是一种创造。　——原研哉

 策划故事 灵感触媒 案例分析

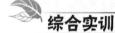 综合实训 探究学习

第九章 旅游产品组织策划

【学习导引】

　　旅游产品策划是旅游策划工作中的重中之重,对于旅游规划、经营、管理等部门都有着重要的现实意义。在未来一段时间内,我国旅游产品升级步伐将不断加快,逐渐从观光旅游占绝对主体地位转向观光、休闲度假和专项旅游协调发展。有鉴于此,本章在前面两章内容的基础上,运用旅游创意的异态混搭原理,主要介绍了观光、休闲、度假、专项四类旅游产品策划方法,对传统旅游地和旅行社都非常关注的旅游线路创新问题进行了探讨,并介绍了旅游活动策划的相关知识与方法。学习本章时,应结合所在地区的实际,深入思考旅游产品转型和旅游线路创新的制约因素及解决对策,并尝试解决各类具体旅游产品(如研学/创意、亲子/家庭、音乐/电影、情感/社交、婚庆/旅拍、科考/探险、观星/天文、公益/环保、山地旅居/湖泊休闲旅游)的策划问题。

【教学目标】

1. 理解旅游产品策划的核心问题与基本原理;
2. 掌握观光、休闲、度假、专项旅游产品策划的实作要点;
3. 灵活运用各种方法进行区域旅游线路创新策划;
4. 掌握旅游活动策划的知识与方法;
5. 能够综合运用本章知识独立完成旅游产品策划。

【学习重点】

1. 旅游产品策划的技术要点;
2. 各类旅游产品策划的差异点;
3. 旅游活动策划的原则与方法。

　　旅游产品是旅游企业以旅游资源为依托,以旅游设施为凭借,为满足旅游者需求而提供的体验和服务的总称。从需求角度来看,它是旅游者花费一定的时间、精力和金钱通过旅游消费获得的非常态生活体验。旅游产品有单项旅游产品和综合旅游产品之分,前者指依托某个旅游活动要素形成的产品,如娱乐旅游产品;后者是涵盖多个旅游活动要素的产品,一般表现为旅游线路。单项旅游产品可以结合第八章进行理解和学习,本章重点阐述综合旅游产品意义上的产品策划问题。这一层次的旅游产品通常以"××游""××之旅""××行"加以表达,如"昆(明)大(理)丽(江)迪(庆)香格里拉之旅""滇西淘宝之旅""北回归线探秘游""昆玉红滇越铁路主题游""昆明五华清风之旅""三千四百年红河奇幻之旅""足下春秋行"等。

本章首先阐述旅游产品策划的技术要点，然后介绍了四大类型旅游产品即观光、休闲、度假、专项旅游产品策划的方法，接着结合目前旅游产品创新发展的实际，从实际操作的角度探讨了旅游线路创新和旅游活动策划问题。随着全域旅游理念的普及，旅游产品策划不再仅仅是旅行社、景区的任务，旅游行政管理部门、文博场馆、科研院所、行业协会、社会组织甚至烟酒糖茶企业都可能涉及这一工作。在本章学习中，应掌握一个基本原理：旅游产品策划的核心，在于根据旅游地资源状况和目标群体需求，确定产品主题，并据此对相关旅游活动要素进行合理配置与优化组合。把握了这一点并能加以创造性运用，旅游策划人员就可以胜任研学旅行、军事旅游、文学旅游、康养旅游、创意旅游、公益旅游、场景旅游等层出不穷的新兴旅游产品的策划工作。

第一节 旅游产品策划概述

一、概述

旅游产品策划是根据目标市场需求对某一区域既有旅游吸引物进行遴选与组合，配置相应的接待服务要素，为游客提供完美体验的构思与筹划过程。首先，旅游产品是针对相应的市场而言的，面向全世界所有旅游者的产品少之又少，产品策划应坚持市场导向，并深入研究细分市场。其次，旅游产品不等于旅游资源、旅游吸引物、旅游服务要素，后者只是原材料或要素，需要运用策划人员的智慧，对这些原料和要素进行加工、转化、组合、创造。再次，旅游产品的核心是体验。要想塑造独特、深刻、难忘的体验，最好要有相对明确的主题、贯穿始终的主线和支撑性的活动项目。最后，策划出来的旅游产品应是可以常态化供给、规模化生产，具有较高体验度和附加值的。

实际上，在消费者知识与经验越来越丰富、信息获取越来越便捷的时代，越来越多的旅游者自己搜索资料、制定线路、预订服务。但是，出于资源整合、引导市场、整体营销等方面的考虑，区域旅游行政管理部门、旅游目的地运营机构、旅游景区的经营管理部门、以旅行社和电商为代表的旅游中介机构进行产品策划仍是十分必要的。从发展趋势来看，产品策划技能还将构成高端旅行社、自由执业型导游员的核心能力。史晓明曾提出旅行社生产能力层级及分工体系，其中高级别的旅行社的核心功能就是设计旅游产品（如表9-1

表9-1 不同能力层级旅行社的分工体系

序号	层次	功能定位	具体职责
1	高级社	旅游产品设计者	以客源地、目的地两个不同角度设计旅游产品，批发给自己的分社或同行
2	中级社	旅游产品生产者	根据所在地旅游资源状况而定，重点负责地接、组团
3	初级社	旅游产品销售者	代卖别人家的"半成品"，干点"小活""粗活"

所示）。此外，在旅游概念性规划、旅游发展规划、旅游区总体规划、旅游战略策划、旅游品牌策划、旅游市场营销策划中，旅游产品策划是不可或缺的内容，多数会用专门章节进行阐述。

二、策划要点

旅游产品策划不是按照区位和交通条件来罗列景区景点、堆砌旅游城市，也不仅是景点加酒店加餐厅，更不局限于设计"三天两晚"的活动行程。杨振之就曾指出，旅游产品策划要善于把握旅游资源中的科学因素与非科学因素，在科学与非科学之间游刃有余，才能有所突破和创新。从技术层面来看，旅游产品策划的关键问题在于寻找可以接触的细分市场，确定主题概念，设计体验活动，并在这一过程中培育自己的竞争优势，难点在于创意主题概念。技术路线可以简要表述为：旅游资源（resource）＋市场（market）＋创意（creativity）→旅游产品（product）。

（一）确定目标市场

目前，旅游市场开发已告别无差异市场定位的粗放时代，进入深耕细作的新时代。各地应根据资源禀赋、优势产品和核心能力进行市场细分，在深入调查研究的基础上确定重点细分市场，并采取切实措施开拓目标市场。从理论上看，任何群体都可以视为目标市场，但考虑旅游产品开发行为的经济属性，应重点考虑边界清晰、达到一定规模、消费意识和能力较强、便于识别和接近的群体。根据这一原则，青少年研学市场、大学生毕业旅行市场就容易识别，便于接近，潜力巨大。旅游策划人员应对青少年市场、大学生市场、亲子家庭市场、活力老年市场、都市白领市场、商务差旅市场、创意阶层市场、适婚单身群体、小众趣缘群体等重点市场群体的需求特征进行认真研究，对于"奔奔族""波波族""飞特族""SOHO族""乐活族"等新族群进行持续关注，不能人云亦云、管窥蠡测、隔靴搔痒。只有深入分析不同客群的心理特征和旅游需求，方能找准目标市场并提供特色产品。新西兰国家旅游局发表的调查结果显示，2008年每10位到新西兰旅游的外国游客中，就有一个声称是被《指环王》吸引来的，这股热潮给新西兰带来了可观的游客数量。这一结论为新西兰创新旅游产品指明了方向。在原有新西兰旅游的基础上，他们重新包装推出了探访新西兰南北岛各大新奇景点的"魔戒"主题游，引起强烈反响。

（二）创意主题概念

在对策划对象拥有的旅游资源和涉旅经营资源进行盘点的前提下，结合目标群体的需求点、市场供给中的空白点，提出旅游产品的主题概念，同时也就意味着确定了该产品的独特卖点，在一定程度上也就决定了产品的开发方向与重点内容。主题概念的创意应考虑独特性、概括性，也应考虑吸引物、体验活动、服务要素的支撑度，以及一定的演绎空间。新西兰依托优美纯净的生态环境，推出了"纯净之旅"，吸引饱受雾霾、沙尘暴、职场竞争、人际关系等因素困扰的都市居民前去邂逅百分百纯净的新西兰，其卖点就是天空蓝之纯净、湖水清之纯净、陆地草之纯净、人心美之纯净。同类的主题概念还有"横店梦想之旅""梅里雪山救赎之旅""日本美瑛拼布之路"等。相比之下，"德国童话之路""跟着课本游绍兴""温州经济探秘游""改革开放看山东""《达·芬奇密码》探索之旅"等主题概念的卖点更清晰，市场指向性更强。此外，山东淄博市齐文化博物院策划推出了"足下春秋行"系列研学产品，这一主题概念从命名到具体支撑都值得借鉴。"足下"是第二人称敬辞，同时也代表着发源于淄博的蹴鞠是从足下开始的运动；"春秋"则有两层含义，既指春秋战国的历史时期，也指社会风貌。"齐有此礼""见贤思齐""乐在齐中""齐有拓哉""鞠世无双"则阐释了"足下春秋行"的分主题和重点内容。

（三）设计活动项目

主题概念不能是空洞的，必须有相应的旅游吸引物及配套服务要素作为支撑。从体验的角度分析，这仅仅是提供了环境、对象和服务，或者说搭建了剧场和舞台。游客要想获得深刻感受、难忘经历，就必须"登台唱戏"。所以，设计参与性活动、互动性项目，是旅游产品策划继主题概念创意之后的重要工作。以"跟着课本游绍兴"为例，就设计了"《从百草园到三味书屋》——到三味书屋读书去""《兰亭集序》翰墨飘香——到兰亭学书法去""《乌篷船》带你看《社戏》——到东湖坐乌篷船去""《大禹治水》三过家门而不入——到会稽山休闲去""《访沈园》感怀陆游——到沈园寻梦去""《为中华崛起而读书》——到名人故居寻踪去"系列活动，实现了课文、景点与体验活动的有机结合，让中小学生身临其境、沉浸其中，获得与传统课堂学习截然不同的感受，促使学生更好地发现、思考、解决问题。

（四）培植竞争优势

一项优秀的旅游产品，在为游客提供独特、丰富、深刻体验的同时，也应该能提升旅行社、景区或目的地的竞争力，甚至成为应对市场竞争的"撒手锏"。对于旅游资源同质化现象显著的地区，通过产品策划与推广，可以形成自己的独特卖点，培育核心竞争力，构筑竞争门槛。在滇西北，古城镇型旅游地就有大理古城、巍山古城、喜洲古镇、牛街古镇、剑川古城、沙溪古镇、丽江古城（大研古镇）、束河古镇、白沙古镇、独克宗古城等十余处，但"艳遇之旅"让丽江古城鹤立鸡群、独领风骚。对于传统旅游资源不具备比较优势、旅游吸引物不够丰富的地区，也可以通过高水平的策划，形成特色旅游产品。温州曾推出的"经济探秘游"和"山水诗之旅"就是如此。这些旅游产品就是量身定制型产品，无法复制到其他旅游地。

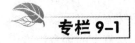

专栏9-1

桂林总统之旅

1998年，《中国旅游报》与桂林市政府共同举办了龙舟赛。在桂林市政府召开的龙舟赛总结会上,我发表了总结意见之后,提出了搞"总统之旅"的议案。为了增强说服力,我讲了三条理由。第一,有"桂林山水甲天下"之誉的桂林,是我国旅游业最早对外开放的地方,有一定知名度。但这个知名度不可估计过高。1997年,56家美国旅行社访问北京,仅有2人知道桂林。现在机会来了,美国总统克林顿访华,拟定路线中有桂林。借总统之名扬桂林之名,正是我们宣传桂林的一个机遇。第二,不要以为搞个人崇拜、追星是中国人的专利,"从众""从名"是人类重要的消费心理。总统游览过的地方,自己也想走一遍。所以,"总统之旅""女皇路线"在旅游市场上很好卖。这就是名人效应。第三,过去,卡特、尼克松、撒切尔夫人都曾来过桂林,为什么这条路线在欧美知名度不高?原因是只把总统来访作为上级交给的最大政治任务接待了。99%的力气都花了,就是最后一分力没尽到,这个契机就没抓到。一层窗户纸没被捅破,窗外的大好风光就看不到。这最后一点工作就是:随总统来访团队拍一部片子,然后精心剪辑成"总统之旅"短片,拿到美国市场或西柏林旅游交易会上去宣传,就可以把欧美人引进来。

我在同广西壮族自治区原副主席袁凤兰和桂林市市长交流上述观点时,他们表示赞许。但市长说,克林顿来访,安全措施很严格,市里能随团的也就是一两位市领导,派人录像没有可能。袁主席爽朗地说:"这件事决定要干就要想办法干好。自治区的电视台如有困难,我与外交部或中央电视台商量解决。"后来,她亲自疏通协调关系,桂林市还与克林顿访华时去过的北京、西安、上海一起合作,制作了"总统访华之旅"短片。据说促销效果不错。

这个例子可以说明,策划并不神秘,当你选准了创意之后,干起来不过是捅破一层窗户纸。这个创意就是借克林顿之名扬桂林之名;这个"窗户纸",就是把政治接待任务转化为促进经济发展的契机;捅"窗户纸"的工具,就是一部"总统访华路线"短片。这个策划实施的"关节点"或称"接口",就是落实一位记者拍好这个短片,既可在新闻联播时用,又为旅游短片剪辑提供素材。资源还是那些资源,你只要做一个口袋,把资源装进去口袋上写着"总统之旅",扔到西柏林交易会或美国旅行商那里,就等着接客吧,用不着去喊叫漓江、阳朔什么的。这就叫策划。这样做的结果证明了策划的正确,"总统之旅"打开了欧美市场。

来源:邵春. 产品建设的笈与窍[M]. 北京:中国旅游出版社,2019:35-36.

三、案例鉴赏

泰国国家旅游局非常重视女性游客这一购买力较高、出游频率呈现增长趋势且掌握着家庭出游选择决定权的消费群体,有意将这一群体培育成为"明星市场",并为此策划推出了"女性之旅"(women's journey)。

女性天生有着强烈的审美天赋和审美心理,美丽消费在女性旅游消费中占据主力地位。

从女性游客的这一心理特征和消费倾向出发，泰国国家旅游局确定了"美丽"（beautiful）这一主题，并提出了"五美"理念，实际上就是提出了五个分主题，即美丽容颜（beautiful look）、美丽形体（beautiful shape）、美丽心灵（beautiful mind）、美丽旅居（beautiful retreat）、"美好经历"（beautiful experience）。这些理念考虑了泰国在旅游资源、设施与服务方面的竞争优势，并且有相应的具体产品或项目作为支撑。例如，"美丽心灵"主要指向心灵缓解产品及服务，包括禅修、瑜伽、冥想及其套餐。

为了体现"美丽"主题和"五美"理念，泰国为女性游客专门定制了类型丰富的旅游产品。以 2017 年为例，泰国面向女性游客推出了健康美容、精选购物、美食餐饮、文化艺术、体验活动、酒店住宿、交通出行七类单项产品。从空间上看，这些产品涉及芭堤雅、普吉岛、北碧府等旅游目的地，既有传统的海滨旅游胜地，也有相对新兴的目的地。为了推广女性旅游月和上述产品，泰国策划组织了系列活动，包括泰丝丽人、女性高尔夫挑战赛、女性博主在泰国等。这些活动注重通过女性的视角来发现、描述、传播泰国之美，融合了丝绸等传统文化要素，并统筹考虑了体育旅游等新兴产品。

为了推广"女性之旅"，泰国采取了系列便利与保障措施。泰国将 8 月定为女性旅游主题月，集中推出折扣优惠、专享待遇和推广活动。其中，比较引人注目的"女性游客大礼包"（welcome privilege package）是泰国国家旅游局联合 VISA 卡为 8 月赴泰的国外女性游客提供的，包括含有免费流量包的 Dtac 电话卡、Coffee World 免费饮品、最高价值 300 泰铢的 Grab Taxi 优惠券等。此外，还创建了"女性之旅"APP 和迷你网站，为女性游客提供商品介绍、报价、店铺定位、旅游服务及可享特权等信息。

第二节　各类旅游产品策划要领

一、观光旅游产品策划

观光类旅游产品在旅游产品体系中处于基础层次，是为了满足人们追新求奇、增长见识的需要而出现的初级旅游产品，是大众旅游时代最为常见的旅游产品类型。观光旅游产生的历史非常悠久，在发展过程中形成了复杂多样的观光旅游产品，主要类型如表 9-2 所示。未来一段时间，我国将通过挖掘文化内涵、营造旅游环境、细化景观设计、提升服务品质等策略，加强资源整合，形成一批特色鲜明的观光旅游区、观光旅游带、观光旅游线路，进一步发挥观光在整个旅游产品体系中的基础性作用。

观光类旅游产品是其他类型旅游产品产生和发展的基础，开发最为普遍，发展最为成熟，形成了一批常规旅游线路。如果还是老生常谈，人云亦云，仍旧无法摆脱"价格大战"的桎梏。在人们旅游需求不断提高的背景下，如何对旧线路加以提升改造，适时开辟新型线路，成为策划人员必须要考虑的问题。

表 9-2　观光旅游产品的主要类型

序号	类型名称	主要资源依托	行业标杆
1	自然主题观光旅游产品	名山大川、江河湖海、瀑布、温泉、峡谷、岛屿、森林、草原、植物园、动物园等	都江堰、青城山、九寨沟、黄龙
2	历史主题观光旅游产品	文化遗址、历史文化名城、传统街区、古代建筑、陵寝、古典园林、寺庙宫观、博物馆、名人故居等	厦门中山路、南普陀、鼓浪屿
3	民俗主题观光旅游产品	民族村寨、民俗旅游村、民俗陈列馆、民族文化类主题公园、文化创意园区等	彝人古镇、大理古城、丽江东巴谷
4	城市主题类观光旅游产品	城市标志性建筑、现代都市风貌、商业服务设施、游憩设施、企业厂矿等	李子坝轻轨站、洪崖洞、来福士广场
5	乡村主题观光旅游产品	田园风光、传统聚落（如国家传统村落）、农业旅游示范点、乡村旅游主题景点等	高淳桠溪、游子山、漆桥

（一）寻找新颖主题

对于相对成熟的传统观光旅游产品来说，策划的重点在于创新，创新的一个重要路径是为原有的内容寻找新的主题，通过注入新意实现旧线翻新。在确保优质服务与费用合理的前提下，策划人员或结合社会发展趋势，或利用社会事件，或针对某一细分市场，提出一个独特、新颖的主题，变"线路先行"为"主题先行"，可以大大拓宽旅游产品策划的空间，如奥运、环保、救灾、公益等都可以设计出旅游主题。

（二）整合新型项目

随着旅游开发进程的加快，很多旅游地都推出了新的旅游项目，不少地方还出现了新的目的地。这为传统观光旅游产品创新提供了新的机遇。策划人员可以以传统观光胜地为主，组合新型旅游项目，适当延伸至新型目的地，往往可以取得意想不到的效果。例如，某旅行社推出的"七彩云南悠游新干线"在昆明、大理、丽江、香格里拉的基础上增加了安宁森林温泉SPA、禄丰世界恐龙谷、鸡足山等景区和项目。

（三）创新交通要素

不少观光旅游产品都是依托特定的道路与交通工具将若干经典吸引物串联起来的，策划人员应充分做好交通创新的文章。作为土耳其巡游观景的中心，费特希耶最受欢迎的路线当属前往奥林帕斯的"蓝色航行"之旅，即乘坐传统木船完成四天五夜的旅程，沿途停靠卡什、卡尔坎或凯考瓦。利西亚之路被誉为世界十大长途徒步路线之一，从费特希耶沿着地中海海岸一直延伸到安塔利亚，沿途穿越雪松林、村落、海岸和众多文化遗址。博斯普鲁斯观光渡轮则给游客提供了从水上欣赏伊斯坦布尔最美风景的机会。

（四）创造附加价值

传统观光旅游产品创新的另一种方式是突破观光的局限，为游客提供爱和归属、受尊重、自我实现等方面的附加值。某旅行社推出"走通川甘路，我行我支援"主题旅游满足了旅游者在旅游过程中有所作为、有所参与、有所探索的需求,为观光旅游注入了爱和归属的情感附加值。只要购买该旅游产品,就是一份对灾后重建的信心与支持,旅游本身就是一种支援,游客自然拥有了一种使命感和自豪感。

(五)培育竞争优势

避热就冷、开辟新线是观光旅游产品策划中不可回避的一个重要领域,也是推进传统旅游产品创新的重要途径。开辟新型旅游线路的先期投入较高,而且容易遭到恶意克隆与模仿,因此策划中应注意利用自己的内部资源和社会资源培育竞争优势,为其他竞争对手的进入设立门槛。这一基本策略的表现形式多种多样,如利用铁路交通的优势开通直达目的地的专列、邀请专家随团讲解专业知识、与相关景区签订专营协议等。

专栏 9-2

圣地巡礼:年轻一代的新玩法

"圣地巡礼"一词源自 ACGN 文化圈(animation 动画、comic 漫画、game 游戏、novel 小说),指 ACGN 的爱好者通过旅游的形式,前往作品的取景地。这些取景地被称为"圣地",而"巡礼"是指按照这些取景地的地理位置规划旅行线路。热衷于"圣地巡礼"的人群主要集中于 90 后、00 后,他们受动漫影视文化影响大,追求用不同于他人的视角看世界,热衷这种能够彰显个性、展现自我的全新玩法。他们被作品中的画面打动,带着对作品的喜爱,前往取景地、创作地及其他相关地点打卡拍照留念。有些则会在"圣地"和传统景点之间取舍。

时至今日,"圣地巡礼"已是"内容旅游"的一种重要诠释路径,涉及的内容已不再仅限于 ACGN 文化,还包括影视剧作品、体育赛事、综艺栏目和其他艺术领域等。其中,视频内容最能激发人们对巡礼的渴求,动态图像使人物和场景更为鲜活。观众在被优质作品打动的同时,也常会将自身带入情景,不能自拔。"圣地巡礼"提及率最高的目的地是日本,其次是中国香港、英国、美国、法国,境内目的地排名前五位的是北京、浙江、西藏、重庆、海南。在名人故居和博物馆巡礼主题中,湘浙两地、陕西历史博物馆排名靠前。随着内容的多元化,越来越多的目的地开始具有"圣地"属性。当普通取景地升级为网红景点之后,作品内容的关注度下降,没有看过作品的游客也可能前去打卡。

除了出游形式之外,"圣地巡礼"还能够造就新景点,是旅游目的地营销的创新形式。专业的巡礼人群会努力挖掘每一个经典场景对应的现实地点,让原本普普通通的场所和设施一夜之间变成"网红"。一部影视剧成就一个旅游目的地的现象不再是个案,借势火热 IP 吸引关注已成为新时期的旅游营销之道,蒙自就因电影《芳华》《无问西东》而热度大增。

来源:马蜂窝旅游网. 全球新旅游用户行为分析报告.

二、休闲旅游产品策划

休闲是许多常规旅游产品中的重要组成部分，有时候也可以被开发成为独立的旅游产品。我国目前实施的假日制度在减少黄金周数量的同时，增加了以清明节为代表的"小长假"。这些假期与周末闲暇时间一起，为休闲旅游产品提供了发展的契机。休闲旅游产品种类很多，具体如表 9-3 所示。从目前来看，具有一定的市场规模、以旅游线路表现出来的休闲旅游产品主要是发生在都市周边地区、面向城市居民、以周末或小长假为主的休闲游。休闲旅游产品代表着旅游产品转型升级的重要方向，发展潜力巨大，但又不像观光旅游产品那样市场指向明确、规模效应明显。为了成功策划出适合市场需要的休闲旅游产品，策划人员应该注意下列问题。

表 9-3 休闲旅游产品的基本类型

序号	类型名称	主要资源依托	典型案例
1	娱乐休闲类旅游产品	看电影、听音乐、玩游戏、打棋牌、过山车、机械娱乐等	欢乐谷、太湖迷笛音乐会
2	运动休闲类旅游产品	登山、游泳、球类、风筝、垂钓、攀岩、滑雪、武术、瑜伽、自行车、高尔夫等	环西湖骑行、FLW 钓鱼大赛
3	文化休闲类旅游产品	诗词、书画、歌舞、游艺、阅读、鉴赏、采风、写生等	故宫元宵灯会、苏州博物馆
4	劳动休闲类旅游产品	农场采摘、厨艺学校、手工创作、技能学习等	清境农场、白色恋人巧克力工厂
5	养生休闲类旅游产品	森林浴、日光浴、沙滩浴、汗蒸艾灸、桑拿按摩、太极拳、健步走等	艾蒿主题公园、赤泽自然休养林

（一）通过市场细分发现需求

随着旅游消费的理性化趋势日益增强，过去那种企图以一种产品占领所有市场的做法已经没有出路。在这种情况下，策划人员应该对市场进行细分和研究，发现新的目标市场或挖掘原有市场的潜在需求，并策划出相应的休闲旅游产品去占领这一市场。例如，在传统的银发市场、白领市场以外，还有大学生市场、家庭市场、青年情侣市场等。当然，由于旅游产品销售渠道出现多元化趋势和家庭汽车普及程度不断提高，策划出的休闲旅游产品必须具有自己的独特卖点，才能不断拓展市场。

（二）适当拓展休闲产品功能

以最少的金钱和时间获得最丰富的体验是旅游决策行为的基本规律。休闲旅游产品与其它旅游产品之间的组合度较好，这为策划人员拓展休闲旅游产品的功能，与观光、娱乐、购物及其他功能的有机结合奠定了基础，也为发挥休闲的社会功能创造了可能。深圳国旅成功推出"旅游＋交友"，在轻松的氛围中，通过"问候语""看家厨艺大赛""竹筏山歌对唱""榕树下面抛绣球"等活动为青年男女创造了交往契机，开创了拓展旅游产品新功能的新模式。"深圳情旅"的品牌形象随着"像神仙一样谈恋爱"的宣传口号进入千家万户，深圳国旅也因此成功开发出单身旅游市场的新天地。在国际上，慢城联盟通过倡导与休闲有机关联的慢生活促进个体、社区、城市、社会的和谐发展，受到广泛认同。

（三）设计特色休闲活动项目

除了棋牌、垂钓、采摘等常规休闲活动之外，策划人员必须结合策划对象的实际情况来创意特色休闲项目，设计休闲活动。由于休闲旅游产品对旅游吸引物的依附程度不像观光旅游产品那样高，因此策划人员可以借助田园、村寨、林地、山地、水体来精心策划各类新型休闲活动，形成特色的同时还可以降低经营成本。例如，晒太阳、发呆、闲逛、泡吧已成了丽江古城的保留性休闲项目。根据中国旅游研究院与马蜂窝旅游网共同设立的自由行大数据联合实验室发布的《极致之旅：全球自由行报告》，最受欢迎的体验活动项目如表9-4所示，可供旅游策划人员参考。

表9-4 2019年我国公民出境自由行热门户外体验活动排行榜

排名	国家	所在地	经典体验活动
1	泰国	清迈	清迈丛林飞跃
2	泰国	普吉	普吉岛实弹射击
3	土耳其	卡帕多奇亚	ATV四驱山地车体验
4	新西兰	蒂卡普	约翰山天文台观星
5	美国	塞班岛	塔帕丘山登山
6	冰岛	西斯卡夫塔山	瓦特纳冰川国家公园徒步
7	新西兰	格林诺奇	魔戒/指环王主题徒步
8	冰岛	雷克雅未克	追寻北极光
9	土耳其	卡帕多奇亚	玫瑰谷徒步
10	泰国	曼谷	王权云顶大厦夜景

（四）提升休闲活动层次

提升休闲活动层次是旅游需求升级的客观要求，是休闲旅游产品发展的必然趋势。过去的休闲旅游产品主要是以登山、采摘垂钓、棋牌为代表的娱乐休闲和康体休闲为主，目前正在向文化休闲与复合休闲方向转变。策划人员应积极利用区域文化、民族文化、历史文化素材，结合休闲活动的各种形式，开发文化休闲产品与复合休闲产品。例如，昆明市西山区团结街道可以结合彝族、白族的民族游艺、体育竞技、歌舞艺术策划民族文化休闲旅游产品，引进创客开发文化艺术创意型休闲活动项目，与团结滑草场、豹子箐森林公园、乐居苹果园等休闲场所一起组成复合式休闲产品。赫尔辛基、开普敦、迪拜、尼斯、奥兰多、里约热内卢、塞维利亚、新加坡、杭州、维也纳作为全球十大休闲范例城市的做法值得策划人员学习。

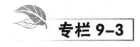

"故宫以东"系列主题产品包

北京是全国文化中心、重要的旅游目的地,文化底蕴最为深厚的东城区则是北京文化和旅游的重中之重。东城旅游是什么、为什么、怎么做、还有什么设想,引来众多关注的目光。自 2017 年以来,区旅游委就开始挖掘和整理"故宫以东"文化旅游资源,努力让"故宫以东"成为新时期首都文化的新地标。2018 年底,东城区旅游委正式推出了第一季"故宫以东"系列主题产品包,既是城市旅游发展模式的积极探索,也可视为城市旅游产品开发的创新之举,与上海徐汇的城市微旅行一起推进了休闲旅游产品设计的创新。

东城区内"吃住行游购娱"产业链条的各种资源被梳理包装成"寻迹""跃动""腔调""骑迹"4 大系列,"我家住在紫禁城""漫步中轴线""小鬼当家""网红日记""夜行动物""最佳视角"等 22 个主题,从不同维度全面展示区内文、商、旅资源。系列主题产品包不仅展示了北京东城传统且深厚的历史文化类资源,还包罗了大量或新兴或网红、或文艺或个性的文化及消费类场所,每个主题的名字都十分形象生动,直接勾画出该主题面向的客群画像。为了方便业界查阅和使用,每个产品包细分景点、酒店、餐饮、娱乐等类目,旅游从业者在设计线路和行程的时候可以直接按照产品气质进行筛选。2019 年初,东城区文化和旅游局与寺库(打造精品生活方式的平台)合作,对包括故宫、天坛等在内的 81 个人文景区进行开发授权,由"48Hrs"的"时间设计师"带领游客深度感受古都文化旅游魅力,推动"故宫以东"文旅 IP 落地。

按照"故宫以东"系列主题产品包的理念与思路,在东城,游客可以有这样活动内容丰富、精彩、难忘的十二时辰。上午,在四合院里进行着商务会谈,在老建筑里寻找创新灵感;午间,去办公楼旁边的博物馆、美术馆逛展,给大脑新鲜的氧气;下午空闲,就去皇家别苑喝个茶,品尝异域美食;晚上,逛街、购物,别具欢乐。

来源:杨倩."故宫以东":用新方式"打开"老北京[N]. 中国旅游报,2019-12-25(2).

三、度假旅游产品策划

度假旅游是指利用假期在相对固定的场所和区域内进行休养,其典型特征是依托特定的场所,在一地停留的时间较长,更强调休息和放松,对导游服务的依赖程度较低,传统的门票消费在全部花费中的比重较低。根据国际经验,度假旅游产品的主要类型如表 9-5 所示。度假旅游产品一般要求度假场所具有优良的生态环境、一定的游憩资源、多样的康乐项目、完善的服务设施。度假旅游产品属于利润空间较大的高端旅游产品,同时游客要求也相对较高。策划人员应注意精心策划度假项目、提供高质量的细节服务、创新度假产品经营方式、关注淡季度假场所利用,策划出经得起市场检验、具有较高收益的度假旅游产品。

表 9-5　度假旅游产品的基本类型

序号	类型名称	主要资源依托	典型案例
1	高山雪原型度假旅游产品	冰雪运动场所、徒步线路、度假村、特色交通服务等	欧洲阿尔卑斯山脉、加拿大惠斯勒
2	海滨岛屿型度假旅游产品	沙滩、海岛、水上运动项目、海滨度假村等	马尔代夫、泰国普吉岛
3	温泉疗养型度假旅游产品	温泉资源、度假酒店、文化景观、知名企业等	法国依云小镇、日本银山小镇
4	湖泊水库型旅游产品	天然湖泊、人工库区、湿地公园、滨水度假村等	瑞士日内瓦湖、奥地利哈施塔特
5	森林山地型度假旅游产品	森林、峡谷、山峰、度假酒店、康养设施等	德国黑森林、英国 Center Parcs 度假村
6	乡村田园型度假旅游产品	田园风光、地方美食、农场、庄园、城堡、村寨、小镇等	澳大利亚猎人谷、美国纳帕溪谷
7	豪华邮轮型旅游产品	邮轮母港、公海、巡游停靠城市等	英格兰南安普顿邮轮母港、地中海航线

（一）精心策划度假项目

旅游策划人员应借鉴国际著名度假胜地的成功经验，根据策划对象的资源条件和目标市场的度假需求，策划各种具有不同风格和功能的度假区、度假村、度假中心、度假酒店、度假别墅、度假公寓等度假旅游场所，设计各类康体、运动、娱乐、休闲活动设施。目前，国内已经涌现出一批以度假酒店为代表的度假旅游场所，如云南香格里拉仁安藏村、海南七仙岭君澜热带雨林温泉酒店，为度假项目策划提供了可资借鉴的经验。借助于各地不同的气候优势与环境条件，策划人员可以创意出各具特色的度假项目，如西双版纳避寒山庄、万亩茶园度假小镇、湄公河国际度假中心、热带雨林度假酒店、爱伲温泉度假村等。

（二）提供高质量的细节服务

度假旅游产品必须具有高水准的服务。度假场所作为游客的"家外之家"，必须按国际惯例向客人提供热情、周到、温馨的细节服务，同时为客人营造私密的独家空间。此外，度假场所还应提供与度假项目相配套的专业化服务。以比较典型的大众化康体度假产品——温泉度假为例，除了一般的温泉娱乐、休闲、运动活动项目之外，往往还提供辅助治疗、康复训练、体育锻炼、文化娱乐、游戏交往等方面的服务。例如，法国薇姿集团推出的"薇姿温泉＋美颜重塑疗程""薇姿温泉＋纤体塑形疗程""薇姿温泉＋干细胞活发疗程""薇姿温泉＋体检治疗疗程"等。

（三）创新度假产品经营方式

度假旅游产品与房地产、酒店、社会福利等因素密切相关，这为策划人员提供了度假旅游产品经营方式创新的可能性。分时度假就是一种新型的度假与投资相结合的方式。游客购买度假场所客房的使用权或所有权之后，除了供自己度假之外，剩余时间的使用权可以交给度假场所管理机构经营，获取相应收益。同时，游客还可以将自己购买的时段通过交换服务系统与异地酒店、度假村或度假别墅的使用权进行交换。此外，社会旅游在西方国家是一种国家补贴、单位补助、个人支付三者相结合的福利旅游方式，其中一种途径就是建设度假场所。这对我国度假旅游的健康发展具有一定的借鉴意义。

（四）关注淡季度假场所利用

度假旅游产品季节性较强。多数度假场所都是旺季人满为患，淡季门可罗雀；周末人头攒动，平时十分冷清。因此，如何充分利用度假场所的闲置时段产生更大的经济效益，就成为策划人员必须面对的重要问题。最基本的策略就是寻找对时间不敏感而对价格较为敏感的度假消费群体，利用价格杠杆开发这一市场。此外，淡季可以利用度假场所举办会议、节庆、比赛等活动，吸引游客前往。

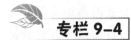

专栏9-4

旅游强国建设呼唤中式度假旅游产品

度假旅游肇始并兴盛于西方，世界各地度假旅游地建设与产品开发深深地打上了3S的烙印。西式度假旅游产品在我国会有一定的市场，但不能从根本上替代本土化度假产品的开发。中国式度假旅游产品与西方的不同之处，可以用下列四句诗词来概括。

- "仁者乐山，智者乐水。"除了海滨、温泉、湖泊，山岳也是重要的度假场所，尤其是植被茂密、海拔适中、名胜众多的山地。国人对山水景观的审美重点不在于其自然属性与外部特征，更重要的是其内在意义和精神价值，刘禹锡在《陋室铭》中就开宗明义地指出"山不在高，有仙则灵；水不在深，有龙则灵。"因此，具有文化底蕴和象征意义的山水，尽管其海拔、景观、物产各异，但都可以列为度假产品开发的依托，如青城山、普陀山、崂山。

- "人间烟火气，最抚凡人心。"从度假与观光的不同之处来看，度假作为长时间停留的活动，要给旅游者提供体验市井百态与百姓生活的选择。无论是"狗吠深巷中，鸡鸣桑树巅"的乡村，"晚来谁处渔家曲，翠色轻烟一径深"的小镇，或者"小楼一夜听风雨，深巷明朝卖杏花"的古城，都能为旅游者提供不同的度假感受。同国外那些孑然于世、不惹风尘的海滨度假村相比，以生活便利、底蕴深厚的城镇为基地，辐射周边不同类型度假场所，进则山水形胜与田园牧歌、退则街区风情和市井文化的度假地更受国人欢迎。

- "会桃花之芳园，序天伦之乐事。"与西方崇尚个人主义不同，中国人重视群体和谐，其中最重要的是家庭。"家和万事兴""父慈子孝，兄友弟恭，夫义妇顺"的观念影响深远。这造成国人很少像欧美游客那样独自出行度假，而是习惯扶老携幼、呼朋唤友，共享天伦之乐、团聚之欢。"独乐乐不如众乐乐",为与这种家庭伦常观和家庭度假习惯相适应,度假设施和活动应兼顾不同年龄段家庭成员的需要,还应有家庭成员欢聚交流的场所与活动,方能各得其所、美美与共。

- "琴棋书画人常乐,诗酒花茶心自安。"琴、棋、书、画、诗、酒、花、茶,合称中国古代人生八雅,是古代知识分子修身养性的手段、闲适雅致生活的象征。善琴者通达从容,善棋者筹谋睿智,善书者至情至性,善画者至善至美,善诗者韵至心声,善酒者情逢知己,善茶者陶冶情操,善花者品性怡然。"八雅"不仅是中国传统文化的物质符号,还体现了古人的道德追求与价值观。此外,历史悠久的茶叶、酒水、花卉产地和相关的非物质遗产所在地,也是度假产品开发的重要对象。

四、专项旅游产品策划

开发专项产品是消费者需求变化所引致的必然结果。与面向大众旅游市场提供的常规景点、标准化行程不同,专项旅游是指只向某一细分市场提供、设计特殊主题并满足该市场特殊目的的旅游产品(如表9-6所示)。与大众观光旅游相比,专项旅游产品的竞争对手少,目标市场相对稳定,综合旅游消费水平较高,堪称旅游产品的蓝海,受到不少旅游企业的青睐。专项旅游产品包括科考、科普、探险、观鸟、摄影、采风、写生、修学、朝觐、商务考察、文化考察等旅游产品,如浙江的唐诗之旅、宁夏的丝绸之路探险旅游、云南高黎贡山的观鸟旅游、福建霞浦滩涂摄影旅游、新西兰皇后镇极限运动旅游等。

表 9-6 部分专项旅游产品的典型案例地

序号	产品名称	典型案例
1	观鸟旅游	高黎贡山百花岭、昭通大山包、秦皇岛海滨、青海湖、鄱阳湖、巴西潘塔纳尔、智利南乔治亚岛、厄瓜多尔明多等
2	观星/天文	丽江高美古、安吉天荒坪、大兴安岭漠河、阿里暗夜公园、埃及撒哈拉沙漠、纳米比亚国家公园、智利阿卡塔马沙漠等
3	摄影旅游	西藏全境、云南全境、张家界、婺源、黄山、周庄、恩施、甘南、坝上草原、桂林、甘孜、喀纳斯、霞浦、茶卡盐湖等
4	单车骑行	青海湖环湖、川藏线、海南环岛、环洱海、澳大利亚昆士兰、澳大利亚大洋路、加拿大惠斯勒、玻利维亚"死亡之路"等
5	极限运动	阳朔(攀岩)、鸡公山(滑翔伞)、贡嘎山(登山)、蜈支洲岛(潜水)、瑞士因特拉肯、新西兰皇后镇、冰岛霍芬镇等
6	朝拜朝觐	天水伏羲庙、解州关帝庙、南雄珠玑巷、卫辉比干庙、湄洲岛、贵州石门坎、尼泊尔蓝毗尼、印度恒河、耶路撒冷等
7	军事旅游	赤壁、威海刘公岛、鄂伦春布苏里、黄埔军校旧址、越南古芝地道、长崎和平公园、俄罗斯阿拉比诺基地、诺曼底遗址等
8	铁路旅游	滇越铁路、京张铁路、粤汉铁路、青藏铁路、嘉阳蒸汽小火车、瑞士窄轨铁路、奥地利塞默灵铁路、日本札沼线等

（一）针对目标市场进行策划

专项旅游产品的出现是市场细分的结果，策划人员须针对具体目标市场的需求来选择活动场所、配置各类资源、提供相关服务，这样策划出来的专项旅游产品才会畅销。由于专项旅游产品的目标市场相对明确，策划人员可以相对容易地识别这一群体，并且可以直接或通过相应机构来接触这一群体，分析其市场需求，拓展市场。例如，通过摄影协会、文学艺术界联合会、艺术学院、摄影大赛组委会等途径了解、分析、研究摄影旅游市场。

（二）量身定制旅游线路

定制化服务是站在顾客角度、以满足顾客个性化需求为前提的一种运作模式。定制化服务是体验经济的客观要求，是服务经济的必然产物。由于专项旅游消费群体对产品的要求较多，策划人员要根据具体情况，善于挖掘深藏在游客心理和精神层面的真实要求，进行定制化和差异化策划，在游客方便的时间、地点，通过方便的服务，为游客提供优质服务，灵活地满足游客的独特需要，提高游客的满意度。

（三）整合利用各类资源

与观光旅游产品一般依托各类正式的参观、游览场所不同，专项旅游产品的活动场所较为杂乱，对各类正式的参观、游览场所的依赖程度不高，更多地依托于其他尚未进行旅游开发、不正式对游客开放的各类场所。这要求策划人员整合利用企业的各种资源特别是社会资源，调动各方面的力量，协调与相关部门之间的关系，将游客感兴趣的场所串联起来，提供专业化服务，组成专项旅游线路。

（四）采取安全保障措施

溶洞探险、森林探秘、山地科考、水上活动等专项旅游产品的活动地点较为复杂，活动方式较为特殊，有一定的危险系数。为了保证游客的生命和财产安全，策划人员必须周密考虑安全保障事宜，采取相应的对策措施，并提出应急处理方案。常用的手段包括完善安全保障设施设备、健全安全提示标识、聘请当地向导与专业人士、加强野外生存能力培训、为游客购买意外保险、加强游客管理与监督等。

（五）丰富产品空间载体

与大众观光旅游依托成熟完善的景点体系不同，特种专项旅游产品在刚开发时往往缺乏常态化的空间载体。策划人员应注重综合考虑区位条件、接待设施、承载力等因素，打造多样化的载体。例如，依托 FAST 兴建天眼科普基地，服务于观星爱好者的星空小镇，为摄影爱好者提供食宿交流服务的黄山狮林摄影文化主题酒店，以及高黎贡山百花岭明星观鸟塘、浙江松阳沿坑岭头画家村等。

专栏 9-5

云南西部地区新兴起的五款旅游产品

继大众观光、古城休闲、温泉度假等旅游产品之后,云南省西部地区近年来涌现出来一批新产品,体现了旅游市场的新趋势及云南旅游界推进产品创新的努力。

• 环洱海吉普车巡游。在徒步、骑行之后,敞篷吉普车巡游+旅拍当仁不让地成为洱海旅游最炫酷的风景线。不同颜色的北京吉普,满足了现代人渴望张扬的压抑内心;优美的苍洱风光、洱海沿线花样百出的道具,成了绝佳的旅拍场所。从大理古城出发,海舌公园、伊美西海、双廊渔村、马久邑、才村湿地公园……网红打卡地尽收囊中,拍出的照片惊艳四座。

• 大理亲子研学之旅。大理有世界地质公园、国家历史文化名城、特色小镇、传统村落、非物质文化遗产、高等级旅游景区,研学资源丰富。攀登苍山石门关、徒步清碧溪、探访寂照庵、露营云海芳草,走进周城学习扎染和甲马制作工艺,参观历史文化名镇喜洲、茶马古道驿站凤阳邑、吊草彝族山寨、蝴蝶泉博物馆,指导营员带着爸妈去探索,通过现场考察、游戏、讨论、戏剧扮演等方式,完成独一无二的大理探索手册。

• 保山高黎贡山观鸟游。高黎贡山百花岭片区自然环境保护良好,物种丰富,鸟类区系复杂,迄今共记录 500 余种,被誉为"中国的五星级观鸟圣地""中国观鸟的金三角地带""飙鸟的最好地带"。从本地摄影爱好者的散拍,到国内外鸟类专家、生物多样性研究学者的聚焦,再到国际观鸟摄影对抗赛,高黎贡山观鸟游在不断升级,"鸟塘""鸟导"及观鸟食宿服务日趋完善,年接待观鸟专业游客 4 万余人。

• 西双版纳普洱茶山行。雨林古茶坊推出的"雨林茶山行"已成为全国规模至大的茶山体验活动,是零距离探寻普洱茶制作全过程的深度旅行。客人到达景洪嘎洒机场后,司机直接送往茶树掩映、设施完善的雨林庄园,参观多功能展厅。从雨林庄园驱车抵达南本老寨古茶园,探访 1300 岁高龄的老"茶王",了解古茶树生长环境。回到庄园,参观古树茶基因库及产品研发中心,聆听古树茶知识讲座,在交流中心品茗、分享心得体会。

• 去远乡学手艺公益旅行。"去远乡学手艺"是上海乐创益公平贸易中心推出的公益旅行项目,是组织对民间手工艺感兴趣的旅行者走进少数民族村寨向手工艺人学习手工艺,并以公平贸易原则合理支付学费给手工艺人,促使民间艺人运用自己擅长的技能去提高生活质量。目前向市场开放的项目是兰坪县河西乡联合村普米族羊头琴手工制作,交通、饮食、住宿条件较为简单,但获得的是深度体验和创意能力。

三、案例赏析

提起德国,人们会想到它是发达的汽车王国,奔驰和宝马皆发源于此。但另一方面,德国又是一个古堡环绕、湖光山色的古老国度，还拥有给世界带来《白雪公主》等著名童话的格林兄弟。灰姑娘、白雪公主、小矮人、小红帽、睡美人、青蛙王子、穿靴子的猫这些耳熟能详的童话人物，至今仍是好莱坞大片无穷无尽的创作和题材源泉，以至于很多人渐渐模糊了他们的"原籍"。

为了纪念童话大师格林兄弟诞辰200周年，德国政府于1975年推出了一条名为"童话之路"的旅行线路。这条主题线路总长超过600公里，以格林兄弟的故乡哈瑙为起点，在德国北部的不莱梅结束，除了主要大道，亦有数条支路，与浪漫之路、莱茵河传说之路等一起被誉为德国最受欢迎的旅行路线。它以童话、传说、传奇、文化为主题，将70多个与格林兄弟的童话故事息息相关的城市和乡镇串接起来。在这条线路上，游客可以游览格林兄弟故事灵感来源的地方，从中寻觅格林童话背景与德国文化的根源。

"童话之路"基础版本可以分为八个站点，分别是"哈瑙：格林兄弟出生地""师泰瑙：格林兄弟度过快乐童年的小镇""阿尔斯菲尔德：'小红帽'的故乡""卡塞尔：格林兄弟的童话梦工厂""沃尔夫哈根：《狼和七只小羊》发源地""萨巴堡：'睡美人'的宫殿""哈默尔恩：《彩衣吹笛人》诞生之地""不莱梅：动物音乐家的故乡"。

游览这条"童话之路"通常会安排4天的行程。第一天从法兰克福出发，驱车前往格林兄弟出生地哈瑙，参观格林兄弟博物馆；然后去被誉为"欧洲文化遗产保护城市"的阿斯菲尔德小镇参观小红帽的故乡，午餐后前往格林兄弟采风并居住多年的城市卡塞尔，游览建于19世纪的威廉高地公园。第二天从卡塞尔出发，驱车前往睡美人城堡所在地沙巴堡，然后去《牧鹅少女》发生地哥廷根游览，之后前往汉诺威。第三天驱车前往童话《哈默恩的捕鼠人》之城哈默恩，游览文艺复兴时期建筑风格的旧城，随着地上的白老鼠印找寻捕鼠人之家，之后返回汉诺威。第四天前往童话之路的最北站不莱梅，游览市内名胜，参观音乐家雕塑，之后前往汉堡，游览阿尔斯特湖、汉堡港、市政厅、圣米歇尔教堂、圣保利娱乐区等景点，结束行程。

第三节 旅游线路创新策划

一、概述

旅行社是需要把各种资源和要素整合起来进行再创造、再生产的专业机构，而且还需要在活动过程中提供人性化服务。旅行社对旅游目的地旅游资源进行创意与策划，推出富有特色的旅游线路，是旅游目的地开发成功的重要保证。旅游线路产品是旅行社的生存之本，主要类型如表9-7所示。如何使旅游线路求新出奇，花样翻新，引人入胜，是旅行社营销人员应当认真研究和解决的重要课题。旅游线路并非景区和景点的机械拼凑，应在对旅游地的客源市场区位条件和所拥有的旅游资源进行深入研究的基础上，对旅游资源进行横向和纵向比较，挖掘资源的深刻内涵，最后对其内涵进行提炼、升华而形成的。例如，中国十大精品旅游线路就包括了丝绸之路、京杭运河、长江、黄河、珠江、北方冰雪、香格里拉、南海风情、海上丝路、长征红色记忆精品旅游线路。

表 9-7 旅游线路的基本分类

序号	分类标准	具体类型
1	线路距离	短线、中线、长线
2	游览时间	一日线、二日线、三日线、多日线
3	线路性质	普通观光线、专题旅游线
4	线路功能	周游观光线、度假逗留线、周末休闲线
5	交通工具	邮轮线、航空线、铁路线、大巴线、自驾线、组合线
6	空间形态	两点往返式、单线贯通式、环形贯通式、单点轴辐式、多点轴辐式、网络分布式线路

旅游线路产品创新策划要切合国内外市场的消费需求，突出特色和主题，体现针对性、独特性、创新性、体验性、实用性、完整性、时代性。具体要求如下：第一，主题鲜明，线路产品的主题名称应具有特色和较强的吸引力；第二，创意新颖，根据新业态、新产品不断涌现的实际，结合旅游新趋势、新变化、新需求、新偏好，针对不同市场进行创意、包装；第三，内容丰富，要注重对旅游资源的深度挖掘和创新整合、有效利用，形成包含旅游六要素在内的丰富的旅游产品组合；第四，行程安排结构合理、布局得当、时间充足，除游览和度假内容外，应兼顾食宿、交通、购物和娱乐等方面内容；第五，市场指向明确，线路产品及其组合在其特定的区域市场中应有具体、明确的目标人群。此外，旅游线路承载着开发者的智力投入、凝结着开发者心血的智力成果，还应考虑设置门槛，保护旅游线路产权。旅游路线策划者一定要有勇气、富智慧、具活力、会幻想，敢于在实践中大胆开拓与尝试，敢当第一个吃螃蟹的人。

二、旅游线路创新策划方法

经过多年发展，低品质、不合理低价、强迫游客购物的跟团游正被淘汰，大巴车大团队、千篇一律的行程、行色匆匆走马观花、住得远吃得差的现象逐步有所改观。消费升级是"新跟团游"的重要特征，小团化、个性化、主题化和高品质的"新跟团游"正在获得游客的青睐。根据李晓军等人的总结，旅游线路创新主要有七种模式。这些模式为旅游线路创新策划指明了方向。

（一）翻新式：旧线翻新，注入新意

旧路线之所以仍在沿用，这说明它还有生命力，如果适当调整，改变思路，给它注入新的视觉，就可使其锦上添花，再焕青春。广东某旅行社就针对广东游客"好吃"的这一特点，将一批常规线路重新包装，旧瓶换了新酒，策划出金牌美食团。例如，西安中原线安排品尝西安饭庄地道小吃、天下第一席洛阳水席等，推出后收客情况不错。

(二)多点式：一线多点，巧妙结合

利用以名景点为主，进行多点的延伸、组合，往往可以取得意想不到的效果。如在安排重点游览张家界的三夜四天中，大连市某旅行社增加韶山、长沙、九江、庐山等景点组成十日游，火车去、飞机返，"医学专家老干部团"曾走了这条线，受到一致好评。一线多点式的操作应注意顺道而行，尽量不走重复路线，避免导致客人疲惫、出现衔接故障。

(三)新景式：开辟新景，大胆尝试

大连市某旅行社曾较早开辟了鲜为人知的辽东青山沟风景区三日游路线。第一天乘汽车到丹东，下午先游凤凰山，就近住五龙背洗温泉。第二天去青山沟，夜里举办篝火晚会，伴随全羊席。第三天游丛林、瀑布、小溪，乘船欣赏碧波荡漾的青山湖，再返回丹东住一夜，欣赏鸭绿江风光。如今，这条线路已成为辽宁旅游热线。

(四)切割式：地域切割，集中景区

根据我国热点旅游城市相对集中的特点，采取地域切割手段，一次性地集中主要景区，编制路线，也会创造新境，只是时间较长，可称之长线深度旅游。大连市某旅行社曾为一位有半个月的休假期、想去西南旅行的客户安排线路，细心策划出"云南全线＋贵阳＋桂林14日游"的全新路线，各地大交通均为飞机。结果客人对这一线路相当满意。

(五)拉力式：汽车拉力，求奇探险

根据城市居民向往大自然，求新、求奇、求险、求趣，但又不想花太多钱的特点，大连市某旅行社适时推出了汽车拉力线。从大连出发直奔辽宁西部珠日河草原，住蒙古包、吃羊肉、骑马射箭、祭敖包、品民族风情、观赏奇特的大青沟原始森林、三岔口漂流、滑草二夜三日游。这条线路因内容丰富、价廉物美，受到游客欢迎。

(六)浪漫式：轻松愉悦，领略佳景

大连市某旅行社针对老年团、家庭组合、新婚夫妇，以浪漫为主题、轻松为节拍、名景为内容、休闲为特点，强调求稳不求险、求精不求粗、求慢不求快，设计出"北京名景＋天津小吃＋天下第一关火车八日游""泰山＋苏杭＋水乡＋上海新貌双飞九日游"等新路线，讲究舒适、宽松，富于抒情色彩，以满足游客精神与物质上较高水准的需求。

(七)专业式：对口适度，流畅出新

城建、环保、体育、文艺、农业、经贸、教育等团队会越来越多，自选性强、个性化突出、不大满足事先定好的现成线路，因此旅行社应有的放矢地设计出符合专业化要求的特殊路线。例如，在为某地区医院党政交流学习团编制路线时，根据客户要求设计了"南京、无锡、苏州、水乡、昆山、普陀、上海双飞九日游"路线，在南京、昆山、上海各安排半日中医院参观学习与政工业务交流，并在昆山安排了参观合资企业等项目。

专栏 9-6

旅行工匠：旅游线路智能决策辅助设计平台

"旅行工匠"是武汉春秋国际旅行社独立创意开发的一款旅游线路设计工具。它借助大数据、云计算，实现线路产品可视化设计，合理利用和组织目的地旅游资源。"旅行工匠"已存储上千万条旅游数据，其中除了春秋国际旅行社自采信息之外，还连接Booking、Hotelcombined、Agoda等酒店预订平台或景区信息中心，实现海量数据共享，并依据这些大数据精确计算，为游客规划"最体贴"的旅游线路。这一平台具有如下特色：地图与卫星图随意切换，行程智能调整优化，天文历法演算，灵活的沙盘推演，可无限重置的试错方式。

打开"旅行工匠"线路规划页面，输入目的地"巴黎"，整个巴黎的Google地图页面显示出来。在地图右侧是一列选项，包括：景点、酒店、交通、餐馆等。点击"景点"，就会出现巴黎100个主要景点分布图。系统就开始自动规划，并显示出3条不同游览线路，以避免出现堵车延误。如果点击"酒店"，地图上则跳出200多家已经标记的酒店。这些酒店数据很多通过国外著名预订网站获取，有酒店最详细介绍。这一平台为旅游线路创新策划提供信息与技术支撑，策划人员可以借助该平台对自己提出的线路创新构想进行验证。

来源：武汉春秋国际旅行社有限公司官网（http://www.cq66.com/cqmap.html）.

三、案例赏析

近年来，各地旅游行政管理部门、旅行社、景区都非常关注旅游线路产品创新的问题，普洱市旅游发展委员会策划推出的"踏寻心灵深处最美的乐章——普洱'绿三角'自驾原生态之旅"就是其中一例。

必驾理由：

①立竿不见影——北回归线标志园，动植物双生现象的代表——双胞井；②走进国家公园，邂逅森林氧吧，零距离接触自然；③体验阿佤人的狂欢，感受神秘西盟生态宜居之城；④感受傣家别样风情，品味纯正傣味美食；⑤走近追求快乐的拉祜人，拨动心底那根名叫幸福的弦；⑥寻访千年茶林，最美布朗茶人。

行程安排：

第一天：早餐后，从昆明出发，沿昆曼高速前往墨江城区游览北回归线标志园、双胞文化园；中午在墨江双龙烧烤城进餐；下午前往宁洱县那柯里，游览《马帮情歌》的诞生地，并享用特色农家乐晚餐；沿213线前往普洱市思茅区，入住思茅。

第二天：早餐后，沿S214线至帝泊洱大道1号，游览天士力生物茶谷；沿XJ07号公路游览普洱茶博览苑，中午在农家乐用餐；游览普洱国家公园，傍晚在曼歇坝农家乐品尝烤鱼；晚间入住思茅，夜间可前往空山版画艺术中心观赏绝版木刻技艺。

第三天：早餐后，沿思澜公路前往澜沧，中途在南本傣族村寨休息，中午游览澜沧拉祜风情园，在县城享用午餐；接着沿 S230 线前往极具佤族特色的美丽小城——西盟，游览木依吉神谷；傍晚在佤部落山庄晚餐，与阿佤人联欢（或篝火联欢）；入住西盟酒店。

第四天：早餐后，游览勐梭龙潭，体验窝朗房演出和神秘龙摩爷祭祀；前往孟连县，游览金塔、孟连总佛寺、宣抚司署、野生龙血树等景点，品尝傣家特色午餐；下午驱车游览孟连口岸、勐马瀑布、勐马温泉，傍晚到农家乐品尝手抓米线；晚间入住县城酒店。

第五天：早餐后，沿 S309 线前往澜沧县，抵达老达保拉祜族特色村寨，途中在路边农家乐午餐；下午沿 G214 线抵达景迈芒景景区，在康馨休闲山庄享用晚餐；傍晚入住精品客栈，晚上品茶。

第六天：清晨徒步芒景村哎冷山，穿梭古茶林，观看布朗茶祖祭魂台、七公主坟等；早餐后，游览翁基布朗古寨、糯干傣寨、芒景千年万亩古茶园；中午在景迈人家享用特色茶餐；下午返回惠民镇参观景迈柏联普洱茶庄园；傍晚在惠民镇晚餐，入住酒店。

第七天：早餐后，沿 G214 线前往西双版纳，游览相关景点后返程昆明。

第四节 旅游活动策划

一、概述

生命在于运动，旅游在于活动。旅游经济是活动经济。对旅游者而言，旅游本身就是一种体验性活动，要求"动手动脚"。仅具有观赏功能的旅游地通常游客停留时间短、综合效益差、印象不深刻、满意度不高，沦为"不去终生遗憾，去了遗憾终生"的地方。在门票新政的形势下，这类旅游地会面临生存的严峻考验。就资源开发而论，活动意味着潜力资源的激活、传统价值的转化、表现形式的创新、旅游产品的动态变化。大量非优旅游资源必须尽早摆脱"就资源论开发"的陈旧观念，通过活动来促进旅游资源优势的创造性转化、谋求错位发展、实现旅游价值。对注意力而言，活动的事物比静止的事物更容易吸引眼球，吸引公众关注，激发参与动机。经常举办各类活动的旅游地更能吸引媒体、公众、游客的注意力资源，增加被游客感知和选择的机会。实际上，有些资源赋存不理想的地方，就是凭借活动开辟了一条特色旅游发展之路；还有些旅游地，就是通过一次节事活动实现了市场影响力的跃迁。

狭义而言，旅游活动经济最基本的含义就是让景区"活"起来、让游客"动"起来，要求景区要有模有样、有声有色、有滋有味，从过去仅供观赏变为可亲近、可触摸、可对话，全面调动游客五种感官的积极性，让其获得独特、丰富、深刻的体验。在这里，活动主要指的是体验活动、娱乐活动、表演活动。广义而言，活动经济还应包括如下含义：让无形资产"活"起来，让社区居民"动"起来；让闲置资源"活"起来，让涉旅产业"动"起来；让旅游事件"活"起来，让客源市场"动"起来。这里的活动不仅包括演艺活动、节庆活动，还包括会展活动、事件活动。

二、旅游活动策划要点

（一）旅游活动策划的基本原则

各类旅游活动策划应坚持根植文脉、形成特色、强调参与、制造愉悦、细分市场、形成体系、推陈出新、持续发展等原则。第一，从文化背景、文化传统出发，寻找创意素材和策划灵感，培育根植于地方文化的特色活动项目。建水文庙挖掘整理史料，策划推出了"儒家三礼"即开笔礼（源于古代"破蒙"仪式）、成童礼、成人礼（源于古代"冠笄礼"）活动，受到市场认可。第二，充分考虑游客需求特征，站在旅游者的立场思考问题，调动五种感官的积极性，塑造沉浸式互动性愉悦体验。西双版纳曼听公园突破"朝九晚五"的运营模式，从游客深度体验傣族文化及湄公河流域文明需求出发，策划组织了名为"澜沧江·湄公河之夜"的主题晚会，在剧场表演之外的户外环节推出了学跳傣族舞蹈、放灯许愿等活动，取得了较好的经济效益和社会效益。第三，摒弃无差异市场理念，在市场细分的基础上，针对重点客源市场策划组织旅游活动，力争形成特色活动体系。经过多年的探索和创新，傣族园探索出"学一首傣家歌""跳一曲傣家舞""吃一顿傣家饭""住一宿傣家楼""观一次傣家景""干一回傣家活""泼一身幸福水"等众多保留项目，被游客评为"必须体验的活动"，形成了特色活动项目体系。第四，顺应市场需求变化，利用社会热点事件，与时俱进地创造新兴活动，提高游客重游率，促进旅游地持续、快速、健康发展。张家界通过推出的天门山特技飞行表演、张家界地貌命名、国际乡村音乐节、"南天一柱"景点改名、"直播苏木绰"等事件，成功保持了在旅游市场上的热度。

（二）旅游活动策划的具体方法

除了常用的场景活化法、情景模拟法以外，旅游地活动创意策划过程中还可以灵活运用 ASIA 策划法、人时事地物策划法、三类型策划法、四体验策划法、五感官策划法、六要素策划法。ASIA 策划法和人时事地物策划法为旅游活动策划提供了基本框架，其中前者是以活动（activity）为中心、以吸引物（attraction）为依托、以服务（service）和设施（infraction）为补充来策划活动的方法（具体运用如表 9-8 所示），后者是考虑人（游客、导游、其他服务人员）、事（活动事项、解说内容、指导内容）、时（举办时间、时间分配）、地（活动地点、地点转移）、物（工具、设备、耗材、纪念品）的策划框架（案例如表 9-9 所示）。三类型策划法、四体验策划法、五感官策划法、六要素策划法则为旅游活动策划指明了具体方向，分别从三种旅游类型（大众观光、休闲度假、特种专项活动）、四种体验类型（遁世、审美、娱乐、教育）、五种感觉器官（视觉、听觉、味觉、嗅觉、触觉）、六种旅游要素（食、住、行、游、购、娱）明确了思考问题的视角。旅游地可以根据自身的区位条件、资源禀赋及所处生命周期阶段，灵活运用上述方法，借助全体员工、当地居民、思考型游客的力量，培育特色鲜明的经典活动项目。

表 9-8 ASIA 方法的应用实例：观光茶园旅游活动设计

序号	维度	具体设计
1	旅游吸引物	茶山
2	旅游活动	游客接受短暂培训，了解采茶技巧与注意事项；亲自采茶，体验收获的乐趣（可组织茶歌对唱、采茶比赛）；参观茶叶加工车间，了解普洱茶制作流程，参与茶叶制作；欣赏茶道表演，品尝茶文化主题餐饮
3	旅游设施	竹篮，草帽，制茶作坊、茶室、茶餐厅，凉亭、旅游厕所等
4	旅游服务	示范讲解、安全提示、茶道表演、餐饮服务等

表 9-9 "人事时地物"旅游活动设计框架应用实例：割胶体验

序号	维度	项目	内容	备注
1	人	游客对象	团体客人	或经过预约的散客
		接待人数	20 人左右	视具体情况而定
		导游员	1 人，负责接待、解说及示范	
		辅导员	若有小孩则派辅导员 1 人，注意维护全场次序及应急事故处理	
2	事	割胶	主要以解说、示范、割胶体验等方式进行	同时注意采摘环境
		可解说内容	橡胶的价值、橡胶引种的历史及现状等	配合总理纪念碑
			割胶技术要点及注意事项	当场示范、增加印象
3	时	举办季节	割胶季节	
		举办时间	随时可以举行	根据团队游程安排
		时间分配	活动说明：5 分钟	
			认识橡胶（导游员讲解）：5 分钟	
			学习割胶（导游员示范）：5 分钟	
			体验割胶（导游员指导）：15 分钟	
4	地	割胶地点	棕榈园后方胶林	
		解说地点 1	起点为进入胶林处	讲解橡胶概况
		解说地点 2	沿路讲解周围生物资源	
		解说地点 3	割胶练习桩	解说技术要点
5	物	工具	割胶刀	回来后须归还
		设备	洗手的清洁设备	
		耗材	无	
		纪念品	相关书籍、橡胶标志饰物等	

（三）旅游活动策划的思想采购

旅游策划人员应注重做好相关领域的知识积累，注重研究国内外经典活动案例，从中吸收成功经验，启发自己的思考。纵观国内外旅游开发实践，不少地方已将活动经济作为旅游经济的基本属性之一，运用这一理念指导旅游开发。可以说，在旅游发展较为迅速的地区，都可以轻而易举地发现"活动经济"的影子。美国拉斯维加斯空中婚礼、瑞士达沃斯小镇世界经济论坛和苏黎世街头游行、英国伦敦诺丁山狂欢节、德国慕尼黑爱森纳赫河冲浪、希腊议会大厦卫兵换岗仪式、冰岛冰上攀爬、土耳其卡帕多西亚热气球、新西兰凯库拉空中观鲸、泰国清迈厨艺学校烹饪课程、韩国保宁泥浆节、日本北海道美瑛骑行，以及中国乌镇互联网大会、绍兴夜游沈园、平遥古城国际摄影大展、西安仿古迎宾入城式、凤凰古城周边漂流、西双版纳曼迈桑康·泼水节映像、张家界系列创意营销事件等莫不如此。户外运动胜地等某些特殊类型的旅游地对活动的依赖程度更高，如老挝万荣、新西兰皇后镇、瑞士因特拉肯等。

专栏 9-7

户外运动天堂万荣丰富多彩的活动项目

万荣市地处老挝万象省北部，距离首都万象市约 156 公里，位于首都万象至世界文化遗产琅勃拉邦古城的必经之路上。万荣市超过 2/3 地区为山地，其中大多数为石灰岩结构的山峰峭壁，形状大小各不相同，孕育了坦江、坦普坎、坦帕陶等溶洞群。水文景观中则以南松河风光和蓝色潟湖享有盛誉。这里的主要人文景点就是几座始建于 16、17 世纪的寺庙。西温松寺（又名瓦塔寺）、瓦冈寺和西苏曼寺是其中最著名的寺庙。此外，南松河上有两个从别处迁移过来的苗族村子，骑自行车或摩托车即可轻松到达。

与这里的景点相比，万荣的各类户外活动项目更受欢迎。经过 2012 年老挝政府的整治，万荣已经发展成为老挝首屈一指的休闲旅游目的地和户外运动天堂，皮划艇、漂流、跳水、游泳、探洞、山地车骑行、攀岩、热气球等各种活动任由游客选择。其中，最独具特色的当属轮胎漂流和水上狂欢。轮胎漂流已成为万荣旅游的标志性项目，几乎所有到万荣的年轻游客都会去体验坐在充满气的拖拉机轮胎内胆里沿着南松河顺流而下的感受。轮胎漂流的出发点在城北 3.5 公里处，根据速度和河流水况的不同，有可能是一趟在丛林盘绕的喀斯特地貌之间的平缓泛舟，也可能是一路顺流直下的高速漂行。在南松河沿岸有 12～13 处餐吧，设有跳台、滑索、滑道等设施，供游客体验入水的乐趣。这些娱乐项目深受轮胎漂流客的喜爱，通常不另行收费，只要游客在附近餐吧消费可免费体验。此外，万荣还开发了丛林飞跃等项目。

来源：[澳]Lonely Planet 公司. 老挝[M]. 王薇，等，译. 北京：中国地图出版社，2015：184-187.

三、案例赏析

罗瓦涅米位于北极圈内，是芬兰拉普兰省的首府，拥有独特的北极风光，被称为"圣诞老人的故乡"，拥有圣诞老人村、圣诞乐园、拉努阿野生动物园、罗瓦涅米艺术馆、北极中心、拉普兰省立博物馆、欧纳斯山滑雪中心等旅游吸引物。罗瓦涅米是著名的冬季旅游中心，不少游客从这里开始他们的极地之旅。

　　罗瓦涅米有三项备受欢迎的经典旅游项目，地域特色鲜明，仪式感十足。第一项经典体验活动是跨越北极圈。圣诞老人村在北纬 66°32′35″的地面画出了一条白线，上面写着"66°32′35″ARCTIC CERCLE"，这就是北极圈的地标。来到这里的游客都会把双脚横跨在北极线上，拍一张留念照。作为配套服务，圣诞老人村还会为游客颁发一份特别的"北极圈纬线地标纪念证书"。证书有两种版本、13 种语言可供选择，还有工作人员的签字盖戳。这一活动让北纬 66°32′35″不再是虚无缥缈、事不关己的地理事物，而是能够互动、具有"跨越"意义的体验地，成为游客进入北极圈这一与众不同的特殊空间的标志。第二项经典体验活动是与圣诞老人合影并寄明信片。罗瓦涅米据说是唯一经过"官方认证"的圣诞老人故乡，与圣诞老人会面并合影是打卡必备。在浓郁的节日气氛中，游客可以填写一张明信片，盖上独特的邮戳，寄给世界各地的亲朋好友。这里还提供一项特色服务，那就是游客可以预订在圣诞节寄出的卡片。最后一项经典体验活动是桑普号破冰船之旅。乘坐前芬兰政府的破冰船改造而成的游轮，航行在波的尼亚湾北部的冰封水域之中。船上有专人引导参观破冰船的设施，有兴趣的游客还可以体验新奇刺激的冰海游泳，被誉为"芬兰独有的项目""游客独一无二的经历"。返程途中船长会颁发破冰船旅行证书，作为极地旅行的纪念。

　　罗瓦涅米的三项经典旅游体验活动项目分别运用了化虚为实、无中生有、变废为宝的创意手法，将地球上并不存在的线转化成为旅游吸引物，为传说中的圣诞老人修建了家园，把退役的破冰船改造成为旅游体验活动工具。这三项经典旅游活动为游客亲近、触摸当地特色旅游资源提供了渠道，提高了游客的体验度和满意度，延长了停留时间，增加了综合效益，还使得罗瓦涅米的旅游知名度和影响力大大提高。

拓展阅读

[1] 史晓明. 旅游产品设计经营实战手册[M]. 北京：中国旅游出版社，2015：54-92.

[2] 曹乃云. 莱茵河传奇[M]. 北京：人民文学出版社，2020：12-83.

[3] 丁援. 文化线路：有形与无形之间[M]. 南京：东南大学出版社，2011：137-165.

[4] 文少辉. 日本见学深度慢游——最贴近日本的在地体验之旅[M]. 台北：木马文化事业股份有限公司，2015：180-243.

[5] Clare. 台湾手创探索旅行：生态、博物馆、观光工厂 64 条体验路线[M]. 北京：凯特文化创意股份有限公司，2014：125-159.

[6] 杨福泉. 策划丽江（旅游和文化篇）[M]. 北京：民族出版社，2005：61-102.

[7] 宋晨. 近年来中国旅游产品创新成功案例及经验分析[J]. 管理观察，2009，11.

[8] 司春杰. 浦东开启"圆梦之旅"[J]. 浦东开发，2019，9.

[9] 廖海金. "食安一日游"是创新之旅[N]. 中国医药报，2017-08-28（2）.

第九章　旅游产品组织策划

[10] 周能兵. "中国研学游第一品牌"离绍兴还有多远[N]. 绍兴日报，2018-07-13（3）.

创意语录

思考的时候要向外行人一样无所顾忌，而实践的时候要像专家一样缜密。

——金出武雄

突破性产品必须可以重新定义现有的或者开拓新的市场，使用户获得可享受的消费体验并感受到某种生活形态的梦想。

——乔纳森·卡根

万里之行，始于梦想；唯有对梦想的坚信才能造就艺术家，而艺术家正是我们这个时代所需要的企业家的榜样。

——欧内斯特·霍尔

未来不是在目前诸多可以选择的道路中选择的结果——它是被创造出来的——首先在心灵和意志中创造，然后在行动中创造。

——华特·迪士尼

思想是一种资本，而且只有在有识之士的手上才能带来利益。

——安东尼·狄·雷韦罗

充满想象力的解决方案通常会在你睡着或半睡半醒时突然来临，就好像潜意识就在这两种状态下工作。

——苏珊·格林菲尔德

策划故事

灵感触媒

案例分析

综合实训

探究学习

第十章 旅游市场营销策划

【学习导引】

21世纪是眼球经济时代,注意力成为稀缺资源。在日趋激烈的市场竞争中,"酒香也怕巷子深"成为影响旅游企业营销行为的基本理念,形象力、传播力、品牌力成为组织运营考量的重要因素。策划好的旅游产品必须借助创意营销才能更顺利地进入市场,实现自身价值。旅游营销不仅是旅游企业的事情,也是政府提升地方形象的重要手段,"区域形象旅游化"被越来越多的地方接受。在新经济、新技术、新交通、新媒体时代,旅游营销策划面临的挑战也在不断加剧,以致个别地方铤而走险、靠歪招短期内搏出位。面对这些新形势、新情况、新问题,旅游策划人员应全面理解形象制胜、内容至上、创意为王等理念,在深入理解传播学、心理学、营销学、创意学理论的基础上,强化用户思维、流量思维、渠道思维,熟练掌握旅游形象、营销、品牌策划的技术与方法,积极探索低成本、高效率的旅游创意营销策划之道。

【教学目标】

1. 掌握旅游形象策划的内容与方法;
2. 掌握旅游营销策划的方法与技巧;
3. 熟悉旅游品牌的特征与策划要点;
4. 熟悉近年来出现的经典旅游营销策划案例;
5. 综合运用所学知识完成旅游营销策划方案。

【学习重点】

1. 旅游形象策划的内容与方法;
2. 旅游创意营销的策划要点。

旅游产品具有无形性、不可移动性、不可预先体验性、不可储存性的特征,这决定了旅游企业、旅游行政管理部门必须重视营销工作。同时,旅游活动是与人的终极需求相关、在后工业时代勃兴的特殊现象,这使旅游业表现出截然不同于种植、采掘、制造等产业的特征,也使旅游营销具有自身独特的规律。此外,在创意经济和注意力竞争时代,旅游营销也越来越讲究创意策划,否则就难以实现预期目标。有鉴于此,旅游营销策划必须在吸收注意力理论、传播理论、媒介理论、形象理论、营销理论、跨文化交流理论精华的基础上,全面考虑旅游活动和产业的独特属性,结合注意力经济和创意经济的要求,方能取得理想效果。

本章重点从形象、营销、品牌三个方面对旅游营销策划的理论、方法与案例进行了介绍,以便读者建立起旅游营销策划知识体系的框架。结合新经济时代的要求,本书提出并介绍了旅游创意营销的相关理念与案例。诚然,旅游营销涉及面广、手段复杂,囿于篇幅,本书无法全部涉及。对于旅游广告、公关、节庆及其他相关方面的策划,可以在掌握本章知识的基础上,借鉴国内外成功案例(如泰国富有创意的旅游广告)进行相应拓展。

第一节 旅游形象策划

一、旅游形象策划概述

旅游形象指旅游地(包括旅游吸引物、活动、服务与管理等)在公众心目中形成的总体印象,包括旅游主题形象、品牌支撑形象、市场指引形象、产业发展形象、产业贡献形象等。游客在选择旅游地和作出旅游决策时,除了考虑距离、时间、交通方式和旅游成本等因素外,还非常重视感知形象这一因素。那些在游客心中具有强烈而深刻印象的旅游地,往往吸引着千里之外的旅游者。作为一项能带给人们多方位享受的服务产品,旅游活动是一种异地消费活动。旅游产品具有无形性、不可转移性、不可储存性、生产与消费同步性、重复消费率较低的特征,这决定了它更需要通过形象来向旅游者传达积极、实在的感受。

经过多年的探索,国内学术界形成了旅游形象遮蔽效应、叠加效应、旅游阴影区等理论成果,各地在旅游形象体系策划方面已经积累了较为丰富的经验,形成了一定的模式。例如,根据曹李梅、曲颖等学者的研究,优秀的旅游口号设计出现一些规律(如表10-1所示)。同时,随着旅游业的迅猛发展,伴随而来的市场竞争也越来越激烈,各旅游地对通过树立独特的旅游形象来识别本旅游地的位置、强化与其他竞争者的差异、吸引游客前来消费的期望也越来越高。这给旅游形象策划提出了很多新问题,为策划带来了新挑战。

表10-1 优秀旅游口号的一些规律与倾向

序号	领域	主要表现
1	字词选用	全中文形式+具体名词+行动类动词+短型口号+不含晦涩字词
2	句法表达	陈述语气+对称结构+短语+使用修辞
3	韵律节奏	双偶音步+四字对称+平仄相间+尾字平声+不要求韵脚整齐
4	目的地识别	供给导向型+涵盖目的地名称+名称位于结尾
5	销售主张	含有价值命题和利益承诺+价值命题数量为两个+不关注独特性
6	语义诉求	渲染呼吁型语言风格+认知性语义内涵+中性情感

二、旅游形象策划要点

旅游形象策划是在调查研究的基础上进行创意构思和艺术创作的过程,创新思维和艺术修养是进行形象策划的必备条件。根据旅游形象的形成机理，旅游形象策划的流程可以表述为：地脉与文脉分析→旅游者感知行为分析→旅游形象竞争性分析→提炼旅游形象的主脉络（理念）→明确旅游形象定位→拟定旅游形象表达口号→构建旅游形象塑造体系→设计旅游形象传播方式。围绕"说什么""怎么说"两大核心问题，曹李梅、曲颖提出了旅游口号系统化设计的金字塔模型（如图10-1所示），对旅游形象策划实践具有较强的指导意义。

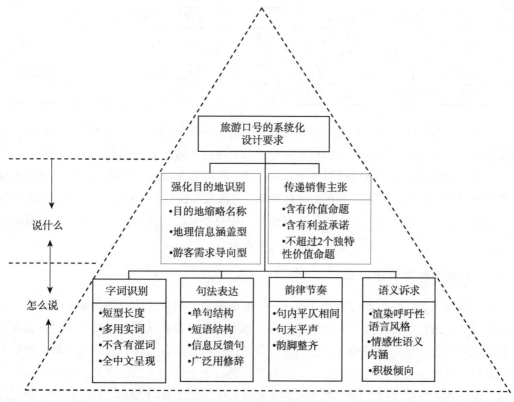

图 10-1 旅游口号系统化设计的金字塔模型（曹李梅，曲颖，2018）

（一）旅游形象策划的基础分析

绝大多数旅游形象口号都是在文脉和地脉的基础上延伸、提升和演绎而成的。策划人员应充分挖掘和深入分析旅游地的地域背景，发现和提取能够代表地方精神的元素。同时，旅游策划人员应通过抽样调查法、直接询问法、文本分析法、统计分析法来了解游客心目中旅游地的本底形象和感知形象、旅游者获得有关旅游地信息的途径。此外，策划人员还应对其他与旅游资源类似的旅游地的形象进行调查，确定委托方旅游形象的竞争优势，实施差别定位、错位发展。

（二）旅游形象定位策划

旅游形象定位要考虑主体个性、传达方式和受众认知三个基本要素，遵循主题标志化、设计艺术化、功能多样化、活动参与化、定位动态化原则，灵活采取领先定位、比拟定位、逆向定位、空隙定位、重新定位等策略，具体如表10-2所示。

表 10-2 旅游形象定位的基本策略

序号	名称	说 明	列 举
1	领先定位	适用于独一无二或无法替代的旅游资源	"庐山天下幽""鸡足天下灵""天下湖，最西湖"
2	比附定位	避开第一位，抢占第二位	"牙买加：加勒比海中的夏威夷"
3	逆向定位	强调并宣传定位对象是消费者心中第一位形象的对立面和相反面	"全国第一矮山""全国十大非著名山峰"
4	空隙定位	树立一个与众不同、填补市场空白的形象	"昆明天天是春天""小浪底：到中原去看海"
5	重新定位	对原有旅游区域的形象重新塑造	"好客山东"

由于社会需求的变化、旅游资源观的演化、对自身优势的重新审视等因素的影响，不少旅游地会持续不断地推进产品创新，对旅游形象进行再造，并提出新口号。提到海南的夏天，大多数人的认知和感受就是一个字——热，原因就是海南地处热带地区、传统上是避寒胜地。但实际上，海南有丰富的雨林景观，气温常年保持在20℃左右，夏季亲水游玩项目丰富，适合避暑度假。在数年前，海南便力推夏季旅游，打出了"清凉一夏，海南度假"的响亮口号，成为暑期跨省游最具人气的省份。

（三）旅游形象表达方式

旅游形象定位往往借助口号加以表达。旅游形象口号的提炼应遵循内容源自文脉、表达针对游客、语言紧扣时代、形式借鉴广告的基本原则，可以从以下角度来考虑：表现旅游地的优势特征，突出旅游地的文化内涵，强调旅游内容的多样性，显示旅游地的神秘色彩，重视旅游地与旅游者之间的联系，具有时代感、独创性和深刻的寓意。根据李向明的总结，旅游地形象口号创意设计的模式主要包括七种，如表10-3所示。在实践中，黑龙江的"中国的COOL省"、成都的"一座来了就不想离开的城市"、克拉玛依的"一座为梦想加油的城市"等都有可圈可点之处。

表 10-3 旅游形象口号创意设计的基本模式

序号	名称	旅游形象口号列举
1	资源主导型	"东方古都、长城故乡""红色摇篮，绿色家园"
2	借船出海型	"迪士尼太远，去苏州乐园""不是夏威夷，胜似夏威夷"
3	利益许诺型	"您给我一天，我给您一个世界""旅游到曲阜，胜读十年书"
4	利益诱导型	"上海，精彩每一天""一步迈进历史，一日畅游中国"
5	历史典故型	"皇帝的选择"（承德避暑山庄）、"黄山，黄帝的山"
6	古今对接型	"东方商埠、时尚水都"
7	意味深长型	"伊春，森林里的故事""幸福在哪里，西双版纳告诉你"

旅游形象口号的策划除了考虑资源禀赋、社会需求、市场供给，考量的往往是语言艺术，遣词造句、修辞手法至关重要，具体参见根据董皓研究成果整理而成的表10-4、表10-5。在最常用的三种修辞手法中，对偶看起来整齐美观，读起来节奏铿锵，便于记诵；比喻可以引发旅游者联想和想象，给人以鲜明深刻的印象，并使语言文采斐然，富有很强的感染力；移就则饱含一种感情并造成一种特殊的情调。其中，"移就"容易让旅游口号出彩，需要引起足够重视。

表10-4 旅游形象口号的常用语法结构

序号	名称	旅游形象口号列举
1	名词性短语	"寻梦者的乐园"（西藏）、"21世纪中国滑雪胜地"（黑龙江）、"雾凇冰雪，真情吉林"
2	动词性短语	"一日读懂两千年"（广州）、"中西交汇，文化传承"（澳门）、"登泰山，保平安"
3	动词性＋名称性	"游承德，皇帝的选择" "海峡旅游，幸福福建"
4	名词性＋动词性	"天下风景，美在广西" "动感之都，就是香港"
5	名词性＋形容词性	"活力广东，精彩纷呈" "中国云南，神奇多彩"
6	名词性＋动词性＋名词性	"新世纪，游河北，新感受"（河北）
7	形容词性＋形容词性	"古老与现代，淳朴与自然"（陕西）

表10-5 旅游形象口号的基本修辞手段

序号	名称	旅游形象口号列举
1	对偶	"丝绸古道三千里，黄河文明八千年"（甘肃）、"诗画瘦西湖，人文古扬州" "拜水都江堰，问道青城山" "来江苏，访名城，游古镇，品吴韵，寻汉风"
2	比喻	"人间仙境，梦幻烟台" "椰风海韵，南海明珠"（海口）
3	移就	"冷酷冰城"（哈尔滨）、"博爱之都"（南京）
4	综合	对偶＋比喻："天堂苏州，东方水城" 对偶＋移就："趵突神韵甲天下，济南潇洒胜江南" 比喻＋移就："海上花园，温馨厦门"

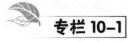

盘点那些精彩的国家旅游形象口号

一个好的旅游宣传口号应该凝练旅游目的地的地脉、史脉和文脉特征，简洁明快、朗朗上口，独具匠心又在情理之中，契合大众审美情趣而不低俗，别出心裁又不荒谬。"他山之石，可以攻玉。"国家旅游形象和对外宣传推广用语，国际上大致有两种类型。

一种是以精练而形象的文字概括旅游资源、产品或环境的主要特点，使人联想到这个国家与众不同的旅游特色，如"100%纯净"新西兰，马尔代夫"让生活中充满阳光"

第十章 旅游市场营销策划

（Maldives：The Sunny side of Life），"露天博物馆"意大利，"历史的金库"埃及，"欧亚交汇，文明焦点"土耳其，"天生的尼泊尔"（Naturally Nepal），"阳光普照西班牙"（Spain, everything under the sun），后又改为"西班牙，激情生活"（Passion for life），"世界公园，瑞士，瑞士，还是瑞士"，瑞典"奇妙，即使在冬季"，"加拿大：越往北，越使你感到温暖"，秘鲁"太阳之国"（印加文明的发祥地，崇拜太阳），菲律宾"亚洲之家（Asia Home），赞比亚"真正的非洲"（The Real Africa），黑山"野性之美"（Republic of Monrenegro：Wild Beauty）等。

另一种是以抽象而又能让人引起遐想的鼓动性语言激发游客想象或游兴，如"日本：永无尽头的发现"（Japan Endless Discovery），"真彩韩国：炫动之旅，想所未及""神奇泰国"，牙买加"一切都好"，加利福尼亚"在这里寻到自己""激情巴西"（Brazil-Sensational），"彩虹之国"南非（South Africa, A Rainbow），"不断探索加拿大"（Canada：Keep Exploring），埃塞俄比亚"旅游者的天堂"（Ethiopla：A Tourist Paradise），墨西哥"超乎你的想象""难以置信的"印度（Incredible India），"魔幻般"的肯尼亚（Magical Kenya），"塞舌尔：地球上最后的伊甸园"，丹麦"地球上最快乐的地方"（Denmark：Happiest place on Earth），波兰"开启你的梦想"（Poland：Move your imagination），赞比亚"一起来探索吧"（Zambia：Lets explore），斯威士兰"一次皇家体验"（Swaziland：A royal experience），澳大利亚"不止匆匆一览，值得用心触摸"（Australia is not a place to see, it is a place to feel）等。

来源：王兴斌.中国出入境旅游国家（地区）概要[M].北京：化学工业出版社，2014.有修改.

（四）构建旅游形象塑造体系

旅游形象支撑体系由理念识别系统（MI）、视觉识别系统（VI）、行为识别系统（BI）组成（如表10-6所示），相应地，旅游形象塑造可以分为理念识别系统策划、视觉识别系统策划、行为识别系统策划。理念识别是旅游企业或组织的个性化思想或观念，主要体现在组织使命、经营理念、价值取向等方面，是旅游形象系统的灵魂。视觉识别是建立在视觉传播理论、视觉传达设计和视觉传播媒体控制管理基础上的一项系统的、科学而又复杂的传播工程。发展视觉传播媒体，开发符号化、标志化的视觉设计系统，是传达精神理念、建立知名度和塑造形象的最有效的方法。行为识别主要表现为三个方面：对内的员工管理行为、面对旅游者的活动参与和旅游服务行为、对外的社会公益行为。

表10-6 旅游形象支撑体系的三大组成部分

序号	名称	基本内涵
1	理念识别（MI）	使命、精神、价值观和目标，回答"我们是谁""我们为什么而生存""我们要做什么""我们将怎么做"，如华侨城的"优质生活创想家"
2	视觉识别（VI）	视觉符号系统，基本要素包括名称、标志、标准字、标准色彩、象征图案、标语口号、吉祥物、专用字体，如四川旅游吉祥物大熊猫
3	行为识别（BI）	涉及服务态度、服务技巧、礼貌用语和工作态度等，如呀诺达景区的欢迎词"呀诺达"

（五）设计旅游形象传播方式

旅游形象传播的一般途径主要包括形象广告、公关宣传、节庆活动、网络手段，基本工具有电视、电影、广播、报纸、杂志、书籍、宣传册、信件、网络、推介会等。其实，旅游形象传播的途径与工具十分广泛，只要用心策划，几乎任何时间、地点、人物和事件都可以成为传播的媒体，如总统、公交车、名片、手机短信等，吉祥物、形象大使、形象宣传片、宣传画册、文化丛书、歌词曲谱等都是基本手段。经过巧妙策划的旅游形象传播活动能够以较低的成本在较短的时间内取得轰动效应，达到一举多得的效果。例如甘肃省以敦煌神话中的九色鹿原型，设计推出了国际文化旅游形象大使——小陇仙，代表了神秘瑰丽的甘肃文化；腾讯在云南新文创的实践，则打造出了一个具有中国特色的省域文化符号——云南云。夏威夷将传统文化中的符号、色彩、造型、轮廓等融入服饰、餐饮、礼仪、舞蹈、雕塑等各个方面，阿罗哈精神及其语言LOGO符号的创意与传播更是成为旅游界学习的典范。

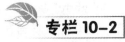

从李子柒现象看文化旅游传播的趋势

在当下目不暇接的飞快生活节奏中，李子柒展现的是一种不食人间烟火的世外桃源般的诗与远方，这种似乎与时代脱节的生活态度与方式，却引来了一种不可思议的众人围观，其数量之多、影响力之大，与境外的老牌国际媒体相比，也不遑多让。甚至有人为此感叹，李子柒是"实打实的文化输出"。她的系列短片中没有一句"中国美食好""中国文化好"，而是把中国传统美食文化、田园生活演绎得淋漓尽致，让人可感可观。当美食成为文化，当文化以引人入胜的方式推送到公众面前，文化接受的过程是愉悦的、和谐的，是令人向往的。

2019年12月，中国传媒大学广告学院旅游传播研究中心发布了《预见2020——文化旅游传播十大趋势》，对理解旅游传播的实质、把握旅游传播的走向、创新旅游形象传播方式具有借鉴意义。这些趋势分别是：①新一波的口号和视觉再造；②文创将更大规模地迎来"集体上网潮"；③非遗的开发与展示，将更场景化、体验化、生活化、产品化；④新技术催生新传播；⑤文旅借力国潮，从"文化认同"到"消费认同"；⑥优质内容依然是稀缺资源；⑦没有运营的IP是没有价值的IP；⑧拥抱下沉市场，关注新消费群体；⑨在网红流量时代，不仅要追求"有意思"，更要追求"有意义"；⑩品牌对于文旅消费的意义和价值更大。

来源：李佳霖.2020年文化旅游传播十大趋势[N].中国文化报，2019-12-21（6）.

（六）稳中有变，与时俱进

为了便于社会公众识别、减少资金浪费，旅游地核心形象在一定时期内要保持稳定性。

同时，为了适应社会发展和旅游需求的变化，旅游地形象又需要适时创新。尤其是进入新时代，旅游地的文化和旅游事业有了新发展、新突破、新面貌，人民群众对文化和旅游的需要有了新变化、新要求、新期待，旅游形象口号应从内容到形式作出适应性变化。山东省旅游形象从"一山一水一圣人"到"走进孔子，扬帆青岛""齐鲁神韵，山水豪情"再到"好客山东——文化圣地·度假天堂"就是典型例子。此外，海南、河南、山西、甘肃、湖北等地旅游口号都经历了逐步探索的过程，四川（"天府三九大，安逸走四川"）、重庆（"行千里，致广大"）、福建（"全福游、有全福"）的新口号还引起了争议。

三、旅游形象策划案例赏析

日本自 2003 年确立观光立国战略以来，在宣传推广自身的风景和文化旅游方面可谓是不遗余力的。多年来，日本国家旅游局推出了 Yokoso! Japan、Discover The Spirit Of Japan、Omotenashi 等一系列宣传片。

Yokoso! Japan 堪称典型的观光宣传视频，以 Beautiful Japan、Delightful Japan、Cool Japan 三个主题介绍了东京、京都、北海道等地的风光。在视频里，观众可以看到春季赏樱、夏季的花火大会、冬季的温泉之旅等季节性活动，辅以日式料理、艺伎、相扑、动漫等文化艺术及祭祀活动，最终点明视频制作者的目的。它主要选取了既具有视觉冲击性又十分具有日本特色的镜头，将最精彩的方面凝缩起来，以激发受众前去观光旅游的兴趣。

2010 年 4 月，日本政府确定将原旅游宣传口号"Yokoso! Japan"替换为"Japan Endless Discovery"，新标识使用了让人联想起日本的红色和白色，并配有樱花图案。从这时开始，观光局推出的宣传片开始更着重于生活细节，更加以日本的人文精神为中心。作为旅游推广的新起点，由日本观光厅组织的咨询委员会提议的主题"日本的人民"在地震期间及震后得到肯定，提出了"3C"理念（character/国民精神、creation/创造和 common life/日常生活）作为日本旅游的三个核心价值观。

2013 年，日本推出了题为 Discover The Spirit Of Japan 的宣传片，以"阿波舞"为切入点，展现了日本人民的生活与精神面貌，整部宣传片表现的就是以视频中一位日本老人说的"虽然辛苦的事情很多，但是不会放弃"为代表的国家精神。显而易见，这比以前那些几乎将所有影像一掠而过的宣传片多了纵深度和吸引力。去日本旅游，不仅可以欣赏富士山、樱花、红叶等美景，更可以体会到日本深厚的人文底蕴。

2015 年初，日本国家旅游局推出了以观光形象大使探访日本待客之道为主要内容的宣传广告。在影片中，五位幕后"黑衣人"进行了住宿、购物、饮食、观光、入浴的不同体验，展现了承载日本待客之道盛名的那些平凡人物所做的工作，也向世界传达了日本顾及他人、为他人着想的待客精神。片假名"おもてなし"指用心款待客人，意在让受众感受植根于日本各行各业"顾客为先"的待客精神。

第二节　旅游营销策划

一、旅游营销策划概述

随着新经济时代的到来，知识、智力、创意、营销、管理等无形资产在旅游产业发展中起着越来越重要的作用，甚至决定着市场竞争的胜负。旅游资源的不可移动性、旅游产品的无形性，加之旅游消费的理性化、旅游市场竞争的白热化，使得营销在旅游业中的地位变得越来越重要，旅游营销策划的重要性也随之得到强化。宁夏、云南、江西南昌、河南林州、内蒙古伊金霍洛等都编制了专门的旅游市场营销策划或规划。黄山市旅游发展指导委员会还专门成立了旅游营销策划中心，指导旅游市场开拓与宣传营销工作。旅游市场营销就是以研究市场、开发市场、满足市场为目的，围绕销售产品展开的活动的总和，旅游营销策划则是对旅游地或企业将要实施的营销行为与活动进行的超前谋划。

随着旅游消费需求的升级换代和旅游资源开发进程的日益深入，我国旅游营销正快速发生着急剧变化，靠自说自话的时代已经远去，话题、渲染、渴望、口碑、分享、创意、感动成为基本要素。这既对旅游营销策划提出了挑战，也提供了无限的机遇和广阔的空间。旅游策划人员应在深入理解一般营销的基础理论即社会在先理论、经济（市场）分离理论、市场角色—期望—互动理论、流程和系统理论、行为约束理论、社会变迁与营销发展理论、营销的社会控制理论的基础上，把握旅游营销的特征，不断创新旅游营销理论、方式与策略。

二、旅游营销策划的要点

旅游营销策划是科学、技术与艺术的统一。旅游策划人员应在掌握市场营销理论、进行市场调查与分析的基础上，运用创意思维和科技力量来谋划营销活动，在满足旅游需求的同时获得预期效益。总体而言，旅游营销策划的要点包括以下方面：全面把握营销发展趋势、准确进行市场定位、注重市场营销创意、灵活组合营销方式、及时跟踪社会热点、遵守旅游营销伦理。

（一）全面把握营销趋势

现代市场营销从产生至今，其理念与方法也不断地创新，这深刻地反映在营销组合上。从20世纪50年代末起，业界人士陆续提出了4P's、4C's、4R's、4V's、4A's等营销理念（如表10-7所示）。随着知识经济、体验经济、休闲经济、眼球经济、网络经济等出现，旅游营销的表现形式日益多元化，涌现出一系列新特点，如深度营销、系统营销、公益营销、合作营销、文化营销、心灵营销、隐性营销、精准营销、定制营销、社区营销、植入营销、病毒营销、歌曲营销、网红营销、直播营销等。现代科学技术特别是通信技术、网络技术、传媒技术的飞速发展为旅游营销技术创新开辟了广阔的发展空间，出现了以数字杂志、数字报纸、数字广播、手机短信、移动电视、桌面视窗、博客、数字电视、数字电影、微电影、微信、脸书（Facebook）、抖音、触摸媒体为代表的"第五媒体"。媒介渠道化、渠道媒介化成为常态，数字内容视频化、视频内容互动化、互动内容功能化成为重要趋势。策划人员应充分利用这一契机，通过整合利用旅游、营销、科技、创意领域的力量来催生现代科技型的旅游营销方式。

表10-7 现代市场营销理念的演化

序号	名称	基本内涵
1	4P's	product-产品、price-价格、place-渠道、promotion-促销
2	4C's	consumer-旅游者、cost-成本、convenience-便利、communication-沟通
3	4R's	relevancy-关联、response-反应、relationship-关系、reward-回报
4	4V's	variation-差异化、versatility-功能化、value-附加值、vibration-共鸣
5	4A's	arouse-打动心灵、apprehension-抓住心灵、abounding-充满心灵、adoration-覆盖心灵

（二）准确进行市场定位

由于企业内部资源的有限性和旅游需求的多样性，没有一家旅游企业可以同时满足所有游客的旅游需求。旅游企业只能凭借其特定的竞争优势，服务于一个或几个细分市场。这决定了旅游营销实质上只能是目标市场营销，策划人员应在深刻把握STP战略的基础上进行创意和营销活动。所谓STP战略，是指市场细分（segmenting）、选择目标市场（targeting）和产品定位（positioning），实际上是目标市场营销的三个基本步骤。市场细分通常依据地理变量、人口统计变量、心理变量和行为变量进行，选择目标市场通常采取无差异市场策略、差异性市场策略和集中式市场策略，产品定位的一般方法包括领先定位、跟随定位、填补空白定位等。旅游策划人员应关注"00后新生代""千禧爸妈""互联网土著""空巢青年""小镇青年""银发一族""隐形新中产""高净值人群""小众趣缘群体"等新崛起的主力消费群体，重视下沉市场，提出相应的开发设想与营销方案。

（三）注重市场营销创意

营销重在创意，成功的旅游营销策划必须以新颖、独特、可行的创意为基础。策划人员应树立"创意也是生产力"的理念，在创意方面狠下功夫，利用创意来塑造产品特色，吸引媒体和游客的眼球，找到适合策划对象实际、旅游产品特点和细分市场需求的最佳营销方式，更好地参与国内和国际旅游市场竞争。策划人员可以采用写实、夸张、示范、比较等表现技巧，选择产品、服务或形象作为表现重点，采用印刷、电子、交通、影视等作为表现载体，以感性或理性再现手法来突出创意的新颖性和独特性，或者通过倡导新观念、介绍新产品、推出全新活动、宣传新业绩、展现新形象、招聘新型人才、推出新形象大使等方式来达到独特、新颖的创意目的，实现零成本病毒式传播。陕西汉中市的留坝县巧妙地把昔日砖场的废弃大烟囱通过技术革新，改造成反映当地凉爽气候的实时"留坝温度计"，有力地助推了"22℃夏天"的核心旅游产品营销，在全国引起了强烈的市场反响，被央视评价为"一支刻着创新的温度计"。相关旅游创意营销案例如表10-8所示，可供借鉴。

表10-8 近年国内出现的旅游创意营销典型案例

序号	名 称	具体案例
1	2017年十大旅游营销事件	"Next Idea × 故宫"腾讯创新大赛（文创IP＋H5新媒体营销）、"开往春天的列车——坐着高铁去云南"旅游推介会（线上＋线下＋体验）、"衢州有礼"logo征集活动（文化＋旅游 全球性品牌传播）、徐州汉文化旅游节（名人IP＋创意新媒体营销）、杭州G20畅游黄山（借势营销）、中国养生美食文化节（美食节＋全民体验借势营销）、"感谢邮你，南极过大年"（"午夜阳光号"邮轮）、百万悬赏大神玩咖——"好客山东"旅游攻略大赛、常熟喊你来度假（时令营销＋多维度推介）、中国旅游超级运营链
2	2018年旅游营销TOP10	故宫：朕今年18；亚特兰蒂斯：就是这么"壕"；珠海长隆海洋王国：没有什么是KOL解决不了的；乌镇：大佬们都在我这里；西安：觉醒的意识；重庆：10条抖音占9条；稻城：从你的全世界路过；马蜂窝：舆论的焦点；携程：一股清流；华住：传统的打靶手
3	2019年中国旅游影响力年度营销推广活动奖	福建全球融媒创新营销行动、"湖南"送客入村、"山水暖你·壮乡等你——冬游广西"联合促销活动、"这么近，那么美：周末游河北"、首届全球文旅创作者大会、"周末游龙江"旅游推广项目、吉林"城享22℃的夏天"主题活动、全球学子暑期乐游江西、"情定丹霞·爱在七夕"浪漫嘉年华、"荒野之旅，时尚之都"克拉玛依文旅品牌直航地联合推广

专栏10-3

156个创意营销金点子

• 从"晒"字入手：晒老板，晒红包，晒情感，晒时尚，晒励志，晒情怀，晒挑战，晒争议，晒吵架，晒颜值。

• 从概念入手：利用多环节，抓好三要素，借力六理论，品牌个性化，服务人性化，点子带来金子，缺点可变卖点，好梦带来好销量，好奇带来好效果。

• 从需求入手：迎合心理，角色分类，显示身份，打破传统，创新设计，新型服务，特有功能，定义符号，改变名称，开展社交，自己动手，节日创意，效果承诺，易学易用，客户推荐，组织聚会，瞄准新一代，细分新客户，提供新优惠，提供价格清单，利用主观感受，倡导生活方式，宣扬思想方式。

• 从套路入手：借力品牌，满足想象，冠以标签，产业链法，以小见大，突出细节，不同凡响，突出主题，逆向思考，垂直思考，水平思考，删繁就简，独有特点，坐标定位，变换角度，利用节日，虚拟手法，换种说法，重新组合，强调历史，巧妙组合，当场试验，重新定位，以情动人，制造话题，网络热帖，制造感动，政治话题，咬文嚼字，户外创意。

• 从差异点入手：3D 技术，制造神秘，出其不意，与众不同，制造悬念，以奇取胜，第一策略，引起争议，新闻事件，化丑为美，经典标志，莫测高深，强调顶尖，一劳永逸，渠道创新。

• 从塑造角色入手：普通人物，警察系列，天真童年，体育明星，名门之后，名人代言，引用名言，小丑闹剧，借自然来代言，让客户为主角，用动物讲故事，以标准来说话。

• 从表现技巧入手：告知式，权威型，口碑型，朴实型，打 1 折，只一件货，一亏多赚，系列故事，直接展示，快乐游戏，巧用典故，眼见为实，自我陶醉，时空对比，邻里趣事，强调工艺，成人幽默，以类聚型，心灵默契型，脑筋急转弯。

• 从修辞入手：谐音谐义，搭配衬托，逻辑说理，拟人手法，夸张手法，引人联想，视觉震撼，见图思意，哲理思考，对比比较，弦外之音，比喻手法。

• 从效果入手：富于幽默，魔法奇迹，超凡脱俗，拉近距离，颠覆传统，让人厌烦，惊吓效果，让人震撼，展示原理，名称相近，引发共鸣，人生感悟，流行时尚，异想天开，前所未见，诗情画意，感官诱惑，无法回避，不得不看，直白推荐，独特表白，绝版或限量，做无本买卖，卖了再收钱，挖掘福文化。

来源：吕波. 168 个创意营销金点子[M]. 北京：中国经济出版社，2016.

（四）灵活组合营销方式

刘锋在《旅游景区营销》一书中提出了旅游营销的 36 计，后来发展成为巅峰市场体系 36 计，是对旅游营销中常用的 36 种手段的总结，对于策划人员具有较高的参考价值。具体来说，市场体系 36 计包括：品牌营销、时尚营销、城市营销、节庆营销、目标营销、事件营销、网络营销、风情营销、共生营销、视觉营销、公益营销、针对营销、形象营销、口号营销、生态营销、空间营销、公关营销、情感营销、全员营销、社会营销、广告营销、文化营销、展览营销、会议营销、名人营销、巡游营销、影视营销、政治营销、商品营销、名片营销、数字营销、互动营销、美食营销、知识营销、合作营销、整合营销。随着旅游市场竞争日趋激烈，以及现代传媒的快速发展，传统的旅游促销模式正在被多元化的营销模式所取代，仅靠一部电影、一句营销口号、一项大型活动等单一营销手段取胜市场的时代已经一去不复返，取而代之的是整合营销和多元化的营销。因此，旅游策划人员应结合策划对象的实际，灵活使用各种已有的营销方式，并通过组合变换推进营销方式的创新。

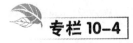
专栏 10-4

重庆旅游：网上流量转化真实客流量

如今的网红城市再不是意外的昙花一现，而是从大数据分析开始，各地扎实开展的整套营销策划的结果。其中不仅包括创意、网红达人的参与，更重要的是得到了政府部门高度重视和市民的广泛支持。重庆的洪崖洞因与《千与千寻》的夜景相似成为卖点，在灯光点缀下充满时尚感和镜头感，符合年轻游客追逐的"打卡型旅游"的要求。即使努力彰显个性的照片开始变得千篇一律，游客也仍旧乐此不疲。另外，火锅是聚餐提议永远不会被否决的一项。像奶茶、螺蛳粉一样，在社交媒体中，它们代表的已经不仅仅是食物，而是一种时尚、一种流行文化。以火锅为主角的重庆美食，逐渐开始坐上"C位"，并联动其他特色小吃，给重庆贴上了最简单也最容易吸引流量的美食标签。重庆找到了城市独特又吸引年轻人的文化符号，在"抖音"等热门短视频平台以及综艺电影等大众传媒平台利用明星网红达人效应扩大宣传，使这些文化符号成为热议对象。打通各渠道的全面宣传使"去看看"的心理暗示已经种在具有购买力和购买欲的年轻一代心里。此外，重庆出入境交通发达，城内物价较低，对于各个消费阶层都十分友好，这些元素均构成了这一成功营销闭环。

来源：王会颖. 从重庆旅游经济热看旅游新趋势[J]. 上海企业，2019，12：73-76.

（五）及时跟踪社会热点

及时跟踪社会热点，将旅游地与热会热点事件巧妙地联系在一起，是旅游营销的又一法宝。云南的丘北县借力《爸爸去哪儿》《三生三世》，将普者黑美景推介到全国观众眼前，实现了旅游能级的跃升。策划人员应关注生态文明、文化自信、美好生活、乡村振兴、特色小镇、创客下乡、夜间经济、5G＋人工智能、数字经济、文旅融合、研学旅行、红色文化、旅游文明、网红打卡、文物"认养"、个人信息保护、结婚率下降、食用野生动物、高空抛物、留守儿童、居家养老、"996"、论文抄袭、网络直播、"锦鲤心态"、社会巨婴、网络炫富、高铁霸座、食品安全、移风易俗、信任危机、舆论监督、全球空难、恐怖袭击、游行示威、流行疾病、洪涝灾害、社会治理、过度旅游甚至 5A 景区摘牌、上海迪士尼霸王条款、珠峰登顶拥堵、澳大利亚丛林大火等热点问题，借助各类媒体的流量，吸引公众的注意力，提出营销方案。

（六）遵守旅游营销伦理

如果运用得当，争议营销可以成为有效的记忆点，但是必须把握好"度"。近年来，国内个别旅游企业、策划机构甚至管理部门急功近利，不惜一切代价、运用不当甚至庸俗、低俗、恶俗手段提高知名度，虽引起一时关注，但并不利于长期发展，甚至长期发挥着负面影响。这些旅游营销事件包括安徽黄山"鬼子进村"事件、江苏溧阳"当一天地主"事件、陕西宝鸡"土匪抢亲"事件、贵州贞丰"寻找中国第一波霸"事件、安徽宁国裸体彩绘秀事件等。旅游营销应立足旅游活动的精神文化属性，扼守道德底线，传播正能量，拒绝低俗创意。

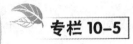

专栏 10-5

达人带货：旅游营销新玩法

当李佳琦用一句"Oh my God！买它买它买它！"撬动了美妆界千亿级的带货市场时，旅游 KOL 也在默默发力。但是，旅游产品消费链条更长，标准程度更低，加上单价较高，很难在短时间内吸引消费者下单，造成"围观不埋单"的尴尬状况。2019 年"双 11"期间，拥有 20 万微信粉丝的旅行达人急速菜菜，其个人公众号"嬉游"推出的一系列特价旅游产品，带来超过 1.4 亿的销量。根据飞猪提供的数据，单价 15000 元左右的"欧洲星途河轮三天"在嬉游推广后，收藏人数在三天之内超过 1600 个，销量达 500 单；而总价 8999～23599 元的"马尔代夫瓦露岛"产品，推广售出超过 1000 件。类似于嬉游这样的旅游达人带货现象并非特例，诸如 Aries 行记、精明常旅客等博主，都卖出了漂亮的成绩。

刘发为认为，旅游直播的功夫不仅在直播间内、镜头前，更要下在平时。无论是旅游主播，还是旅游产品或者服务的提供商，在开播前，都要写好一场旅游直播的剧本。这个剧本的核心要义，在于与消费者建立情感上的连接，这种连接，既包括主播与消费者，同样包括旅游产品与消费者。

来源：多虔，大可. 达人带货卖出 1.4 亿，旅游圈也出了个"李佳琦"？. https://go.huanqiu.com/article/ 7RJcCZCikRG.

三、旅游营销策划案例赏析

"非凡英国"计划旨在树立英国是全球最佳旅游、学习、工作和投资目的地的国家形象，重点推介英国最具吸引力的文化、遗产、乡村、音乐、体育、购物、美食以及与商业投资相关的创意、创新和知识等优势要素，设立了"体育是非凡的""遗产是非凡的""乡村是非凡的""创意是非凡的""文化是非凡的""音乐是非凡的""购物是非凡的""知识是非凡的""绿色是非凡的"等多个分支计划。

"非凡英国"计划的重点推介对象是全球 9 个国家——澳大利亚、巴西、加拿大、中国、法国、德国、印度、日本和美国的 14 个重要城市，通过户外广告、地铁广告、电视、网络等渠道进行深度推广。该计划调动的媒体方式主要包括但不限于以下三类。一是社交媒体平台。通过 Facebook、Twitter、YouTube、Flicker 等热门社交媒体平台进行宣传，在中国利用英国旅游局、英国驻华使馆、英国大使馆文化教育处（英国文化协会）等机构的官方微信、微博、豆瓣公众号等发展线上线下活动。二是网站平台。建立了全球官方网站，实时更新活动信息，还与雅虎公司结为全球战略伙伴，以保证英国的信息至少被观看 500 万次，官方网站获得 350 万次的点击量。在中国，"非凡英国"与新浪、京华网、腾讯大申网、环球网、中国日报网都曾合作，对相关活动进行大力报道，并在爱奇艺、搜狐视频等发布宣传视频。三是户外媒体。"非凡英国"的海报宣传出现在印度的出租车，纽约、多伦多等地的火车和火车站，东京、北京、上海的地铁站，墨尔本、悉尼、柏林等地的户外场所。其中，该计划还特别注意了社交媒体的重要作用，在社交媒体平台发起粉丝互动推动活动宣传，如微博转发评论赢取奖品、微信评论获取现场活动资格等。

"非凡英国"计划也将互动作为重点之一。以"英国等你来命名"活动为例，参与者可通过网站或社交媒体直接参与互动。在活动网站上，人们可了解101个英国美景趣事的历史渊源和文化趣闻、听原名发音，并提交中文名、点"赞"和分享。获得"赞"最多的名字将赢得大奖。这一创意还鼓励中国游客在活动期间直接动身前往英国，体验当地风景及文化，并在英国旅游局的中文社交媒体平台（微信和微博）上发布照片，在旅行中随手命名。活动以每一个社交平台的用户为中心，通过社交平台的互动激发中国人对"英国等你来命名"这一话题和英国的关注与讨论，促使人们去了解英国。在为期三个月的时间内，该活动触及了约3亿的中国潜在消费者，其中超过200万人访问了活动页面，约3000万人观看了活动视频，活动网站收到了近1.3万个中文名，命名总投票数达到43万以上。

第三节　旅游品牌策划

一、旅游品牌策划概述

品牌虽是无形资产，但价值无限。旅游业自身特点决定了旅游者选择旅游服务的模式比较特殊，即先形成印象，后感知验证。因此，品牌在旅游业发展中的作用举足轻重。旅游品牌在旅游业中的特殊地位使品牌成为旅游经营水平的重要标志，是区域旅游特质的综合体现。同时，21世纪是品牌世纪，品牌经济已经席卷全球，我国旅游业已经进入品牌化发展阶段。旅游品牌的营销推广成为区域旅游业发展战略的重要组成部分，政府部门逐渐开始重视旅游品牌对当地旅游业综合竞争力的提升作用，开始打造区域旅游品牌形象，如"七彩云南""老家河南""活力广东"等。

旅游品牌是旅游者对旅游区域认知的总和，能给旅游者带来独特的精神享受，给旅游地带来社会、经济、环境效益的增值。旅游品牌除了具有一般品牌的名称、术语、标记、符号、图案等要素及其组合以外，还应由质量、服务、管理、文化、广告、形象等六大基本要素组成，强调吸引力、感召力、竞争力、影响力、创新力、生命力，注重知名度、美誉度、忠诚度，是相互依存的各个要素合力集成的价值系统。对旅游者来说，品牌是利益的承诺，是价值的载体。《创新者的窘境》作者克莱顿·克里斯坦森说过一句流传甚广的话：消费者并不是在购买产品，而是雇用品牌来完成一项工作。一般认为，优异的质量是品牌的根基，完善的服务是品牌的支撑，良好的形象是品牌的脸面，深厚的文化是品牌的依托，科学的管理是品牌的重心，公关与广告是品牌的左膀右臂。

二、旅游品牌策划要点

旅游品牌建设需要经过品牌定位、品牌设计、品牌塑造、品牌保护、品牌监控等阶段，是一个系统和科学的管理过程，也是一个长期而深入的工作。旅游品牌策划要求在传统策划模式上做出全新的突破，在对旅游地全面了解研究的基础上，把握战略性、系统性、灵敏性的策略特点，制定完整、系统的品牌管理战略。

（一）理解优秀旅游品牌的特征

迪士尼公园和观光地公司董事长保罗·普莱斯勒曾分析了旅游业名牌的十大特征，值得策划人员借鉴。这十大特征分别是：①能垄断人的思想，例如只要一提起主题公园就让人想起迪士尼；②行业中先知先觉的领导者，因此品牌代言人不能羞于承认自己的地位；③具有人类的面孔，进行品牌推广就是创造与消费者之间的人际关系；④有时间韧性，人们不会因为时代的变迁而遗忘它的样子；⑤富有历史和传统，引导参观者回忆起自己对某些事物的美好印象；⑥提供有意义的情感报偿，让人们强烈地体会到它的存在，挖掘那些人们情感深处的记忆；⑦贴近消费者，提供人们最希望看到和经历的内容；⑧不能忽视细节，最细小、最简单的情节可能对人们造成非常深刻的印象；⑨突出品牌的独特识别标志；⑩寻求与其它知名品牌的合作，增加品牌传递给人们的信息。

（二）认识旅游品牌建设的现状

20 世纪 90 年代中期，业内有识之士即已开始艰难地探索旅游业品牌经营之路。他们在大力进行旅游产品开发的同时，努力树立产品形象、企业形象乃至区域旅游形象，积蓄了一定的品牌资本。但是，由于时间较短，我国的旅游品牌建设中还存在着各种亟待解决的问题。刘汉清曾列举当前中国旅游品牌建设的十大缺陷，分别是：认识模糊不清，定位脱离实际，策划毫无创意，制造疯狂克隆，形象苍白无力，营销手段单一，经营盲目跟风，评选泛滥成灾，延伸信马由缰，品牌建设缺乏规划[1]。此外，谭小芳曾指出景区品牌推广中的十大"埋伏"：邯郸学步、鼠目寸光、任人摆布、纸上谈兵、守株待兔、随波逐流、怨天尤人、弱不禁风、墨守成规、受制于人。时至今天，这些现象还不同程度地存在，应引起旅游策划人员的重视，采取措施予以克服。

（三）借鉴一般品牌策划的艺术

邵春先生在《品牌策划三十六计》中提出了品牌策划的 36 种方法，可供旅游策划人员进行旅游品牌策划时参考，具体如表 10-9 所示。品牌管理 7F 模型则提醒旅游策划人员在综合调查、市场定位、品牌规划、品牌审定之后，要注重品牌的后期管理，在品牌推广、品牌监控和品牌提升三个环节下足功夫。

---

[1] 刘汉清. 中国旅游品牌十大批判[N]. 中国企业报，2002-10-24（3）.

表 10-9　可供旅游策划人员参考的品牌策划 36 计

序号	名称	具体内容
1	开金计	上兵伐谋、逆流而上、灵感追踪、借势造势、速度为王、抢占高地
2	补桶计	自垒门槛、更新理念、厚积薄发、增长补短、剔凿缺点、不与人争
3	提水计	宏观采气、微观求义、虚不恋战、借名扬名、移穗接砧、搭车远行
4	救火计	化腐朽为神奇、点沙土为黄金、变失误为财富、置之死地而后生、退市中捕捉商机、烫山芋变成香饽饽
5	埋头计	逆向思维解读失败、个性之中寻特性、捅破一层窗户纸、捻根绳子拴顾客、搞策划应抱大西瓜、三根筋拧成一股绳
6	多思计	自勉——保持青蛙反应、激励——不忘马氏理论、管理——用活二八定律、促销——用好环比方式、牢记——成本放大法则、调查——评估品牌价值

（四）掌握塑造旅游品牌的基本方法

闫文斌提出了打造旅游品牌的七种方法，包括塑造服务品牌、科学管理全面创新、稳定的服务质量、营建品牌客户关系、积极进行广告宣传、加强品牌注册工作、把握品牌的文化底蕴。这是针对旅行社提出的，但对其他旅游企业旅游品牌的塑造具有借鉴意义[①]。谭小芳提出了旅游品牌快速成长的九条秘诀（亦即旅游品牌速成的九大步骤），对于旅游品牌策划具有一定参考价值，分别是：确立先进的品牌理念、实施科学的品牌调研、制定精准的品牌规划、创作独特的品牌标志、掌控四维的品牌传播、推进共享的品牌营销、施行感人的品牌维护、实施定期的品牌检视、进行及时的品牌修正。在实践中，云南旅游商品普洱茶、黄龙玉、嘉华鲜花饼等品牌培育较为成功，蕴含着大量可以借鉴的成功经验。

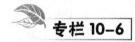
专栏 10-6

迪士尼品牌的六大关键词

虽然迪士尼公司从 1928 年推出《威利汽船》以来已经经历了 90 多年的发展，但迪士尼这个品牌的核心却一直都是没有变的。它们就是：

- 创新（innovation）：迪士尼一直坚持创新的传统。
- 品质（quality）：迪士尼不断努力达到高质量标准进而做到卓越，在迪士尼品牌的所有产品中，高质量都是必须得以保证的。
- 共享（community）：对于家庭，迪士尼一直创造积极和包容的态度，迪士尼创造的娱乐可以被各代人所共享。
- 故事（storytelling）：每一件迪士尼产品都会讲一个故事，永恒的故事总是给人们带来欢乐和启发。

[①] 闫文斌. 打造旅游品牌的七种方法[N]. 中国旅游报，2003-09-08（3）.

- 乐观（optimism）：迪士尼娱乐体验总是向人们宣传希望、渴望和乐观坚定的决心。
- 尊重/诚信（decency）：迪士尼尊重每一个人，迪士尼的乐趣是基于自己的体验，并不取笑他人。

来源：张羽. 迪士尼公司的品牌管理研究[D]. 哈尔滨：黑龙江大学，2015.

（五）构筑旅游品牌支撑体系

旅游品牌不能停留在口号上，应提高品牌运营能力，与分支品牌、产业要素、宣传营销等结合起来，才能发挥品牌建设的作用。胡海霞认为，旅游品牌引领品牌需要区域内各单元品牌形象的支撑，才能形成纵向上的从抽象到具体的思维引导，也催生了新的地域子品牌。品牌价值要得以彰显，需附着于产品之上，形成品牌产品、品牌景区、品牌企业。形象口号及标识应广泛使用于机场、车站、旅游景区、旅游星级饭店、旅行社等企业和场所，运用于经贸、文化、体育、外事等各个领域。除了在主流电视媒体上的集中传播，区域品牌的推广应更加注重网络传播、无线终端及线下体验相互结合，使之成为全民关注的热点；更加注重品牌宣传与文化传播的结合、品牌宣传与精神文明建设的结合，使之成为全社会共同关注的热点，由此激发旅游需求的产生。

专栏 10-7

"好客山东"给区域旅游品牌建设的启示

品牌最能体现一个地区最独特的旅游卖点，并逐渐形成无形资产。2007 年，山东省旅游局开启了旅游品牌化发展之路，在进一步挖掘、提炼"一山一水一圣人"品牌内涵的基础上，结合孔子之仁、梁山之义、好客之风等齐鲁大地文化内涵，推出简洁且情感丰富的"好客山东"旅游品牌，并配套了完整的识别系统。随后，山东省旅游局采用"联合推介，捆绑营销"的模式，集结 17 个地级市，整合国内外主流媒体资源，通过持续性的创意策划和广告投放，开启了中国史无前例的省域旅游品牌大规模、轰动式营销推广。

"好客山东"旅游品牌是一个体系，涉及好客山东贺年会、好客山东休闲汇、山东"三个一百"、山东"三珍"、好客山东服务品牌标准、山东城市形象品牌等具体内容，并随着形势变化不断注入新内涵。贺年会旨在创新年节文化，将元旦、春节、元宵节三大节点连接到一起，推出贺年宴、贺年礼、贺年福、贺年乐、贺年游五大产品，以浓郁的年节文化特征营造了浓厚热烈的消费氛围，将旅游形象口号与吃、住、行、游、购、娱六要素融合对接，实现了品牌落地。随着"东方圣地""仙境海岸""平安泰山""齐国故都""泉城济南""儒风运河""水浒故里""黄河入海""亲情沂蒙""华夏龙城"等城市旅游品牌逐渐叫响，"好客山东"已形成一个品牌集群，各市有"自选动作"，各有各的宣传语，更有"规定动作"，就是围绕"好客"品牌有意识、有目的地进行市场推介。

近年来,"好客山东"旅游品牌先后荣获"中国休闲创新奖评之旅游形象创新奖""首届中国经典传媒大奖之广告主杰出贡献奖""中国旅游广告主品牌年度金奖"等大奖。有专家指出,"好客山东"的旅游品牌把山东的文化底蕴和社会特色表现得淋漓尽致,其品牌价值高达 200 亿元。"好客山东"目前已不是简单的一句口号,而是形成了渗透到旅游产业链每一个环节的"好客文化",开创了旅游业独具特色的"山东模式"。

来源:作者根据《从"一山一水一圣人"到"好客山东"——山东旅游品牌建设与科学发展采访记》《从"好客山东"看"诚义燕赵"——我省旅游主题新口号引出的思考》等整理.

(六)注重品牌延伸和复制输出

成功的旅游品牌可以适时考虑将品牌要素完全或部分地向新产品延伸,以及跨行业、跨区域输出,以强化品牌效应、增加无形资产、节约新产品进入市场的成本、培育产品组合、优化产业结构,同时也能实现促使旅游吸引物通过复制形式进入社会体系的目的。实施品牌延伸和复制输出时,应准确把握旅游品牌的初始定位,充分了解市场群体对品牌的感知,考虑延伸的对象和输出的领域与原产品之间的关系,以免陷入品牌稀释、定位偏离、株连效应等延伸陷阱。通常而言,住宿、餐饮、娱乐、交通、旅行社品牌容易跨区域复制输出,形成连锁型运行模式。文博遗产类旅游品牌内涵丰富、素材众多,适当跨界复制可以收到意想不到的效果,如北京故宫推出的彩妆产品。

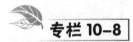

专栏 10-8

旅游品牌复制输出渐成趋势

近年来,旅游品牌呈现出"复制型"和"跨界型"输出趋势。在品牌复制型输出方面,部分旅游目的地、演艺、民宿品牌开始跨区域复制。截至 2018 年底,袁家村已在西安开设 6 家城市体验店。宋城演艺作为运营商,分别签下佛山听音湖、宜春明月山景区、郑州竹桂园黄帝千古情三个轻资产项目,仅提供演艺、品牌、商标一揽子服务,不涉及资本投入,探索轻资产输出模式。荣获"2018 亚太最具影响力民宿品牌"的"听花堂"遍布丽江、大理,已在微信上线 11 家店铺,预计 5 年内将有 30 家店铺开业。此外,一些文化旅游品牌迈出跨界融合型输出步伐,其典型代表就是"故宫"进军彩妆界。2018 年 12 月,故宫淘宝上新包括口红、眼影、腮红、高光在内共计 12 款彩妆产品,其中"仙鹤口红"上架 1 小时销量就突破 3000 支,"点翠眼影"在不到 10 天的时间销量突破 3 万盒。

来源:根据巅峰智业、焦作中旅银行《2019 中国文旅十大趋势报告》改写.

三、旅游品牌策划案例赏析

20 世纪中期起,新加坡就开始针对海外市场进行自身旅游的品牌规划和营销传播,并在不同历史阶段进行调整。60年代，新加坡将鱼尾狮用作国家符号，向美国、澳大利亚、日本等国家旅游市场推介自己，并借助首个旅游品牌"Instant Asia"凸显自己是亚洲文化的汇聚之地。1984年，新加坡又将旅游品牌改为"无限惊喜新加坡"（surprising Singapore），希望充分发挥自身亚洲航空港的交通优势，让更多的国际游客在此发现与其他亚洲国家的不同。到了1995年，"新亚洲、新加坡"（New Asia-Singapore）开始展现新加坡作为一个新旧交融、东西相汇的亚洲国家的形象。

2004年，新加坡面临激烈的竞争又没有知名景点的困境，换用了"非常新加坡"（Uniquely Singapore）的品牌，希望游客花更多时间去体验丰富的产品及服务，而非走马观花。通过邀请在中国知名的新加坡艺人推广旅游，成功使"非常新加坡，三天还不够"的理念深入人心。随着近年来自由行趋势逐渐显现，2010年的"我行由我新加坡"（Your Singapore）率先倡导"定制化旅游"概念，鼓励游客自主规划旅游线路和行程，探索新加坡高度集中的购物、餐饮和文化景点。作为一个新旅游品牌，"我行由我新加坡"通过数字化媒体展现新加坡的旅游体验，满足个性化旅游需要。后来，新加坡又推出了旅游品牌"心想狮城"（Passion Made Possible），意欲通过不同领域的新加坡人自己的故事展现出新加坡的精神和态度，引起游客们的共鸣，提升游客对新加坡的好感，并激发游客主动体验当地的菜市场、书店、咖啡厅、古董店、酒吧街等本地人喜欢的各种场所。

2014年，新加坡旅游联盟携手我国五大知名旅行社，在新加坡旅游局和樟宜机场集团的鼎力支持之下，举行了"个十百千万·从心发现新加坡"大型推广活动，打造"新加坡专属"的优质旅行体验。所谓"个十百千万"，是指一个明确选择、十种惊喜玩法、百家经典住宿、千种道地吃法、万样超值购物，简单好记、朗朗上口，生动形象地将新加坡在吃喝玩乐游购娱不同领域的丰富旅游产品——呈现给游客。

拓展阅读

[1] 王乐，张鹏. 英国国家形象品牌推广案例："非凡英国"计划[J]. 公共外交季刊，2017，1.

[2] 杨照. 故事效应：创意与创价[M]. 沈阳：辽宁教育出版社，2011：32-67.

[3] [美]施密特. 体验营销[M]. 刘银娜，高靖，梁丽娟，译. 北京：清华大学出版社，2010：306-398.

[4] 吴之红，芙莺敏. 注意力经营原理与实务[M]. 南京：江苏大学出版社，2008：55-76，287-303.

[5] 贾云峰. 旅游创新传播学[M]. 北京：中国旅游出版社，2011：1-18，263-312.

[6] 蔡嘉清. 文化产业营销[M]. 北京：清华大学出版社，2007：130-152.

[7] 林景新. 营销3.0时代的制胜之道：创意营销传播[M]. 鞍山：辽宁科技大学出版社，2009：143-197.

[8] 谭小芳. 策动旅游：旅游企业行销实战圣经[M]. 北京：中国经济出版社，2010：3-99.

[9] 徐晶卉. 小红书：直播"种草"打开文化消费新空间[N]. 文汇报，2020-05-28（9）.

[10] 李兰生. 拓展旅游市场新空间，有创意有创新是关键[N]. 中国旅游报，2020-06-18（3）.

创意语录

一个广告如果没有创意就不成其为广告，只有创意，才赋予广告以精神和生命力。

——威廉·伯恩巴克

一个伟大的创意就是一个好广告所要传达的东西，一个伟大的创意能改变大众文化，一个伟大的创意能转变我们的语言，一个伟大的创意能开创一项事业或挽救一家企业，一个伟大的创意能彻底改变世界。

——乔治·路易斯

再神奇的计算机技术也只是一种手段、一项工具，对广告业而言、最重要的资源永远是人脑、是人的创造力。

——阿德里安·霍梅斯

如果你并不拥有十足的创造力，丰富的想象力，对万事万物也没有太多的好奇和疑问，那么，我劝你最好离广告这行远一点。

——李奥·贝纳

创造力的一个矛盾的说法似乎是：为了有自己原始的思想，我们又必须熟悉别人的思想。

——乔治·奈勒

回顾历史是扩展思路的重要手段。

——大前研一

第十章 旅游市场营销策划

第十一章 旅游项目运营策划

【学习导引】

　　旅游项目是旅游资源向产品转化的中间形态，是为了给游客创造体验环境而开发建设的吸引物、活动、设施、服务的综合体，是旅游资源、资金、人力、科技的集聚体。在现行的行政体制下，旅游资源开发必须以旅游项目的形式经由各级发展与改革部门核准立项。作为提供旅游体验的载体、招商引资的客体，旅游项目成为区域旅游开发的抓手，备受地方政府的重视，项目带动战略也因之成为各地旅游发展中的基本战略。旅游项目策划是开发商委托策划项目的重要类型，也是旅游策划机构的基本业务，综合运用战略定位、资源开发、服务要素、产品组织、市场营销策划的知识与方法即可完成。近年来出现的龙潭大峡谷 5A 景区破产、孙大圣故里烂尾、野三坡旅游投资公司重整等事件为提升旅游项目运营能力敲响了警钟，新冠病毒等不可预料型事件的影响也促使我们思考旅游项目的多元盈利方式。深入把握土地经济、金融资本、产权制度、价值创造、收益管理的实质，熟悉旅游项目的运作流程，掌握旅游项目运营重点环节的策划技巧，是旅游策划人员应具备的基本能力。在论述旅游资源开发策划、服务要素、产品组织、市场营销策划相关理论与方法的基础上，本章重点讲述旅游项目运营体系、资本运作、盈利方式策划的内容、要点与案例。囿于篇幅，其他如企业并购、资产重组、空间运营、轻资产运营、无形资产运营等问题，请在此基础上自行补充，以满足旅游策划实际工作的需要。

【教学目标】

1. 熟悉旅游项目运营的基本流程。
2. 熟悉旅游项目资本运作策划方法；
3. 掌握旅游项目盈利方式策划内容。

【学习重点】

1. 旅游项目资本运作策划；
2. 旅游项目盈利方式策划。

　　旅游项目是旅游产业发展的重要支撑，是旅游业跨越式发展的突破口，是旅游部门推进旅游开发的现实抓手。"项目带动""大项目带动大发展""新项目促进新发展"是不少地区旅游发展的成功经验，成为区域旅游开发与旅游产业高质量发展的基本战略。除了前面各章节涉及的资源开发（吸引物建设）、服务要素、市场营销之外，资金筹集、盈利方式是旅游项目运营商重必须考虑和重点关注的问题。现阶段，各地纷纷强调旅游项目高水平规划、大手笔投入、高质量建设、集群式发展，加之部分景区开始出现烂尾现象、经营不善甚至倒闭，"轻资产、重经营"成为不少企业的目标。在这种背景下，深入研究旅游项目资金筹集、盈利方式与运作技巧更具现实意义。

文化旅游产业是一个既考验创意策划又考验资源供给和运作经营的产业，十分需要资本运作与经营战略方面的智慧。本章立足政府部门和开发商的实际需要，讲述旅游项目融资渠道、资本运作、盈利方式策划和运营体系策划。广义而言，旅游项目运营策划的重心在于商业模式策划，这是旅游项目开发与经营的商业灵魂，其内容非常丰富，包括了收入模式、经营模式、营销模式、管理模式、投资分期、资本构架、融资模式等。本章在介绍旅游项目运营体系策划的基础上，重点讲授了旅游项目资本运作、盈利方式策划的内涵、要点与案例，以便读者建立起旅游营销策划知识体系的框架。对于旅游项目商业模式策划的其他内容，读者可在本章讲授的知识与方法的基础上，举一反三，加以拓展。

第一节　旅游项目运营体系策划

一、旅游项目运营体系策划概述

从根本上来说，旅游项目属于以满足游客身心需求为直接宗旨的现代服务业，这决定了运作与经营在旅游项目全生命周期中占有比施工与建设更重要的地位。近年来，关于烂尾项目、"僵尸"小镇与破产景区的报道不时出现，这与运营意识不足、运营能力低下、运营体系缺失不无关系。旅游项目运营体系紧紧围绕投入—产出进行，宗旨是帮助旅游景区和目的地获得盈利，涵盖了前期的科学规划、运营过程中的运作手段与管理措施、保障可持续发展的控制性措施等，同时还要结合内部各要素综合考虑，与外界主体谋求互补合作。

旅游项目运营体系有广义和狭义之分，广义的包括旅游目的地项目的运作、经营与管理，狭义的则指某一具体旅游项目从决策到日常经营管理甚至游客接待的运作。对于前者，达沃斯巅峰旅游规划设计院归纳总结了运营体系策划36计，具有较高的参考价值。这36计分别是规划先行、活化体验、体制创新、渠道制胜、步步为营、顾全大局、网赢天下、借助外脑、委以重任、东山再起、扬名天下、各施各法、因势利导、借鸡生蛋、青山常在、量力而为、政府主导、齐心合力、按部就班、未雨绸缪、长治久安、量入为出、借城生财、合作共赢、珠联璧合、柳暗花明、舒经通络、因时制宜、诚信至上、旁征博引、悬赏励士、数字港湾、借势造势、顺风扬帆、外引内联、服务为重。本节重点讲述狭义的旅游项目运营体系策划。从地方政府的角度，应按照"非禁即入"的原则，建立公开透明的旅游市场准入标准和运行规则，拓宽融资渠道，支持各类社会资本介入旅游项目建设，鼓励社会企业参与文化遗产和生态文明型旅游资源利用，吸引公益机构开展社区参与型旅游活动，通过政府购买服务或其他形式设立旨在为企业、社区及其他组织提供技术辅导的旅游智力与创意服务机构。从企业的角度，则应针对每个旅游项目建立运营体系。

二、旅游项目运营体系策划要点

一个旅游项目从创意策划到正式营业要经历相当漫长的马拉松式的过程。根据张平等人的研究，从投资兴趣的产生到项目的建成交付使用，中间要经历三个阶段五个时期。按时间可以分为开工准备、工程建设、开业运作三个阶段，按具体的工作内容可分为投资决策与合同签订期、管理架构与运作策划期、开工准备与政府审批期、资金运作与建设工程期、开业准备与运作期。各环节工作期各自独立，却又相互起承，形成一个完整的工作流程。

（一）投资决策与合同签订

投资商从对某一旅游项目感兴趣到决定进行旅游投资，中间存在一个决策的过程，其中最重要的是旅游项目开发价值的评价。投资方应聘请专业的旅游投资专家，通过初步的资源、市场、交通、环境、政策考察之后，提交《旅游项目投资可行性研究报告》，对拟投资开发的旅游资源进行科学客观的诊断，以作为决策依据。有了项目的投资意向和项目投资的可行性研究报告后，就进入了合同签订阶段。投资方应聘请专业的律师或者律师团队作为法律咨询，组织有旅游项目运营实战经验的专业人才或专业咨询公司参与实践，以确保签署的合同能最大限度地保障业主的权利，明确具有前瞻性的、可操作性的发展战略定位及发展方向。

（二）管理架构与运作策划

合同签订后就进入项目的工程管理阶段，投资方应着手组建开发管理团队，制定开发运作的基础制度。其中，建设工程设计属于工程管理的一部分，既有战略层面也有战术层面。从战略上说，策划帮助景区解决了主题定位、市场定位、游憩方式、收入模式、营销模式、运作模式、盈利估算、投资分期等问题。从战术上说，规划和施工图设计以更具象的载体和更科学合理的布局解决战略上的产品落实，映衬战略层面的可操作性。投资方应请专业的旅游项目开发咨询顾问公司和专业的规划设计公司，提供科学客观、符合各方利益的策划报告和规划设计成果。同时，为了全面配合国债申请、政府资金申请、银行融资、战略投资人及子项目投资人招商引资等方面的工作全面配合，应编制《旅游项目建设可行性研究报告》及后期的《旅游区总体规划》和《旅游区详细规划》等。

专栏 11-1

国内部分旅游项目管理架构与体制创新

- 陕西礼泉袁家村：建立合作机制，采取股份制管理，实现利益共享。"关中美食小吃街"成立了合作社，由旅游公司统一经营管理，收入归集体所有，股东都是袁家村村民，每年按股分红。村民信誉承诺，村委会监督，严格把控食品安全。

- 江西宜春明月山：把基层党建和服务"三农"有效结合，搭建"村党支部＋公司＋农户"平台，把村党支部的党小组设置在产业上，引导各方参与旅游共建，实现旅游企业基层党组织建设全覆盖，打造服务性的党组织和党建引领的示范点。
- 云南楚雄彝人古镇：成立招商部，为商家解决困难；组织商户成立自主管理商会，分设餐饮、酒吧、客栈、旅游商品、缅甸珠宝协会等，以规范市场行为、维护商户权益；建立专项"助业资金"，为商户提供贷款担保、以确保人气和客源。
- 贵州安顺天龙屯堡：政府＋公司＋旅行社＋农民旅游协会模式。政府负责投资基础设施、管理公共事务、协调处理公司在市场运作中遇到的问题；政府投资的旅游开发公司负责屯堡文化的包装、宣传与整合，把文化资源转变成旅游产品；旅行社负责组织国内外客源；协会负责向公司提供人力资源，推进更多农户参与旅游，协助处理农民与公司发生的矛盾纠纷。
- 英国铁桥谷工业遗产地：该旅游目的地的发展离不开伯明翰大学铁桥国际文化遗产研究所（IIICH）和铁桥峡谷博物馆基金会（IGMT）的合作。基金会是一个独立教育慈善机构，管理了包括10个博物馆在内的30多个工业遗址，经费主要来自旅游收入、政府津贴和捐款，以及遗产彩票基金、欧洲区域发展基金、当地地区发展机构、商人及私人的帮助。

（三）资金运作与招商引资

在完成项目策划、规划、立项审批之后，整个项目将进入开工准备期，土地价值也随之上扬，资金运作与招商引资就应启动。一般而言，投资商对景区的投资开发包括自由资金投资和招商引资两部分。项目建设资金不能全部靠企业自有资金，应注意借助外力搭建融资平台，建设投资之前应该确定合作伙伴，落实投资启动资金；积极进行融资和招商引资，用恰当的启动资金起动项目，利用项目融入建设资金。在不失控制权的基础上，投资商可根据对项目的安排，把项目主体设计为有限责任公司，并争取引入战略投资人，以扩大公司资本金。对于项目的附属工程，如景区的接待设施和服务设施，应拿出一部分项目进行招商引资，引入相关的专业投资人，对索道、游乐设施、酒店等子项目进行合作或独立投资。

（四）工程建设和开业运作

在资金到位后，可以根据引资的具体情况，对项目的建设时序进行调整。一期一般先打造人气，即开发建设大众型的项目，聚集人气形成小品牌；二期项目开发着重打造商气，即引入商业设施类的项目加以布局建设；三期项目开发主要以打造地气为主，即开发度假难度较大的，以及一些难以把握的大型项目等。在一期项目的建筑竣工前，应做大量的准备工作,包括筹集运营资金、招聘并培训员工、采购生产物资、制订营销计划、健全规章制度。市场营销是景区运营中非常关键的步骤,景区的效益主要体现在吸引更多的游客前往参观旅游和休闲体验,以获取投资商的投资回报,而吸引游客的方法论核心和杠杆就是市场营销。建立营销队伍是基础,进而厘清渠道、展开品牌推广、开展活动促销等,以达到一炮打响的目标。

(五)整体投资运营产生多种功效

旅游项目建成营业后,还应继续围绕土地资源、营业空间、基础设施、无形资产进行运营策划,如标志性景观建筑的墙体、景区空域与地下空间、非开放时段场地资源、文化旅游品牌的充分利用等。从投资决策到后期经营,构成整体投资运营的基本内容。总体而言,整体投资运营将产生多种功效。通过合理有效的投资运营,快速地建立投融资渠道,保证工程如期完工,建立健全项目团队,利用品牌营销手段铸成品牌,从而获得效益的最大化。品牌的成功塑造和推广,从某种意义上讲,是项目投资运营成功的标志,也是项目可持续发展的方向。在旅游项目建成、进入正式运营后,还可能产生各种问题,如经营业绩不理想、发生危机事件等,需要企业进行持续不断的运营策划。

专栏 11-2

旅游项目多元化运作的探索

- 企业和集体"认养"文物:山西省举办文物建筑认养北部片区推介会,吸引社会力量"认领认养"292处文物建筑,有10家企业和集体与所认养的10处文物建筑所有人签订了认养协议。认养者可以享有不超过20年的文物建筑使用权,在周边可利用的范围内依法合规地开展经营活动。实际上,这引进的不仅是资金,更是管理人才与运营能力。

- 专业投管团队托管景区:具体包括团队管理运营模式(景区管理公司派遣管理团队入驻景区、为业主方提供专业化管理服务)、景区租赁管理模式(由景区管理公司向业主方租赁整个景区并对景区进行全面的管理运营)、投资管理模式(投资管理公司与地方政府或者开发商合作,共同按照一定的比例出资建设并运营管理旅游项目)。

- 科研院所技术支援:中山大学保继刚研究团队与元阳县政府合作,发挥中山大学旅游学科优势,编制实施"阿者科计划",派研究生驻村技术援助,召开村民大会,用村规民约来约束村行为;实施蘑菇房修缮、游客中心建设等项目;注册阿者科旅游公司,与村民签订旅游合作协议,培训部分村民上岗接待游客,村民参与分红。

- 外国创客开发高端民宿:美国人布莱恩·林登租赁并修复改造大理的三处民国宅院,开辟图书室、茶室、游戏室等公共空间,将体验式旅行、教育游学、文化交流和社区互动融合,培育喜林苑民宿品牌。挖掘在地建筑、风俗、手工艺等文化资源,与国内外院校开展教育合作，组织"喜洲游园会""喜洲粑粑节""稻田丰收节""驻地艺术家"等大型活动。

• 社团法人实施町家计划：奈良社区营造中心作为社团法人，对奈良老城区一处空置的百年老宅（町家）进行改造，用作中小学生体验本地文化的实习基地、大学论文发表会的举办场所，以及小型聚会、小型音乐会、市民作品展示会等，不仅形成了功能高度复合的空间、成为奈良旅游的新景点，还有利于解决老城区与年轻一代存在距离的问题。

三、旅游项目运营体系策划实践应用

作为一个新建的旅游小镇，古北水镇以独有的"长城观光、北方水乡"为核心卖点，历经四年精心打造，充分借鉴浙江乌镇的运营管理模式，并最终取得成功，这对当前国内"古镇打造热""旅游小镇热"具有一定的借鉴意义。

古北水镇依托司马台遗留的历史文化进行深度发掘，将9平方公里的度假区整体规划为"六区三谷"，分别为老营区、民国街区、水街风情区、卧龙堡民俗文化区、汤河古寨区、民宿餐饮区与后川禅谷、伊甸谷、云峰翠谷。度假区内拥有43万平方米精美的明清及民国风格的山地合院建筑，包含4家主题酒店、10家精品酒店、28家民宿客栈、30余家独立餐厅、50余处商铺和10多个文化展示体验区及完善的配套服务设施。后期还规划了高尔夫球场、别墅地产、度假公寓等多种业态，满足持续发展需要。小镇本来只有一条小溪，但巧妙地利用堤坝等设施，打造了一个个首尾相连的水面，摇身变为北方水乡小镇。相当部分的建筑材料都显示出曾经经历或使用过很久的痕迹，有些院落明显是从其他地方整体收购并在此原样复建，充分展示出设计者的匠心。

作为乌镇的掌门人、古北水镇旅游项目的灵魂人物，陈向宏以乌镇的成功经验与可借鉴的运营模式，帮助古北水镇在建设与运营中避开陷阱、减少阻碍、降低试错成本，并为后期融资与持续性经营提供了广阔空间。从投资运营主体来看，经过多轮增资，形成了中青旅控股股份有限公司、乌镇旅游股份有限公司、京能集团和IDG资本按比例持股的格局，以成熟的市场化资本运作方式共同运营北京古北水镇旅游有限公司。借鉴乌镇西栅景区成熟的运作模式，古北水镇在开发时就构架了对景区的统一运营管理模式。迁出原景区居民，以颠覆式的社区重构来拥有景区全部商铺和住宅的产权。原景区居民变成景区的员工，在统一的规范要求下开展经营为游客提供服务，保证了服务质量和品质，为游客带来极佳的旅游感受。在古北水镇经营业态上，门票只是进入景区的门槛，更看重的是游客在景区里的二次消费，现已形成门票、索道、游船、温泉、餐饮、住宿、演艺、娱乐等多种业态复合经营的良好态势，在充分满足游客多种旅游消费需求的同时，极大地降低了门票在整个经营收入中的比例，成功破解"门票经济"模式。此外，古北水镇还针对北方景区冬季呈现严重淡季的问题进行了充分的考虑，开发出雪地长城观赏、庙会、冰雕节、美食节、温泉等一系列冬季旅游产品，初步实现了"淡季不淡"的经营目标。

第二节 旅游项目资本运作策划

一、旅游项目资本运作策划概述

资金筹措是影响旅游发展的重要因素，投入不足是制约我国旅游业发展的一个主要因素，特别是基础设施和服务设施建设还不能满足大众旅游的需要，很多地方旅游业发展处在资源丰富但投入不足的困境中，影响了旅游项目建设与产品升级。目前，旅游行业的融资渠道更加多元化，涉及BOT、TOT、PPP、银行贷款、政府支持性融资、股票融资、信托融资、债券融资、租赁融资、产权融资、私募股权融资、商业引用融资、旅游众筹等。

原群曾总结出旅游开发资金筹集的"九龙治水"方案，即跑钱方案（争取国家省市资金扶持）、借钱方案（加强与金融机构的合作）、吸钱方案（加大对外招商引资力度）、融钱方案（充分利用资本市场融资）、兑钱方案（创新模式盘活固定资产）、聚钱方案（挖掘当地群众投资潜力）、投钱方案（引导工农商业跨行投资）、募钱方案（设立生态旅游发展基金）、挤钱方案（加大当地政府投资力度）。

资本运作就是以解决资本需求、实现资本最大限度增值为目的，通过流动、裂变、组合、优化配置等形式对企业资本及其运营所进行的运筹和经营活动。一般而言，资本运作包括金融资本运营、产权资本运营、无形资产运营，同时包括具体的生产和经营活动——存量资本运营和增值资本运营。其中，存量资本运营是指企业的兼并、收购、联合、股份制改造，增量资本运营是指企业的投资行为。近年来，全国大部分地区都在以各种形式进行旅游项目的资本运作。

二、旅游项目资本运作策划要点

旅游项目的资本运作既包括建成前通过灵活多变的形式筹集建设资金，也包括建成后对资本的运筹活动。旅游项目资本运作策划中应充分借鉴城市经营的成功经验，把市场经济中的经营意识、经营机制和经营方式等运用到旅游项目建设和管理中，对旅游项目资产进行集聚、重组和营运。资本运作具有广阔的空间，旅游策划人员应在掌握国家金融、经济、市场等方面政策以及法律、法规的基础上，树立正确理念，打破思想藩篱，积极探索新的资本运作方式。

（一）争取国家各类专项资金

从2001年开始，国家开始利用国债资金加强旅游基础设施建设，对打破旅游发展的瓶颈制约、改善旅游环境、提高综合接待能力起到了重要作用。同时，各级政府都设立了各种名目的专项建设资金，如旅游规划编制专项资金，旅游厕所专项建设资金，旅游资源开发和项目建设专项资金，旅游景点基础设施建设专项补助资金，红色旅游经典景区（点）、工农业旅游示范点、乡村旅游专项补贴资金，旅游扶贫专项资金，特色小镇建设专项资金，文化创意产业专项资金和创新创业基金等。旅游企业应积极准备书面申请、可行性研究报告、规划文本与图件等材料，及时与主管部门沟通，按规定程序争取这些专项建设资金。近年来，有些地方政府还设立了旅游发展股权投资引导基金、旅游产业创新发展投资基金、全域旅游奖扶资金、城市发展基金、服务业发展引导资金等，旅游企业可以根据项目需要和相关流程，向有关部门提出使用申请。

（二）整合利用相关部门资金

在全域旅游时代，旅游项目多为涉及多个产业、不同行业的综合型项目。同时，我国条块分割式的管理体制造成各部门对于所管辖行业的建设资金争取和使用具有相应的职责和权力。基于这一情况，某些重点旅游项目可在政府主导的框架下，按照"围绕项目找资金，资金跟着项目走"的理念，根据渠道不乱、性质不变、系统集成、捆绑使用、集中投入、形成合力的原则，充分整合国土整理、农业开发、水利工程、城镇建设、棚户区改造、交通公路建设、生态文明、扶贫攻坚、美丽乡村建设等涉旅部门的资金，对性质相同、用途相近、使用分散的涉旅资金进行适当归并，结合各地实际与旅游项目建设资金融合使用，解决"打油钱不能买菜"的问题。与此同时，充分发挥财政资金"四两拨千斤"的作用，吸引民间资本，引导村集体经济投入，发动群众在美丽村庄和庭院经济发展中自筹资金，有效撬动社会资本投资，放大财政资金的乘数效应。

（三）创新精准招商引资方式

招商引资是推进项目带动战略落地的基本方式，是培育旅游新动能的重要途径，是推动旅游高质量发展的重要支撑。但是，由于对招商引资相关环节不熟悉、不专业，导致许多地方的招商效果并不理想。有鉴于此，旅游策划人员必须熟悉招商流程与各环节的具体要求，根据实际制定招商引资策划方案。一个典型的招商引资运作过程可以划分为编制区域旅游规划与项目策划、包装旅游招商项目、明确招商政策、制作招商资料、发布招商信息、招商考察与谈判、签订合同、后续跟踪服务。在整个流程中，市场研究、项目包装、招商渠道起着重要作用，也是招商策划的重点领域。编制旅游投资分析报告、举办旅游投资大会、搭建线上融资平台、实施精准定制招商等都是实践证明可行的思路，还可组合运用专业招商、亲情招商、专题招商、敲门招商、反向招商、合作招商、新媒体招商等手段，推进信息变意向、意向变协议、协议变合同、合同变工地、工地变项目、项目变产业。旅游项目招商引资的主要渠道如表11-1所示。在具体操作中，应注意遵循市场规律，优化发展环境，构建新型政商关系，站在开发商的角度思考问题，帮助协调解决实际困难，抓好信息关、洽谈关、落地关，达到招财引智、招商营销、延长产业链条等一石多鸟的效果，提高旅游项目签约率和投资落地率。

表 11-1 旅游项目招商引资的主要渠道

序号	名称	含义
1	团队招商	地方政府各级领导（含投资平台负责人）集体行动，或以小组为单位，到目的地城市推荐自己的资源优势和招商项目
2	驻点招商	在重点招商目的地设立办事处的形式，成立一个专门的旅游项目招商引资团队，通过上门拜访等方式长期在当地进行招商
3	展会招商	通过举办旅游项目推介会、旅游投资大会或参加旅交会、旅发大会等会议，发布项目信息、洽谈投资合作、签订意向协议
4	以商招商	以在外经商人士为纽带，依托各地商会设立招商服务中心，通过乡情激活其社会资本与招商资源，培育稳定且不断发展的招商网络
5	专业招商	委托专业中介机构深入了解投资公司的优势特长、产业布局、战略意图等，做好项目筛选与确立、宣传与促进、实施与管理
6	平台招商	以旅游投融资、资源交易等线上线下招商平台为桥梁，发布招商引资信息，匹配有经济实力、有专业经验、有市场渠道的开发商
7	园区招商	依托旅游产业园、旅游创新创意孵化园等各类园区，组合场所、项目、企业三大要素，筑巢引凤，招引符合园区定位的企业与项目
8	全员招商	动员城乡居民利用亲友、同乡、同学联络联谊的机会加强宣传推介，积极提供各类招商信息和资源，为招商引资和项目建设献计出力

（四）积极利用相关政策

在经济进入新常态、新旧动能加快转换、推进经济高质量发展的背景下，各地政府重视文化旅游业的发展，出台了一系列激励与扶持政策，涉及金融支持、融资担保、财政税收优惠等方面。旅游策划人员应熟悉这些政策，根据项目实际，提出利用利好政策、对接相关部门的策略。例如，国务院办公厅印发《关于促进全域旅游发展的指导意见》要求：创新旅游投融资机制，鼓励有条件的地方设立旅游产业促进基金并实行市场化运作，充分依托已有平台促进旅游资源资产交易……积极引导私募股权、创业投资基金等投资各类旅游项目。《关于进一步激发文化和旅游消费潜力的意见》提出：探索开展旅游景区经营权、门票收入权质押以及旅游企业建设用地使用权抵押、林权抵押等贷款业务。文化和旅游部等 17 部门联合印发的《关于促进乡村旅游可持续发展的指导意见》明确：鼓励有条件、有需求的地方统筹利用现有资金渠道，积极支持提升村容村貌，改善乡村旅游重点村道路、停车场、厕所、垃圾污水处理等基础服务设施。按规定统筹的相关涉农资金可以用于培育发展休闲农业和乡村旅游。

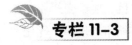

盘州"三变＋欧式风情小镇"模式

依托虎跳河峡谷景区、普安高铁站、320 国道、英大线、英柏线等优势资源，在旅游产业开发、基础设施建设上铆足干劲,总投资 2.96 亿元,惠及 1600 户房屋立面改造及环境整治,配套建设水、电、路等基础设施及农贸市场,停车场等公共设施。按照"8+X"和意大利托斯卡纳风格规划建设要求,将欧式风情小镇建设与棚户区改造、小康六项行动项目相结合,采用中央补助+贷款+农户自筹方式,总投资 1.6 亿元。对农户改造房屋提供贴息 2 年和奖励贷款金额 20%等方式方法,每户贷款 3 万元,共同打造欧式风情小镇。并将"三变"改革和扶贫攻坚有机结合,将 200 万元以下的工程承包给村级劳务公司建设,革纳铺村入股的盘县广浩劳动服务有限公司承建敬老院升级改造、特色小城镇公厕建设和环境整治等项目,公司业务优先安排贫困户,收获收益按村集体占 49%,公司占 51%进行分红,村级资金用于村寨建设,解决 100 余人就业问题。

采取农户资金政府代管、项目资金政府监管的方式,为"三变"找项目、搭平台、打基础,助推"三变"纵深发展。旅游文化开发投资开发有限公司投资 5300 万元,公司以资金入股,村集体、农户以土地、资金、技术、劳动力、门面方式等入股。盘普农旅开发投资有限公司以管理和技术服务入股虎跳河公园,同时入股客车站、停车场、农贸市场等基础设施建设。项目建成后,所产生的利润按照股金的比例分取红利,实现受益农户 1243 户 4168 人,其中贫困户 320 户 516 人,预计每年户均增收 2000 元。

来源:中国中小城市网-资料中心(http://www.csmcity.com/zlzx/info-6241.html).

(五)灵活运用既有的资本运作模式

在资本运作的各种方式中,BOT、TOT 等是相对较为成熟的模式,策划人员可以根据策划对象实际灵活加以运用(如表 11-2 所示)。BOT(build-operate-transfer)即建设—运营—移交模式,指政府通过特许权协议将某个应由政府出资营建管理的项目交给私营企业融资、建设、经营、维护,直至特许期结束时将该设施完整地、无偿地移交给政府。

表 11-2 涉旅项目常见的资本运作模式

序号	名称	含义
1	BT	即建设—移交(build transfer),项目发起人与投资者签订合同,由投资者负责融资、建设,在规定时限内将竣工后的项目移交发起人,发起人根据事先签订回购协议分期向投资者支付总投资及回报。
2	BOT	政府将基础设施的经营权进行有期限的抵押以获得项目融资,投资者一般要求政府保证其最低收益率。
3	TOT	通过出售现有资产以获得增量资金进行项目融资。所有者暂时让渡所有权和经营权,以筹集到更多的建设资金投入到基础设施建设。
4	TBT	TOT 与 BOT 的组合,政府将一个已建项目和一个待建项目打包,获得一个逐年增加的协议收入(来自待建项目),最终收回待建项目的所有权益。
5	PPP	政府确定具体项目,特许新建一家项目公司并实施扶持措施,然后项目公司负责融资(含资本金和贷款)和建设,项目建成后由政府特许企业进行开发和运营,贷款人除了可以获得项目经营的直接收益外,还可获得通过政府扶持所转化的效益。

TOT（transfer-operate-transfer）即基础设施经营权有偿转让模式，一般做法是政府部门或国有企业将建设好的项目的一定期限的产权和经营权，有偿转让给投资人，由其进行运营管理；投资人在合约期满之后，再交回原单位。PPP（public-private-partnerships）即政府和社会资本合作，以市场竞争的方式提供服务，主要集中在纯公共领域、准公共领域。文化旅游领域的PPP项目进入门槛低、回报周期短，直接关系着百姓的生活品质、相关利益，更易于民间资本的参与，但需要规范运用、高质量发展。

（六）探索新型旅游融资模式

除了积极稳妥地推进旅游景区经营权转让之外，旅游策划中应积极运用创造性思维，调动社区精英、社会公众、科研院所、民间组织的积极性，探索新型项目建设资金筹集方式。众筹不仅可以筹集资金，还可以推广旅游产品、提前锁定市场、实现口碑传播。浙江海盐县就通过互联网思维实施建设了文溪坞气泡屋等五个乡村旅游众筹项目。云南省丽江市的石头乡利苴村凭借美国大自然协会的资金和技术支持，成立了弥司子生态农业合作社，建设滇金丝猴主题文化新乡村；甲子村利用旅游业反哺农业政策，成立了甘子甘坂婚纱摄影服务公司，壮大村集体经济。贵州省的盘州探索资源变资产、资金变股金、农民变股东的"三变"改革，建设了娘娘山、虎跳河、万亩桃园等旅游景区。普洱茶古茶时光仓仓储中心项目推出的代客储藏、展示、拍卖服务，对于减轻项目运营资金压力也有所帮助。

在万达广场项目中，全部资金或绝大部分资金由别人筹集，万达集团只负责选址、设计、建造、招商和管理，所产生的租金收益万达与投资方按一定比例分成。可以说，万达商业地产转型为一家商业投资服务企业，类似于酒店管理公司，走上了轻资产化运营之路。积极探索具有投资小、回报高、周转快、风险小特征的旅游项目轻资产型商业模式，是新时期旅游策划人员应认真思索的重要问题。

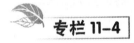
专栏 11-4

"多彩贵州"轻资产运作

多年来，贵州省委宣传部持续组织"多彩贵州"系列活动，开展多彩贵州外宣活动，组建多彩贵州文化产业发展中心（后转企改制为"多彩贵州文化产业集团有限责任公司"）进行"多彩贵州"产业化运营和管理，探索形成轻资产市场化运作模式。

- 两轮驱动，培育品牌。形成"大宣传"工作格局，通过省级层面大战略、大推介、大传播、大活动，持续举办了旅游商品"两赛一会"和原生态国际摄影大赛等系列活动，循环举办了多彩贵州歌唱大赛、舞蹈大赛、旅游形象大使大赛、多彩贵州文化艺术节等公益文艺活动。多彩贵州文化产业发展中心及多彩贵州文化产业集团公司通过品牌市场化运营推广，取得"多彩贵州"商标注册证46件，在酒店、民族医药养生、建筑设计研究等领域进行商标授权使用。

- 双管齐下，做实品牌。以"多彩贵州"品牌轻资产整合社会资源，以品牌全资或控股组建企业的方式，围绕文化创意、文化旅游、文化博览、文化艺术、文化科技、文创园等版块，主导实施特色文化产品及项目。推动品牌与更多既有经济实力、又有文化战略眼光的企业合作，同时设立退出机制，实施一票否决。

- 一个平台，孵化品牌。由省委宣传部牵头，多彩贵州文化产业集团公司具体实施建设的多彩贵州文化创意园建成投入使用，对入驻园区的企业进行培育和孵化，提供办公、展示及交流的空间，以及文化梳理、策划规划、法务咨询、项目申报、研发、创意设计、培训资讯、融资服务，探索实施将资源、品牌、资本相结合，最终以实现品牌成熟业态的输出。

- 一个目的，输出品牌。在黔西南贞丰县修建了多彩纳孔民宿以及多彩忆境酒店，在遵义湄潭县这个省内农业大县建立"多彩贵州绿色农产品交易中心"。在深圳宝安区艺立方文化产业园建立多彩贵州非遗村，在北京贵州大厦建立多彩贵州山地百货店，在上海建立"多彩贵州文化城"。

资料来源：袁华."多彩贵州"品牌轻资产市场化运作实践[N]. 贵州日报，2018-09-11（10）.

三、旅游项目资本运作策划案例赏析

资产证券化（asset backed securities，简称ABS）是将入园凭证、演出票款、索道乘坐凭证、服务费、观光车船票、娱乐设施使用凭证等进行证券化，用于景区融资。旅游企业将自己未来可以预见的、稳定的营业收入设为担保，并将它作为首要的支付来源，向投资者（机构和个人）销售自己的债券。2016年4月底，香格里拉市巴拉格宗旅游开发有限公司成功发行"云南文产巴拉格宗入园凭证资产支持专项计划"，发行金额8.4亿元，用于景区建设和原始权益人的日常经营，开创国内风景名胜区入园凭证资产证券化的先河。此外，曼听公园、华侨城A欢乐谷、三特索道、青岛极地海洋世界、广州长隆乐园、镜泊湖、平遥古城、普者黑文旅等也谋求通过这一方式筹集资金，涉及景区、演艺、索道、"互联网+"旅游、旅游扶贫等。

被业界认为是里程碑的巴拉格宗ABS项目，是深交所发行的首单旅游扶贫ABS，其发行过程中的信用评级（增信）、担保人以及特定期间入园凭证的设定，有较强的借鉴意义。巴拉格宗公司成立于2011年10月，初始注册资本为1.82亿元，由云南文化产业投资控股集团有限责任公司和巴拉格宗生态旅游开发有限责任公司（原始权益人、发起人）共同出资设立，分别持股55%和45%。该景区的主要收费项目包括门票、观光车和漂流，此次景点游览凭证、观光车乘坐凭证及漂流设施使用凭证纳入ABS基础资产（列入国家财政收入的风景名胜区门票凭证除外），时间期限为2016年5月1日至2023年4月30日，入池资产预期现金流合计16.72亿元，发行募集资金8.4亿元。优先级资产还本付息方式为固定利息收益，每年兑付一次，到期一次还本，最后一期收益随本金一起兑付；次级资产不设预期收益，各期资金兑付优先级本息后，剩余资金全部兑付次级。实施的增信措施主要包括保证金充足、文投集团保证担保、景区收费质押担保、原始权益人差额支付承诺、优先级/

次级结构分层等。从前两次发行计划来看,巴拉格宗景区都较好地完成了项目预期。在2017年和2018年,中诚信证都维持了该项目优先级资产支持证券的AA+信用等级。2017年5月1日至2018年4月30日基础资产现金流归集金额为1.1342亿元,超出同期预测现金流总额0.13%。ABS专项计划实现了"资源变资产"的目标,为巴拉格宗公司解决了长期、大规模的资金来源问题,加快了景区开发建设,带动了社区居民增收致富。与此同时,金融工具的有效使用以及通过交易所发行带来的市场效应,直接或间接创造了更多的融资机遇,促成与华侨城的联姻。

第三节 旅游项目盈利方式策划

一、旅游项目盈利方式策划概述

盈利模式是旅游开发项目投资、收益商业模式的所有经济关系和利益相关者的运行机制的综合,是各种盈利方式有机结合构成的一个获取收益和进行利益分配的商业架构。在旅游产业发展实践中,很多旅游开发项目在可行性研究中效益颇佳,但是投入运营后的实际表现却差强人意。2018年,国家发改委根据中央经济工作会议和《政府工作报告》要求,颁布了《关于完善国有景区门票价格形成机制 降低重点国有景区门票价格的指导意见》,并传导到其他类型景区。在破除"门票经济"模式、实施"门票新政"的背景下,旅游项目加强盈利方式研究和策划更为重要。

除了市场因素外,对旅游开发项目的盈利模式缺乏足够的考虑是造成这一结果的主要原因。因此,在旅游开发项目的评估过程中对旅游开发项目可能的盈利方式和盈利模式进行整体分析显得非常必要,以有效避免旅游项目的经营风险。在旅游市场竞争日益激烈的形势下,旅游项目策划应基于市场细分理论、波士顿产品矩阵模型、产业链理论、盈利模式理论、收益管理理论、文化创意理论,结合项目实际,因地制宜地选择全方位拓展旅游产业价值链的盈利模式,如表11-3所示。

表11-3 国内外常见的旅游项目盈利方法

序号	名称	含义	优缺点
1	门票盈利	出让景区体验机会,通过售卖门票盈利,在国内景区运用普遍	能在短期内获利,但不利于长远发展、面临挑战
2	二次消费盈利	提供相关服务如餐饮、住宿、交通、游乐设施、售卖纪念品和工艺品等,促使游客二次消费获得利润	能够提高综合收入,带动相关产业的发展,对经营管理能力、创新能力带来一定考验
3	第三方收入盈利	通过店铺招租、节庆活动、商业活动赞助等第三方获利。此模式对经营成熟、知名度高的景区适用	借助第三方增加收入,对环境、规模及客流量有一定要求和限制
4	商业收入盈利	最常见的是引入资本进行房地产开发、销售房产获利	有利于拓展相关业务,过多会影响景区功能发挥

二、旅游项目盈利方式策划要点

在掌握亚德里安·斯莱沃斯基等人提出的盈利模式理论、理解旅游项目盈利方式内涵及旅游项目盈利方式策划重要性、了解国内外旅游项目盈利模式创新进展的基础上，旅游策划人员应把握旅游项目盈利的三个层次、六种方式，横向延伸、纵向拓展旅游产业价值链，结合策划对象实际进行盈利方式策划。

（一）熟悉旅游项目盈利的层次与模式

从实践来看，旅游项目的盈利方式一般包括三个层次。旅游项目盈利方式的第一层次是通过整合景区内的旅游资源、提供相应的服务获得收益，第二层次是出让伴随着旅游者到来的可能的商业机会，第三层次是对旅游开发中的资本投入所带来的经济溢出进行的辅助开发或者服务提供。举办奥运会的直接经济收益主要包括门票出售、彩票出售、纪念品出售、专用标志商品特许权的出售、邮票出售、企业赞助和广告费、电视转播权的出售等方面，覆盖了以上三个层次。对旅游景区来说，策划人员还应熟悉"金塔分层""画龙点睛""巧借东风""遍地开花"四种盈利模式，如表11-4所示。

表11-4 旅游景区的四种盈利模式

序号	名称	具体含义
1	金塔分层	基于产品—利润角度，在金字塔的底部开发免费或低利润的基础产品形成防火墙，在中部开发参与体验型产品满足旅游者的核心价值诉求，在顶部开发高端定制旅游产品获得超额利润
2	画龙点睛	基于文化创意—增加值角度，挖掘景区文化内涵对景区产品内涵式升华打造景区的"点睛之笔"，通过文化创意开发系列文创衍生产品保障景区持续盈利
3	巧借东风	基于外部—借势角度，依靠外界力量丰富盈利点、拓宽盈利源并发挥杠杆作用，将外部有利因素转化为景区发展的有利因素，以较小成本获取较高利润
4	遍地开花	基于产业链—要素角度，延伸旅游产业链，丰富景区盈利点，形成"遍地开花"之景象，以传统六要素和新六要素以及景区关联业务构成较为密集的盈利空间

（二）掌握旅游项目盈利的一般渠道

一般而言，旅游项目的盈利渠道包括下列六种：①出让初级体验的机会，如出售门票；②提供有助于丰富体验的相关服务，如提供餐饮、住宿服务；③出让围绕潜在旅游者的消费能力所带来的可能的收益机会，如招商、赞助；④获取资本投入后在旅游项目所在地溢价收益的其他商业开发，如旅游房地产开发；⑤出让、出售具备知识产权特点的商品，如旅游用品、纪念品等文创产品；⑥提供保证项目所在地居民可以市场化的公共服务，如供水、供电等。旅游开发项目的盈利模式就是这六种渠道的组合，而游客以及潜在游客的消费能力是能否获取资本投入溢价的关键影响因素。旅游者在体验等方面的综合需求是旅游项目盈利模式的基础，而体验本身作为一种旅游者与相关因素互动所获得的结果是旅游开发项目在评估设计商业模式时必须认真考虑的特点。

（三）培育横向延伸旅游产业价值链

价值链的横向延伸是在景区的观光、娱乐项目等核心业务的基础上，深度开发相关旅游衍生行业，丰富旅游产品与服务的类型，提高旅游产品与服务档次，全方位地满足旅游者的需求，最大限度地提高景区的综合收益。针对旅游市场需求变化的特点，景区在产品设计时应突出特色性、体验性、文化性。景区经营者在设计旅游景点、活动项目时应以文化为主题轴线展开，在景区环境、建筑、旅游服务设施（饭店、餐厅、娱乐场所、购物商品等）、服务项目、旅游产品等方面都要烘托出文化的氛围，从而给旅游者留下独特的文化体验。例如，景区一间普通餐厅的一杯饮料的价格是 5 元，如果将其改造成为具有地域特色的餐厅，配以旋律优美的音乐，那么这杯饮料的价格就会是 15 元或者更多。

（四）打造纵向拓展旅游产业价值链

在横向延伸价值链的同时，策划人员还应注意产业价值链的纵向拓展。价值链的纵向拓展是指利用旅游景区的资源优势将景区业务向各个关联行业发展，如将旅行社、旅游交通、饭店业、房地产、广告、会展、影视、文化等行业整合在景区业务中，合理调节各环节之间的利益关系，降低生产成本，提高生产效率，从而提高景区盈利能力。浙江宋城集团就是典型依靠延伸景区产业链的方式迅速成长起来的旅游企业。在经营主题公园的基础上，宋城集团大量购置景区周围土地开发房地产、宾馆、温泉度假村、高尔夫俱乐部、网球俱乐部，拓宽经营领域，业务涉及房地产开发、高等教育、电子商务等领域。值得注意的是，景区在延伸产业价值链、开展多元业务经营时应正确处理主营业务与关联业务的关系，将景区业务作为最根本、最主要的业务，在选择拓展的业务领域时应结合景区的资源优势，以提高其成功概率。

（五）培育旅游项目"造血"机制

在旅游项目策划中，应将自身造血机制培育放在重要位置，让项目不仅建设得成而且养得住。以旅游厕所为例，由于多元化投融资体系的初步形成，硬件建设已经不是问题，但建成后的维护管理是一道难题。从厕所运营来看，目前主要有委托模式、认养模式、"厕商"捆绑模式、政府监督企业自负盈亏模式、PPP 模式可以参考。杭州市自取消公厕收费以来，公厕养护一直靠财政投入，投入成本与实际建设、维护之间仍有资金缺口。同时，公厕往往地处繁华地段，空间资源非常宝贵，如何利用有限空间打造优质公厕成为必须解决的难题。后来，杭州有了一个大胆的想法——兴建地下公厕，地上层作为商业用房出租，租赁收入用作厕所养护成本，探索出了"厕商"捆绑模式。

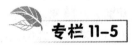

专栏 11-5

"厕所大王"的创意经营经

德国瓦尔公司的创始人汉斯·瓦尔一辈子和厕所打交道，1990 年花 4000 万美元拍得柏林公厕的经营权。对于这些公厕，政府提出若干硬性要求，如每500~1000人拥有一座公厕、繁华地段每隔500米设立一座公厕等。

瓦尔根据政府的要求和不同地段的情况，聘请日本、意大利的专业人士进行设计，保证每座公厕不尽相同，并且趣味性十足。尤其是男性公厕，融入了动漫、模特等元素，延长市民的停留时间。同时，瓦尔立志建设最干净的厕所。他不仅给所有的厕所都安装了自动清洁装置，还组建清洁团队，每天进行三次不间断的检查，时刻保持公厕的可使用性。公厕大受市民欢迎，人流量越来越大。这一现象引起了品牌商的重视，纷纷前来租用厕所外的广告位，香奈儿、苹果等国际大牌也伸出了橄榄枝。瓦尔公司开始盈利，成为德国最具创意的公司。

之后，他把公厕外墙体广告做到内墙体，甚至连内部摆设都添加了广告功能，厕纸上画数独游戏、印文学作品、画漫画……此外，他还在公厕外安装了公用电话（能向运营商收取费用）、与附近餐馆合作、上厕所送餐券（获取餐馆返利），重建称为"阿赫台克咖啡馆"的公厕（公共关系营销）。2009年，市值几亿欧元的瓦尔公司并入高德公司旗下，业务延伸至德国的60多个城市和土耳其的40多个城市。

三、旅游项目盈利方式策划案例赏析

峨眉山云放茶园立足"生意＋生态＋生活"，整合土地、种植、生产、营销于一体的优势资源，坚持"让好产品说话""把茶叶卖出新花样""不靠卖茶靠社群"，将行业痛点和用户利益点对接，为高端群体提供私人茶园销售、管理、生产与定制服务，探索出基于"F2C＋社群＋资本"的私家定制茶园商业模式。抛开云放茶园的具体运营状况不说，这一模式对于新时期旅游策划人员思考项目盈利与运作具有启示意义。

创始人周树明为普兴茶园的自然风景、文化积淀和养生价值所吸引，并总结出茶园荒废、居民贫困、发展乏力的三大原因。一是茶业价值链条冗长，导致茶叶终端价格居高不下，茶农却收入微薄；二是茶叶种植、采摘需要大量人工，而"空心村"却严重缺乏劳动力；三是茶业生产信息不对称，跟风式生产现象突出，导致产能过剩，效率低下。顺着思路，他设计出了"F2C＋社群＋资本"商业模式。所谓F2C，即是从茶园到茶席，省去中间流通环节，让茶农和消费者直接建立关系，让客户能够从源头更加透明、公开地监控产品质量。在F2C模式基础上，云放茶园开启了第二个环节——通过茶园链接高端消费人群。第三个环节是在圈层中叠加更多服务。未来，云放茶园会做一个品质生活平台，将各类高品质食材叠加在平台上，为用户提供高品质产品。

在具体操作上，云放茶园以亩为单位实施私人认购模式。每一位茶园主都将拥有为期40年、可供抵押的实名林权证，后期可继承和转让。每年的5月和9月为茶园主寄出收获的茶叶，并采取个人定制化包装，统一寄出。除茶园外，云放还将在茶园周围配套别墅休闲区，茶园主将拥有每年 3 天 2 晚的茶园之旅，可带家人朋友一同前往。以茶园做入口，通过茶园把兴趣爱好、基本层次相近的一帮人集合起来，把茶园主打造成一个有共同理念和文化张力的社群圈层——"云放荟"。很多伙伴成为了云放的城市合伙人，他们不仅享有云放相关产品的销售分成，并且还负责经营管理当地的云放圈层组织，后期更会持有云放的股份。

拓展阅读

[1] 国家旅游局. 全国旅游业改革创新典型案例[M]. 北京：中国旅游出版社，2017：260-353.

[2] 财政部政府和社会资本合作中心，北京大学 PPP 中心. PPP 示范项目案例选编（第五辑）——幸福产业[M]. 北京：经济科学出版社，2019：26-78.

[3] 丁国炎. 城市经营实践与研究——厦门城市发展启示录[M]. 厦门：厦门大学出版社，2017：123-142.

[4] [日]飨庭伸，山崎亮，小泉瑛一. 社区营造工作指南[M]. 金静，吴君，译. 上海：上海科学技术出版社，2018：191-208.

[5] 刘慧媛. 世界遗产地无形资产协同运营机制研究[M]. 天津：南开大学出版社，2014：76-101 页.

[6] 北京达沃斯巅峰旅游规划设计院. 智绘峰景[M]. 北京：旅游教育出版社，2012：168-223.

[7] 乌镇志编纂委员会. 乌镇志[M]. 北京：方志出版社，2017：103-115.

[8] 盘州市文体广电旅游局，北京华汉旅规划设计研究院. 全域旅游的盘州模式[M]. 北京：中国旅游出版社，2019：221-237.

[9] 厉无畏，王慧敏. 历史文化资源的创意开发与利用[M]. 上海：上海人民出版社，2013：142-170.

[10] 郭煦. 旅游景区频频烂尾背后[J]. 小康，2019，24.

创意语录

创意是在竞争中获得压倒性优势的合法撒手锏之一。　　　　　——艾德·麦克考伯

幻想是创意想象的基础。　　　　　　　　　　　　　　　　——萨默斯特·莫姆

生命里所有事物都是值得被叙述的，如果你有这份勇气和改写它们的想象力。创意最大的敌人就是自我怀疑。　　　　　　　　　　　　　　　　　　——雪维亚·普拉斯

创意不只是在于与众不同。任何人都可以做出奇怪的东西，那是很简单的。困难的是，像巴赫一样做出简单却精彩的作品，那才是创意。　　　　　——查尔士·明格斯

太阳底下没有新事物，除了那些已经被遗忘的事物。　　　　——玛丽·安东尼德

若你害怕错误，你就永远做不出任何有创造性的作品。　　　——肯尼·罗宾森

策划故事

灵感触媒

案例分析

综合实训

探究学习

第十二章 旅游新型业态策划

【学习导引】

融合化、集群化、生态化、科技化、主题化、创意化是21世纪旅游业发展的重要趋势。旅游产业内部不同部门、旅游业与其他产业部门之间的融合、交叉，形成了丰富多样的新型业态。新业态通过对原有业态的补充、更新和拓展，为旅游企业创造了新的增长点，促进了旅游产业规模的扩大、产业结构的优化和产业素质的提升，同时更好地满足了旅游者的需求。目前，新型业态成为旅游业实施蓝海战略的重要体现，成为各旅游地和企业关注的重点内容。为此，本书设立专门章节讲述旅游新型业态策划问题。由于旅游新型业态类型众多，本书无力面面俱到，故根据旅游策划的实际需求，选取具有代表性和普遍性的旅游地产、旅游小镇、旅游产业园区、旅游创意综合体加以说明。旅游业态处于不断发展变化之中，但万变不离其宗。在本章学习中，希望读者能够掌握旅游新型业态策划的灵魂——创新，并通过新旧业态的比较、新型业态产生历程分析等途径总结旅游业态的演变规律、领悟旅游新型业态策划创新之道。

【教学目标】

1. 熟悉旅游地产策划的要领；
2. 掌握旅游小镇策划的方法；
3. 熟悉旅游产业园区策划的常识；
4. 掌握旅游文创综合体策划的知识。

【学习重点】

1. 旅游小镇策划的内容与方法；
2. 旅游文创综合体策划的特点与要领。

旅游业态是指旅游行业（企业）以产品创新为竞争内容，为适应市场需求变化的组式和经营形态的结合。从业态效能的角度，可以把旅游新业态分为专业型（如差旅管理公司）、衍生型（如乡村连锁酒店）、科技型（如在线旅游咨询）、复合型（如旅游地产）、集聚型（如旅游综合体）、准公共型（如旅游集散中心）、服务型（如旅游研发设计）。旅游业态先是在旅游各行业内部进行衍生发展和初步整合，然后逐步扩展到旅游行业之间（如旅行社业、交通业）的交叉渗透，继而与现代服务业（如科技、信息）等行业实现多维关联与融合发展。同时，国家出于发展战略考虑，推进旅游业与工业、农业、渔业等国民经济其他产业的联动，使旅游业态在更大层面上展开。

本章重点从空间载体的视角出发，选取旅游地产、小镇、园区、文创综合体四种新型业态介绍策划内容与方法。新型业态是在传统旅游业的基础上经过产业间不断地衍化、融合、演变、创新，逐渐成为构建整个大旅游业的新生力量和主力军。在前面讲述旅游服务要素策划时，就涉及了业态创新问题。在学习中，应以前面各章讲授的基本知识为基础，深刻理解创新的原理，掌握业态创新的基本特征，融会贯通，思考旅游集散服务中心、文化休闲主题街区、都市农庄、户外运动俱乐部、旅游夜市、影视基地、旅游营地、养生公寓等其他类型的旅游新型业态的策划内容与方法。

第一节 旅游地产策划

一、旅游地产概述

旅游地产是在特定的土地上开发的、与某一类旅游区域在内外空间方面和主题内涵方面具有明确关联性的特色型房地产分支产业和项目，通常包含四种类型。第一类是旅游景观地产，指在旅游区内为游客活动建造的各种观光、休闲、娱乐等直接具有旅游吸引物性质的地上建筑物及关联空间。第二类是旅游商务地产，指在旅游区内或旅游区旁边提供旅游相关服务的商店、餐馆、娱乐城、游客服务中心、会所、会展中心等建筑物及关联空间。第三类是旅游度假地产，是为游客或度假者提供的、直接用于旅游休闲度假或商务度假居住的度假酒店、度假村、出租式度假别墅、产权酒店、时权（分时度假）酒店等建筑物及关联空间。第四类是旅游住宅地产，指与旅游区在功能上和空间上相关联的出售式度假别墅、度假地公寓（第二居所或第一居所）等各类住宅建筑物及关联空间。

总体来看，旅游地产极大延伸了旅游业的产业深度和盈利空间，成功拓展了房地产的产业形态和发展空间，为旅游业和地产业的高端形态互动创造出了可以复制的模式。近年来，旅游地产依托大城市作为客源地，凭借旅游景观或休闲度假资源优势，受惠于地方政府的扶持政策，形成了以郊野型为主、城市型为辅的旅游地产双模式以及休闲度假旅游业、高端居住产业相结合的旅游地产发展格局。华侨城、港中旅、万达、中粮、龙湖、绿地、雅居乐等大型企业纷纷介入旅游地产，实施大面积连片土地的综合开发，助推我国旅游地产进入快速扩张的发展阶段。同时，部分旅游地产项目出现了违法违规用地、违反地产政策、破坏生态环境、垄断优势资源、影响社区民生等问题，引起各界人士的关注。

二、旅游地产营策划要点

旅游地产策划涉及土地、业态、市场、社区利益、区域运营等问题，需要统筹考虑拿地成本、资源依托、市场定位、销售难度、变现能力等变量，是一个较为复杂的系统工程。

一般来说，旅游地产项目的基本要求包括生态环境优良、文化底蕴深厚、居住空间宜人、配套设施完善、休闲活动丰富、软性服务周到，如果拥有稀缺养生资源（如高尔夫、温泉、游艇）、毗邻知名景观（如标志景区、度假酒店、主题公园）、处于黄金地段（如CBD）则是锦上添花。根据黄灵等人的研究，国内主要的旅游地产开发模式如表12-1所示。北京巅峰智业集团旅游地产研究院许豫宏、李玲总结出了旅游地产开发的应用策略，对各类旅游地产项目策划具有重要指导意义[①]。美国布鲁明顿MOA、万豪国际度假俱乐部、宏村奇墅湖国际旅游度假村、惠州哈施塔特、北京长城脚下的公社、深圳观澜湖高尔夫球会、海南博鳌水城、上海新天地、腾冲雅居乐云南原乡、景洪告庄西双景、大理感通别墅、昆明七彩云南古滇名城等案例都值得旅游策划人员认真研究。

表 12-1　旅游地产项目开发模式

序号	名称	含义
1	城市功能区驱动型	大中型城市市内或郊区，与旅游景观开发高度融合，地产开发即旅游景观开发，房产本身即是旅游景观载体或表现形式
2	产业经济区提升型	在产业园区（基地）建设中打造泛旅游产业集群，借助旅游业的综合带动效应，发展商业地产及度假地产，培育新型产业经济区
3	旅游小城镇发展型	以低价获取的小镇土地为依托，挖掘历史文化遗产，发挥自然地理优势，面向区内外销售风景旅游地的度假物业
4	稀缺资源依托型	依托特色温泉、森林、湖泊等养生养老价值较高的稀缺资源，提升可进入性，完善配套设施，开发旅居养老地产

（一）巧妙运用主题特征

主题化已成为旅游地产开发的核心理念，旅游地产策划中应认真梳理文脉与地脉，研究目标市场需求，寻找差异，确定主题，打造卖点。通常而言，主题特征的运营方式主要有：强调生态环境的主题化，如临近海滨、山野、林地、峡谷、乡村、湖泊、温泉，拥有稀缺的休闲度假资源；强调文化内涵的主题化，如历史底蕴深厚、民族风情浓郁、宗教文化独特；强调产品主题的独特化，如拥有高尔夫球场、马术俱乐部、游艇码头、私家花园等；强调服务的主题化，服务理念更注重人文关怀，营造归属感；强调生活方式的主题化，拥有完善且独立的生活配套设施和综合性的游憩、娱乐服务设施。

（二）加强生态环境修复

绿色山水、生态田园往往是旅游地产项目开发成功的基础。对于棕地或其他景观环境不理想的地块，生态治理、景观再造、环境提升是必不可少的工作。保护生态环境、加强生态修复、营造旅游景观的主要策略有：①修建出入便捷的生态景观大道；②建立绿色隔离带，实现与周边地块的分隔；③对生态水体景观环境进行再造，完善水岸景观和休闲设

---

① 许豫宏，李玲. 中国旅游地产开发的七大策略[N]. 中国旅游报，2011-03-02（11）. 有修改。

施；④对荒山裸地进行植树造林和景观治理，将已经存在的林带扩大成林和产业种植区；⑤对农田进行大地艺术景观化处理，培育具有特色的田园生态景观；⑥对受损生态环境进行修复。

（三）注意多元业态创意

旅游地产策划应注重业态创新，根据项目实际打造多元化业态。城市旅游地产应关注公共休闲空间和休闲生活，打造休闲业态的集中区域，形成城市商业、城市商务、城市会展、城市娱乐、城市餐饮、城市文化等的业态集群。中央商业游憩区应结合休闲娱乐、商业活动、饮食、文化等产业元素，营造休闲气氛；休闲餐饮体系要构造主体吸引物，包括酒吧、茶座、地方美食等；娱乐体系要特色突出，形成一个多层次的业态构成；健身体系要方便齐全，包括运动场馆、水疗保健、高尔夫等；文化体系要体现时尚与综合，主要构成有图书馆、博物馆、多功能电影院，以及商业街、创意街区、购物中心等。

（四）引导综合政策扶持

旅游地产规模大、投资大，还易受自然和社会经济、国家房地产政策调控等因素影响，因此必须打破国内银行信贷为主导的单一融资格局，拓展多元的投资融资途径。除了旅游地产证券化、金融租赁融资、典当融资等方式外，还应充分利用现有政策，主要涉及：①旅游度假区政策；②乡村振兴示范工程；③农村公路建设（国家补贴和国债工程）；④国家民生工程资金补贴及国家发改委批给各地鼓励民生发展的支持资金；⑤设施农业的推广政策；⑥江河湖海水源保护、涵养林造林工程等生态文明建设政策；⑦国家鼓励农村沼气池和节柴炕灶利用以及自然村屯自来水改造项目。

（五）利益驱动土地流转

土地资源的有效流转是旅游地产项目落地的重要保障，在旅游地产策划中应注重采用土地流转利益共享战术，使农民、企业、政府的土地利益维持均衡。常用方法是按照国家各大部委支持方向，从多角度申报项目，取得上级政府在土地上的支持，如文化产业项目。此外，还应注重合理流转农、林用地，实现农业规模化经营，促进土地集约化利用。例如，清理农村集体建设用地，成立农村土地股份合作社，所有者以地折价入股介入旅游开发获得相应收益；置换宅基地功能，对民居进行改造，农民在自愿的情况下直接或间接（土地入股）介入旅游经营，获取收益。

（六）关注未来发展趋势

近年来，旅游地产出现了一些热点领域，如植入清新空气、逃离雾霾理念，与养老地产结合，开发建设能够望得见山、看得见水、记得住乡愁的"上山下乡"旅居项目。陈志翔等人对旅游地产未来发展走向进行了研判，总结出十大趋势。这些趋势包括：准入门槛越来越高；项目定位主题差异化；与文化深度融合；借助高科技增强体验感；与互联网融合日趋紧密；由重资产向轻资产转型；项目运作金融化；注重养生和养老市场；去地产化，强化产业链运作；功能趋向复合化，业态走向多样化。这为旅游策划人员思考新型地产项目指明了方向，提供了素材。

专栏12-1

旅游地产策划的 ABC 和隐群商理论

所谓 ABC 是指吸引中心、利润中心和文创衍生中心，实际上这也代表了一般旅游投资项目运作的整合模式。A（attraction）是吸引中心，作为吸引中心，成为发展的亮点，不仅吸引游客，也吸引政府。由于这样的项目需要大投入，市场也需要培育，所以有可能在直接经营上形成亏损局面。B（business）是利润中心，产生利润的来源方式可以多样化，而目前的一般形式是配套房地产建设。C（culture）指衍生发展，通过市场聚集人气，通过政策聚集商气，通过创意聚集文气，最终聚集系列衍生产业，而其核心是文化创意。

要想通过休闲度假项目开发拟开发区块的土地价值、实现区块土地最大程度的增值，出路在于"隐""群""商"。所谓"隐"，是尽量让区块中的休闲度假设施隐藏在生态以及改造之后的生态系统中，既可实现设施与生态的无缝对接，也保证了生态与设施之间的主客关系不颠倒。所谓"群"，是尽量让这些休闲度假设施在小尺度空间上实现集中，要建设小而多、小而全的休闲度假及配套设施，依托于集群效应而不是大项目效应来获得开发的成功。所谓"商"，是充分抓住拥有大量财富的消费群体，包括个人和企业。个人方面主要是考虑符合其休闲、养生度假以及回归田园的诉求，设计包括度假别墅集群等产品。企业方面则主要考虑其高端静谧环境方面的需求，推进知名企业入驻建设或购置企业会所，独具创意的企业会所本身也将成为维持项目区块持久市场关注度的重要因素。

来源：厉新建. 广义旅游业[A]. 鲁勇. 广义旅游学[C]. 北京：社会科学文献出版社，2013：243-244.

三、旅游地产策划案例赏析

为了提高韩国人的英语水平，韩国政府动了不少脑筋，兴建英语村便是其中最具创意的一个，让人不用出国就能在真实环境与切身体验中掌握英语。2006年3月，位于近郊京畿道坡州自由之路上的坡州英语村开业，占地27万平方米，投资达850亿韩元（约6.2亿元人民币），以英国南部地区拉伊小镇为原型，营建了一个完全沉浸式的英语"主题公园"，突破了英语培训基地的传统模式。

学员进入英语村，首先要去出入境中心，与"海关"工作人员用英语进行沟通，换取"护照"（通行证）。村内有43幢欧式建筑物，模拟创建了包括出入境办事处、银行、机场、海关、商场、娱乐场所在内的几十个场景，均严格遵守"No English, no service"的原则。无论是上课还是娱乐，学生都只能用英语体验"国外"的日常生活，用英语与外教扮演的"服务员""警察""邮政人员"等进行交流。坡州英语村拓宽了年龄阶段，从小学、中学到大学、成年人均设置了不同时间和主题组合的课程，还针对政府机构、大企业推出团体英语研修课程。课程的时间从针对游客的1日课程到针对家庭的2日课程、从学生群体的1~4周课程到针对企业团体的3~7天课程，多样且灵活。这些课程形式活泼，包括"自我介绍""地理""话剧""社交""烘焙""游戏"等，备受欢迎。

作为世界上第一家主题公园类型的英语教育机构，坡州英语村充分利用各类设施，开发"培训"以外的旅游功能，提高运营收益。首先，它是一个实行收费制、设施完善的景区。村内除图书馆、科学戏院、广播机房、主题展馆等文化设施之外，还有家庭餐厅、咖啡店、邮局、银行、纪念品店、英语书店等便利设施，以及户外表演场、植物园、体育中心等娱乐设施。英语村的门票为5000韩元/人（约合人民币30元/人），门票+音乐剧为10000韩元/人（约合60元人民币/人），80%的游客会选择后者。此外，还提供儿童/小学生套餐门票，即入场券+音乐剧公园+体验活动，合计20000韩元/人（约合人民币120元/人）；家庭套餐门票，即入场券+音乐剧公园+家庭烧烤，合计40000韩元/家（约合人民币240元/家）。此外，由于其独特的英伦风情环境，吸引了不少婚纱摄影机构携带新人前往拍照，这需要提前预约并支付相关费用。坡州英语村以主题公园模式构建沉浸式营地教育，打造针对全家庭、全年龄段的研学旅行目的地，是后教育+旅游+地产的一个值得借鉴的模型，也是适合当今中国中产家庭消费需求的泛旅游产品[①]。2017年，万科在北京密云投资建设了国内首个国际户外营地基地，打造了法式花园、田园景观以满足营地需求，同时作为其住宅的配套与卖点，借鉴的就是坡州英语村主题公园模式。

第二节 旅游小镇策划

一、旅游小镇概述

对于具有一定自然风光、历史遗迹、民俗风情等旅游资源依托的小城镇，可以通过开发旅游资源，发展餐饮、住宿、休闲、娱乐、购物等行业，将其培育成为环境优美、设施配套、功能齐全、生活方便的旅游型小城镇。按照依托资源的不同，旅游小镇可以分为自然风光型、历史文化型、民族风情型、乡村休闲型、边境口岸型；按照发展阶段和建设重点，可以分为保护提升型、开发建设型、规划准备型。在旅游业转型升级过程中，云南省以城镇体系规划为指导，依托交通设施建设，合理安排重点旅游线路沿线小城镇的空间布

---

① 彭婷婷."教育+旅游地产"新模式——坡州英语村[J]. 城市开发，2019（9）：74-75.

局,把发展旅游与发展小城镇结合起来。总结起来,云南省推进旅游小镇建设的成功做法主要有:强调规划先导,科学统筹规划;强调产业支撑,形成特色经济体系;强调保护优先,在保护的基础上开发建设;强调市场运作,以企业为主体开展建设;强调群众受益,在开发建设中促进发展;强调各方支持,形成开发建设的合力。

近年来,国家发展改革委、财政部以及住建部决定在全国范围开展特色小镇培育工作,建设一批具有休闲旅游、商贸物流、现代制造、教育科技、传统文化、美丽宜居等特色的小镇。浙江省是特色小镇概念的诞生地,也是国内特色小镇发展最成熟的区域,其成功经验主要包括:尊重市场规则、制定实施突破性的支持政策、既有产业基础与引领未来发展相结合、善于"无中生有"和"小题大做"。在特色小镇中,以文化旅游产业为主要支撑的旅游小镇是最常见的一种类型,尤其是对欠发达地区而言。根据杨振之教授的观点,旅游小镇的"特色"主要体现在六个方面(如表12-2所示),将旅游小镇与综合型旅游项目、开放式景区、旅游地产区分开来。

表12-2 培育旅游小镇"特色"的六个维度

序号	名称	含 义
1	使命	推进城乡统筹、激发可持续活力,落实城乡福利和发展机会均等化,探索出更具全维度的可持续性发展模式
2	定位	全维度城乡交互枢纽和平台,是疏解中心城区功能的卫星城镇或引领乡村地区发展的增长极
3	功能	围绕主导产业集聚的产业生态圈,借此形成兼具经济、文化、社会、自然生命力的地方性社区
4	产业	明确的产业布局思想,推动农村生产关系深刻变革和农村消费模式迭代演进,谋求城乡全维交融
5	生态	保持原真自然与田园,优先考量生态空间和设施达标配置,将"望得见山,看得见水,记得住乡愁"落到实处
6	人文	沉淀出独特的个性特质,通过新技术、新视角加以演绎彰显,打造高价值IP和优势文创门类

二、旅游小镇策划要点

旅游小镇策划中应树立在保护中开发、在开发中保护的理念,树立策划小镇就是策划旅游、策划文化、策划经济的联动理念,从政府、开发者、居民、旅游者四方看待小镇的运营,树立文化为魂、持续经营理念,统筹解决特色定位、产业培育、聚集人气、社区利益、整体运营等问题。上海泰晤士小镇、无锡拈花湾小镇、楚雄彝人古镇、绍兴柯桥酷玩小镇、日本轻井泽小镇、威尔士海伊旧书小镇、奥地利瓦腾斯水晶小镇、智利普孔小镇、土耳其格雷梅热气球小镇、西班牙胡斯卡小镇、法国依云矿泉小镇、美国好时巧克力小镇、瑞士达沃斯小镇、新西兰皇后镇等案例具有较强的借鉴意义。在此基础上,策划人员可从以下方面着手,思考旅游小镇的保护、开发与运营事宜。

（一）科学确定整体运营模式

从游憩产业传导、市场运营的角度来看，旅游小镇发展模式可以分为三种：资源资本化模式、主题性产品模式、价值链模式。其中，资源资本化模式依托资源的不可替代性、通过资本化的手段展开转让经营，适合具有大体量、高品位原生态景观且旅游开发程度不高的小镇；主题性产品模式通过对资源深度挖掘、整理来提升吸引力，适合具有单一旅游资源或者旅游资源品位不太高的小镇；价值链模式通过寻找有益的价值点来确定最佳投资运营方案，适用于具有一定经济实力、良好产业背景的小镇。

（二）优先保护和改造小镇风貌

每个旅游小镇都经历了不同的发展阶段，有些小镇已经遗失了一些重要的历史风貌。为了塑造正面的旅游形象，首先应加大对小镇的风貌改造和保护。对于具有特色的传统民居、古建筑和重要历史遗迹，应该通过各种措施加以保护，以免被破坏。对于已有破坏性的小镇，应该实行抢救性保护，并加以重点改造，尤其是街道两旁的建筑立面和一些重点的文化遗迹应尽快保护、修葺。同时，鼓励调动全镇做好小镇的景观和环境保护。

（三）积极改善配套设施

配套设施包括基础配套和接待配套。基础配套方面要尽快打通与中心城市和省会城市的外部交通，实现"五线"入地工程，完成街巷道路的复古和硬化，健全吃、住、行、游、购、娱等基本要素体系，根据实际培育商、学、养、闲、情、奇等新兴要素。接待配套方面要加强适量的宾馆设施建设，重点提高客栈、家庭旅馆、民俗旅馆和主题特色旅游的服务档次和水准，逐步形成高中低档结合的接待能力，整个小镇的旅游景观、服务水平争取达到4A甚至5A景区的标准。

（四）大力挖掘资源价值

资源的价值不等于旅游的价值，旅游的价值不等于市场的价值。小镇的旅游资源要从资源的价值跃迁为旅游、市场的价值，必须从小镇已有的自然资源、文化资源和产业资源展开。自然资源加以归类、整理、提升、包装。在文化资源得以有序传承的同时，从旅游市场的角度，从已有的文化实体景观、民俗文化活动、精神文化、旅游工艺品四个方面进一步挖掘资源的历史文化价值。产业资源可以嫁接旅游体验与文化创意功能，有些甚至可以直接转化为旅游服务要素。最终，小镇依托资源、植入创意、面向市场，打造适销对路的旅游产品。

（五）培育支撑产业体系

旅游小镇必须有主导产业、配套产业构成的产业体系，否则就容易陷入"空心镇"的困境。仅有某一项产业要素,或者企业数量与规模过小,抑或缺乏科技等要素支撑,都无法构成旅游产业体系。对于有传统产业的小镇,可以考虑嫁接文化创意与旅游体验功能;对于缺乏优势产业的小镇,则应考虑花力气培植特色产业。例如,位于法国中部东侧、地处阿尔卑斯山主峰之下的沙木尼体育旅游小镇,不仅有大量登山旅游者、餐厅、酒店,更有世界上最完备的高山运动教育培训系统,以世界上第一所登山向导学校——法国国家滑雪登山学校(ENSA)为代表。除此之外,沙木尼小镇还设有国家滑雪和高山警察培训中心、夏蒙尼医院、高原生态系统研究中心、山地医学培训与研究所等相关机构,为山地运动旅游产业发展提供了充分的保障。

专栏 12-2

国外旅游小镇的特色项目与产业支撑

- **日本轻井泽**:1886年被传教士发现,有"东京后花园"之称,酝酿了轻井泽度假模式。引进了西武和星野两大财团进行开发,拥有银座街、野鸟森林、白丝瀑布、石之教堂、高原教堂、云场池、星野温泉、虹夕诺雅酒店、榆树街小镇王子滑雪场、王子购物广场、矢崎公园大贺音乐厅、千住博美术馆,发展户外运动、温泉度假、婚庆产业等。

- **新西兰皇后镇**:1862年因淘金热被发现,依托高山峡谷、湖泊湾屿、冬季降雪等优越条件,开发激流泛舟、峡谷秋千、跳伞、滑雪、蹦极、喷射艇、白水漂流、山地自行车、骑马远足等户外运动,推出休闲度假、节庆旅游、婚庆旅游、文化体验等产品,发展体育运动、婚庆服务、旅游接待业,有"世界探险之都""极限运动圣地"之称。

- **越南沙巴小镇**:1903年被法国人发现的避暑胜地,地处越南北部山区,属于欧式建筑风格的小镇,被誉为"东方雾都"。主要有沙巴老街、石头教堂、沙巴广场、"爱情集市"、沙巴博物馆、沙巴湖、含龙山、吉吉村、猫猫村、孟华谷、达万岭、孟华河藤桥、乌规胡岭、达坪乡等吸引物,主要产业为户外休闲运动、旅游接待服务、传统手工业等。

- **古巴特立尼达小镇**:1515年被西班牙画家迭戈·委拉兹开斯发现,因拥有保护完善的西班牙殖民时代建筑而享有盛誉,被誉为地球上正在消失的100个景点之一,已被列入世界文化遗产名录。鹅卵石街道、彩色房子、雄伟的宫殿和广场是核心吸引物,附近的糖厂谷、陶艺制作、自然考古保护区为游客提供了体验项目,以旅游业为主导产业。

- **巴西格拉玛杜小镇**:地处巴西南部的高乔山区,人口以德国和意大利移民后裔为主,城市建筑风格几乎与欧洲别无二致。居民素质高,重视生活细节,阳台上终年鲜花盛开。小镇拥有巧克力工厂、冰雪主题公园、迷你世界主题公园,一年之中特色项目不断,如三四月的巧克力节、八月的国际电影节、十二月的"圣诞之光"活动,以食品加工和旅游业为主。

三、旅游小镇策划案例赏析

谢菲尔德（Sheffield）坐落于澳大利亚塔斯马尼亚北部风景奇峻的罗兰山（Mount Roland）脚下，距离世界自然遗产地——塔州秘境摇篮山（Cradle Mountain）约63公里，地处朗塞斯顿自驾去往摇篮山的交通要道，是一个人口不足1000人的小镇。谢菲尔德自1858年被英国殖民者发现并开发以来，一直以农业、牧业、林业、采矿业为支撑。进入20世纪80年代，塔斯马尼亚受到世界经济一体化的冲击，面临整体经济下滑的困境，谢菲尔德也在劫难逃。1985年，小镇的领导们集中在一起召开了一个会议，决定成立旅游协会，并考虑依托摇篮山发展旅游业。

也是从这个时候开始，一些画家来到谢菲尔德镇落户。为重振当地经济、改变小镇沉闷的面貌，他们开始为小镇描绘上一幅又一幅的壁画。这些壁画色彩鲜艳，精美绝伦，取材广泛，宗教、历史、神话、民俗，无不入画。迄今为止，已有一百多幅壁画被留在了历史性建筑的外墙上，向来往客人讲解小镇的历史和生活状况。步入小镇，就如来到了一个"壁画王国"：整个镇子就像一本立体的图画书一样，眼睛望得见的、手指碰得到的，几乎处处都是壁画！自助提款机、唱片店、咖啡馆、餐厅，就连荒废的房子都被壁画装扮得浪漫又梦幻，充满文艺气息。渐渐地，谢菲尔德被外界称为"壁画小镇"、地球的"立体漫画书"。

与此同时，壁画小镇的兴旺发达又带动了越来越多来自世界各地的画家在此落户定居，并由此形成了一条令人羡慕的良性循环链。壁画小镇每年都举办国际性"壁画节"，这是一年之中最盛大的节日。每年复活节前，壁画比赛在当地的壁画公园举行，国内外所有爱好创作壁画的人士都可在网上报名参加。比赛时，各路壁画高手必须在规定的时间内创作出自己的作品，然后由评委会最终评选出10种不同奖项。所有的参赛壁画不论得奖与否，都将参加展出并保留至来年比赛时。这一活动不仅吸引了众多艺术家，而且也有大量的游客慕名前往。2007年，中国香港歌手陈奕迅来到这里，也追随当地风俗，创作了一幅壁画，内容画的是他独自行走在摇篮山上、想一个人静静。因为他的画作，小镇随后颇受中国游客欢迎。不少游客在欣赏壁画的同时，还会选购当地出产的鲜花、薰衣草、蜂蜜和新鲜果蔬产品，显著改善了小镇居民的生活水平。

第三节　旅游产业园区策划

一、旅游产业园区概述

旅游产业园区是指运用园区管理方式和集群发展理念加以建设的大型化综合性旅游功能区。通常而言，它具有明确的边界，规模较大，有时会跨越行政区；以旅游业为主导产业，拥有多条产业链；产品丰富，功能完善，能够满足多种市场需求。旅游产业园区一般分为三种类型：主导型产业园区、融合型产业园区和总部经济型产业园区（如表12-3所示）。

厉新建认为，旅游园区的聚集方式通常包括主题聚集、项目聚集、品牌聚集、创意集聚、创新实践聚集五种。

表 12-3　旅游产业园区的三种类型

序号	名　称	含　义
1	主导型旅游产业园区	以 A 级旅游景区和度假区为核心支撑，多业态融合发展的"旅游＋"型产业园区
2	融合型旅游产业园区	以农业旅游、工业旅游、体育旅游或康养旅游等为特色主题，具有 5 种以上有一定规模的不同类型旅游业态，旅游要素配套完善，旅游产值占园区综合收入 30%以上的"＋旅游"型产业园区
3	总部经济型旅游产业园区	发挥中心城市人才、技术、资本等独特优势，吸引国内外知名旅游企业区域总部、涉旅组织机构集聚而形成的产业园区

旅游产业园区兼具旅游功能与园区集聚功能，适应现阶段点线旅游向板块旅游转变的要求，符合国内通行的工业、农业园区建设与管理的惯例，有利于发挥现代旅游业的关联带动作用，有利于挖掘旅游资源富集区的潜力，有利于集中生产要素培育大型旅游项目，因此受到地方政府与开发商的关注。近年来，各旅游地纷纷提出旅游产业园区的建设设想，如佛山南海西岸旅游产业园、湛江东海岛旅游产业园、峨眉山世界文化旅游产业园、南京大明文化旅游产业园、新沂旅游产业园区、桂林国际足球旅游文化产业园、合肥肥西旅游食品产业园、红海湾滨海旅游产业园、凯里雷山文化旅游产业园区、大理剑川木雕文化旅游产业园区等，还有一些是与泛旅游直接相关的产业园，如北京平谷通用航空产业园。可以预见，作为集聚型旅游产业形态的代表和旅游高质量发展的抓手，旅游产业园区将成为推动旅游经济发展的重要载体。

二、旅游产业园区策划要点

旅游产业园区是创新型的旅游产业形态，以高标准规划、高端化运作、集群式发展、密集型资金投入为特点，同时承担着带动区域经济发展、推进制度创新的功能。旅游园区尤其是新建的园区，基础设施、公共服务、产业要素不够完善，知名度、影响力、认同感欠缺，所需时间、资金、技术、劳动力、创意人才等资源较多。打造旅游吸引物、培育产业体系是重中之重，避免旅游园区"标签化"、实现项目差异化是难点所在。梅州客天下旅游产业园、兰州国际嘉年华文化旅游产业园、登封市天地之中文化旅游产业园、沈北新区旅游产业园区、高淳健康休闲旅游产业园、厦门旅游文化产业园、中国旅游产业园（天津滨海新区）等项目都进行了有益探索，积累了一些值得关注的经验。总体来看，旅游园区策划中应注意五个方面的问题。

（一）培育旅游产业集群

为了发挥旅游资源富集的优势和旅游产业的带动作用，旅游园区必须坚持项目带动理念，实施大项目带动大发展战略，发挥产业耦合作用，促进旅游产业要素适当集聚，培育特色旅游产业集群，促进旅游业与工业、农业、体育、医疗等相关产业的深度融合，创新旅游业态，延伸产业链条、拓展产业空间，延长游客停留时间，丰富消费内容，增加旅游收入，扩大旅游业的带动效应。招引文化创意、旅游装备制造、户外用品生产、旅游商品开发、农副土特产品深加工、会议会展、电子商务、健康养老等特色经济领域的生产、运营与服务企业入驻，培育园区旅游产业链。厦门旅游文化产业园就涵盖了旅行社、旅游培训、旅游交通、文化旅游公司、文体传媒公司、智慧旅游科研机构、旅游行业协会、旅游机构驻厦门办事处等各类旅游相关企事业单位。旅游集群策划中常参考豪布斯卡（HOPSCA）模型，将酒店（hotel）、共享办公空间/写字楼（office）、公园（park）、综合购物中心（shoppingmall）、会议中心（convention）、公寓（apartment）等布局在一起。

（二）优化旅游公共服务

旅游产业的公共性与外部性要求旅游园区加强旅游基础设施和公共服务体系建设，健全的旅游基础设施和完善的公共服务体系是区域旅游服务水平和管理质量的重要标志。旅游园区应注重道路、供电、供水、供气、通信、消防、污水垃圾处理、停车场、旅游厕所、游客服务中心等基础设施与配套设施建设，完善商贸、物流、医疗、金融、保险、邮电等公共服务设施和功能，加强旅游商品孵化园、文化创意工作室、技术研发中心、信息中介服务中心、展览展示厅等功能设施建设，并充分运用物联网、大数据、云计算、人工智能等现代信息技术。根据自身实际完善对自驾游、背包客、残障人士等特殊群体的服务，培育便民型、智慧型旅游园区。拟建设的雷山文化旅游产业园区就设计了旅游车站、医院、大型商场、体育设施、道路体系、景观绿地、市政管网等公共服务设施，能够满足未来20年约5万人口的生活需求，为产业园吸引业主、创客和游客奠定了基础。

（三）推进体制机制创新

旅游园区公共基础设施配套投入大，需要政府公共财政的支持；旅游园区是新的产业业态，需要政府出台类似高新技术开发区、产业转移园区的综合配套支持政策；部分旅游园区跨行政边界，需要建立跨行政区域的协调机制；旅游园区用地规模大，建设用地和景观功能用地并存，现有土地管理方式导致旅游用地报批难、与法定规划协调难、综合用地成本高、后续问题多，需要政府在旅游产业用地管理上予以解决。在旅游园区策划中，应注重优化机构编制资源配置、保障合理用地需求、畅通融资渠道、实行园区综合执法，并在项目建设、节能减排、市场监管、品牌打造、应急调控等方面给予重点扶持，争取能够享受同级工业聚集区的相关优惠政策。中国旅游产业园由原国家旅游局和天津市政府共同建设，这种管理体制有利于高位推动、整合资源、提高效率。

（四）塑造整体旅游品牌

旅游经济属于典型的注意力经济部门，这决定了旅游园区必须强化形象经济、品牌经济意识，尊重信息传播、形象设计、市场营销、品牌塑造的客观规律，考虑自身资源特质与市场群体特征，综合运用各种媒体、方法与渠道，树立区域旅游整体形象，培植整体旅游品牌，加强注意力管理，以促进异地游客来此进行消费，实现旅游产品的市场价值，并提高旅游资源、产品与品牌的附加值。同时，旅游园区应注重培育经营特色化、管理规范化、服务标准化的旅游精品和品牌企业。登封天地之中文化旅游产业园（旅游新城）依托我国佛教禅宗祖庭——少林寺、国家历史文化名城——登封、世界文化遗产——天地之中历史建筑群进行建设，有利于实现品牌叠加与整体优势提升。

（五）带动区域经济发展

发挥旅游业的关联效应，带动区域经济发展，促进社会事业进步，是旅游园区建设的应有之义。因此，旅游园区策划中应根据各地实际情况，促进产业融合、培植涉旅产业、建设特色旅游小镇和旅游村、强化社区参与，赋予原有产业和社会资源以观光、休闲、旅游功能，在原有价值的基础上增加旅游附加值。在这一过程中，灵魂人物、企业家、创意人才起着重要作用，可以通过建设实用人才培训基地、创客示范基地、旅游重点实验室吸引园区发展所需人才。作为"世界客都"的城市名片，梅州客天下旅游产业园选址在距梅州繁华商业街、梅州火车站、梅州客都机场车程都在5分钟之内的黄金地带，先后被列为国家4A景区、婚庆文化产业基地，初步发挥了增加城市活力、培育新经济增长点的作用。

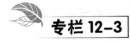
专栏 12-3

国内部分涉旅产业园区的发展方向与产业定位

- **珠海平沙游艇产业园**：以游艇产业集群为核心，大力引进国内外游艇制造企业、游艇零配件制造企业和代理商落户，已有游艇生产企业 20 余家、生产配套企业及商贸公司 40 多家，珠海游艇船机检测中心、广东省质量监督游艇材料检验站、国家船舶及海洋工程装备材料质量监督检验中心先后落成。

- **平谷通用航空产业园**：培育集飞机制造、驾驶培训、飞行托管、飞机维修、飞机展示和飞机销售为一体的通用航空产业基地，已注册通航企业 86 家，长期驻场运营飞机 47 架，协办北京市中小学航空航天模型比赛等赛事活动，面向市民开展空中体验飞行。

- **张家口宣化冰雪产业园**：立足老工业区装备制造业传统优势，通过技术创新、自主研发发展冰雪装备制造产业，建起了占地3000亩的冰雪产业园，冰雪装备制造企业发展到10家，造雪机支架、雪场客运脱挂索道、压雪机等产品均居国内同行业先进水平。

- **峨眉山世界文化旅游产业园**：规划控制面积8平方公里，发展以酒店、会议会展、剧院、主题公园、休闲小镇、运动公园、温泉公园和低碳养生社区与一体的复合产业链集群，还将建设双语幼儿园、双语小学、老年康疗中心、社区广场等公共服务与市政配套设施。
- **登封天地之中文化旅游产业园（旅游新城）**：规划面积约14平方公里，发展禅、武、医、民俗、创意、旅游六大产业，形成体验、博览、产业三园合一布局，打造中原经济区的休闲度假中心和河南省文化旅游核心区集散中心。

三、旅游产业园区策划案例赏析

经过多年培育，法国依托东部的阿尔卑斯山脉以及西南部的比利牛斯山脉等地区的357个滑雪场，成为世界上首屈一指的滑雪胜地。地处阿尔卑斯山的高雪维尔（Courchevel）就是法国乃至全世界最为知名的滑雪区之一，奢华、优雅、美丽、宁静是世人给它的标签。虽然高雪维尔滑雪区的名字没有"旅游园区"的字样，但实际上它具有了旅游产业园区的基本要素，对旅游园区策划具有"原型"意义。

高雪维尔滑雪区坐落于法国三大河谷的中心地带，海拔从610米到3230米不等，周围森林环绕，绝佳的地理位置使得该地区在整个滑雪季都被厚厚的白雪所覆盖。它的竞争优势包括便于滑雪的住宿位置、良好的保养及安全设施、超现代的缆车设备、为数众多且丰富多样的雪道。在住宿方面，这里有服务周到的SPA酒店、独具特色的木屋旅馆、超奢华的酒店式缆车等多种住宿设施，宫殿级酒店数量占全国的1/8。在餐饮方面，当地共有一百余家餐馆，大部分都是法式风格餐厅，其中的米其林星级餐厅的数量多过其他任何一家滑雪场。在购物方面，香奈儿、迪奥、爱马仕、LV已经把商店开到了高雪维尔。在体验项目上，高雪维尔拥有高山滑雪雪道490公里、越野滑雪雪道118公里，包括难度不同的黑道、红道、蓝道、绿道，建有62条滑雪缆车线路。当地专门开设了滑雪学校以及私人滑雪课程教授游客滑雪技巧，滑雪场也提供多语种滑雪教练服务。与此同时，高雪维尔还依托当地森林、山地以及河流资源开展了徒步、山地自行车、骑马、雪山滑翔伞、热气球、皮划艇、直升机滑雪、狗拉雪橇等陆地、空中以及水上项目。除了运动项目之外，这里还设置了温泉、水疗、护理等可以帮助游客放松身心的康体项目。

高雪维尔能够成为"宫殿级"滑雪区，与法国的滑雪用品制造业是分不开的。法国滑雪产业具备了比较先进的人工造雪技术，拥有生产滑雪器材和服装等用品的科技能力，不少产品已成为世界名牌。其中，滑雪板产量居世界第一的夜莺公司（Rossignal）、造雪机占据欧洲70%市场份额的约克公司（YORK）、生产滑雪专业服装的乐飞叶公司（Lafuma）和太阳谷公司（Sun Valley）、以生产滑雪系列产品闻名世界的萨洛蒙公司（Salomon）都是法国滑雪用品制造业中的佼佼者。

第四节　旅游文创综合体策划

一、旅游文创综合体概述

　　旅游综合体是指基于一定的旅游资源与土地基础，以旅游休闲为导向进行土地综合开发而形成的，以互动发展的度假酒店集群、综合休闲项目、休闲地产社区为核心功能构架，整体服务品质较高的旅游聚集区。作为旅游综合体的一种，旅游文创综合体是以具有文化内涵型的资源为依托，通过整合创意元素、引进创意人才、生产文创产品，打造出来的综合型文化旅游消费空间。旅游文创综合体有尺度上的区别，既包括类似成都方所独立书店、丽江古城"十月"文学主题院落、廊开火车站火车厢怀旧图书馆的小微型旅游文创综合体，又包括像上海 M50、大理床单厂艺术园区、泰国华欣艺术村那样的中型旅游文创综合体，还涉及以三亚千古情为代表的占地 50 亩以上的大型旅游文创综合体。

　　旅游文创综合体是文化与旅游融合发展、一站式综合体验、产业跨界创新的产物，会随着创意型业主的流动而发生变化，也会因为游客的参与而造就不同的体验，被誉为个性化、活力型、年轻态的新兴旅游消费空间。在工业遗产再生、资源枯竭型城市转型、文化依托型城中村改造、交通枢纽型新城区起步、大型景区服务基地外移、传统村落旅游化利用、非物质文化遗产生产性保护基地建设、在地消费型体验式生产场所等类型旅游项目策划实践中，旅游文创综合体是重要的思考方向，有利于解决保留文化记忆、传承文化记忆、创新文化产品等问题，有利于推进传统文化的创造性转化与创新性发展。

二、旅游文创综合体策划要点

　　旅游文创综合体策划应把握文化、创意、体验三个关键词，着眼物质空间营造、创意人才招引、主导产业培育，做好集聚、互动、融合文章，妥善处理形与魂、内与外、产与消的关系，从国内外成功的旅游文创综合体建设与运营中汲取智慧，探索具有地域特色的旅游文创综合体发展之路。

（一）营造创意空间

　　根据策划对象的用地条件、场所精神与区域文化，以提升创意审美为目标，以营造创意生活氛围为宗旨，通过培育创意精神、挖掘创意要素、整合创意资源、生产创意产品、传播创意观念、营造创意生态、激活创意消费、营造富有创意的工作环境与消费氛围，构建旅游文创综合体的物质空间。旅游地应充分借助艺术家、社区精英、专业机构、社会公众的力量，从创意人才和旅游者的需求出发，策划、设计、建设宜居（生活）、宜创（创意）、宜业（创业）、宜游（游览）的复合型空间。

（二）招引创意人才

旅游文创综合体的动力来自创意阶层，既包括文化艺术界的原创力量，也包括将创意转化为产品的创客，还包括将产品推向市场的文化经纪人。应通过政策优惠、优化平台、内培外引、公众参与等方式，借助各类学会、协会、院校的力量，保障旅游文创综合体运行所需的专业人才。成都蒲江明月村引进有影响力、有创造力、有情怀的陶艺家、文化创客和各类艺术家100余人成为新村民，其中包括水立方中方总设计师赵晓钧、美国注册建筑师施国平、服装设计师宁远、中国工美行业艺术大师李清、陶艺家廖天浪、平面设计及花道艺术家朱海燕等，有效促进了明月村文旅品牌的塑造。

（三）提供体验产品

旅游文创综合体的消费对象包括本地居民和外来旅游者，无论是以日常休闲还是感受新奇为目的，都要求旅游文创综合体能够提供具有参与度、互动性、体验感的产品。应立足生态、生产、生活，通过创造、创新、创意，将创客的生产过程、社区居民的生活方式、综合体所处的生态空间，转化为适应休闲旅游者需求的体验式产品，让游客能够沉浸其中。从最低要求来说，旅游文创综合体要做到"有说头""有看头""有玩头"；从理想目标而言，则要增加"有尝头""有学头""有乐头"，让来过的游客"有念头""想回头""无尽头"。当然，这需要旅游策划人员合理确定目标客群，根据市场定位来策划旅游产品。

（四）做好融合文章

旅游文创综合体应具有综合功能，这要求策划人员视资源条件做好六个方面的融合文章。与天地融，以生态文明建设为理念，以保持原生态的山水资源为主，创造良好生产生活环境。与人本融合，为游客创造才能的发挥提供机会，促进人的全面自由发展，让人们感受到幸福感。与文化融合，立足文化基因、文化传统、文化素材，坚持生产社会效益良好的文化产品，提供文化精品。与产业融合，充分利用传统产业，植入文化创意，嫁接旅游功能。与社区融合，成为所在社区的集体记忆、文化地标和文化活动的空间载体，促进非物质遗产传承人、社区居民、外来创客、旅游者之间的互动。与未来融合，灵活运用现代科技，激发创意灵感，营造创意氛围，发展数字文创，推进内容生产，加快业态创新。

（五）优化发展平台

旅游文创综合体发展中面临的不确定因素较多，对管理方的运营能力提出了较高的要求。运营商应树立平台经济理念，充分认识"人"的因素的重要性，正确处理硬件与软件的关系，强化市场意识、服务意识、平台意识，从"引凤"目的出发考虑如何"筑巢"、从"唱戏"角度出发考虑怎样"搭台"，设计科学合理的激励——约束制度，培育产业要素集聚平台、企业创新平台、大众创业平台、游客体验平台，使招商引智、聚集要素、提升人气的工作与基础设施、接待设施、配套设施同步进行，构建业主之间共享资源、交流信息、促发创意的机制，提升自身招徕并服务于业主和游客的能力。

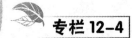

专栏 12-4

泰国旅游文创综合体的卖点与模式

- 泰国创意设计中心：包括收藏将近 1500 册设计书籍的阅览区、可借阅设计主题 DVD 的独立阅览室、提供 600 多种设计材质的展场、展览区不定期举行的主题展、设计纪念品店，号称亚洲第一家创意学习中心，揭示了"设计之都"的成功秘诀。

- 曼谷飞机市集：以泰国 Sky 航空公司旗下一架退役飞机为中心，周围环绕着 80 多间个性店铺，结合了怀旧影院、文青市集、特色餐厅、咖啡书店、酒吧、艺术品等元素。炮弹当桌子，直升机是酒吧装饰，飞机上有滑梯，里面是餐厅。

- 湄南河新天地 Asiatique：将原本的码头和仓库样貌保留下来，进行重新设计包装，以浪漫的摩天轮为背景，具有欧式风格的建筑，集合零售、餐饮、轻餐、酒吧、SPA、剧院、舞台表演、游乐活动等多种业态，打造全亚洲最大夜市。

- 清迈 Baan Kang Wat 艺术村：邻近素帖寺、蓝朋寺和悟孟寺的乡野之地，十多位艺术家入驻传统泰北建筑风格的房子，开设陶瓷工作坊、手工艺术品店、杂货店、艺廊、咖啡店、民宿，被网友誉为"理想生活试验地""新兴文艺圣地"。

- 华欣往日情怀（Plearn Wan）：像是一个活着的博物馆，展现着 20 世纪五六十年代华欣的生活气息。共有 60 多家非常有特色的商店，包括杂货店、美容院、童玩院、糖果店、面包店、时装店等。在这里有很多泰国设计师的本土品牌，个性十足。

三、旅游文创综合体策划案例赏析

松山文创园区位于台北市信义区忠孝东路四段，前身是"台湾总督府专卖局松山烟草工厂"，1937 年由日本人建立，后来随着历史的几经变化，最终转型为松山文化创意园。闲置下来的工厂被当地政府指定为第 99 处市定古迹，其中办公厅、制烟工厂、锅炉房、1~5 仓库为古迹本体，莲花池、运输轨道及光复后新建仓库一并纳为古迹保存范围。2012 年，松山文创园区被定位为"台北市的原创基地"，目标是培养原创人才及原创力。

为了更好地发挥旧址的作用，在不破坏原有资源的基础上，昔日旧工厂结合了文艺、文创、设计等展演活动，与台湾创意设计中心合作设置"台湾设计馆"、与知名琉璃工房结合琉璃艺术推出"小山堂"，并设有轻食餐厅（位于原机械修理厂），摇身变为文艺人士的又一根据地，被誉为台湾工业遗址改为艺术园区的典范。作为台北文化创意地标，园区一直秉承创意实验室、创意合作社、创意学院、创意橱窗的创作理念，每个角落都体现着创意元素，甚至连湖池中的雕塑亦富有生命力。从 2018 年 8 月起，松山文创园还向一般民众开放"松烟创作者工厂"，提供各类木工、编织、陶艺等专业机具，让游客们在老师的指导下体会手作的乐趣，感受创作的魅力。

设计师巧用当年制烟厂工人一天的生活轨迹,为人们重现了当时的生产场景,如两次敲钟、打卡、早操、上工、午餐、上工、午休、洗澡等。曾经输送烟草的传输带、锅炉房的烟囱、花园中的雕像,都有自己的历史故事。回望一张张老照片,仿佛昨日热火朝天的工作场景就在眼前。许多文创小店里依然能看到几十年前的军绿包包、绿色桌柜、帽子等,一旁破旧的墙柱早已裸露出原本的面目,却不刻意掩饰,能够产生很强的代入感。人们可以在这里挑选文创礼品,也可以在这里排练演出,还能观看新媒体展览,俨然没有一丝沉重压抑的工厂氛围。

原来的育婴室被改造成了以实境展演为主的复合型独立书店,结合阅读与音乐,推出一系列以书、作者、编辑、出版社、音乐家、演奏为主题,富含生活、文化、美学的系列活动与展览。松烟小卖所则结合了园区的服务中心、文创商品展售平台、复刻历史记忆区及轻食咖啡休憩区,将古老的制烟空间转变为崭新的文创橱窗、清幽的烟草气味转变为浓郁的咖啡香气。除了烟厂大楼,文创园里还有一栋十多层高的独特建筑——诚品生活松烟店,汇聚了商场、书店、电影院、餐厅多功能场所,其中诚品行旅 Eslite hotel 是第一家整合人文阅读、文创展售、音乐电影、绿意自然的艺文旅馆。

专栏 12-5

值得关注的 20 类涉旅新兴产业形态

魏小安曾对现实中出现的新兴旅游产业形态进行了概括,提出了值得关注的 20 个新兴产业形态,至今仍有启发意义。在此基础上,笔者增加了 10 类经济形态,即庭院经济、乡愁经济、怀旧经济、情感经济、路域经济、低空经济、数字经济、夜间经济、共享经济、社群经济等。

- 会展产业:包括各类会议和专业展。
- 文化产业:强化差异,形成特色。
- 创意产业:培育发展中心,借助国际推动。
- 活动产业:类型多样,形成系列。
- 娱乐产业:开展活动,开拓项目。
- 体育产业:强化水上运动,发展高尔夫,开展专业训练。
- 气候产业:建设避暑胜地,避寒新地,避躁福地,避污仙地。
- 生态产业:借助环境,发展物产,追求体验。
- 湖泊产业:按照生活形态,促进多元发展。
- 温泉产业:以康体为基础,以康疗为主体,以康乐为提升。
- 疗养健身业:弘扬传统,结合现代,满足需求。
- "银色"产业:结合中老年人的需求,形成多样发展格局。
- 农林渔业:传统的第一产业在现代平台上转换成为文化型、增值型、休闲型,形成旅游农业、休闲渔业、观光药业等。
- 邮轮游艇业：建设母港，开办邮轮公司，构造接待体系，开拓后续效应。
- 旅游金融业、保险业：按照美国运通模式，阶段发展，整合联动。
- 旅游传媒业：达到多样化、多元化、规模化。
- 自驾车产业：培育服务系列，形成产业链。
- 旅游装备制造业：配套发展，技术领先，规模推进。
- 休闲房地产业：酒店房产，核心地产；休闲房产，景观地产；文化房产，主题地产；生态房产，田园地产；娱乐房产，聚合地产；复合房产，生活地产。
- 旅游电子商务：微消费，动旅游，云服务。

来源：厉新建. 广义旅游业[A]. 鲁勇. 广义旅游学[C]. 北京：社会科学文献出版社，2013：239-240.

拓展阅读

[1] 鬼虎子. 夜间经济学[M]. 哈尔滨：北方文艺出版社，2019：62-158.

[2] 王延峰. 无界：智能革命与业态创新[M]. 上海：上海交通大学出版社，2017：84-129.

[3] 王铁军. 创意经济＋[M]. 北京：中国财富出版社，2016：284-350.

[4] 耿松涛，宋蒙蒙. 产业融合背景下的旅游创新业态发展研究[M]. 北京：知识产权出版社，2018：186-258.

[5] 赵迪，刘睿. 新业态·新消费·新增长：文化新经济的探索与实践[M]. 上海：上海大学出版社，2018：90-138.

[6] 林峰. 旅游小镇开发运营指南[M]. 北京：中国旅游出版社，2017：263-331.

[7] 宋丁. 旅游地产及华侨城实践[M]. 深圳：海天出版社，2011：206-226.

[8] 王齐彦，李慷. 老年服务业态研究[M]. 北京：人民出版社，2014：63-98.

[9] 张帆. 旅游功能区产业发展研究[M]. 北京：中国旅游出版社，2012：37-104.

[10] 张晓燕. 卢氏民宿：多业融合的民宿旅游新业态[N]. 中国旅游报，2019-04-01（074）.

创意语录

不慕古，不留今，与时变，与俗化。　　　　　　　　　　　　　　　——管子

创意造言，皆不相师。　　　　　　　　　　　　　　　　　　　　——李翱

不畏浮云遮望眼，只缘身在最高层。　　　　　　　　　　　　　——王安石

为渠哪得清如许，为有源头活水来。　　　　　　　　　　　　　　——朱熹

删繁就简三秋树，领异标新二月花。　　　　　　　　　　　　　——郑板桥

满眼生机转化钧，天工人巧日争新。预支五百年新意，到了千年又觉陈。

　　　　　　　　　　　　　　　　　　　　　　　　　　　　　　——赵翼

第十二章　旅游新型业态策划

主要参考文献

[1] 王宁. 消费社会学[M]. 2版. 北京：社会科学文献出版社，2011.
[2] 鲁勇. 广义旅游学[M]. 北京：社会科学文献出版社，2013.
[3] 王衍用. 中国旅游发展新理念：颠覆与重构[M]. 北京：中国文史出版社，2018.
[4] 邵春. 产品建设笈与窍[M]. 北京：中国旅游出版社，2019.
[5] 生奇志，单承斌，徐佳佳. 创意学[M]. 北京：清华大学出版社，2016.
[6] 王衍用，曹诗图. 旅游策划理论与实务[M]. 北京：中国林业出版社，2016.
[7] 石美玉，王玮，孙梦阳，等. 旅游营销策划[M]. 北京：中国旅游出版社，2019.
[8] 林峰. 特色小镇开发运营指南[M]. 北京：中国旅游出版社，2018.
[9] 雷万里. 大型旅游项目策划[M]. 北京：化学工业出版社，2016.
[10] 王珉. 创意学理论与案例分析[M]. 杭州：浙江工商大学出版社，2012.
[11] 沈祖祥. 旅游策划[M]. 上海：复旦大学出版社，2007.
[12] 保继刚. 旅游区规划与策划案例[M]. 广州：广东旅游出版社，2004.
[13] 杨振之. 旅游原创策划[M]. 成都：四川大学出版社，2005.
[14] 欧阳斌. 中国旅游策划导论[M]. 北京：中国旅游出版社，2005.
[15] 卢志良，吴耀宇. 旅游策划学[M]. 北京：旅游教育出版社，2009.
[16] 贾云峰. 60分钟读懂中国旅游规划[M]. 北京：中国旅游出版社，2012.
[17] 陈扬乐. 旅游策划[M]. 武汉：华中科技大学出版社，2009.
[18] 厉无畏. 创意改变中国[M]. 北京：新华出版社，2009.
[19] 杨力民. 创意旅游[M]. 北京：中国旅游出版社，2009.
[20] 刘汉洪，刘汉清. 注意力操控[M]. 长沙：湖南地图出版社，2010.
[21] 傅建祥. 旅游策划实录[M]. 北京：中国旅游出版社，2010.
[22] 魏小安. 新时期中国旅游发展研究战略[M]. 北京：中国旅游出版社，2010.
[23] 李庆雷，明庆忠. 旅游规划：技术与方法[M]. 天津：南开大学出版社，2008.
[24] 王德刚. 旅游开发学[M]. 2版. 济南：山东大学出版社，2012.
[25] 王文博. 创意思维与设计[M]. 北京：中国纺织出版社，1998.
[26] 余朝阳，陈先红. 策划创意学[M]. 上海：复旦大学出版社，2007.
[27] 崔凤军. 中国传统旅游目的地创新与发展[M]. 北京：中国旅游出版社，2002.
[28] 田长广. 新编现代策划学[M]. 北京：北京大学出版社，2008.
[29] 史振洪，刘胜花，万钧. 商务策划学[M]. 南京：南京大学出版社，2008.
[30] 吴粲. 策划学[M]. 6版. 北京：中国人民大学出版社，2012.
[31] 陈放. 创意风暴[M]. 北京：中国盲文出版社，2007.
[32] 王志纲工作室. 找魂：战略策划10年实录[M]. 北京：东方出版社，2006.
[33] 刘嘉龙. 休闲活动策划与管理[M]. 上海：上海人民出版社，2011.
[34] 北京达沃斯巅峰旅游规划设计研究院. 智绘峰景[M]. 北京：旅游教育出版社，2012.
[35] 北京达沃斯巅峰旅游规划设计研究院. 智点山河[M]. 北京：旅游教育出版社，2012.
[36] 田里，陈述云. 云南十大历史文化旅游项目策划[M]. 昆明：云南大学出版社，2016.

[37] 庄锦华. 桐花蓝海[M]. 台北：二鱼文化出版社，2011.

[38] [美]潘蜜拉·丹席格. 心灵消费[M]. 李斯毅，译. 台北：沃尔文化出版社，2005.

[39] 原群. 旅游规划与策划：创新与思辨[M]. 北京：旅游教育出版社，2014.

[40] 杨健鹰. 宽思窄想：成都宽窄巷子策划实录[M]. 汕头：汕头大学出版社，2011.

[41] 刘滨谊. 自然原始景观与旅游规划设计[M]. 南京：东南大学出版社，2002.

[42] 王志纲. 玩出来的产业——王志纲谈旅游[M]. 厦门：鹭江出版社，2014.

[43] 陈世才. 玩家杂谈——旅游策划的理论与实务[M]. 北京：北京理工大学出版社，2009.

[44] 吴之洪，荚莺敏. 注意力经营原理与实务[M]. 镇江：江苏大学出版社，2008.

[45] 袁美昌. 打造胜地——旅游开发技术详解[M]. 北京：中国旅游出版社，2014.

[46] 冷赵松. 策划原理与实务[M]. 北京：经济管理出版社，2003.

[47] 杨照. 故事效应：创意与创价[M]. 沈阳：辽宁教育出版社，2011.

[48] 海洋. 灵魂之光——当代旅游文化开发的深度创意[M]. 成都：巴蜀书社，2007.

[49] 陈述林. 风景地理学原理[M]. 成都：电子科技大学出版社，1992.

[50] 史晓明. 旅游产品设计经营实战手册[M]. 北京：中国旅游出版社，2015.

[51] 王兴斌. 中国出入境旅游国家（地区）概要[M]. 北京：化学工业出版社，2014.

[52] 吕波. 168个创意营销金点子[M]. 北京：中国经济出版社，2016.

[53] [美]比尔·卡波达戈利，林恩·杰克逊，等. 米奇的魔杖：迪士尼的经营之道[M]. 关海歌，路小林，译. 北京：中国三峡出版社，2003.

[54] [美]迈克尔·米哈尔科. 米哈尔科创意思维9法则[M]. 曲云，译. 北京：中国人民大学出版社，2010.

[55] [日]高杉尚孝. 麦肯锡教我的写作武器——从逻辑思考到文案写作[M]. 郑舜珑，译. 北京：北京联合出版公司，2015.

[56] [美]马蒂·斯克拉. 卖创意[M]. 易伊，施红慧，译. 广州：广东人民出版社，2016.

[57] [英]萨拉·巴特利特. 符号中的历史：浓缩人类文明的100个象征符号[M]. 范明瑛，王敏雯，译. 北京：北京联合出版公司，2016.

[58] [英]克莱尔·高格蒂. 英国小镇秘境之旅——90个英国小镇的前世今生[M]. 任艳，丁立群，译. 武汉：华中科技大学出版社，2019.

教师服务

感谢您选用清华大学出版社的教材！为了更好地服务教学，我们为授课教师提供本书的教学辅助资源，以及本学科重点教材信息。请您扫码获取。

▶▶ 教辅获取

本书教辅资源，授课教师扫码获取

▶▶ 样书赠送

旅游管理类重点教材，教师扫码获取样书

 清华大学出版社

E-mail: tupfuwu@163.com
电话：010-83470332 / 83470142
地址：北京市海淀区双清路学研大厦 B 座 509

网址：http://www.tup.com.cn/
传真：8610-83470107
邮编：100084